東洋古典譯註叢書 77

譯註 大學衍義 3

저자 眞德秀 책임번역 辛承云
공동번역 李霜芽 張喜成 趙埈暭

전통문화연구회

東洋古典譯註叢書를 발간하면서

우리의 古典國譯事業은 민족문화 진흥의 기초사업으로 1960년대부터 政府 支援으로 古文獻 現代化 작업을 추진하여 많은 成果를 거두었다. 당시 이 사업 추진의 先行課題로 東洋古典이라 일컬어지는 중국의 基本古典을 먼저 飜譯하여야 한다는 學界의 주장이 있었음에도 불구하고 우리 고전이 아니라는 일부의 偏狹한 視角과 財政 事情 등으로 인하여 배제되어 왔다.

전통적으로 중국의 기본고전은 우리 歷史와 함께 숨쉬며 각종 교육기관의 教科書로 활용됨은 물론이고 지식인들의 必讀書가 되어 왔으며, 우리 文化의 基底에 자리잡고 거의 모든 방면의 體系와 根幹을 형성하여 왔다. 그래서 학문연구의 기본서 역할을 해 왔을 뿐만 아니라 오늘날에도 우리의 國學徒 및 東洋學 研究者들에게 같은 역할을 하고 있음은 주지의 사실이다. 그럼에도 불구하고 中國古典은 우리 것이 아니라 하여 專門機關의 飜譯對象에 포함하지 않음으로써, 대부분 原典에서의 직접 번역이 아닌 重譯이나 拔萃譯의 방식이 주를 이루면서 教養水準으로 出版되어 왔다.

오늘날 東洋 三國 중에서 우리의 東洋學 연구가 가장 부진한 이유는, 東洋基本古典에 대한 폭넓은 이해의 부족과 漢文古典 讀解力의 저하에 기인함을 우리는 솔직히 인정하여야 한다. 따라서 이들 중국고전에 대한 신뢰할 만한 國譯이 이루어지는 것이 한국학 연구를 촉진시키는 시급한 先行課題라 할 수 있다.

이에 韓國學 및 東洋學의 연구와 古典現代化의 基盤構築을 위해서는, 전문기관으로 하여금 동양고전을 단기간에 각 분야의 專門 研究者와 漢學者가 상호 협동하여 연구번역하여 飜譯의 傳統性과 效率性, 研究의 專門性을 높일 수 있도록 政策的 配慮가 있어야 한다.

이에 本會에서는 元老 및 中堅 漢學者와 斯界의 專攻者로 하여금 協同研究飜譯하여 공부하는 사람들이 믿고 引用하거나 깊이 있는 註釋 등을 활용할 수 있게 하고, 知識人들의 教養을 증진시켜 줄 수 있는 東洋古典의 國譯書 간행을 지속적으로 추진해 왔다. 근래에 다행히 이 사업에 대하여 각계 지도층의 폭넓은 이해와 지원에 힘입어 2001년도부터 國庫補助를 받아 東洋古典譯註叢書를 간행하게 되었다. 이를 계기로 우리 先學의 註釋과 見解

를 반영하는 등 국역사업의 內實을 기하게 되었음을 이 자리를 빌려 衷心으로 감사드리며, 아울러 國譯에 參與하신 관계자 여러분의 勞苦에 깊은 謝意를 표한다.

끝으로 우리의 이러한 작업은 오랜 역사 위에 축적된 先賢들의 業績과 現代學問을 이어주는 튼튼한 架橋와 礎石이 되어 진정한 韓國學과 東洋學 발전에 기여할 것을 굳게 믿으며, 21세기를 우리 文化의 世紀로 열어 가는 밑거름이 되도록 우리의 力量을 本 事業에 경주하고자 한다. 江湖諸賢의 부단한 관심과 지원을 기대해 마지않는다.

社團法人 傳統文化研究會 會長 李啓晃

凡例

1. 본서는 南宋 眞德秀(1178~1235)의 《大學衍義》를 번역한 《譯註 大學衍義》 제3책이다.
2. 본서는 서울대학교 규장각 소장본인 戊申字本(청구기호 奎中 507, 이하 '저본'으로 약칭)을 저본으로 하고, 서울대학교 규장각 소장본인 청구기호 奎中 509(이하 '509본'으로 약칭), 奎中 510(이하 '510본'으로 약칭), 奎中 512(이하 '512본'으로 약칭), 《孔子文化大全》(孔子文化大全編輯部 編輯, 山東友誼出版社, 1991.)에 수록된 《大學衍義》(中國國家圖書館 所藏 元刻本. 이하 '대전본'으로 약칭), 文淵閣四庫全書에 수록된 《大學衍義》(이하 '사고본'으로 약칭)를 對校本으로 하였으며, 朱人求가 校點한 《大學衍義》(華東師範大學出版社, 2010. 이하 '표점본'으로 약칭)를 참고하였다.
3. 원문의 大文과 按說은 저본에 근거하여 懸吐하고, 原註는 9개의 부호를 사용하여 標點하였다.
4. 원문이 길 경우 적절하게 分節하였다. 또한 卷次와 大文의 순서 및 按說과의 연계성을 고려하여 대문과 안설 위에 連番을 표시하였다. 이때 대문은 '가'로, 진덕수의 안설 및 諸家의 설은 '나'로 표시하였다.

   예 1-1-가 : 《대학연의》 권1의 첫 번째 나오는 大文
   1-5-나(按) : 《대학연의》 권1의 다섯 번째 나오는 대문에 대한 眞德秀의 按說
   2-1-나1(朱) : 《대학연의》 권2의 첫 번째 대문에 대한 朱熹의 설
5. 본서의 懸吐는 현대국어를 따르되, 중세국어 및 근세국어의 특성을 고려하여 다음과 같이 표기하였다.
   1) 주격조사로 '-이'와 '-가'를 병용하였다.
   2) 아래 아(ㆍ)는 사용하지 않고, 'ㅏ'나 'ㅡ' 등 적절한 모음으로 대체하였다.

      예 丷也(ᄒᆞ야) → 하여 / ホ弋(호ᄃᆡ) → 호대 / 丶亽ㅌ乙(ㅣ어ᄂᆞᆯ) → 이어늘
   3) 가급적 단모음화를 지향하였다.

      예 丷士(ᄒᆞ샤) → 하사 / 印底(ᅟᅵᆫ져) → 인저
   4) '使'가 이끄는 구절에 '으로'로 현토되어 있을 경우, 假定을 뜻할 때에는 토는 그대로

두고 번역만 가정의 의미를 따랐다.

예 〔원문〕 使吾君之心으로 → 〔번역〕 만일 우리 임금의 마음이 白日과 같이 밝아

6. 독자의 편의를 위하여 저본에 없는 소제목을 삽입하였다. 예를 들어, '商高宗周成王之學(商 高宗과 周 成王의 학문)'과 같이 원문이 있는 소제목은 사고본에 있는 원문을 인용한 것이며, '商 高宗의 학문', '周 成王의 학문' 등과 같이 원문이 제시되지 않은 소제목은 사고본을 참고하여 역자가 재량으로 보충한 것이다.
7. 僻字나 讀音이 특수한 글자는 한글로 音을 달아주었다.
8. 번역문은 한글과 한자를 혼용하였으며, 맞춤법과 띄어쓰기는 한글 맞춤법과 표준어 규정을 따랐다.
9. 校勘은 원문의 誤字, 脫字, 避諱, 異文, 衍文, 倒文 등을 대상으로 하였다. 다만 다음과 같은 경우에는 저본대로 따르고 出校하지 않았다.
   1) 갖은자로 된 숫자 壹, 貳, 參, 拾 등
   2) 于/於, 姦/奸, 無/无, 耶/邪, 懽/歡, 叙/敍 자 등
10. 원문의 글자는 저본대로 따르고 번역문과 주석문에서는 正字를 따랐다.

    예 〔원문〕 覇 / 〔번역문, 주석문〕 霸
11. 저본에서 避諱한 글자는 본래의 글자로 바꾸었으며, 대교본의 避諱字는 각주로 出校하였다.
    1) 저본에서 피휘하여 쓴 '士春', '朝', '斤' 등은 조선의 피휘자인 '子春'(桓祖 李子春), '旦'(太祖 李旦(李成桂)), '鈞'(宣祖 李昖(李鈞)) 등으로 바꾸었다.
    2) 대전본에서 피휘하여 쓴 '元', '洪', '康', '正', '威', '亘', '謹', '端' 등은 宋의 避諱字인 '玄'(趙氏의 시조 趙玄朗), '弘'(太祖의 부친 趙弘殷), '匡'(太祖 趙匡胤), '禎'(貞)(仁宗 趙禎), '讓'(神宗(趙頊)의 부친 趙允讓), '桓'(欽宗 趙桓), '昚'(孝宗 趙昚), '惇'(光宗 趙惇) 등으로 바꾸었다.
    3) 사고본에서 피휘하여 쓴 '元', '弘' 등은 淸의 避諱字인 '玄'(聖祖 康熙帝 愛新覺羅玄燁), '弘'(高宗 乾隆帝 愛新覺羅弘曆) 등으로 바꾸었다.
12. 본서에 사용한 주요 부호는 다음과 같다.

    " " : 1차 인용

    ' ' : 2차 인용

    「 」 : 3차 인용

    ( ) : 원문의 讀音 및 번역문의 間註

〔　〕: 번역문과 뜻은 같으나 音이 다른 경우
《　》: 書名, 典據
〈　〉: 篇章名, 作品名
【臣按】: 眞德秀의 按說

13. 본서의 原註에 사용한 標點은 다음과 같다.
. : 문장의 종결
, : 한 문장 안에서 句나 節의 구분이 필요한 곳
· : 대등한 명사나 구절의 병렬
" " : 1차 인용
' ' : 2차 인용
: : '曰', '云' 등 발언이나 인용 뒤에 사용
; : 두 구 이상의 節이 긴밀하게 연결되는 병렬문에 사용
! : 감탄문 끝에 사용
? : 의문문 끝에 사용

14. 四書의 篇名과 章次는 朱熹의 《四書集註》를 따랐으며, 《詩經》은 주희의 《詩集傳》을, 《書經》은 蔡沈의 《書集傳》을, 《周易》은 程頤의 《伊川易傳》과 주희의 《周易本義》를 따랐다. 이외에 十三經에 속하는 경전의 편명과 장차는 《十三經注疏》를, 기타 문헌은 통행본을 따랐다.

參考書目

◇ 底本 관련자료

- 《大學衍義》, 眞德秀(宋) 撰, 규장각 소장본.(청구기호:奎中507)
- 《大學衍義》, 眞德秀(宋) 撰, 규장각 소장본.(청구기호:奎中509)
- 《大學衍義》, 眞德秀(宋) 撰, 규장각 소장본.(청구기호:奎中510)
- 《大學衍義》, 眞德秀(宋) 撰, 규장각 소장본.(청구기호:奎中512)
- 《大學衍義》, 眞德秀(宋) 撰, 文淵閣四庫全書, 影印本, 臺灣商務印書館, 1983~1986.
- 《大學衍義》, 孔子文化大全編輯部 編, 元刻本, 孔子文化大全, 山東友誼出版社, 1991.
- 《大學衍義》, 朱人求 校點, 華東師範大學出版社, 2010.

◇ 經 部

- 《論語集註大全》, 朱熹(宋) 集註, 胡廣(明) 等 編, 朝鮮 內閣本, 影印本, 學民文化社.
- 《大學章句大全》, 朱熹(宋) 集註, 胡廣(明) 等 編, 朝鮮 內閣本, 影印本, 學民文化社.
- 《孟子集註大全》, 朱熹(宋) 集註, 胡廣(明) 等 編, 朝鮮 內閣本, 影印本, 學民文化社.
- 《中庸章句大全》, 朱熹(宋) 集註, 胡廣(明) 等 編, 朝鮮 內閣本, 影印本, 學民文化社.
- 《四書諺解》, 校正廳(朝鮮) 編, 朝鮮 內閣本, 影印本, 保景文化社.
- 《四書栗谷諺解》, 李珥(朝鮮) 等 編, 朝鮮 活字本(校書館活字), 影印本, 成均館大學校 養賢齋.
- 《書傳大全》, 蔡沈(宋) 集傳, 胡廣(明) 等 編, 朝鮮 內閣本, 影印本, 學民文化社.
- 《詩傳大全》, 朱熹(宋) 集傳, 胡廣(明) 等 編, 朝鮮 內閣本, 影印本, 學民文化社.
- 《禮記集說大全》, 陳澔(元) 集說, 胡廣(明) 等 編, 朝鮮 內閣本, 影印本, 學民文化社.
- 《周易傳義大全》, 程頤(宋) 傳, 朱熹(宋) 本義, 胡廣(明) 等 編, 朝鮮 內閣本, 影印本, 學民文化社.
- 《春秋經傳集解》, 左丘明(周) 傳, 杜預(晉) 註, 林堯叟(宋)・朱申(宋・元) 附註, 朝鮮 金屬活字本(戊申字), 影印本, 保景文化社.
- 《春秋左傳詁》, 洪亮吉, 北京:中華書局, 2004.
- 《春秋左傳注(修訂本)》, 楊伯峻, 北京:中華書局, 1990.

• 《十三經注疏 整理本》, 十三經注疏整理委員會 整理, 北京大學出版社, 2000.

◇ 史 部

• 《史記》, 司馬遷(漢) 撰, 標點校勘本, 中華書局, 2006.
• 《資治通鑑》, 司馬光(宋) 撰, 胡三省(元) 音註, 標點校勘本, 中華書局, 1997.

◇ 子 部

• 《西山讀書記》, 眞德秀(宋) 撰, 文淵閣四庫全書, 影印本, 臺灣商務印書館, 1983~1986.

◇ 集 部

• 《船山全書》, 王夫之(明・淸) 撰, 標點校勘本, 岳麓書社, 1996.
• 《朱子全書》, 朱熹(宋) 撰, 標點校勘本, 上海古籍出版社, 2000.

◇ 사전 및 공구서

• 吉常宏, 《漢語稱謂大詞典》, 河北教育出版社, 2001.
• 徐連達 주편, 《中國歷代官制大詞典》, 廣東教育出版社, 2009.
• 兪鹿年, 《中國官制大辭典》, 黑龍江人民出版社, 1998.
• 張撝之 외 주편, 《中國歷代人名大辭典》, 上海:上海古籍出版社, 1999.
• 中國歷史大辭典編纂委員會, 《中國歷史大辭典》, 上海辭書出版社, 2000.
• 趙文潤 외 주편, 《兩唐書辭典》, 山東教育出版社, 2004.
• 倉修良 주편, 《史記辭典》, 山東教育出版社, 1991.
• ―――――, 《漢書辭典》, 山東教育出版社, 1996.
• 賀旭志 외, 《中國歷代職官辭典》, 中國社會出版社, 2003.

◇ 研究論著 및 飜譯書

• 郭俊然, 〈出土資料所見的漢代校尉官考〉, 《焦作師範高等專科學校學報》29卷 3期, 2013.
• 譚景玉, 〈漢代上公制度考述〉, 《山東大學學報(哲學社會科學版)》 2005年 3期.
• 繆文遠, 《戰國制度通考》, 巴蜀書社, 1998.
• 西嶋定生 저, 최덕경 외 역, 《중국의 역사(진한사)》, 혜안, 2013.
• 宋杰, 〈漢代官吏的休假制度〉, 《北京師院學報(社會科學版)》 1986年 3期, 北京:首都師範大學.
• 施丁 주편, 《漢書新注》, 三秦出版社, 1994.

- 楊伯峻, 《孟子譯註》, 北京:中華書局, 2000.
- 楊永俊, 〈王莽禪漢九錫禮考釋〉, 《學海》 2006年 4期, 江蘇省社會科學院.
- 楊華, 〈先秦釁禮研究〉, 《江漢論壇》, 湖北省社會科學院, 2003.
- 王力, 《古代漢語3》, 北京:中華書局, 1998.
- 劉向東, 《中國古代軍事典章制度》, 沈陽:白山出版社, 2012.
- 劉曉燕 외, 〈中國古代政治制度中九錫禮的歷史考察〉, 《山東社會科學》 2011年 10期, 山東省社會科學界聯合會.
- 陰法魯 외, 《中國古代文化史(3)》, 北京:北京大學出版社, 2005.
- 李國文, 〈胡椒八百石〉, 《人民文學》 11期, 2005.
- 錢玄, 《三禮通論》, 南京:南京師範大學出版社, 1996.
- 韓兆琦, 《史記箋證》, 南昌:江西人民出版社, 2005.
- 許嘉璐 주편, 《二十四史全譯》, 漢語大詞典出版社, 2004.
- 許繼起, 〈秦漢樂府制度研究〉, 揚州大學博士學位論文, 2002.
- 胡琦峻, 《漢代官印選》, 北京:學苑出版社, 2011.

◇ 데이터베이스(DB) 자료

- 電子版 文淵閣四庫全書, 迪志文化出版有限公司.
- 中國基本古籍庫, 北京愛如生數字化技術研究中心.
- 寒泉 古典文獻全文檢索資料庫(http://skqs.lib.ntnu.edu.tw/dragon)

目 次

大學衍義 卷18

大學衍義 卷19

附錄

大學衍義 卷14

格物致知之要(一) 사물의 원리를 깊이 연구하여 知性의 힘을 극대화하는 핵심적인 방법들 (1)

明道術 道를 분명히 밝힘

王道霸術之異 王道와 霸道의 차이

14-1-가[1)]

齊宣王①이 **問曰 齊桓**[2)]**·晉文**[3)]**之事**②를 **可得聞乎**잇가 **孟子**가 **對曰 仲尼之徒**가 **無道桓·文之事者**라 **是以**로 **後世**에 **無傳焉**[4)]하니 **無以則王乎**③인저 **曰 德**이 **何**

1) 《맹자》〈梁惠王 上〉 제7장에 보인다.

2) 齊桓 : ?~기원전 643. 재위 기원전 685~기원전 643. 춘추시대 齊나라의 임금으로 성은 姜, 씨는 呂, 이름은 小白으로, 桓은 시호이다. 齊 僖公(釐公)의 아들이자 襄公의 동생으로 처음에는 莒(거)로 달아났다가 양공이 피살되자 귀국하여 즉위했다. 管仲을 재상으로 삼아 개혁을 추진하여 부국강병을 이룩하였다. 尊王攘夷를 표방하여 북쪽으로는 戎狄을 정벌함으로써 그들이 중원을 노리는 것을 막았으며, 남쪽으로는 楚나라를 억제하여 召陵에서 회맹하도록 하였다. 周 惠王이 죽자 태자 鄭(周 襄王)을 받들어 즉위시킴으로써 周나라 왕실을 안정시켰다. 여러 차례 제후들과 회합하여 맹약을 함으로써 춘추시대 최초의 霸者가 되었다.

3) 晉文 : 기원전 697~기원전 628. 재위 기원전 636~기원전 628. 춘추시대 晉나라의 임금으로 성은 姬, 이름은 重耳로, 文은 시호이다. 晉 獻公의 둘째 아들로 헌공이 驪姬의 참소를 믿고 태자 申生을 죽게 하자, 19년 동안 국외를 떠돌며 망명 생활을 했다. 惠公이 죽고 懷公이 뒤를 이었지만 국내의 정세가 불안하였는데 秦 穆公의 도움을 받아 귀국하여 즉위했다. 狐偃·趙衰(최)·先軫 등과 같은 인재를 등용하였으며 부세를 경감하고 빈민을 구제하는 등의 조처로 국태민안과 부국강병을 도모하였다. 周나라의 王子 帶가 일으킨 반란을 평정하고 周 襄王을 맞이하여 복위시켰으며 尊王을 내세웠다. 기원전 632년의 城濮 전투에서 楚·陳·蔡 세 나라의 군대를 격파하고 踐土에서 제후들과 회합함으로써 齊 桓公의 뒤를 이어 제후들의 맹주가 되었다.

如則可以王矣잇고 曰 保民而王이면 莫之能禦也④리이다

① 齊宣王 : 齊, 國名, 宣, 諡也, 諸侯僭王.
'齊'는 나라 이름이며 '宣'은 시호로, 제 선왕은 제후로서 왕을 僭稱하였다.

② 齊桓・晉文之事 : 齊桓[5]公, 名小白, 晉文公, 名重耳, 皆春秋時覇者.
'齊 桓公'은 이름이 小白이며, '晉 文公'은 이름이 重耳로, 모두 춘추시대의 覇者이다.

③ 無以則王乎 : 王, 謂行王者之道也.
'王'은 王者의 도를 행하는 것을 말한다.

④ 莫之能禦也 : 禦, 止也.
'禦'는 '막다'라는 뜻이다.

齊 宣王이 질문하였다.
"齊 桓公과 晉 文公의 事績을 들려주실 수 있겠습니까?"
맹자가 대답하였다.
"仲尼의 문도들 중에는 제 환공과 진 문공의 事績을 말하는 이가 없습니다. 이 때문에 후세에 전해지는 것이 없습니다. 그만두지 말고 굳이 말하라 하시면 王道를 말씀드리겠습니다."
"덕이 어떠하면 왕도를 행할 수 있겠습니까?"
"백성을 안정시키고서 왕도를 행하면 이를 막을 자가 없을 것입니다."

曰 若寡人者도 可以保民乎哉잇가 曰 可하니이다 曰 何由로 知吾의 可也잇고 曰 臣이 聞之胡齕(흘)호니 曰 王이 坐於堂上이어시늘 有牽牛而過堂下者러니 王이 見之하시고 曰 牛는 何之오 對曰 將以釁鍾①[6][7]이니이다 王曰 舍之하라 吾가 不忍

4) 焉 : 사고본에는 이 뒤에 '臣未之聞也'가 있다. 통행본 《맹자》에도 '臣未之聞也'가 있다.

5) 桓 : 대전본에는 '威'로 되어 있으나, 宋 欽宗 趙桓을 피휘한 것이다.

6) 鍾 : 사고본에는 '鐘'으로 되어 있다.

7) 釁鍾 : 楊華에 따르면 釁은 광의의 의미와 협의의 의미가 있다. 광의의 의미는 피를 제사에 바치는 것을 통칭하는 것이며, 협의의 의미는 새로 지은 건물이나 새로 만든 禮器・兵器 등에 피를 칠하는 것을 말한다. 王夫之는 釁鍾을, 건물을 낙성할 때 神 앞에서 희생을 잡아 익히지 않고 올리는 제사로 해석하면서, 종의 틈에 피를 바른다고 해석한 朱熹의 설을 부정하였다. 《四書稗疏 孟子上篇 釁鍾》《楊華, 先秦釁禮硏究, 江漢論壇, 湖北省社會科學院, 2003, 68쪽》

其觳觫(곡속)②若[8]無罪而就死地하노라 曰 然則廢釁鍾[9]與잇가 曰 何可廢也리오 以羊易之라하사소니 不識케이다 有諸잇가

① 將以釁鍾 : 新鍾[10]成, 殺牲以血塗其郤[11], 曰釁.[12]
새 종이 완성되었을 때 희생을 잡아 그 피를 새 종의 틈에 바르는 것을 '釁'이라고 한다.

② 觳觫 : 牛恐懼之貌.
'觳觫'은 소가 두려워하는 모습이다.

"과인 같은 사람도 백성을 안정시킬 수 있습니까?"

"할 수 있습니다."

"무슨 이유로 내가 할 수 있으리라는 것을 아십니까?"

"신이 胡齕에게 다음과 같은 말을 들었습니다. '왕께서 堂 위에 앉아 계셨는데 소를 끌고 당 아래로 지나가는 이가 있었습니다. 왕께서 그 모습을 보고 말씀하시기를 「소는 어디로 가는가?」라고 하시자, 그 사람이 대답하기를 「釁鍾을 하는데 쓰려고 합니다.」라고 하였습니다. 왕께서 말씀하시기를 「놓아주어라. 나는 소가 두려워 벌벌 떨면서 죄 없이 죽을 자리로 가는 것을 차마 보지 못하겠다.」라고 하시니, 그 사람이 대답하기를 「그렇다면 흔종을 하지 말까요?」라고 하자, 「어떻게 그만둘 수 있겠는가. 양으로 바꾸어라.」라고 하셨습니다.' 모르겠습니다. 그러한 일이 있었습니까?"

曰 有之하니이다 曰 是心이 足以王矣리이다 百姓은 皆以王爲愛也①어니와 臣은 固知王之不忍也하노이다 王曰 然하다 誠有百姓者②로다마는 齊國이 雖褊小나 吾何愛一牛리오 卽不忍其觳觫[13]若無罪而就死地라 故로 以羊易之也호이다 曰

8) 觳觫若 : 校正廳《孟子諺解》에서는 '그 觳觫히 無罪흔 거시 死地에 就ᄒᆞᄂᆞᆫ둣 홈을'이라고 풀이하여 若을 '無罪而就死地'에 붙여서 해석하고, 栗谷 李珥의《孟子諺解》에서는 '그 觳觫히 罪 업시 死地에 나아가는 줄을'이라고 풀이하여 若을 '觳觫'에 붙여서 해석하였다. 여기에서는 후자를 따랐다.

9) 鍾 : 사고본에는 '鐘'으로 되어 있다.

10) 鍾 : 사고본에는 '鐘'으로 되어 있다.

11) 郤 : 사고본에는 '隙'으로 되어 있다.

12) 新鍾……曰釁 : 대전본에는 없다.

王은 無異於百姓之以王爲愛也하소서 以小易大[③]어니 彼惡知之[④]리잇고 王若隱其無罪而就死地[⑤]則牛羊을 何擇焉이리잇고 王이 笑曰 是誠何心哉런고 我非愛其財而易之以羊也언마는 宜乎百姓之謂我愛也로다

① 百姓……愛也 : 愛, 愛財也.
'愛'는 재물을 아끼는 것이다.

② 誠有百姓者 : 實有如百姓所譏者.
'誠有百姓者'는 실로 백성이 기롱하는 바와 같은 것이 있었다는 뜻이다.

③ 以小易大 : 羊小牛大.
양은 작은 재물이고 소는 큰 재물이다.

④ 彼惡知之 : 惡, 音汚, 言民豈知王意.
'惡'는 음이 汚(오)이니, '彼惡知之'는 백성들이 어찌 왕의 뜻을 알겠느냐는 것을 말하였다.

⑤ 王若……死地 : 隱, 痛也.
'隱'은 '불쌍하게 여기다'라는 뜻이다.

"그러한 일이 있었습니다."

"이러한 마음이 왕도를 행하시기에 충분할 것입니다. 백성들은 모두 왕을 두고 재물을 아낀다고 하지만, 신은 참으로 왕께서 차마 하지 못하셨다는 것을 압니다."

왕이 말하였다.

"맞습니다. 참으로 그러한 백성이 있습니다만 齊나라가 작은 나라이나 내가 어찌 소 한 마리를 아끼겠습니까. 바로 소가 벌벌 떨며 죄 없이 죽을 자리로 가는 것을 차마 볼 수 없어서 양으로 바꾸라고 한 것입니다."

"왕께서는 백성들이 왕을 두고 재물을 아낀다고 하는 것을 이상하게 여기지 마십시오. 작은 것을 가지고 큰 것과 바꾸었으니 저들이 어찌 알겠습니까. 왕께서 소가 죄 없이 죽을 자리로 가는 것을 불쌍하게 여기신다면, 소와 양을 어찌 구별하셨습니까?"

왕이 웃으며 말하였다.

"이것은 참으로 어떠한 마음이었을까? 내가 재물이 아까워서 양으로 교체한 것

13) 觫 : 대전본에는 이 뒤에 小註로 '新鍾成殺牲以血塗其郤曰釁' 12자가 있다.

은 아니었지만, 백성들은 나를 두고 재물을 아낀다고 하는 것이 당연하겠습니다."

曰 無傷也라 是乃仁術也니 見牛코 未見羊也일새니이다 君子之於禽獸也에 見其生하고 不忍見其死하며 聞其聲하고 不忍食其肉하나니 是以로 君子는 遠庖廚也니이다 王이 說(열)曰① 詩云 他人有心을 予忖度(탁)之②[14]라하니 夫子之謂也로소이다 夫我乃行之하고 反而求之호대 不得吾心이라니 夫子가 言之하시니 於我心에 有戚戚焉③하여이다 此心之所以合於王者는 何也잇고

① 王說曰 : 說, 喜也.
'說'은 '기뻐하다'라는 뜻이다.
② 他人……度之 : 詩小雅之篇也.
《시경》〈小雅〉篇의 시이다.
③ 有戚戚焉 : 戚戚, 心動貌.
'戚戚'은 마음이 감동되는 모양이다.

"문제 될 것이 없습니다. 이것이 바로 仁을 행하는 要領이니 소는 보고 양은 아직 보지 못하였기 때문입니다. 군자는 짐승에 대하여 살아 있는 것을 보고나서는 그 죽는 것을 차마 보지 못하며, 죽을 때 슬피 우는 소리를 듣고나서는 그 고기를 차마 먹지 못합니다. 이 때문에 군자는 푸줏간을 멀리하는 것입니다."

왕이 기뻐하면서 말하였다.

"《시경》에 이르기를 '다른 이가 품은 마음 내가 헤아려준다네.'라고 하였으니, 선생을 두고 이른 말입니다. 제가 마침내 실행하고서 돌이켜 찾아보았으나 제 마음을 알지 못하였는데, 선생께서 말씀해주시니 제 마음에 감동이 옵니다. 이러한 마음이 왕도를 행하는 데에 부합되는 까닭은 무엇입니까?"

曰 有復於王者가 曰 吾가 力足以擧百鈞①[15]而不足以擧一羽하며 明足以察秋毫之末②而不見輿薪③이라하면 則王은 許之乎잇가 曰 否라 今에 恩足以及禽獸

---

14) 他人……度之 : 《시경》〈小雅 巧言〉에 보인다.

15) 鈞 : 저본에는 '匀'으로 되어 있으나, 대전본·사고본에 근거하여 바로잡았다. '鈞'은 朝鮮 宣祖의 휘이다.

而功不至於百姓者는 獨何與잇고 然則一羽之不擧는 爲不用力焉이며 輿薪之不見은 爲不用明焉이며 百姓之不見保는 爲不用恩焉이니 故로 王之不王④은 不爲也언정 非不能也니이다

① 吾力足以擧百鈞 : 三十斤爲一鈞.
30근이 1鈞이다.
② 明足……之末 : 毫至秋而銳.
털은 가을이 되면 가늘어진다.
③ 輿薪 : 以車載薪.
'輿薪'은 수레에 땔나무를 실은 것이다.
④ 王之不王 : 音旺.[16]
'不王'의 '王'은 음이 旺(왕)이다.

"왕께 보고하는 자가 '제가 힘은 100鈞을 충분히 들 수 있으나 깃털 하나는 들 수 없으며, 시력은 秋毫의 끝을 충분히 볼 수 있으나 수레에 가득 실은 땔나무는 볼 수 없습니다.'라고 말한다면 왕께서는 그 말을 수긍하시겠습니까?"

"아닙니다."

"그렇다면 지금 은택이 충분히 짐승에게 미치면서도 공효가 백성에게 미치지 않는 것은 유독 어째서입니까? 그렇다면 깃털 하나를 들지 못하는 것은 힘을 쓰지 않기 때문이며, 수레에 가득 실은 땔나무를 보지 못하는 것은 시력을 사용하지 않기 때문이며, 백성들이 보호를 받지 못하는 것은 은택을 베풀지 않기 때문입니다. 그러므로 왕께서 왕도를 행하지 못하시는 것은 안 하는 것이지 못 하는 것이 아닙니다.

老吾老하여 以及人之老하며 幼吾幼하여 以及人之幼①면 天下는 可運於掌이니 詩云 刑于寡妻하여 至于兄弟하여 以御于家邦[17]이라하니 言擧斯心하여 加諸彼

16) 音旺 : 旺은 去聲으로, '不王'의 '王'을 거성으로 읽으면 旺 자와 통용될 뿐만 아니라 '왕 노릇을 하다', '통치하다'라는 뜻이 된다.

17) 刑于……家邦 : 《시경》 〈大雅 思齊〉에 보이는데, 周 文王의 덕을 찬미하는 내용이다. 寡妻는 예법에 따라 맞이한 본처(嫡妻)로서, 이 시에서는 文王의 부인인 太姒(사)를 뜻한다. 《毛傳》에 "寡妻는 適妻이다.〔寡妻 適妻也〕"라는 내용이 보인다.

而已니 **故**로 **推恩**이면 **足以保四海**요 **不推恩**이면 **無以保妻子**니 **古之人**이 **所以大過人者**는 **無他焉**이라 **善推其所爲而已矣**[18]니이다

① 老吾……之幼 : 吾老, 我之父兄. 吾幼, 我之子弟.
'吾老'는 나의 부형이다. '吾幼'는 나의 자제이다.

나의 父兄을 부형으로 공경하여 그 마음으로 남의 부형까지 공경하며 나의 자제를 자제로 사랑하여 그 마음으로 남의 자제까지 사랑한다면, 천하는 손바닥 안에서 운용하는 것처럼 마음대로 할 수 있습니다. 《시경》에 이르기를 '文王께서 寡妻에게 모범이 되고서, 이를 가지고 형제에까지 미치고, 다시 이를 가지고 집안과 나라를 다스리셨기 때문이다.'라고 하였으니, 이 마음을 들어 저기에 베풀 뿐임을 말한 것입니다. 그러므로 은택을 미루어나가면 충분히 천하를 보전할 수 있고 은택을 미루어나가지 못하면 처자식조차 보전할 수 없습니다. 옛사람이 보통 사람보다 크게 월등했던 것은 다른 이유가 없습니다. 자신이 잘했던 것을 잘 확대해나갔을 뿐입니다.

今王이 **發政施仁**하사 **使天下仕者**로 **皆欲立於王之朝**하며 **耕者**로 **皆欲耕於王之野**하며 **商賈**(고)로 **皆欲藏於王之市**하며 **行旅**로 **皆欲出於王之塗**하시면 **天下之欲疾其君者**①가 **皆欲赴愬於王**②하리니 **其若是**면 **孰能禦之**리잇고

① 天下……君者 : 疾, 惡也.
'疾'은 '미워하다'라는 뜻이다.
② 皆欲赴愬於王 : 愬, 與訴同.
'愬'는 '訴(하소연하다)'와 같다.

지금 왕께서 훌륭한 정사를 펴시고 인을 베푸시어 천하의 벼슬하는 자들로 하여금 모두 왕의 조정에서 벼슬하고 싶게 하며, 천하의 경작하는 자들로 하여금 모두 왕의 田野에서 경작하고 싶게 하며, 천하의 상인들로 하여금 모두 왕의 시장에서 장사하고 싶게 하며, 천하의 나그네들로 하여금 모두 왕의 길로 다니고 싶게 한다면, 천하의 제 임금을 미워하는 자들이 모두 왕에게 달려와 하소연하려

18) 善推……已矣 : 통행본 《맹자》에는 이 뒤에 '今恩足以及禽獸而功不至於百姓者獨何與'부터 '蓋亦反其本矣'에 이르는 맹자와 제 선왕의 대화가 더 있는데, 여기에서는 생략되었다.

고 할 것이니, 이렇게 된다면 누가 이것을 막을 수 있겠습니까."

14-1-나(按)

臣은 按 五覇에 桓・文이 爲盛①이라 故宣王이 欲聞其事也어늘 孟子가 直謂仲尼之徒에 無道之者는 所以深沮宣王羨慕覇功之志而欲其進於王道也라 世以[19]王道로 爲[20]甚高而難行[21]이어늘 孟子가 斷之以一言曰 保民而王이라하시니 保云者는 愛護育養之意니 書所謂若保赤子[22]가 是也라 王道는 不外乎保民하고 而保民은 又不外乎此心하니 卽宣王愛牛不忍殺之心하여 知其可以保民無難也니이다

① 五覇桓・文爲盛：五覇者, 齊桓[23]・晉文[24]・秦穆[25]・楚莊[26]・宋襄[27], 皆春秋

19) 以：대전본에는 '之'로 되어 있고, 사고본에는 이 뒤에 '爲'가 있다.

20) 爲：사고본에는 없다.

21) 行：대전본에는 없다.

22) 若保赤子：《서경》〈周書 康誥〉에 "병이 있는 것처럼 여겨 惡을 버리면 백성들이 모두 허물을 버릴 것이며, 갓난아이를 보호하듯이 하면 백성들이 편안히 다스려질 것이다.〔若有疾 惟民其畢棄咎 若保赤子 惟民其康乂〕"라는 내용이 보인다. 이 말은 周 武王이 아우인 康叔 封을 衛나라에 봉해주면서 한 말이다.

23) 齊桓：14-1-가의 '齊桓' 주석 참조.

24) 晉文：14-1-가의 '晉文' 주석 참조.

25) 秦穆：?～기원전 621. 재위 기원전 659～기원전 621. 춘추시대 秦나라의 제9대 임금으로 성은 嬴(영), 이름은 任好로, 穆은 시호이다. 穆은 문헌에 따라 '繆(목)'으로 되어 있기도 하다. 秦 德公의 셋째 아들이자 成公의 동생으로, 즉위한 후 百里奚・蹇叔 등과 같은 인재를 등용하여 나라를 부강하게 하였다. 동으로는 河西 지역을 攻取하였으며 서로는 西戎의 12개 나라들을 공격하여 서융의 패자가 되었다. 기원전 650년에는 梁나라에서 망명 중이던 晉나라 公子 夷吾(晉 惠公)에게 병력을 파견하여 그의 즉위를 도왔으며, 14년 후에는 公子 重耳(晉 文公)의 즉위도 도왔다. 이듬해인 기원전 635년에는 진 문공과 함께 王子 帶가 일으킨 난을 평정하여 周 襄王이 복위하도록 하였다.

26) 楚莊：?～기원전 591. 재위 기원전 613～기원전 591. 춘추시대 楚나라의 임금으로 성은 熊, 이름은 侶 또는 旅로, 莊은 시호이다. 楚 穆王의 아들로, 즉위한 뒤 伍擧・蘇從・孫叔敖 등과 같은 賢臣을 중용하여 내정을 정비하고 국력을 강화하였다. 庸나라와 若敖氏를 멸망시키고 宋・舒・陳・鄭 등의 나라를 쳐서 패배시켰으며, 周나라 교외에서 閱兵을 하고 周나라 왕실에 있는 九鼎의 輕重을 물어보았다. 이로써 춘추시대의 패자로 군림하게 되었다.

27) 宋襄：?～기원전 637. 재위 기원전 650～기원전 637. 춘추시대 宋나라의 임금으로 성은 子, 이름은 玆甫 또는 玆父로, 襄은 시호이다. 宋 桓公의 아들로 庶兄 目夷를 재상으로 삼았

列國之君而覇於諸侯者也.

'五覇'는 齊 桓公·晉 文公·秦 穆公·楚 莊王·宋 襄公인데, 모두 춘추시대 列國의 임금으로서 제후들에게 패자가 된 이들이다.

【臣按】 五覇 가운데 齊 桓公과 晉 文公이 가장 강성하였기 때문에 齊 宣王이 그들의 事績을 들어보려고 하였습니다. 그런데 맹자가 다만 仲尼의 문도들 중에는 그것을 말하는 이가 없다고 한 것은 제 선왕이 覇者의 功業을 羨望하는 뜻을 강하게 저지하여 왕도로 나아가게 하고자 한 것입니다.

세상 사람들은 왕도를 매우 高遠하여 행하기 어렵다고 여겼는데 맹자는 한마디로 단언하기를 "백성을 안정시키고서 왕도를 행한다."라고 하였습니다. '안정시키다〔保〕'라고 하는 것은 애호하고 양육한다는 뜻이니, 《書經》에 이른바 "갓난아이를 보호하듯이 하라.〔若保赤子〕"라는 것이 이것입니다. 왕도는 백성을 안정시키는 것에서 벗어나지 않고, 백성을 안정시키는 것은 또 이러한 마음에서 벗어나지 않으니, 제 선왕이 소를 사랑하여 차마 죽이지 못하는 마음에 근거하여 그가 무난하게 백성을 보호할 수 있다는 것을 안 것입니다.

或者가 見宣王以羊易牛하고 謂其出於貪吝이로되 而孟子가 獨曰 是心이 足以王矣라하시니 所以警覺宣王하여 使知只此一心이 便足以王天下라 其所指示가 亦精切矣어늘 而宣王이 猶不悟本心之所以然也라 於是에 孟子가 復曰 無傷也라 是乃仁術也라하시니 是又警覺宣王하여 使知前日以羊易牛가 是乃行仁之術이니 術은 謂法之巧者라 蓋處事를 不可無法이니 雖有此心이나 而無法以處之면 則亦徒善而已라 朱熹가 謂 人與禽獸[28]가 同生而異類라 故用之以禮나 而不忍之心은 施於見聞之所及이라 其所以遠庖廚者는 亦以預養此心而廣爲仁之術也[29]라하니이다

어떤 이가, 제 선왕이 소를 양으로 바꾸는 것을 보고 그것이 탐욕과 인색함에서

다. 기원전 643년 楚 成王과 盂 땅에 있으면서 맹주 자리를 다투다가 초나라 군대가 그를 잡아 송나라를 공격하였다. 그 후 성왕이 亳 땅에서 제후들과 회합할 때 풀려났다. 이듬해인 기원전 642년에 齊나라가 혼란하자 曹나라·衛나라 등과 연합하여 齊나라를 정벌하여 안정시키고 齊 孝公을 즉위시켰다. 기원전 638년에 鄭나라를 공격하자 초나라가 정나라를 구원하였는데 초나라와 泓水에서 싸우다가 패배하여 부상을 입고 이듬해에 죽었다.

28) 人與禽獸 : 통행본 《孟子集註》에는 '蓋人之於禽獸'로 되어 있다.

29) 人與……術也 : 朱熹의 《孟子集註》〈梁惠王 上〉 제7장에 보인다.

비롯되었다고 하였습니다. 그러나 맹자는 유독 "이러한 마음이 충분히 왕도를 행할 수 있습니다."라고 하였으니, 제 선왕을 警覺시켜 오로지 이 한 마음이 바로 충분히 천하에 왕도를 행할 수 있음을 알게 한 것입니다.

맹자가 가르쳐준 것이 또한 정밀하고 절실하였는데 제 선왕은 여전히 본마음이 그러한 이유를 깨닫지 못하였습니다. 이에 맹자가 다시 말하기를, "문제 될 것이 없습니다. 이것이 바로 仁을 행하는 要領입니다."라고 하였으니, 이는 또 제 선왕을 경각시켜 전날 소를 양으로 교체한 것이 바로 인을 행하는 요령이라는 것을 알게 한 것입니다. 요령은 정교한 방법을 말합니다. 일을 처리하는 데 있어 방법이 없어서는 안 되니, 비록 이러한 마음이 있더라도 마음을 처리할 방법이 없다면 또한 그저 선하기만 한 것일 뿐입니다.

朱熹가 말하기를, "인간과 짐승이 생명이라는 점에서는 같지만 종류에 있어서는 다르다. 그러므로 인간이 짐승을 禮에 맞게 쓰면서도 차마 하지 못하는 마음은 시각과 청각이 닿는 영역에서 발휘된다. 군자가 푸줏간을 멀리하는 까닭은 또한 이러한 마음을 미리 키워서 인을 행하는 요령을 확대하려는 것이다."라고 하였습니다.

宣王이 聞此하고 乃始悅孟子之知其心이나 而亦未知王道之不外乎是也어늘 孟子가 復爲一羽・輿薪之譬하여 以明愛物之難而仁民之易하시니 宣王이 旣能爲其所難하고 乃不能爲其所易는 何哉오 善乎라 張栻之說에 曰 方其見牛而不忍者는 無以蔽之라 愛物之端이 發見也요 其不能推[30]恩於民者는 有以蔽之而仁民之理가 不著也[31]라하니 斯言也가 足以中宣王之病矣로소이다

제 선왕이 이 말을 듣고 나서야 비로소 맹자가 자신의 마음을 알아준 것에 대해 기뻐하였으나 또한 왕도가 여기에서 벗어나지 않는다는 것은 몰랐습니다. 그러자 맹자는 다시 깃털 하나를 못 든다는 비유와 수레에 가득 실은 땔나무를 못 본다는 비유를 들어 사물을 사랑하기는 어렵고 백성을 사랑하기는 쉽다는 것을 밝혔습니다. 제 선왕이 능히 어려운 일은 해내고서 도리어 쉬운 일을 못한 것은 어째서이겠습니까?

張栻의 다음과 같은 설명이 훌륭합니다.

30) 推 : 대전본・사고본에는 '加'로 되어 있다.
31) 方其……著也 : 張栻의 《癸巳孟子說》 卷1에 보인다.

“제 선왕이 소를 보고서 차마 죽이지 못한 것은 가려진 것이 없었으므로 사물을 사랑하는 단서가 발현된 것이며, 그가 백성들에게까지 은택을 미루어나가지 못한 것은 가려진 것이 있어 백성을 사랑하는 이치가 드러나지 않은 것이다.”

이 말이 제 선왕의 문제점을 충분히 짚어냈습니다.

老老幼幼而下則告宣王以行仁之序也라 聖人之視天下가 莫不欲歸吾仁而其行則自近始라 故親親而仁民하고 仁民而愛物하나니 其序를 不可紊也라 敬吾父兄하며 慈吾子弟는 所謂親親也요 推之以及人之父兄子弟는 所謂仁民也니 由是로 達之於天下하여 雖昆蟲草木이나 無不被其澤者는 不過擧此之心하여 加諸彼而已라 推恩足以保四海는 此心이 流行하여 雖遠必暨也요 不推恩無以保妻子는 此心이 壅遏하여 雖近不周也라 由親以及民하고 由民以及物은 此가 古人之善推也요 能及物而不能及民은 此가 宣王之不善推也라

“나의 부형을 부형으로 공경하고 나의 자제를 자제로 사랑한다.〔老老幼幼〕”라는 말 이하는 제 선왕에게 仁을 실천하는 단계를 일러준 것입니다. 성인이 천하 사람들을 보는 데 있어서 나의 仁으로 귀의하게 하고 싶지 않은 것이 없지만 그 실행은 가까운 데에서부터 시작합니다. 그러므로 친족을 친히 하고서 백성을 사랑하며 백성을 사랑하고서 사물을 아끼는 것이니, 그 단계를 어지럽혀서는 안 됩니다. 나의 부형을 공경하며 나의 자제를 사랑하는 것은 이른바 ‘친족을 친히 하는 것〔親親〕’이며, 이를 미루어 남의 부형과 자제에게 미치는 것은 이른바 ‘백성을 사랑하는 것〔仁民〕’이니, 이러한 단계에 따라 천하 사람들에게까지 펴나가서 비록 벌레와 초목이라 할지라도 그 은택을 입지 않는 게 없는 것은 이러한 마음을 들어 저기에 베푸는 데 불과할 뿐이기 때문입니다.

은택을 미루어나가면 충분히 천하를 보전할 수 있는 것은 이러한 마음이 흘러가서 비록 멀더라도 반드시 도달하기 때문이며, 은택을 미루어나가지 못하면 처자식조차 보전하지 못하는 것은 이러한 마음이 막혀서 비록 가깝더라도 두루 미치지 못하기 때문입니다. 친족에서부터 백성에게 미치고 백성에서부터 사물에 미쳤던 것은 옛사람들이 잘 확대해나갔기 때문이며, 사물에는 능히 미치고도 백성에게 미치지 못했던 것은 제 선왕이 잘 미루어나가지 못했기 때문입니다.

發政施仁而下則告宣王以保民之實也니 其目이 不過於任賢하여 使士樂仕於朝하며 薄

其賦斂하여 使農樂耕于野하며 寬其征稅하여 使商賈樂藏於市하며 行旅樂出於塗니 所謂王道者가 蓋如此라 豈有甚高難行者哉리오 惜宣王之[32]終不悟也로소이다

"훌륭한 정사를 펴고 인을 베푼다.〔發政施仁〕"라는 말 이하는 제 선왕에게 백성을 보호하는 실제를 일러준 것입니다. 그 조목은, 현인을 임용하여 선비들로 하여금 조정에서 벼슬하는 것을 즐거워하게 하며, 賦稅를 가볍게 하여 농민들로 하여금 田野에서 경작하는 것을 즐거워하게 하며, 세금 징수를 줄여 상인들이 시장에서 장사하는 것을 즐거워하게 하며, 나그네들이 길에 다니는 것을 즐거워하게 하는 것에 불과하니, 이른바 왕도라는 것이 대체로 이러합니다. 어찌 매우 高遠하여 행하기 어려운 것이 있겠습니까. 제 선왕이 끝내 깨닫지 못한 것이 안타깝습니다.

14-2-가[33]

公孫丑①[34]가 問曰 夫子가 當路於齊②하시면 管仲③[35]・晏子④[36]之功을 可復許乎잇가 孟子가 對[37]曰 子誠齊人也로다 知管仲・晏子而已矣온여 或이 問乎曾西⑤曰 吾子가 與子路孰賢⑥고 曾西가 蹴然⑦曰 吾先子之所畏也⑧니라 曰 然

32) 之 : 사고본에는 없다.

33) 《맹자》〈公孫丑 上〉 제1장에 보인다.

34) 公孫丑 : 公孫은 성이며 丑는 이름이다. 맹자의 제자로 齊나라 사람이다.《孟子注疏 公孫丑 上 趙岐注》

35) 管仲 : ?~기원전 645. 이름은 夷吾, 仲은 자이며, 또 다른 자는 敬仲이다. 齊나라 潁上 사람이다. 집안이 가난하여 각지를 돌며 식견을 넓힌 후 公子 糾를 섬겼다. 齊 襄公이 피살당하자 公子 小白(齊 桓公)과 자웅을 겨루었는데 이것이 실패하여 공자 규는 살해당하고 관중 자신은 투옥되었다. 그때 절친했던 鮑叔牙가 제 환공에게 추천하여 마침내 재상이 되었다. 그 후 40여 년 동안 집권하면서 행정・군사・조세 등을 개혁하고 상공업을 육성하여 국부를 증대하는 등 국력을 신장시켰다. 이로써 환공을 춘추시대 최초의 霸者로 만들었다.

36) 晏子 : ?~기원전 600. 이름은 嬰, 자는 平仲으로, 晏子는 그를 높인 말이며 夷維 사람이다. 齊 靈公 26년(기원전 551)에 부친 晏弱이 죽자 그의 뒤를 이어 제나라의 卿이 되었다. 齊나라의 靈公・莊公・景公 세 임금을 섬기면서 50여 년 동안 국정을 보좌하였는데 경공 때에 재상이 되었다. 임금에게 자주 간언을 올려 민생을 살피고 정치 개혁과 근검절약을 역설하였다. 管仲에 비견되는 명재상이었으나, 쇠퇴해가는 제나라의 형세를 막지는 못하였다. 제나라가 陳氏(田氏)의 수중에 넘어갈 것을 우려하였다.

37) 對 : 사고본에는 없다. 통행본 《맹자》에도 없다.

則吾子가 **與管仲孰賢**고 **曾西**가 **艴**(불)**然不悅曰 爾何曾比予於管仲**⑨고 **管仲**이 **得君**이 **如彼其專也**며 **行乎國政**이 **如彼其久也**로되 **功烈**이 **如彼其卑也**하니 **爾何曾比予於是**오하니라 **曰 管仲**은 **曾西之所不爲也**어늘 **而子**가 **爲我願之乎**아 **曰 管仲**은 **以其君霸**하고 **晏子**는 **以其君顯**하니 **管仲・晏子**는 **猶不足爲與**잇가 **曰**⑩ **以齊**로 **王**⑪이 **猶反手也**니라

① 公孫丑：孟子弟子.
'公孫丑'는 맹자의 제자이다.

② 夫子當路於齊：夫子, 謂孟子也. 當路, 謂爲卿相行國政也.
'夫子'는 맹자를 말한다. '當路'는 卿相이 되어 국정을 수행하는 것을 말한다.

③ 管仲：齊桓公相.
'管仲'은 齊 桓公의 재상이다.

④ 晏子：名嬰, 齊景公相.
'晏子'는 이름이 嬰으로 齊 景公의 재상이다.

⑤ 曾西：曾參之子[38].
'曾西'는 曾參의 아들이다.

⑥ 吾子與子路孰賢：仲由, 字子路, 孔子弟子.
'仲由'는 자가 子路로 공자의 제자이다.

⑦ 蹴然：不安貌.
'蹴然'은 불안한 모양이다.

⑧ 吾先子之所畏也：先子, 謂曾參也.
'先子'는 曾參을 말한다.

⑨ 爾何……管仲：曾, 則也.
'曾'은 '곧'이라는 뜻이다.

⑩ 曰：孟子[39].
'曰'은 맹자의 말이다.

⑪ 以齊王：音旺.
'王'은 음이 旺(왕)이다.

공손추가 질문하였다.

---

38) 子：사고본에는 '孫'으로 되어 있다. 趙岐의 《孟子章句》와 朱熹의 《孟子集註》에서도 曾西는 曾子의 손자라고 설명하였다.
39) 孟子：사고본에는 없다.

"선생님께서 齊나라에서 요직을 맡으신다면 管仲과 晏子의 공을 다시 기대할 수 있겠습니까?"

맹자가 대답하였다.

"자네는 참으로 제나라 사람이로다. 관중과 안자만 알 뿐이구나. 어떤 사람이 曾西에게 질문하기를 '그대가 子路와 비교했을 때 누가 나은가?'라고 하니, 증서가 불편해하면서 말하기를 '자로는 우리 선친(曾子)께서 敬畏하셨던 분이다.'라고 하였다. '그렇다면 그대가 관중과 비교했을 때 누가 나은가?'라고 하니, 증서는 안색이 갑자기 바뀌며 불쾌해하면서 말하기를 '네가 어찌 곧 나를 관중에 비하는가. 관중은 임금의 신임을 저토록 독차지하였으며, 국정 수행을 저토록 오래 하였는데도 공렬이 저토록 비루하였으니, 네가 어찌 곧 나를 이 사람에 비하는가.'라고 하였다. 관중은 증서도 되려고 않았던 대상인데, 자네는 내가 그처럼 되기를 원한다고 생각하는가."

"관중은 자기 임금을 霸者로 만들었고 안자는 자기 임금의 이름을 드러나게 하였으니 관중과 안자도 오히려 되어볼 만하지 않겠습니까?"

"제나라를 가지고 王道를 행하는 것은 손을 뒤집듯이 쉽다."

14-2-나(按)

臣은 按 齊宣王이 既慕桓[40]·文하고 而公孫丑가 復慕管·晏하니 蓋霸者功利之說이 深入人心하여 爲日已久라 故不惟時君이 慕之라 而學者도 亦慕之也라 孟子가 引曾西之言하여 以折之하시니 蓋子路가 雖不及有爲나 而其所學은 固聖賢之大學也어니와 若管仲之已試則桓[41]公이 專任之四十餘年이로되 其所成就가 不過國富兵彊而已니 此가 孔氏之門所羞稱[42]者라 故雖曾西라도 不屑爲之은 況孟子가 以承三聖自任[43]하시니 其肯與之匹乎아

【臣按】齊 宣王이 이미 齊 桓公과 晉 文公을 선망하였고 공손추가 또 管仲과 晏子를 선망하였으니, 霸者의 功利에 대한 설이 사람들의 마음에 깊숙이 파고들어

40) 桓 : 대전본에는 '威'로 되어 있으나, 宋 欽宗 趙桓을 피휘한 것이다.

41) 桓 : 대전본에는 '威'로 되어 있으나, 宋 欽宗 趙桓을 피휘한 것이다.

42) 孔氏之門所羞稱 : 14-5-가 참조.

43) 孟子……自任 : 三聖은 禹王·周公·孔子를 가리킨다.《孟子 滕文公 下》

가 그 시일이 이미 오래되었기 때문입니다. 그러므로 당시의 임금만 선망한 것이 아니라 학자도 선망하였는데 맹자는 曾西의 말을 인용하여 이를 꺾어버렸습니다. 자로가 비록 큰일을 하는 데까지는 미치지 못하였으나 그가 배운 것은 본래 성현의 大學이었습니다. 그러나 관중이 등용된 것으로 말한다면 제 환공이 그에게 40여 년 동안 일임하였는데도 그 성취가 부국강병에 지나지 않았으니, 이것이 孔子의 문하에서 五霸에 대해 거론하기를 부끄럽게 여겼던 이유입니다. 그러므로 증서라 할지라도 관중처럼 되기를 달가워하지 않았는데, 하물며 맹자는 三聖의 후계자를 자처하였으니, 관중과 비견되기를 달가워했겠습니까.

先儒楊時가 有曰 孔子가 言子路之才曰 千乘之國에 可使治其賦也[44]라하시니 使其見(현)於施爲라도 如是而已라 其於九(규)[45]合諸侯하며 一匡[46]天下[47]엔 固有所不逮也라 然則曾西가 推尊子路而羞比管仲者는 何哉오 譬之御者컨대 子路則範我馳驅而不獲[48]者也요 管仲之功은 詭遇而獲禽[49]爾[50]라하니 斯言이 盡之로소이다 使孟子當路于齊則

44) 千乘……賦也 : 《논어》〈公冶長〉 제7장에 보인다.

45) 九 : 주희는 《춘추좌씨전》 僖公 26년 기사에 있는 '糾合諸侯'에 근거하여 九를 '督(감독하다)'으로 풀이하였다. 《論語諺解》에는 九의 음을 '규'라고 하였다. 《論語集註 憲問》

46) 匡 : 대전본에는 '正'으로 되어 있으나, 宋 太祖 趙匡胤을 피휘한 것이다.

47) 一匡天下 : 《논어》〈憲問〉 제18장에 "管仲이 齊 桓公을 보필함으로써 제후의 霸者가 되게 하여 한 번 천하를 바로잡아 백성들이 지금까지 그 은택을 입고 있으니, 관중이 없었으면 우리는 아마도 머리를 풀어헤치고 옷깃을 왼편으로 여미는 오랑캐가 되었을 것이다.〔管仲相桓公 霸諸侯 一匡天下 民到於今受其賜 微管仲 吾其被髮左衽矣〕"라는 공자의 말이 보인다.

48) 範我馳驅而不獲 : 《맹자》〈滕文公 下〉 제1장에 다음과 같은 내용이 보인다. 옛날에 趙簡子가 王良에게 寵臣 奚와 수레를 타고 사냥을 하게 했는데 하루 종일 한 마리도 못 잡았다. 그러자 奚는 조간자에게 왕량이 천하의 형편없는 마부라고 하였다. 어떤 이가 이 말을 왕량에게 전해주자 왕량이 다시 한 번 해보겠다고 하고서 다시 奚와 사냥을 나갔다. 그 결과 하루아침에 짐승 열 마리를 잡았다. 이에 奚가 조간자에게 왕량이 천하의 뛰어난 마부라고 하였다. 조간자가 왕량에게 奚와 수레 타는 일을 맡으라고 했으나 왕량은 거절하면서 "제가 奚를 위해 말 모는 방식을 규범에 맞게 했더니 하루 종일 한 마리도 못 잡았고 그를 위하여 규범에 맞지 않게 수레를 몰아 짐승과 만나게 해주었더니 하루아침에 열 마리를 잡았습니다. 《시경》에 이르기를, 「말 모는 규범을 벗어나지 않자 화살을 쏘는 것이 부술 듯하였네.」라고 하였습니다. 저는 소인배와 수레를 타는 것이 익숙하지 않으니 사양하렵니다.'〔吾爲之範我馳驅 終日不獲一 爲之詭遇 一朝而獲十 詩云 不失其馳 舍矢如破 我不貫與小人乘 請辭〕"라고 말하였다. 인용된 시는 《시경》〈小雅 車攻〉에 보인다.

必行王者之道니 其以齊로 王이 信猶反掌之易也라

先儒 楊時가 말하기를,

"공자가 자로의 재능을 두고 말하기를, '千乘之國에서 그 군대를 다스리게 할 만하다.'라고 하였으니, 설령 그 재능은 행동으로 나타났더라도 이와 같았을 따름이다. 관중이 제후들을 규합하고 천하를 한번 바로잡은 데 있어서는 진실로 따라가지 못할 점이 있었다. 그렇다면 증서가 자로는 추중하여 높이고 관중에는 비견되기를 부끄러워했던 것은 어째서인가? 수레를 모는 자에 비유한다면 자로는 자신의 말 모는 방식을 규범에 맞게 하여 짐승을 잡지 못한 자이고, 관중의 공은 규범에 맞지 않게 수레를 몰아 짐승과 만나게 하여 짐승을 잡은 격이다."

라고 하였으니, 이 말에서 모두 설명하였습니다. 만약 맹자가 제나라에서 요직을 맡았다면 틀림없이 王者의 도를 행했을 것이니, 맹자가 제나라를 가지고 王道를 행하는 것은 참으로 손바닥을 뒤집는 것처럼 쉬웠을 것입니다.

或謂 晏子는 於齊에 固無功烈之足言이어니와 若管仲者는 孔子가 蓋嘗以如其仁으로 稱之[51]하시니 孟子는 學於孔子者也라 何其言之異耶아 曰 孔子之稱은 稱其攘夷狄而尊中夏也요 孟子所譏는 譏其舍王道而用覇術也니 所指가 固不同矣라 然孔子가 雖稱其功이나 而器小之譏와 不知禮之譏[52]를 固未嘗略하시니 況世變日下라 使孟子而不復議其舍王用覇之罪면 則人將靡[53]然趨於覇矣리니 波流滔滔를 孰從而反之邪아 以此坊民이라도 商鞅・申不害之流가 猶以詐力彊國而甘處於覇之下者하니이다

혹자는 말합니다. "晏子는 齊나라에 있어서 본래 언급할 만한 功烈이 없었지만,

49) 詭遇而獲禽 : 위의 '範我馳驅而不獲' 주석 참조.

50) 孔子……禽爾 : 《孟子集註》〈公孫丑 上〉 제1장에 보인다.

51) 孔子……稱之 : 《논어》〈憲問〉 제17장에 "齊 桓公이 제후들을 糾合하되 무력을 사용하지 않은 것은 관중의 힘이었으니, 누가 그의 仁만 하겠는가. 누가 그의 인만 하겠는가.〔桓公九合諸侯 不以兵車 管仲之力也 如其仁 如其仁〕"라는 공자의 말이 보인다.

52) 器小……之譏 : 《논어》〈八佾〉 제22장에 "관중의 器局이 작구나!〔管仲之器小哉〕", "나라의 임금이라야 門屛으로 대문을 가릴 수 있는데 관중도 문병으로 대문을 가렸으며, 나라의 임금이라야 두 임금이 우호로 만날 때 反坫을 둘 수 있는데 관중도 반점을 두었으니, 관중이 예를 안다면 누가 예를 모르겠는가.〔邦君樹塞門 管氏亦樹塞門 邦君爲兩君之好 有反坫 管氏亦有反坫 管氏而知禮 孰不知禮〕"라는 공자의 말이 보인다.

53) 靡 : 사고본에는 '廢'로 되어 있다.

관중 같은 사람은 공자가 일찍이 '누가 그의 仁만 하겠는가.'라고 칭찬하였습니다. 맹자는 공자를 배운 사람인데 어찌면 그렇게 말이 다르단 말입니까."

공자의 칭찬은 관중이 夷狄을 배격하고 中華를 존숭한 것을 칭찬했던 것이며, 맹자가 기롱했던 바는 그가 왕도를 버리고 패도를 사용한 것을 기롱한 것이니, 가리키는 대상이 본래 다른 것입니다. 그러나 공자가 비록 그의 공은 칭찬하였으나 기국이 작다는 기롱과 禮를 모른다는 기롱을 본래 빠뜨리지 않았습니다. 더구나 世道는 날마다 낮은 데로 변하고 있는데 만약 맹자가 왕도를 버리고 패도를 사용한 관중의 죄를 더 이상 논하지 않았다면 사람들은 패도로 휩쓸리듯이 달려갔을 것이니, 거칠 것 없는 기세를 어느 누가 따라서 되돌리겠습니까. 이로써 백성들이 패도로 달려가는 것을 막았음에도, 商鞅과 申不害의 부류는 오히려 속임수와 무력으로 나라를 강성하게 하여 패도보다도 못한 수준에 머물기를 달가워했던 자들입니다.

14-3-가[54)]

孟子가 **曰 以力假仁者**는 **覇**니 **覇必有大國**이요 **以德行仁者**는 **王**이니 **王不待大**라 **湯**이 **以七十里**[55)]하시고 **文王**이 **以百里**[56)]하시니라 **以力服人者**는 **非心服也**라 **力不贍也**요 **以德服人者**는 **中心**이 **悅而誠服也**니 **如七十子**[57)]**之服孔子也**라 **詩云 自西自東**하며 **自南自北**이 **無思不服**[58)]이라하니 **此之謂也**니라

54) 《맹자》〈公孫丑 上〉 제3장에 보인다.

55) 七十里 : 아래의 '百里' 주석 참조.

56) 百里 : 《맹자》〈梁惠王 上〉 제5장의 "영토가 方 100리가 되어도 왕도를 행할 수 있습니다.〔地方百里而可以王〕"라는 말과, 〈公孫丑 上〉 제1장의 "문왕이 오히려 方 100리의 영토를 가지고 일어났다.〔文王猶方百里起〕"라는 말로 미루어 百里는 '方百里'를 가리킨다. 고대에 '方 몇 리'는 길이와 너비가 각각 몇 리라는 뜻이다. 《楊伯峻, 孟子譯註, 北京:中華書局, 2000, 12쪽》

57) 七十子 : 공자의 문하생 가운데 학덕이나 재예가 출중한 70여 명의 제자들을 말한다. 《史記》〈孔子世家〉에는 "공자는 《詩》·《書》·《禮》·《樂》을 가르쳤는데 제자들이 대략 3천 명이었으며 六藝에 달통한 자가 72명이었다.〔孔子以詩書禮樂教 弟子蓋三千焉 身通六藝者 七十有二人〕"라고 하였으며, 〈仲尼弟子列傳〉에는 "공자가 말하기를 '학업을 전수받아 육예에 달통한 자가 77명이었다.'라고 하였는데 모두 남다른 재능이 있는 선비들이었다.〔孔子曰 受業身通者 七十有七人 皆異能之士也〕"라고 하였다. 《史記 卷47 孔子世家, 卷67 仲尼弟子列傳》

맹자가 말하였다.

"힘으로 仁을 가탁하는 것은 霸道를 행하는 것이니 패도를 행하려면 반드시 대국을 소유해야 하고, 덕으로 인을 행하는 것은 왕도를 행하는 것이니 왕도를 행하려면 대국을 필요로 하지 않는다. 탕왕은 方 70리의 영토를 가지고 왕도를 행하였고 문왕은 方 100리의 영토를 가지고 왕도를 행하였다.

힘으로 사람들을 복종시키는 자는 상대가 진심으로 복종하는 것이 아니라 힘이 모자라서이며 덕으로 사람들을 복종시키는 자는 상대가 마음속으로 기뻐하여 참으로 복종하는 것이니, 70제자가 공자에게 복종했던 것과 같다. 《시경》에 이르기를 '서쪽에서 동쪽에서 남쪽에서 북쪽에서 복종하지 않는 이들 없었다네.'라고 하였으니 이것을 말한 것이다."

14-3-나(按)

臣은 按 先儒가 謂 自古之論王覇者가 多矣로되 未有如此章之深切著明也[59]라하니 蓋王覇之辨이 曰德與力而已라 力者는 國富兵彊之謂니 初無心於爲仁而借其名以集事也요 德者는 躬行心得之謂니 其仁이 素具於中而推之以及物也라 覇者는 以力이라 故必大國이 乃能爲之요 王者는 以德이요 不以力이니 何待於大乎리오 以力服人者는 有意於服人而人不敢不服이요 以德服人者는 無意於服人而人不能不服이니 此가 天理人欲之分而王覇之所以異也라 夫孔子가 以匹夫不得位나 而七十子가 終身從之하니 是孰使之然哉오 所謂心悅而誠服也니 王者之服人이 亦猶是也라

【臣按】 先儒가 이르기를, "예로부터 왕도와 패도를 논한 것은 많았으나 이 章만큼 절실하고 분명한 것은 없었다."라고 하였습니다. 왕도와 패도의 판별은 덕과 힘에서 판가름 날 뿐입니다. 힘은 나라가 부유하고 군사력이 강한 것을 말하니, 애초에 仁을 행하는 데 마음은 없고 그 이름만 가탁하여 사업을 이루는 것입니다.

---

58) 自西……不服 : 《시경》 〈大雅 文王有聲〉에 보인다. 朱熹의 《詩集傳》에 따르면 이 시는 周 文王과 武王의 공업을 찬미한 시이다. 본문에 인용된 구절은 주나라에 귀의하는 백성들이 많아져 무왕이 鎬京으로 천도한 뒤 辟雍에서 강학을 하고 예를 행하자 천하가 스스로 복종하였음을 읊은 부분이다.

59) 先儒……明也 : 先儒는 北宋 때의 鄒浩(1060~1111)를 가리키며, 인용된 말은 朱熹의 《孟子集註》 〈公孫丑 上〉 제3장에 보인다.

덕은 몸소 행하고 마음으로 터득하는 것을 말하니, 그 인이 본래 마음속에 갖추어져서 이를 미루어 사물에까지 미치는 것입니다.

패도를 행하는 것은 힘으로 하기 때문에 반드시 대국이라야 해낼 수 있고, 왕도를 행하는 것은 덕으로 하고 힘으로 하지 않으니 어찌 대국을 필요로 하겠습니까. 힘으로 사람들을 복종시키는 자는 사람들을 복종시키는 데에 뜻이 있어 사람들이 감히 복종하지 않을 수 없는 것이며, 덕으로 사람들을 복종시키는 자는 사람들을 복종시키는 데에 뜻이 없으나 사람들이 복종하지 않을 수 없는 것이니, 이것이 천리와 인욕의 분기점이며 왕도와 패도가 다른 이유입니다. 공자는 匹夫로서 지위를 얻지 못했으나 70제자가 종신토록 따랐으니 이는 무엇이 그렇게 한 것이겠습니까? 이른바 마음속으로 기뻐하여 참으로 복종하는 것이니, 왕도를 행하는 자가 사람들을 복종시키는 것이 또한 이와 같습니다.

以春秋攷之컨대 齊桓[60]之伐衛가 若尊王也而心則在於取賂①요 其省難於魯가 若卹鄰也而心則在於覘(점)國②이요 就其名義之最正者가 如救邢・封衛之擧③와 首止・葵丘之盟④이로되 然其心則欲仗義以服諸侯而成己之霸니 若此之類는 皆所謂假仁者也라 其於小國則滅譚⑤・滅遂⑥・降鄣⑦・遷陽⑧이 是皆以力服之也라 然遂既滅矣而亡國遺民이 猶能殲其師⑨하니 則[61]人之[62]不心服을 可知矣라

① 齊桓……取賂 : 莊二十七年, 王使[63]召伯廖[64]賜齊侯命[65], 且請伐衛, 以其立子頹也.[66] 二十八年, 齊侯伐衛, 戰敗衛師, 取賂而還.[67]

---

60) 桓 : 대전본에는 '威'로 되어 있으나, 宋 欽宗 趙桓을 피휘한 것이다.

61) 則 : 사고본에는 이 앞에 '戌'가 있다.

62) 之 : 사고본에는 없다.

63) 使 : 대전본에는 '吏'로 되어 있다.

64) 召伯廖 : 周나라 왕의 卿士로, 召公의 후예이다. 《春秋左氏傳注疏 莊公 27年 孔穎達疏》

65) 賜齊侯命 : 齊侯에게 侯伯의 命을 내렸다는 것은 齊 桓公에게 명을 내려 侯伯으로 삼았다는 말이다. 후백은 九州의 長으로서 제후의 우두머리를 말한다. 《春秋左氏傳注疏 莊公 27年 杜預注・孔穎達疏》《尙書注疏 周官 孔穎達疏》

66) 莊二……頹也 : 제 환공 19년(기원전 667) 겨울의 일로 《春秋左氏傳》에 보인다.

67) 二十……而還 : 제 환공 20년(기원전 666) 봄의 일로 《춘추좌씨전》에 보인다. 이때 제 환공이 주나라 왕의 명으로 위나라를 꾸짖으러 갔는데 뇌물을 받고 돌아왔다. 林堯叟에 따르면 제 환공이 뇌물을 받고 돌아온 것은 衛나라의 죄를 바로잡지 못했다는 것을 말한다. 《春

魯 莊公 27년(기원전 667)에 왕(周 惠王)이 召伯 廖를 사신으로 보내어 齊侯(齊 桓公)에게 侯伯으로 삼는 명을 내리고 또 衛나라를 토벌해달라고 청하였으니, 위나라가 王子 頹를 周나라 왕으로 세웠기 때문이다. 장공 28년(기원전 666)에 齊侯가 위나라를 정벌하여 위나라 군대를 전쟁에서 패퇴시키고는 뇌물을 받고 돌아왔다.

② 其省……覘國 : 閔元年, 齊仲孫湫[68]來省難. 仲孫歸, 公曰 : "魯可取乎?" 仲孫曰 : "不可."[69] 先儒譏其使計謀之士窺覘虛實, 有乘亂取國之心.[70]

魯 閔公 원년(기원전 661)에 齊나라 仲孫湫가 魯나라로 와서 禍難을 살폈다. 중손이 齊나라로 돌아왔는데 제 환공이 말하기를, "노나라를 취할 수 있겠는가?"라고 하니, 중손이 말하기를 "불가합니다."라고 하였다. 先儒는 그가 계략이 뛰어난 士를 시켜 노나라의 허실을 엿보게 하고 난을 틈타 노나라를 손에 넣으려는 마음을 둔 것을 기롱하였다.

③ 救邢封衛之擧 : 閔元年, 齊人救邢.[71] 僖二年, 城楚丘.[72]

노 민공 원년(기원전 661)에 齊人이 邢나라를 구원하였다. 魯 僖公 2년(기원전 658) 楚丘에 성을 쌓았다.

④ 首止葵丘之盟 : 僖五年, 會王世子于首止, 以定世子之位.[73] 九年, 諸侯會盟于葵丘.[74]

秋左氏傳 莊公 28年》《左傳杜林合注 卷7》

68) 湫 : 대전본에는 '秋'로 되어 있다. 통행본 《春秋左氏傳》에는 '湫'로 되어 있다.

69) 閔元……不可 : 제 환공 25년(기원전 661) 겨울의 일로 《춘추좌씨전》에 보인다. 1년 전 노나라에서는 莊公이 죽고 그의 아들 子般이 즉위했는데 慶父(보)가 자반을 시해하고 閔公을 옹립하여 나라가 혼란스러웠다. 이듬해 齊나라의 중손추는 노나라를 살피고 귀국하여 제 환공에게 노나라는 周나라의 禮를 지켜 나라를 존립시키고 있으므로 노나라의 화란을 안정시키고 노나라를 가까이해야 하며 그래야 霸王의 그릇이라고 간하였다.

70) 先儒……之心 : 先儒는 北宋 때의 胡安國을 말하며, 기롱한 내용은 《春秋胡氏傳》 卷7에 보인다.

71) 閔元年齊人救邢 : 제 환공 25년(기원전 661)의 일로 《춘추》에 보인다. 이때 狄人이 邢나라를 침략하자 管仲이 제 환공에게 형나라를 구원하자고 설득하여 제나라가 형나라를 구원하였다.

72) 僖二年城楚丘 : 제 환공 28년(기원전 658) 봄 정월의 일로 《춘추》에 보인다. 楚丘는 衛나라의 邑으로 이때 제후들이 이곳에 성을 쌓고 衛나라를 봉해주었다. 2년 전인 기원전 660년 겨울 12월에 狄人이 위나라를 멸망시켰는데 이때에 와서 다시 위나라를 봉해준 것이다. 《춘추공양전》에 따르면 제 환공이 성을 쌓도록 한 것인데 그가 제후로서 힘이 있으면서도 위나라의 멸망을 막지 못한 것에 대해 諱하였기 때문에 《춘추》 經文에 제나라가 쌓아주었다고 하지 않은 것이다. 《春秋公羊傳 僖公 2年》

魯 僖公 5년(기원전 655)에 首止에서 王世子를 會見하여 세자의 자리를 안정시켰다. 노 희공 9년(기원전 651) 제후들이 葵丘에 모여 맹약하였다.

⑤ 滅譚 : 莊十年.[75]

魯 莊公 10년(기원전 684)의 일이다.

⑥ 滅遂 : 十三年.[76]

노 장공 13년(기원전 681)의 일이다.

⑦ 降鄣 : 三十年.[77] 鄣, 紀附庸也.

노 장공 30년(기원전 664)의 일이다. '鄣'은 紀나라의 附庸國이다.

⑧ 遷陽 : 閔二年.[78] 陽, 國名. 齊人偪而遷之.

魯 閔公 2년(기원전 660)의 일이다. '陽'은 나라 이름이다. 齊人이 압박하여 陽나라를 옮겨가게 한 것이다.

---

73) 僖五……之位 : 제 환공 31년(기원전 655) 여름의 일로《춘추》에 보이나 원문은 조금 다르다. 王世子는 周 惠王의 태자인 鄭을 말하며, 首止는 衛나라 땅이다.《춘추》에는 魯 僖公이 齊侯·宋公·陳侯·衛侯·鄭伯·許男·曹伯과 함께 태자 정을 會見한 것으로 되어 있으나, 杜預에 따르면 당시 혜왕이 惠后 때문에 태자 정을 폐하고 王子 帶를 태자로 세우려고 하였기 때문에 제 환공이 제후들을 거느리고 태자 정을 회견하여 그 지위를 안정시킨 것이었다.《春秋左氏傳注疏 僖公 5年 杜預注》

74) 九年……葵丘 : 제 환공 35년(기원전 651) 9월 戊辰日의 일로《춘추》에 보인다. 이에 앞서 이해 여름에도 제후들이 규구에서 회합을 가지고 우호를 다졌는데,《춘추좌씨전》에 따르면 제 환공이 9월에 제후들과 맹약을 맺으면서 우호를 회복하자고 천명하였다.《春秋左氏傳 僖公 9年》

75) 莊十年 : 제 환공 2년(기원전 684) 겨울 10월의 일로《춘추》에 보인다. 제 환공이 즉위하기 전에 도망 생활을 하던 중 譚나라에 들른 적이 있었는데 담나라가 예우하지 않았으며, 기원전 685년 즉위한 후에도 담나라가 와서 축하해주지 않았다. 이에 제나라가 군사를 일으켜 담나라를 멸망시키자, 담나라 임금은 동맹국인 莒(거)나라로 달아났다.《春秋左氏傳 莊公 10年》

76) 十三年 : 제 환공 5년(기원전 681) 여름 6월의 일로《춘추》에 보인다. 遂나라는 舜임금의 후예인데, 제나라가 수나라를 멸망시키고 나서 그곳에 進駐하였다.《春秋左氏傳 莊公 13年》《左傳杜林合注 卷6》

77) 三十年 : 제 환공 22년(기원전 664) 가을 7월의 일로《춘추》에 보인다. 두예에 따르면 鄣나라가 소국이라 스스로를 방어할 수 없었기 때문에 제나라가 군대로 위협하여 항복하도록 한 것이다.《春秋左氏傳注疏 莊公 30年 杜預注》

78) 閔二年 : 제 환공 26년(기원전 660) 봄 정월의 일로《춘추》에 보인다. 두예에 따르면 제나라 사람이 핍박하여 옮겨가게 한 것이다.《春秋左氏傳注疏 閔公 2年 杜預注》

⑨ 亡國……其師 : 齊人滅遂而戍之.[79] 十七年, 齊師殲于遂. 傳言 : "遂因氏・頜(합)氏・工婁氏・須遂氏饗[80]齊戍[81], 醉而殺之."[82]

齊人이 遂나라를 멸하고 그곳에 進駐하였다. 노 장공 17년(기원전 677)에 제나라 군대가 遂에서 섬멸당하였다. 《춘추좌씨전》에 다음과 같은 내용이 보인다. "遂因氏・頜氏・工婁氏・須遂氏가 진주한 제나라 군사들에게 연향을 베풀어 취하게 만들고 나서 그들을 죽였다."

《춘추》를 가지고 살펴보겠습니다. 제 환공이 衛나라를 정벌했던 것은 왕을 존숭하는 것 같았지만 속마음은 뇌물을 취하는 데에 있었으며, 그가 魯나라에서 환난을 살피게 했던 것은 이웃나라를 돌본 것 같았지만 속마음은 노나라를 엿보는 데에 있었습니다. 그리고 명분과 의리가 가장 바른 경우는, 예를 들면 邢나라를 구원하고 衛나라를 봉해주었던 일과 首止의 맹약・葵丘의 맹약 같은 것이었으나, 그 속마음은 正義를 내세워서 제후들을 복종시켜 자신의 霸業을 이루고자 한 것이었습니다. 이러한 종류는 모두 이른바 仁을 가탁한다는 것입니다.

제 환공이 소국에 대해서는, 譚나라를 멸하고 遂나라를 멸했으며 鄣나라를 항복시키고 陽나라를 옮겨가게 하였던 것이 모두 힘으로 복종시킨 사례입니다. 그러나 遂나라는 멸망하고 나서 망국의 유민들이 오히려 齊나라의 군대를 섬멸할 수 있었으니, 사람들이 마음속으로 복종하지 않았다는 것을 알 수 있습니다.

至於大國則於楚也에 雖仗諸侯之衆하며 執王祭之名하여 能使其受盟於召陵①하나 曾未數年에 伐吾與國之黃하고 又從而滅之호대 齊가 卒不能救也하고 旣又伐吾與國之徐어늘 齊雖救之나 終莫止其敗也②하고 其於晉也에 未嘗能使之一與會盟하고 蓋嘗取虢(괵)與虞矣로되 不聞其以滅同姓[83]으로 問之也③하고 又嘗殺太子申生矣로되 不聞其

79) 齊人滅遂而戍之 : 원주 ⑥ '十三年' 주석 참조.

80) 饗 : 대전본에는 '享'으로 되어 있다.

81) 戍 : 사고본에는 없다.

82) 齊人……殺之 : 제 환공 9년(기원전 677) 여름의 일로 《춘추좌씨전》에 보인다. 4년 전에 제나라 군대가 수나라를 멸망시키고 군대를 진주시켰는데, 이때 와서 수나라의 강성한 종족이었던 遂因氏・頜氏・工婁氏・須遂氏가 제나라 군대에게 술과 음식을 대접하여 취하게 한 뒤에 그들을 공격하여 몰살한 것이다. 《春秋左氏傳注疏 莊公 17年 杜預注》

83) 同姓 : 晉나라・虢나라・虞나라는 모두 姬姓이다. 진나라는 周 武王의 동생 唐叔 虞의 후예이고 괵나라는 周 文王의 동생 虢仲의 후예이며 우나라는 周나라 太王의 아들 虞仲(仲雍)의

以易嫡子로 正之也④하고 葵丘之盟에 將來會而還호대 亦不聞其致詰之也⑤하니 蓋其力之所至則可[84]以服之요 力之所不及則無以服之矣라

① 於楚……召陵：僖四[85]年，公會齊侯·宋公·陳侯·衛侯·鄭伯·許男·曹伯侵蔡. 蔡潰，遂伐楚，次于陘.[86] 楚屈完來盟于師，盟于召陵.[87] 傳稱其責楚之詞曰："爾貢包茅不入，王祭不共，無以縮酒[88]." 對曰："貢之不入，寡君之罪也，敢不共給?"[89]
魯 僖公 4년(기원전 656)에 희공이 齊侯(齊 桓公)·宋公(宋 桓公)·陳侯(陳 宣公)·衛侯(衛 文公)·鄭伯(鄭 文公)·許男(許 穆公)·曹伯(曹 昭公)과 연합하

후예이다.《春秋釋例 卷9》

84) 可：대전본에는 없다.

85) 四：대전본에는 '回'로 되어 있으나, 오자이다.

86) 僖四……于陘：제 환공 30년(기원전 656) 봄 정월의 일로《춘추》에 보인다. 蔡나라가 한 번 中國의 회맹에 참여한 적이 있었는데, 그 뒤에 姬姓의 제후국들을 버리고 楚나라의 편이 되었다. 이에 제 환공이 제후들의 군대를 거느리고 초나라를 치기에 앞서 채나라를 침공하였다. 그리고 마침내 초나라로 쳐들어가서 관중이 초나라 사자에게 죄를 물었으나 사자가 죄를 인정하지 않았으므로 諸侯軍이 진격하였다. 그러면서도 제 환공은 초나라가 강성한 점을 고려하여 급하게 진격하지 않고 초나라 땅인 陘에 주둔하였다.《春秋左氏傳注疏 僖公 4年 杜預注》《左傳杜林合注 卷9》

87) 楚屈……召陵：제 환공 30년(기원전 656) 여름의 일로《춘추》에 보인다. 屈完은 초나라의 대부로, 楚 成王이 그를 諸侯軍의 진영으로 보내자 제후의 군대가 陘에서 후퇴하여 召陵에 주둔하였다. 이때 제 환공이 제후의 군대를 포진시키고 굴완과 수레에 동승하여 군대를 사열하였는데, 그에게 우호를 맺자고 제안하니 굴완이 마침내 제후들과 맹약을 맺었다.《春秋左氏傳 僖公 4年》

88) 縮酒：띠풀을 다발로 묶고 그 위에 술을 부어 거르는 것을 말한다.《春秋左氏傳注疏 僖公 4年 杜預注》

89) 傳稱……共給：제 환공 30년(기원전 656) 봄의 일로《춘추좌씨전》에 보인다. 제 환공이 제후들의 군대를 거느리고 채나라를 궤멸시킨 뒤 楚나라로 쳐들어오자, 楚 成王은 諸侯軍의 진영으로 사자를 보내 제후들이 초나라로 쳐들어온 이유를 물어보게 하였다. 그러자 管仲이 천자의 제사에서 縮酒를 할 때 쓰는 包茅를 초나라가 바치지 않는 것과 周 昭王이 남방을 巡狩했을 때 살아 돌아오지 못한 까닭을 추궁하였다. 이에 사자는 공물을 바치겠으나 소왕이 돌아오지 못한 것에 대해서는 물가에 물어보라며 책임을 인정하지 않았다. 원래 소왕이 巡狩를 하던 도중 漢水를 건너다가 배가 부서져 익사했음에도 周나라 사람들은 이 사실을 숨긴 채 부고를 하지 않아 제후들이 그 까닭을 몰랐다. 소왕이 익사했을 당시에는 한수가 초나라의 강역이 아니었기 때문에 사자가 죄를 승복하지 않았던 것이다.《春秋左氏傳注疏 僖公 4年 杜預注》

여 蔡나라를 침공하였다. 채나라가 궤멸되자 마침내 楚나라를 정벌하여 陘에 주둔하였다. 초나라의 屈完이 제후들의 軍中으로 와서 맹약하고 召陵에서 맹약을 맺었다. 《춘추좌씨전》에 다음과 같은 내용이 있다. 초나라를 책망하는 말에 "그대들이 包茅를 바치지 않아 왕의 제사를 봉행하지 못하고 縮酒를 할 수 없었다." 라고 하였는데, 굴완이 대답하기를 "공물을 바치지 않은 것은 저희 임금의 죄이니 감히 바치지 않겠습니까."라고 하였다.

② 既又……敗也 : 十一年, 楚人伐黃.[90] 十二年, 楚滅黃.[91] 十五年, 楚人伐徐, 諸侯救徐, 楚人敗徐於婁林.[92]

노 희공 11년(기원전 649)에 楚人이 黃나라를 정벌하였다. 희공 12년(기원전 648) 초나라가 황나라를 멸하였다. 희공 15년(기원전 645)에 楚人이 徐나라를 정벌하였다. 제후들이 서나라를 구원하였는데 초나라 사람들이 서나라를 婁林에서 패배시켰다.

③ 蓋嘗……之也 : 僖五年.[93]

---

90) 十一年楚人伐黃 : 楚 成王 23년(제 환공 37, 기원전 649) 겨울의 일로 《춘추》에 보인다. 황나라가 齊나라를 믿고서 초나라에 공물을 바치지 않자 초나라가 황나라를 침공하였다. 《春秋左氏傳注疏 僖公 11年 杜預注》

91) 十二年楚滅黃 : 楚 成王 24년(제 환공 38, 기원전 648) 여름의 일로 《춘추》에 보인다. 林堯叟는 《춘추》의 이 經文이 제 환공을 비난한 것이며, 황나라는 제나라와의 회맹을 따랐다가 나라만 망치게 되었다고 해석하였다. 《左傳杜林合注 卷10》

92) 十五……婁林 : 楚 成王 27년(제 환공 41, 기원전 645)의 일로 《춘추》에 보인다. 徐나라가 諸夏에게 붙자 이해 봄에 초나라가 서나라를 침공하였다. 3월에 魯 僖公 · 齊 桓公 · 宋 襄公 · 陳 穆公 · 衛 文公 · 鄭 文公 · 許 僖公 · 曹 共公이 회합하여 牡丘에서 맹약한 뒤 노나라의 公孫敖가 제후들의 군대를 거느리고 서나라를 구원하였다. 그럼에도 이해 겨울에 초나라는 서나라 땅인 婁林에서 서나라 군대를 패퇴시켰다. 《春秋左氏傳 僖公 15年》

93) 僖五年 : 이보다 앞서 3년 전인 노 희공 2년(晉 獻公 19, 기원전 658) 진 헌공은 荀息의 간언에 따라 그를 虞나라 임금에게 사신으로 보내 뇌물을 주고 길을 빌려 虢나라를 치게 하였다. 우나라 임금은 뇌물에 눈이 멀어 宮之奇의 간언도 듣지 않고 오히려 먼저 군대를 일으켜 괵나라를 치도록 청하였다. 그리하여 이해 여름에 진나라의 李克과 순식이 우나라의 군대와 연합하여 괵나라의 읍인 下陽을 멸하였다. 그 후 희공 5년(晉 獻公 22, 기원전 655) 가을에 이르러 진 헌공이 다시 우나라에 길을 빌려달라고 하였는데, 우나라 임금이 이번에도 궁지기의 간언을 무시하고 그 요청을 허락하였다. 이해 8월에 진나라 군대가 괵나라의 도성인 上陽을 포위하여 12월에 괵나라를 멸하였으며, 회군할 때 우나라에서 머물다가 우나라를 기습으로 멸망시키고 우나라 임금을 사로잡았다. 《春秋左氏傳注疏 僖公 2年 · 5年 杜預注》

노 희공 5년(기원전 655)의 일이다.

④ 又嘗……之也 : 五年.[94]

노 희공 5년의 일이다.

⑤ 葵丘……之也 : 僖九年.[95]

노 희공 9년(기원전 651)의 일이다.

제 환공이 대국에 대해서는 다음과 같이 하였습니다. 楚나라에게는 비록 제후들의 군대를 내세우고 왕의 제사라는 명분을 가지고서 召陵에서 맹약을 받게 할 수 있었으나, 몇 년이 되지 않아 초나라가 齊나라의 與國인 黃나라를 정벌하고 또 따라서 멸망시켰음에도 齊나라가 끝내 구원하지 못했으며, 초나라가 또 齊나라의 與國인 徐나라를 정벌하자, 齊나라가 비록 구원하기는 하였으나 끝내 서나라의 패배를 막지 못하였습니다. 그리고 晉나라에 대해서는 한 번도 會盟에 참여시킬 수 없었으며, 진나라가 일찍이 虢나라와 虞나라를 攻取했음에도 同姓國을 멸망시킨 것을 가지고 환공이 따졌다는 말은 들어보지 못했습니다. 또 진나라에서 太子申生을 죽였으나 嫡子를 바꾼 것을 가지고 환공이 바로잡았다는 말은 들어보지 못했으며, 葵丘의 맹약에서 진나라 임금이 회합에 오려고 하다가 돌아가버렸으나 또한 환공이 이를 추궁하였다는 말은 들어보지 못했습니다. 이것은 그 힘이 미치는 대상이면 복종시킬 수 있었고 힘이 미치지 못하는 대상이면 복종시킬 수 없었기 때문입니다.

---

94) 五年 : 원래 申生이 죽은 것은 노 희공 4년(晉 獻公 21, 기원전 656) 12월의 일이다. 그러나 晉나라가 사자를 보내어 부고를 한 것이 이듬해 봄이었기 때문에 희공 5년(기원전 655)의 일이라고 하였다. 晉 獻公은 驪姬를 총애하여 夫人으로 삼았는데, 신생이 자신을 죽이려고 했다는 여희의 참소를 믿고 말았다. 이에 신생은 新城으로 달아났다가 그곳에서 스스로 목을 매어 죽었다. 《春秋左氏傳 僖公 4年·5年》

95) 僖九年 : 제 환공 35년(晉 獻公 26, 기원전 651)의 일로 《춘추》에 보인다. 이해 여름 노 희공·宰周公(宰孔)·제 환공·宋 襄公·衛 文公·鄭 文公·許 僖公·曹 共公이 葵丘에서 회합을 갖고 9월 戊辰日에 제후들이 이곳에서 맹약을 맺었다. 재주공은 맹약에 참여하지 않고 그 전에 돌아가다가 도중에 晉 獻公을 만나 진나라에 앞으로 난리가 일어날 것이니 회합에 가지 말고 난리를 평정하는 데 힘쓰라고 권하였다. 이에 헌공은 회합에 가지 않고 되돌아갔다. 宰周公은 주나라 왕실의 太宰로, 宰는 官名이며 周는 食邑 이름이다. 《春秋左氏傳 僖公 9年》《春秋左氏傳注疏 僖公 9年 杜預注》《楊伯峻, 春秋左傳注(修訂本), 北京:中華書局, 1990, 324쪽》

迨其末年에 城緣陵而散①하며 城鄫而不果②하고 狄이 侵衛又侵鄭③이어늘 而不能遏하고 魯가 滅項에 雖討其罪而不能終하니 是雖易服者나 亦無以服之矣④요 又其甚也엔 身沒未幾而曹·衛·邾之師가 已見伐矣⑤라

① 城緣陵而散 : 僖十四[96]年, 諸侯城緣陵.[97] 傳曰 : "散辭[98]也. 桓德衰矣."[99]
魯 僖公 14년(기원전 646)에 제후들이 緣陵에 성을 쌓았다. 《春秋穀梁傳》에 이르기를, "經文에서 '諸侯'라고 한 것은 특정한 대상을 정하지 않은 말이니, 齊 桓公의 덕이 쇠한 것이다."라고 하였다.

② 城鄫而不果 : 僖十六年, 城鄫, 役人病. 有夜登丘而呼曰 : "齊有亂." 不果城而還.[100]
노 희공 16년(기원전 644) 鄫나라에 성을 쌓았는데 노역에 동원된 사람들이 병들었다. 어떤 사람이 밤에 언덕으로 올라가 "齊나라에 난이 일어났다."라고 외치자, 성을 다 쌓지 않은 채 되돌아왔다.

③ 狄侵衛又侵鄭 : 僖十三年, 侵衛.[101] 十四年, 侵鄭.[102]

---

96) 四 : 대전본·사고본에는 '三'으로 되어 있다. 통행본 《춘추좌씨전》에는 '四'로 되어 있다.

97) 僖十……緣陵 : 제 환공 40년(기원전 646) 봄의 일로 《춘추》에 보인다. 緣陵은 杞나라의 읍인데, 두예에 따르면 당시 기나라는 淮夷를 피해 연릉으로 옮겨가 있었다. 《춘추공양전》에서는 徐나라와 莒나라의 위협에 시달리는 기나라를 위하여 제 환공이 성을 쌓아준 것으로 설명하였다. 《춘추곡량전》에 따르면 이때 제후들이 제각기 성을 쌓고자 하였으므로 제 환공의 덕이 쇠한 것이라고 하였다. 《春秋左氏傳注疏 僖公 14年 杜預注》《春秋公羊傳 僖公 14年》《春秋穀梁傳 僖公 14年》

98) 辭 : 사고본에는 '亂'으로 되어 있으나 오자이다.

99) 散辭……衰矣 : 《春秋穀梁傳》 僖公 14년(기원전 646) 기사에 보인다. 세력의 大小에 따라 참여한 제후들을 열거하면서 성을 쌓았다고 기술하지 않고 범범하게 제후들이 성을 쌓았다고 기술한 것은, 제후들이 제각기 성을 쌓고자 하여 이를 총괄하는 자가 없었기 때문에 '특정한 대상을 정하지 않았다는 말〔散辭〕'이라고 하였다. 《春秋穀梁傳注疏 僖公 14年 范寧注》

100) 僖十……而還 : 제 환공 42년(기원전 644) 12월의 일로 《춘추좌씨전》에 보인다. 이달에 제 환공이 노 희공·宋 襄公·陳 穆公·衛 文公·鄭 文公·許 僖公·邢侯·曹 共公과 淮에서 회합을 갖고 이들과 함께 淮夷에 시달리는 鄫나라를 위하여 성을 쌓았다. 《春秋左氏傳 僖公 16年》

101) 僖十三年侵衛 : 제 환공 39년(기원전 647) 봄의 일로 《춘추》에 보인다. 이보다 1년 전에 제후들이 狄人들의 난리를 두려워하여 衛나라 수도인 楚丘에 외성을 쌓았는데, 이것이 빌미가 되어 적인들이 위나라를 침공하였다. 《春秋左氏傳 僖公 13年》《春秋左氏傳注疏 僖公 12年 杜預注》

102) 十四年侵鄭 : 제 환공 40년(기원전 646) 가을의 일로 《춘추》에 보인다. 宋나라 때 張洽의

노 희공 13년(기원전 647)에 魯나라가 衛나라를 침공하였다. 노 희공 14년(기원전 646)에 노나라가 鄭나라를 침공하였다.

④ 魯滅……之矣 : 僖十七年, 魯滅項, 齊人以爲討, 而止公. 聲姜以公故, 會齊侯于卞, 公至自會.[103)]

노 희공 17년(기원전 643)에 魯나라가 項나라를 멸망시키자 齊人이 이를 토벌한 것이라 하여 희공을 억류하였다. 聲姜이 희공의 일로 卞에서 齊侯(제 환공)와 만나자 희공이 회합에서 돌아왔다.

⑤ 身沒……伐矣 : 僖十七年十二月, 齊侯小白卒.[104)] 十八年正月, 宋公・曹伯・衛人・邾人伐齊.[105)] 五月, 宋師及齊師戰于甗(언)[106)], 齊師敗績.[107)]

《春秋集注》에서는 이 기사에 대하여 "狄人들이 畿內의 제후를 침범하였으나 제 환공은 이를 다스리지 못했다. 적인들이 衛나라를 침입하고 邢나라를 침벌하며 溫나라를 멸하고부터 이때에 이르기까지 패업은 약해지고 주나라 왕실은 그 위상이 낮아졌으며 여러 나라가 화를 입었으니, '狄侵鄭'이라는 기사는 제 환공의 태만함을 드러낸 것이다.〔狄數犯畿內之諸侯而齊桓不能治 自入衛伐邢滅溫而至此 霸圖弱而王室卑 諸國受禍 著齊桓之怠也〕"라고 하였다.《春秋集注 卷4》

103) 僖十……自會 : 제 환공 43년(기원전 643)의 일로《춘추좌씨전》에 보인다. 魯 僖公은 한 해 전에 제후들과 淮에서 회합하여 제후들간에 처리해야 할 일이 있었기에 귀국하지 않고 있었다. 그런데 이해 여름에 노나라 군대가 項나라를 격멸하자 齊나라 사람들은 이를 희공이 명령한 일로 여겨 희공을 억류하였다. 그 후 가을에 제나라의 공주이자 희공의 부인인 聲姜은 희공이 억류된 일 때문에 노나라의 읍인 卞에서 제 환공과 만났다. 그 후 희공은 풀려나 9월에 노나라로 돌아왔다.《春秋左氏傳注疏 僖公 17年 杜預注》

104) 僖十……白卒 : 제 환공 43년(기원전 643)의 일로《춘추》에 보인다. 원래 제 환공은 이해 10월 을해일에 죽었다. 그런데 그 후 제 환공의 寵臣인 易牙와 寺人 貂(초)가 난을 일으켜 관리들을 살육하고 公子 無虧(武孟)를 임금으로 세우자 당시 태자였던 齊 孝公은 宋나라로 망명하였다. 이렇게 나라가 혼란하였으므로 제후들에게는 12월 을해일이 되어서야 부고를 하였다. 그러므로《춘추》經文에서는 제 환공이 12월에 졸하였다고 하였다.《春秋左氏傳 僖公 17年》

105) 十八……伐齊 : 宋 襄公 18년(기원전 642)의 일로《춘추》에 보인다. 당시 송나라로 망명 온 齊 孝公을 다시 제나라로 들여보내기 위하여 송나라가 제나라를 공격하였다.《春秋左氏傳注疏 僖公 18年 杜預注》

106) 甗 : 대전본에는 '甗'로 되어 있으나, 오자이다.

107) 五月……敗績 : 송 양공 18년(기원전 642)의 일로《춘추》에 보인다. 이에 앞서 여름에 노나라는 제나라를 구원하였는데, 易牙 등에 의해 옹립되었던 제나라의 無虧가 죽자 송나라 편에 섰던 曹나라・衛나라・邾나라의 군대는 먼저 떠나고 노나라도 제나라에 대한 구원을

노 희공 17년(기원전 643) 12월에 齊侯 小白(제 환공)이 졸하였다. 노 희공 18년(기원전 642) 정월에 宋公(宋 襄公)·曹伯(曹 共公)·衛人·邾人이 齊나라를 정벌하였다. 5월에 송나라 군대와 제나라 군대가 甗에서 전투를 벌였는데 제나라 군대가 패배하였다.

그 말년에 이르러서는 제후들이 緣陵에 성을 쌓다가 해산해버리고 鄫나라에 성을 쌓았다가 다 쌓지 못하였으며, 狄이 衛나라를 침략하고 또 鄭나라를 침략하였으나 저지하지 못하였으며, 魯나라가 項나라를 멸하자 비록 그 죄를 성토하기는 하였으나 마무리를 짓지 못하였으니, 이는 비록 복종시키기 쉬운 대상이었으나 또한 복종시킬 수 없었던 것입니다. 이보다 더 심해져서는 제 환공 자신이 죽은 지 얼마 되지도 않아 曹나라·衛나라·邾나라의 군대에 의해 벌써 제나라가 정벌당하였습니다.

若晉文之譎은 其視齊桓[108]之正[109]컨대 又不逮焉하니 本無義也而假一事示之義하고 本無信也而假一事示之信하고 本無禮也而假一事示之禮①하니 曰示云者는 表而揚之하여 以夸衆也라 故一朝王之頃而遽請隧焉②하니 是는 名爲勤王而實窺大物也라 陽樊이 不服則圍之③하고 原이 不服이어늘 又圍之하니 名雖受地於王이나 實則以力取也라 五霸에 莫盛於桓[110]·文하나 然皆以力假仁而不本於德이라 故能屈人之力而無以服其心하니 視昔成湯之興也에 東征而西怨[111]하며 文王之作也에 大畏而小懷[112]컨대 爲

포기하고 되돌아갔다. 결국 송나라와 제나라는 각기 단독으로 제나라 땅인 甗에서 전투를 벌였는데 제나라가 대패하였다.《春秋左氏傳注疏 僖公 18年 杜預注》

108) 桓 : 대전본에는 '威'로 되어 있으나, 宋 欽宗 趙桓을 피휘한 것이다.

109) 若晉……之正 :《논어》〈憲問〉 제16장에 "晉 文公은 속이고 바르지 않았으며 齊 桓公은 바르고 속이지 않았다.〔晉文公譎而不正 齊桓公正而不譎〕"라는 공자의 말이 보인다. 주희는《論語集註》에서 "진 문공과 제 환공은 모두 제후의 맹주로서 夷狄을 물리치고 周나라 왕실을 높인 사람들이다. 비록 힘으로 仁을 가탁하여 마음이 모두 바르지 못하였으나, 환공은 楚나라를 정벌할 때에 大義를 내세워 주장을 제기하였고 속임수는 쓰지 않았으니, 그래도 환공이 문공보다 낫다.〔二公皆諸侯盟主 攘夷狄以尊周室者也 雖其以力假仁 心皆不正 然桓公伐楚 仗義執言 不由詭道 猶爲彼善於此〕"라고 하였다. 즉 제 환공이 바르다고 한 것은 진 문공과 비교했을 때 상대적으로 바르다는 뜻으로 풀이된다.

110) 桓 : 대전본에는 '威'로 되어 있으나, 宋 欽宗 趙桓을 피휘한 것이다.

111) 視昔……西怨 :《맹자》〈梁惠王 下〉 제11장에 "湯王이 첫 번째 정벌을 葛나라로부터 시작하자 천하 사람들이 탕왕을 믿었다. 그리하여 탕왕이 동쪽을 향하여 정벌함에 西夷가 원망

何如哉오 臣이 故略叙其事하여 以信孟子之說하노이다

① 本無義也……之禮：晉侯始入而敎其民，二年欲用之，子犯曰："民不[113]知義，未安其居." 於是乎出，定襄王，入務利民，民懷生矣. 將用之，子犯曰："民未知信，未宣其用." 於是乎伐原而示之信.[114] 民易資者，不求豐焉，明徵其辭. 公曰："可矣乎?" 子犯曰："民未知禮，未生其共." 於是乎大蒐以示之禮.[115]

晉侯(晉 文公)가 처음에 귀국하고 나서 자신의 백성들을 교화하였다. 그리고 2년 만에 백성들을 전쟁에 쓰려고 하자 子犯이 말하였다. "백성들이 의리를 알지 못하여 아직 그들의 터전을 편안하게 여기지 않고 있습니다." 이에 진후가 출병하여 周 襄王을 안정시키고 귀국하여 백성들을 이롭게 하는 데 힘쓰니 백성들이 삶을 편안하게 여겼다. 진후가 백성들을 전쟁에 쓰려고 하자 자범이 말하였다.

하며 남쪽을 향하여 정벌함에 北狄이 원망하여, '어찌 우리를 나중에 정벌하는가?'라고 하였다.〔湯一征自葛始 天下信之 東面而征 西夷怨 南面而征 北狄怨曰 奚爲後我〕"라고 한 내용이 보인다.

112) 文王……小懷：《춘추좌씨전》 襄公 31년(기원전 542) 기사에 따르면 "《서경》 〈周書〉에 문왕의 덕을 칭송하기를, '대국은 그 힘을 두려워하였고 소국은 그 덕을 그리워하였다.'라고 하였으니, 문왕을 두려워하면서도 사랑했다는 것을 말한다.〔周書數文王之德曰 大國畏其力 小國懷其德 言畏而愛之也〕"라는 내용이 보인다.

113) 不：대전본에는 '宋'으로 되어 있으나, 오자이다.

114) 於是……之信：진 문공이 原을 정벌한 것은 《춘추좌씨전》 僖公 25년(晉 文公 1, 기원전 635) 겨울 기사에 보이지만, 백성이 믿음을 몰라 전쟁에 사용할 수 없다는 子犯의 간언이 수록된 기사는 희공 27년(진 문공 3, 기원전 633) 기사에 보인다. 기원전 635년 4월에 周 襄王을 王城으로 들여보내고 陽樊·攢茅 등의 땅과 함께 原 땅을 받았던 진 문공은 그해 겨울에 原을 포위하였다. 이때 문공은 사흘 치 식량만 가지고 가도록 하였는데 사흘이 지나도록 原人이 항복을 하지 않자 철군을 명하였다. 이때 原에 잠입시킨 첩자가 原人이 항복하려고 한다는 사실을 보고했음에도 문공은 믿음의 중요성을 강조하면서 1舍(30里)를 물러났는데 原人이 항복하였다. 《春秋左氏傳 僖公 25年·27年》

115) 晉侯……之禮：《춘추좌씨전》 僖公 27년(晉 文公 3, 기원전 633) 기사에 보인다. 진 문공은 이보다 3년 전인 기원전 636년(노 희공 24)에 귀국하여 이듬해(기원전 635)에 周 襄王의 지위를 안정시킴으로써 임금을 섬기는 의리를 보였으며 같은 해에 原을 정벌하였다. 2년 후에는 子犯의 간언을 듣고 백성들에게 禮를 보이는 차원에서 군사 훈련을 실시하고 관작의 등급을 바로잡아 백성들이 명을 듣고 의심하지 않게 되었다. 이듬해(기원전 632) 진 문공은 穀에 주둔한 楚나라의 군대를 물러가게 하였으며, 초나라가 宋나라를 포위하자 이를 풀어주고 城濮에서 초나라 군대와 싸워 대승을 거두었다. 《春秋左氏傳注疏 僖公 27年 杜預注》《春秋左氏傳 僖公 28年》

"백성들이 아직 믿음을 알지 못하여 시행할 방법을 명확하게 알지 못합니다." 이에 진후는 原을 정벌하여 백성들에게 믿음을 보였다. 그러자 백성들 가운데 물자를 교역하는 자들이 많이 벌기를 추구하지 않고 약속한 말을 분명하게 증거로 삼았다. 文公이 말하기를 "백성들을 전쟁에 써도 되겠는가?" 하니, 자범이 말하였다. "백성들이 아직 禮를 알지 못하여 공경심이 생기지 않았습니다." 이에 문공이 군사 훈련을 대대적으로 실시하여 예를 보였다.

② 一朝……隧焉 : 僖十[116]四年, 王子帶作難, 天王蒙塵于外.[117] 二十五年, 狐偃言於晉侯曰 : "求諸侯莫如勤王.[118]" 遂殺大叔. 定襄王, 請隧, 弗許.[119]

---

116) 十 : 《춘추좌씨전》과 《사기》에 근거할 때 '二十'이 되어야 할 듯하다.

117) 僖十……于外 : '王子帶作難 天王蒙塵于外'라는 문장은 《춘추》의 經文과 三傳에 보이지 않으나 관련된 일은 《춘추좌씨전》과 《사기》에 보인다. 그리고 이 두 문헌에 따르면 王子 帶가 난을 일으켜 周 襄王이 몽진한 것은 노 희공 14년(기원전 646)의 일이 아니라 24년(기원전 636)의 일로 보인다. 王子 帶는 《사기》에 '叔帶'로 되어 있는데, 周 惠王의 아들로 惠后의 소생이며 襄王의 동생이다. 杜預에 따르면 帶는 양왕의 同母弟라고 하였으나, 《사기》에 따르면 이복동생이다. 혜후는 帶를 왕으로 옹립하기 위하여 狄人(翟人)과 내통하여 그들이 周나라로 쳐들어오게 만들었다. 마침내 양왕은 출국하여 鄭나라로 망명하고 帶가 왕위에 올랐다. 《春秋左氏傳注疏 僖公 24年 杜預注》 《史記 卷4 周本紀》

118) 二十……勤王 : 진 문공 1년(기원전 635) 봄의 일로 《춘추좌씨전》에 보인다. 周 襄王의 계모인 惠后는 자신의 소생 叔帶(王子 帶)를 옹립하기 위하여 狄人(翟人)을 끌어들여 周나라로 쳐들어오게 만들었다. 이로 인하여 국외로 망명 중이던 周 襄王은 양왕 17년(기원전 636)에 鄭나라로 가 거처하면서 晉나라에는 簡師父를, 秦나라에는 左鄢父를 보내 위급을 알렸다. 이듬해(기원전 635)에 秦 穆公은 黃河 가에 군대를 주둔시키고 양왕을 호송하여 주나라 王城으로 들여보내려고 하였는데, 晉나라의 狐偃이 晉 文公에게 패업을 위하여 양왕을 들여보내는 일[勤王]에 힘쓰라고 간하였다. 간언을 들은 문공은 卜偃에게 거북점과 시초점을 치게 하였는데 결과가 모두 길하게 나왔다. 이에 양왕을 들여보내는 공을 독차지하기 위하여 문공은 秦나라 군대에 작별을 고하고는 물길을 따라 내려가 3월에 陽樊에 주둔하여 右軍은 溫을 포위하고 左軍은 양왕을 맞이하여 주나라로 돌아오게 하였다. 그리고 4월에는 양왕이 王城으로 들어가 숙대를 溫에서 잡아 隰城에서 죽였다. 《사기》에는 진 문공이 숙대를 죽인 것으로 되어 있다. 《春秋左氏傳 僖公 24年·25年》 《春秋經傳集解 僖公 25年 朱申注》 《史記 卷4 周本紀》

119) 遂殺……弗許 : 진 문공 1년(기원전 635) 여름 4월의 일로 《춘추좌씨전》에 보인다. 이달 襄王이 王城으로 들어가서 丁巳日에 太叔(王子 帶)을 溫에서 잡아 隰城에서 죽였다. 그리고 戊午日에 진 문공이 양왕을 朝見하자 양왕이 단술로 진 문공을 접대하였는데, 이 자리에서 문공이 隧葬을 청하였다. 수장은 장사를 지낼 때 관곽을 묻을 壙을 만들면서 땅에 굴을 파

노 희공 14년(기원전 646)에 王子 帶가 난을 일으켜 天王(周 襄王)이 국외로 몽진하였다. 희공 25년(기원전 635)에 狐偃이 晉侯(진 문공)에게 말하기를, "제후의 패자가 되기를 추구하려면 勤王만 한 것이 없습니다." 마침내 太叔(王子帶)을 죽였다. 진후가 襄王의 지위를 안정시키고 나서, 隧葬을 하게 해달라고 청하자 양왕이 허락하지 않았다.

③ 陽樊不服則圍之 : 王與之陽樊・溫・原・欑茅之田, 陽樊不服, 圍[120]之. 蒼[121]葛[122]呼曰 : "此誰非王之姻[123]親, 其俘之也?"[124]

왕(周 襄王)이 晉侯(晉 文公)에게 陽樊・溫・原・欑茅의 땅을 주었는데 양번이 복종하지 않자 晉나라 군대가 양번을 포위하였다. 蒼葛이 소리쳐 말하기를, "이곳 사람 가운데 왕의 인척이 아닌 자가 누구이기에 우리를 포로로 잡는가?"라고 하였다.

晉 文公의 속임수를 齊 桓公의 바름과 비교해보면 더욱 미치지 못합니다. 본래 의리가 없었으나 한 가지 일을 가탁하여 의리를 보여주었고, 본래 믿음이 없었으나 한 가지 일을 가탁하여 믿음을 보여주었으며, 본래 禮가 없었으나 한 가지 일을 가탁하여 예를 보여주었으니, 보여주었다고 한 것은 겉으로 드러내어 드날림으로써 뭇사람들에게 과시했다는 것입니다. 그러므로 왕을 한 번 조현하는 사이에 갑자기 隧葬을 청하였으니, 이는 명목은 勤王이었지만 실제로는 천하를 엿본 것입니다. 陽樊이 복종하지 않자 양번을 포위하고 原이 복종하지 않자 또 원을 포위하였으니, 명목은 비록 왕에게 땅을 받은 것이었지만 실제로는 힘으로 취한 것입니다.

五霸 가운데 제 환공과 진 문공보다 강성한 이가 없었으나, 그들은 모두 힘으로

통로를 만드는 것인데 이는 천자의 장례 방식이었다. 즉 문공은 자신이 죽으면 葬事를 천자의 방식으로 하기를 청한 것이다. 양왕은 이를 허락하지 않는 대신 陽樊・溫・原・欑茅의 땅을 주었다. 《春秋左氏傳注疏 僖公 25年 杜預注》《左傳杜林合注 卷12》

120) 圍 : 대전본에는 '困'으로 되어 있다. 통행본 《春秋左氏傳》에는 '圍'로 되어 있다.

121) 蒼 : 사고본에는 '倉'으로 되어 있다. 통행본 《春秋左氏傳》에는 '蒼'으로 되어 있다.

122) 蒼葛 : 陽樊 사람이다. 《春秋左氏傳注疏 僖公 25年 杜預注》

123) 姻 : 사고본에는 '婣'으로 되어 있다. 통행본 《春秋左氏傳》에는 '姻'으로 되어 있다.

124) 王與……之也 : 진 문공 1년(기원전 635) 여름 4월의 일로 《춘추좌씨전》에 보인다. 周 襄王에게 隧葬을 청했다가 거절당한 진 문공이 陽樊・溫・原・欑茅의 땅을 받았으나 陽樊 사람들이 복종하지 않았다. 결국 晉나라 군대가 양번을 포위한 뒤에 문공은 그곳의 백성들을 내쫓았다. 《春秋左氏傳 僖公 25年》

仁을 가탁하고 덕에 근본을 두지 않았습니다. 그러므로 사람들의 힘을 굴복시킬 수는 있었으나 그들의 마음을 복종시킬 수는 없었습니다. 옛날 成湯(湯王)이 일어났을 때에 동쪽으로 정벌하면 서쪽이 원망하였으며, 文王이 일어났을 때에 대국은 그 힘을 두려워하고 소국은 그 덕을 그리워하였던 것에 비하면 어떠합니까. 신이 이 때문에 그 일을 대략 서술하여 맹자의 설을 입증한 것입니다.

14-4-가[125)]

荀子가 曰 粹而王①이요 駁而霸②니라

① 粹而王 : 粹, 謂純全也.
'粹'는 純全하다는 것을 말한다.

② 駁而霸 : 駁, 雜也.
'駁'은 '섞이다'라는 뜻이다.

순자가 말하였다.
"인의와 도덕에 있어서 순수하면 王道이고 섞이면 霸道이다."

14-4-나(按)

臣은 按 荀卿이 以粹駁二字而爲王霸之分하니 亦可謂知言者也라 蓋粹然出於仁義者는 王也요 仁而雜以不仁하며 義而雜以不義者는 霸也니 王者는 純乎道德하고 而霸者는 雜以功利하니 此其所以異也라 荀卿之論王霸가 非一이로되 獨此가 爲當於理하니 它[126)] 如隆禮尊賢·重法愛民[127)]之別과 敬日·敬時[128)]之分이 皆非是라 故弗取焉하노이다

125) '粹而王 駁而霸'라는 말은《荀子》〈王霸〉·〈彊國〉·〈賦〉에 보이나, 按說의 내용으로 미루어 진덕수는 〈彊國〉에 있는 말을 취한 것으로 보인다. 이 편에서는 나라를 부강하게 하는 방법을 논했는데, 무력에 의한 정치를 배격하고 禮와 위엄을 중시하였으며 왕도와 패도의 구분을 명확히 하였다.

126) 它 : 대전본·사고본에는 '他'로 되어 있다.

127) 隆禮……愛民 :《荀子》〈彊國〉에 "임금이 예를 숭상하고 현인을 존숭하면 王者가 되고 법을 중히 여기고 백성을 사랑하면 패자가 되며, 이익을 좋아하고 속임수가 많으면 위태롭고 권모술수·謀害·음험한 행위를 일삼으면 망한다.〔人君者 隆禮尊賢而王 重法愛民而霸 好利多詐而危 權謀傾覆幽險而亡〕"라는 내용이 보인다.

128) 敬日敬時 :《荀子》〈彊國〉에 "작은 일을 쌓아가는 데 있어, 달마다 해나가는 일은 날마다

【臣按】 荀卿이 '粹(순수하다)'·'駁(섞이다)'라는 두 글자를 가지고 왕도와 패도의 분기점으로 삼았으니, 또한 말을 아는 사람이라고 할 수 있습니다. 대체로 순수하게 인의에서 나오는 것은 왕도이고, 仁하지만 不仁한 것이 섞였으며 의롭지만 不義한 것이 섞인 것은 패도입니다. 왕도는 도덕에 순수하고 패도는 功利가 섞였으니 이것이 왕도와 패도가 다른 이유입니다.

순경이 왕도와 패도를 논한 것은 한둘이 아니지만 유독 이 말이 이치에 합당합니다. 그 나머지 예컨대 '예를 숭상하고 현인을 존숭하는 것〔隆禮尊賢〕', '법을 중히 여기고 백성을 사랑하는 것〔重法愛民〕'과 같은 구분 및 '날마다 신중히 하는 것〔敬日〕', '철마다 신중히 하는 것〔敬時〕'과 같은 구분들은 모두 옳지 않으므로 취하지 않았습니다.

14-5-가[129)]

董仲舒가 **曰 夫仁人者**는 **正其誼**하고 **不謀其利**하며 **明其道**하고 **不計其功**하나니 **是以**로 **仲尼之門**에 **五尺童子**가 **羞稱五伯**(패)①는 **爲其先詐力而後仁義也**니라

① 五伯 : 伯, 讀曰霸.
'伯'는 '霸(패)'로 읽는다.

동중서가 말하였다.

"어진 사람은 義를 바르게 하고 이익을 꾀하지 않으며, 道를 밝히고 공을 따지지 않는 법이다. 이 때문에 仲尼(孔子)의 門下에서 5척의 어린아이조차도 五霸에

해나가는 일만 못하고, 철마다 해나가는 일은 달마다 해나가는 일만 못하며, 해마다 해나가는 일은 철마다 하는 일만 못하다.……그러므로 날을 잘 활용하는 자는 王者가 되고 철을 잘 활용하는 자는 霸者가 되며, 결함만 보완하는 자는 위태롭고 황폐함을 크게 하는 자는 망한다. 그러므로 왕자는 날마다 신중히 하고 패자는 철마다 신중히 한다.〔積微 月不勝日 時不勝月 歲不勝時……故善日者王 善時者霸 補漏者危 大荒者亡 故王者敬日 霸者敬時〕"라는 내용이 보인다.

129) 《前漢書》 卷56 〈董仲舒傳〉에 보인다. 동중서가 對策을 올린 뒤 漢 武帝는 그를 江都相으로 임명하여 무제의 형인 易王 劉非를 섬기게 하였다. 유비는 본래 성질이 난폭했으나 동중서가 예의로 바로잡자 동중서를 공경하였다. 그 후 유비는 동중서에게, 越王 句踐이 吳나라를 멸할 때 참여했던 泄庸·文種·范蠡를 월나라의 三仁으로 본다고 말하였는데, 본문의 말은 이때 동중서가 유비의 말을 반박하며 대답했던 말이다.

대해 거론하기를 부끄럽게 여겼던 것은 그들이 속임수와 무력을 앞세우고 인의를 뒷전으로 했기 때문이다."

14-5-나(按)

臣은 按 孟子之後에 其能深闢五霸者는 惟仲舒가 爲然이라 蓋仁人者는 知正義而已요 利之有無를 不論也하며 知明道而已요 功之成否를 不計也하나니 義는 謂天下合宜之理요 道는 謂天下[130]通行之路니 其實은 一也라 霸者則惟利를 是謀하여 而於義에 有不暇顧하고 惟功을 是計하여 而於道에 有不暇卹하니 此가 所以見黜於孔氏之門也라 至本朝하여 程顥가 又謂 得天理之正하며 極人倫之至者는 堯・舜之道也요 用其私心하여 依仁義之偏者는 霸者之事也라 王道는 如砥[131]하여 本乎人情하며 出於禮義하여 若履大路而行하여 無復回曲하고 霸者는 崎嶇反側於曲逕之中而卒不可入堯・舜之道[132]라하니 顥之言이 與孟子・仲舒로 實相表裏라 故錄焉[133]하노이다

【臣按】 맹자 이후에 오패를 깊이 배척할 수 있었던 사람은 오로지 동중서가 그러한 사람이었습니다. 어진 사람은 義를 바르게 하는 것만 알 뿐 이익의 유무는 논하지 않으며, 道를 밝히는 것만 알 뿐 功의 성패 여부는 따지지 않는 법입니다. 義는 천하 사람들이 마땅하게 여기는 이치를 말하며 道는 천하 사람들이 두루 다니는 길을 말하니, 실제로는 하나입니다. 霸者는 오로지 이익만 꾀하여 의리에 대해서는 돌아볼 겨를이 없고 오로지 功만 따져 道에 대해서는 돌볼 겨를이 없으니, 이것이 孔子의 문하에서 배척을 받았던 까닭입니다.

우리 宋나라에 이르러 程顥가 또 다음과 같이 말하였습니다.

"천리의 정당함을 얻고 인륜의 극치를 다하는 것은 堯임금과 舜임금의 道이며, 자신의 사심을 따라 仁義의 일부분에 기대는 것은 霸者의 일이다. 왕도는 숫돌처럼 평탄하여 人情에 근본을 두며 禮義에서 비롯되어 마치 대로를 밟고 다니는 것과 같아 더 이상 迂回하거나 굽히는 일이 없으며, 패자는 구불구불한 샛길에서 이

130) 合宜……天下 : 대전본에는 없다.

131) 王道如砥 : 《詩經》 〈小雅 大東〉에 "주나라의 길이 숫돌처럼 평탄하니 그 곧기가 마치 화살과도 같도다.〔周道如砥 其直如矢〕"라는 내용이 보인다.

132) 得天……之道 : 《二程文集》 卷2 〈明道文集2 論王霸之辨〉에 보인다.

133) 焉 : 대전본・사고본에는 '云'으로 되어 있다.

리저리 곤경을 겪는 것과 같아서 끝내 요임금과 순임금의 도에 들어가지 못한다."

정호의 말이 맹자 · 동중서의 말과 사실상 서로 표리가 되기 때문에 여기에 수록하였습니다.

以上은 論王道覇術之異하니라

이상은 왕도와 패도의 차이를 논하였다.

格物致知之要(二) 사물의 원리를 깊이 연구하여 知性의 힘을 극대화하는 핵심적인 방법들 (2)

辨人材 人材를 구별하는 방법들

聖賢觀人之法 聖賢이 사람을 관찰하는 방법

15-1-가[1]

堯典에 **帝曰 疇咨若時**하여 **登庸**①고 **放齊曰**② **胤子朱**가 **啓明**③하니이다 **帝曰 吁**④라 **嚚訟**이어니 **可乎**⑤아 **帝曰 疇咨若予采**⑥오 **驩兜**가 **曰 都**⑦라 **共工**이 **方鳩僝功**⑧하나니이다 **帝**가 **曰 吁**라 **靜言庸違**⑨하고 **象恭滔天**⑩[2]하니라

① 帝曰……登庸 : 疇, 誰也. 咨, 訪問也. 若, 順也. 時, 是也[3]. 庸, 用也.
'疇'는 '누구'라는 뜻이다. '咨'는 '찾다'라는 뜻이다. '若'은 '순히 하다'라는 뜻이다. '時'는 '이것'이라는 뜻이다. '庸'은 '쓰다'라는 뜻이다.

② 放齊曰 : 放齊, 臣名.
'放齊'는 신하의 이름이다.

---

1) 《서경》 〈虞書 堯典〉에 보인다.

2) 滔天 : 저본에는 '□□'로 되어 있다. 509본·510본·512본 역시 종이를 붙여 해당 부분을 가려놓았다. 《書集傳》에 '滔天'의 뜻을 미상이라고 하고 뒷부분의 '浩浩滔天'과 연관 지어 오류가 있는 듯하다고 설명하였는바, 이에 따라 우리나라에서는 해당 부분을 삭제하거나 빼버리고 진강하였던 듯하다. 여기서는 《서경》의 대문과 대전본·사고본 등에 근거하여 원문을 그대로 두되, 원주의 내용에 근거하여 풀이하였다.

3) 時是也 : '時'의 훈고를 '是(이것)'로 풀이한 것은 일반적인 해석과는 다르다. 《尙書注疏》에 따르면 馬融은 해당 구절의 앞에 羲氏와 和氏를 四時를 관장하는 직책에 임명한 것과 연관 지어 羲氏와 和氏가 맡았던 '四時를 관장하는 직책〔四時之職〕'을 가리키는 것으로 설명하였고, 《서집전》에는 '時(때)'로 해석하였다.

③ 胤子朱啓明 : 胤子朱, 堯之嗣子丹朱也. 啓, 開也, 言其性開明可登用也.
'胤子朱'는 堯의 嗣子 丹朱이다. '啓'는 '통달하다'라는 뜻이니, 그의 품성이 開明하여 등용할 만하다고 말한 것이다.

④ 帝曰吁 : 吁者, 歎其不然之辭[4].
'吁'는 그렇게 여기지 않음을 탄식하는 말이다.

⑤ 嚚訟可乎 : 嚚, 謂口不道忠信之言. 訟, 爭辨[5]也. 可乎, 言不可用也.
'嚚'은 입으로 진실되고 미더운 말을 하지 않는 것을 이른다. '訟'은 다투는 것이다. '可乎'는 등용해선 안 된다고 말한 것이다.

⑥ 帝曰疇咨若予采 : 采, 事也.
'采'는 '일'이라는 뜻이다.

⑦ 驩兜曰都 : 驩兜, 臣名, 四凶[6]之一也. 都, 美也.
'驩兜'는 신하의 이름이니, 四凶 가운데 한 사람이다. '都'는 '훌륭하다'라는 뜻이다.

⑧ 共工方鳩僝功 : 共工, 官名, 世是官者, 亦四凶之一. 鳩, 聚也. 僝, 見也. 言共工方且鳩聚而見其功也.
'共工'은 官名이니, 이 관직을 대대로 맡은 자로 또한 四凶의 한 사람이다. '鳩'는 '모으다'라는 뜻이다. '僝'은 '나타내다'라는 뜻이다. '共工方鳩僝功'은 공공이 한창 모아서 자신의 공적을 나타내고 있다고 말한 것이다.

⑨ 帝曰吁靜言庸違 : 靜, 謂無事之時. 庸, 謂有事之際. 無事則能言, 用之則違背也.
'靜'은 별일이 없는 때를 이른다. '庸'은 일이 있는 때를 이른다. 별일이 없을 때는 말을 잘 하지만 그를 임용하면 자신의 말과 어긋나는 것이다.

⑩ 象恭滔天 : 象, 似也, 言貌恭而心不然也. 滔, 漫也, 言其中心之惡浩瀚而無極也.
'象恭'의 '象'은 '비슷하다'는 뜻이니, 모습은 공손하지만 마음은 그렇지 않다는 것을 말한 것이다. '滔'는 '넘쳐흐르다'라는 뜻이니, '滔天'은 그의 마음속 악이 커서 끝이 없다는 것을 말한 것이다.

《서경》〈虞書 堯典〉에 말하였다.

---

4) 吁者……之辭 : 蔡沈에 따르면, '吁'는 '감탄은 하지만 그다지 옳게 여기지 않는 말〔歎而未深然之辭〕'이다. 《書集傳 皐陶謨, 堯典》

5) 辨 : 사고본에는 '辯'으로 되어 있다.

6) 四凶 : 堯舜時代에 惡名이 드러나 순임금에 의해 주벌된 네 신하 또는 부족의 수령을 지칭한다. 《서경》〈虞書 舜典〉에는 共工, 驩兜, 三苗, 鯀으로, 《춘추좌씨전》 文公 18년 기사에는 渾敦, 窮奇, 檮杌, 饕餮로 거명하여 지칭 대상에 차이를 보인다. 《서집전》에 따르면 궁기를 공공으로, 혼돈을 환도로, 도철을 삼묘로, 도올을 곤으로 이해하는 설도 있지만 명확하지 않다.

"堯임금이 말하기를 '누가 이를 순히 할 사람을 물어서 찾아 발탁하여 쓸 수 있는가?'라고 하니, 放齊가 말하기를 '맏아들인 丹朱가 開明합니다.'라고 하였다. 요임금이 말하기를 '허어! 옳지 않다. 쓸데없는 말이 많고 다투니, 등용해서야 되겠는가.'라고 하였다.

요임금이 말하기를 '누가 나의 일을 순히 할 사람을 찾을 수 있는가?'라고 하니, 驩兜가 말하기를, '아! 共工이 모아서 공적을 나타내고 있습니다.'라고 하였다. 요임금이 말하기를 '허어! 그렇지 않다. 별일 없을 때에는 말을 잘하나 등용하면 말과 위배되고 외양만 공손하지 마음속에는 악이 넘쳐난다.'라고 하였다.

帝曰 咨四岳①아 **湯湯**(상상)**洪水**가 **方割**②하여 **蕩蕩懷山襄陵**③하여 **浩浩滔天**④일새 **下民其咨**⑤하나니 **有能**이어든 **俾乂**⑥호리라 **僉曰**⑦ **於**(오)라 **鯀哉**⑧니이다 **帝曰 吁**라 **咈哉**⑨라 **方命**하며 **圮族**⑩하나니라 **岳曰 异哉**나 **試可**요 **乃已**⑪니이다 **帝曰 往欽哉**⑫하라하시니 **九載**에 **績用**이 **弗成**⑬하니라

① 帝曰咨四岳 : 四岳[7], 官名, 一人而總四岳諸侯之事者[8].
'四岳'은 官名이니, 한 사람으로서 四岳에 있는 諸侯의 일을 총괄하는 자이다.

② 湯湯洪水方割 : 湯湯, 水盛貌. 洪, 大也. 割, 害也.
'湯湯'은 물이 성한 모양이다. '洪'은 '크다'라는 뜻이다. '割'은 '해치다'라는 뜻이다.

③ 蕩蕩懷山襄陵 : 蕩蕩, 廣也. 懷, 包也. 襄, 駕出其上也. 大阜曰陵.
'蕩蕩'은 '넓다'라는 뜻이다. '懷'는 '에워싸다'라는 뜻이다. '襄'은 그 위로 넘어 나오는 것이다. 큰 언덕을 '陵'이라고 한다.

④ 浩浩滔天 : 浩浩, 大貌. 滔天, 言其勢大若漫天也.
'浩浩'는 큰 모양이다. '滔天'은 그 형세가 커서 하늘까지 넘쳐흐를 것 같다는 말이다.

⑤ 下民其咨 : 咨, 怨[9]嗟也.

---

7) 四岳 : 四岳의 제후를 관장하는 관명으로 1人이라는 원주의 설명은 《서집전》을 따른 것으로, 職掌과 人員에 대해서는 이설이 있다. 《尙書注疏》에 따르면 孔安國은, 사악을 羲氏와 和氏의 네 아들로 보고 "四岳의 제후를 나누어 관장하였다.〔分掌四岳之諸侯〕"라고 설명하여 각 방면의 제후를 관장하는 4인을 合稱한 것으로 보았고, 章炳麟의 《官制索隱》에는 '唐虞의 시대에 천자와 국가의 대사를 논의하는 자〔唐虞之世 與天子議大事者〕'로 설명하였다.

8) 者 : 대전본·사고본에는 '也'로 되어 있다.

9) 怨 : 대전본에는 '痛'로 되어 있다.

'咨'는 원망하고 탄식하는 것이다.

⑥ 有能俾乂：俾，使也，言有能使治此水者.
'俾'는 '시키다'라는 뜻이니, '有能俾乂'는 능력 있는 사람이 있으면 이 홍수를 다스리게 하겠다고 말한 것이다.

⑦ 僉曰：僉，衆共之辭，四岳與其所領諸侯之在朝者，同辭而對也[10].
'僉'은 많은 이가 함께하는 말이니, 四岳과 조정에 있는 그가 이끄는 제후들이 한목소리로 대답한 것이다.

⑧ 於鯀哉：於，美也. 鯀，崇伯[11]名，亦四凶之一.
'於'는 찬미하는 말이다. '鯀'은 崇伯의 이름이니, 역시 四凶의 한 사람이다.

⑨ 帝曰吁咈哉：咈，甚不然之辭.
'咈'은 매우 그렇게 여기지 않는 말이다.

⑩ 方命圮族：方命者，逆上之命也. 圮，敗也. 族，類也. 言鯀之爲人，悻戾自用，不從上命，與衆不和，傷敗族類也.
'方命'은 윗사람의 명령을 거역하는 것이다. '圮'는 '무너뜨리다'라는 뜻이다. '族'은 '종족'이라는 뜻이다. 鯀의 사람됨이 고집스럽고 어긋나서 자기 생각대로만 하고 윗사람의 명령을 따르지 않으며 뭇사람과 불화하여 종족을 해치고 무너뜨린다고 말한 것이다.

⑪ 岳曰……乃已：异，擧也. 言擧而試之，可以治水乃已，勿求其它也.
'异'는 '천거하다'라는 뜻이니, 천거하였더라도 홍수를 다스릴 수 있는지만 시험해보면 그만이니, 다른 것을 구하지 말라고 말한 것이다.

⑫ 帝曰往欽哉：帝從衆言，令往治水，敬其事也.
'往欽哉'는 요임금이 여러 신하의 말을 따라 가서 홍수를 다스리되 그 사업을 공경히 수행하도록 한 것이다.

⑬ 九載績用弗成：唐・虞之時，三載一考績，九載三考也. 績，功也.
요임금과 순임금의 시대에는 3년에 한 번 공적을 평가하였으니 9년이면 세 번 평가한 것이다. '績'은 '공적'이라는 뜻이다.

요임금이 말하기를 '아! 四岳아. 출렁이는 홍수가 바야흐로 해를 끼쳐서 세차게 솟아 흘러 산을 에워싸고 언덕을 넘어 거대하게 하늘까지 넘쳐흐르기에 백성들이 한탄하고 있으니, 홍수를 잘 다스릴 수 있는 자가 있으면 다스리게 하겠다.'라고

10) 也：사고본에는 '曰'로 되어 있다.
11) 崇伯：《國語》〈周語 下〉의 '有崇伯鯀'에 대한 韋昭의 注에 따르면 崇은 나라 이름이고 伯은 작위이다.

하니, 四岳과 제후들이 함께 말하기를 '오! 鯀입니다.'라고 하였다. 요임금이 말하기를 '허어! 매우 그렇지 않다. 명령을 거역하며 종족을 해치고 무너뜨린다.'라고 하니, 사악이 말하기를 '천거하였더라도 홍수를 다스릴 수 있는지만 시험 삼아 등용해보고 이에 그칠 뿐입니다.'라고 하였다. 요임금이 '가서 공경히 임무를 수행하라.'라고 하였는데, 9년 동안 공적을 이루지 못하였다.

帝曰 咨四岳아 **朕**이 **在位七十載**①니 **汝能庸命**하나니 **巽朕位**②인저 **岳曰 否德**이라 **忝帝位**③하리이다 **曰 明明**하며 **揚側陋**④하라 **師錫帝曰**⑤ **有鰥**이 **在下**[12]하니 **曰虞舜**⑥이니이다 **帝曰 兪**⑦라 **予聞**호니 **如何**⑧오 **岳曰 瞽子**⑨니 **父頑**⑩하며 **母嚚**⑪하며 **象傲**⑫어늘 **克諧以孝**⑬하여 **烝烝乂**하여 **不格姦**⑭하니이다 **帝曰 我其試哉**인저 **女于時**⑮하여 **觀厥刑于二女**⑯호리라하시고 **釐降二女于嬀**(규)**汭**⑰하사 **嬪于虞**⑱하시고 **帝曰欽哉**⑲하라하시다

① 咨四……十載 : 堯以十七卽天子位, 時年八十六矣.
堯임금은 17세에 천자의 자리에 올랐으니 당시 나이가 86세이다.

② 汝能庸命巽朕位 : 巽, 遜也.
'巽'은 '遜位하다'라는 뜻이다.

③ 岳曰否德忝帝位 : 否德, 不德也. 忝, 辱也.
'否德'은 '不德하다'라는 뜻이다. '忝'은 '욕되다'라는 뜻이다.

④ 曰明明揚側陋 : 上明, 謂明顯之. 下明, 謂已在顯位者. 揚, 擧也. 側陋, 微賤之人也. 言惟德是擧, 不拘貴賤也.
'明明'에서 앞의 '明'은 '밝게 드러내는 것'을 이르고, 뒤의 '明'은 이미 현달한 지위에 있는 자를 이른다. '揚'은 '천거하다'라는 뜻이다. '側陋'는 미천한 지위의 사람이다. '明明揚側陋'는 오직 덕이 있는 사람을 천거할 뿐 귀천에 구애받지 않음을 말한 것

12) 在下 : '在下'는 일반 백성의 지위에 있음을 말한 것이다. 《尙書注疏》〈堯典〉의 孔安國의 傳에는 "백성 가운데에 있다.〔在下民之中〕"라고 하였고, 《史記》 卷1 〈五帝本紀〉에도 해당 내용을 "민간에 있다.〔在民間〕"라고 기재하였다. 공영달의 疏에는 '有鰥在下'에 대해 "미천한 지위에 이런 현인이 있음을 말한 것이다.〔言側陋之處有此賢人〕"라고 설명하였고, 《史記》 卷1 〈五帝本紀〉에는 순을 顓頊의 7세손으로 설명하고 顓頊의 아들인 "窮蟬으로부터 순임금에 이르기까지는 모두 미천해져서 庶人이 되었다.〔自從窮蟬以至帝舜 皆微爲庶人〕"라고 하여 당시에 순임금이 미천한 신분이었음을 알 수 있다.

이다.

⑤ 師錫帝曰 : 師, 衆也. 錫, 與也.

'師'는 '뭇사람'이라는 뜻이다. '錫'은 '주다'라는 뜻이다.

⑥ 有鰥在下曰虞舜 : 鰥, 無妻之名. 虞氏, 舜名也[13].

'鰥'은 아내가 없는 자의 명칭이다. '虞'는 氏이고 '舜'은 이름이다.

⑦ 帝曰兪 : 兪, 然也[14].

'兪'는 '그렇다'는 뜻이다.

⑧ 予聞如何 : 言我亦聞此人也. 如何者, 復問其德之詳也.

'予聞'은 나도 이 사람에 대해 들었다고 말한 것이다. '如何'는 다시 순의 덕에 대해 상세한 내용을 물은 것이다.

⑨ 岳曰瞽子 : 言舜乃瞽者之子.

'瞽子'는 舜이 곧 장님의 자식이라는 것을 말한 것이다.

⑩ 父頑 : 心不則德·義之經爲頑.

마음으로 德·義의 常道를 본받지 않는 것이 '頑'이다.

⑪ 母嚚 : 母, 舜後母也. 嚚, 義見上[15].

'母'는 舜의 계모이다. '嚚'은 뜻이 앞에 보인다.

⑫ 象傲 : 象, 舜異母弟. 傲, 驕傲也.

'象'은 舜의 이복동생이다. '傲'는 교만하고 건방진 것이다.

⑬ 克諧以孝 : 諧, 和也.

'諧'는 '화합하게 하다'라는 뜻이다.

⑭ 烝烝乂不格姦 : 說見前[16].

해설이 앞에 보인다.

---

13) 虞氏舜名也 : '虞'와 '舜'에 대한 해석은 몇몇 이설이 있다. 우선 '虞'의 해석에 대해 논하면, 첫째 순임금의 氏로 보는 설로 孔安國의 傳과 蔡沈의 《書集傳》이 해당된다. 둘째 지명으로 보는 설로 王肅과 皇甫謐이 해당된다. 셋째는 國名으로 보는 설로 孔穎達의 疏와 司馬貞의 《史記索隱》 등이 있는데, 孔穎達은 '虞'를 본래 순임금이 거주하던 곳이자 요임금에 의해 봉해진 땅으로 순임금이 천자가 되면서 有虞가 국명이 되었다고 보았다. '舜'에 대한 해석은 크게 두 가지로 정리할 수 있다. 첫째 이름으로 보는 설로 孔安國의 傳과 蔡沈의 《書集傳》이 해당된다. 둘째로 시호로 보는 설로 馬融과 司馬貞의 《史記索隱》이 해당된다. 이와 관련하여 《史記》 卷1 〈五帝本紀〉에는 "虞舜은 이름이 重華이다.〔虞舜者 名曰重華〕"라고 되어 있어, 舜이 이름이 아닌 것으로 서술되어 있다. 《尙書注疏 堯典》《史記 卷1 五帝本紀》

14) 兪然也 : 채침에 따르면, '兪'는 '응낙하는 말〔應許之辭〕'이다. 《書集傳 堯典》

15) 嚚義見上 : 15-1-가 원주 ⑤ '嚚訟可乎' 참조.

16) 說見前 : 7-1-가 원주 ⑥ '烝烝乂不格姦' 참조.

⑮ 帝曰……于時：女，以女與人也.
'女'는 딸을 남에게 주는 것이다.

⑯ 觀厥刑于二女：謂觀其所以刑于家者如何也.
舜이 집안에서 모범을 보이는 것이 어떠한지 관찰함을 이른다.

⑰ 釐降二女于嬀汭：釐，理[17)]，降，下也. 嬀，水名，汭，水之內也，舜所居之地.
'釐'는 '다스리다'라는 뜻이고, '降'은 '下嫁하다'라는 뜻이다. '嬀'는 물 이름이고 '汭'는 물이 굽어든 안쪽이니, 舜이 사는 곳이다.

⑱ 嬪于虞：嬪，婦也，使爲婦于虞氏之家也.
'嬪'은 '부인'이라는 뜻이니, '嬪于虞'는 虞氏 집안의 부인이 되게 한 것이다.

⑲ 帝曰欽哉：此戒二女之辭，使敬其爲婦道也.
이는 두 딸을 경계한 말이니, 공경하여 부녀자의 도리를 행하도록 한 것이다.

요임금이 말하기를 '아! 四岳아. 짐이 천자의 자리에 있은 지가 70년이 되었는데, 네가 나의 명령을 잘 따르니 짐의 제위를 선양하겠다.'라고 하니, 四岳이 말하기를, '부덕하여 제위를 욕되게 할 것입니다.'라고 하였다. 요임금이 말하기를, '현달한 지위에 있는 자를 밝게 드러내고 미천한 지위에 있는 자를 천거하라.'라고 하니, 여러 신하가 요임금에게 말하기를 '홀아비가 백성 중에 있으니 虞舜이라 합니다.'라고 하였다. 요임금이 말하기를 '그렇다! 나도 그에 대해 들었는데, 어떠한 사람인가?'라고 하니, 사악이 말하기를 '장님의 아들이니 아버지는 완고하고 어머니는 쓸데없는 말이 많으며 象은 오만하였는데, 능히 효도로써 잘 화합하게 하여 점점 다스려서 간악한 데 이르지 않게 하였습니다.'라고 하였다.

요임금이 말하기를 '내 시험해보겠다. 이 사람에게 딸을 주어 두 딸에게 모범을 보이는 것을 관찰하겠다.'라고 하시고, 두 딸을 치장하여 嬀水의 굽어든 안쪽에 下嫁시켜 虞氏 집안의 부인이 되게 하였다. 그리고 딸들에게 '공경하라.'라고 당부하였다."

15-1-나(按)

臣은 按 帝堯가 始問若時登庸之人이어늘 而放齊가 以胤[18)]子朱對하고 又問若采之人이어늘 而驩兜가 以共工對하고 又問可以治水之人이어늘 而四岳이 以鯀對하니 丹朱之

17) 理：대전본·사고본에는 이 뒤에 '也'가 더 있다.
18) 胤：사고본에는 '胤'으로 되어 있다.

慢遊傲虐과 與共・鯀之凶이 此는 不當擧而擧之者也요 後問可以巽位之人이어늘 而四岳이 以舜對하니 此는 當擧而擧[19]者也라

【臣按】 요임금이 처음에 이 일을 순히 하여 등용할 사람을 묻자 放齊가 嗣子 丹朱라고 대답하였고, 또 요임금 자신의 일을 순히 할 사람을 묻자 驩兜가 共工이라고 대답하였으며, 또 홍수를 다스릴 수 있는 사람을 묻자 四岳이 鯀이라고 대답하였습니다. 게으르고 놀기 좋아하며 오만하고 잔학한 丹朱와 흉악한 共工・鯀은 천거해서는 안 되는데 천거된 사람입니다. 뒤에 제위를 선양할 만한 사람을 묻자 사악이 舜이라고 대답하였으니 이는 천거해야 해서 천거한 사람입니다.

堯가 於其不當擧者則吁而歎之하사 於朱에 知其嚚訟하시며 於共工에 知其靜言庸違하시며 於鯀에 知其方命圮族하시고 而於其當擧者則兪而然之하사 旣問其爲人하시고 又妻以二女하시니 方放齊・驩兜之擧는 何異後世庸闇之朝姦邪小人自相汲引者리오마는 惟堯之明德이 如日中天하여 萬象이 畢照하여 片言之發이 洞中隱微하여 有不能以遁者니 此其所以爲聖歟인저

요임금이 천거해서는 안 될 사람에 대해서는 옳지 않다고 탄식하여 丹朱에 대해서는 그가 쓸데없는 말이 많고 다투는 것을 알았으며, 共工에 대해서는 그가 별일이 없을 때는 말을 잘하지만 임용하면 말과 어긋난다는 것을 알았으며, 鯀에 대해서는 그가 명령을 거역하며 종족을 해치고 무너뜨리고 있다는 것을 알았습니다. 그리고 천거해야 할 사람에 대해서는 동의하여 그 됨됨이를 묻고 나서 다시 두 딸을 시집보냈습니다. 방제와 환도가 천거한 것은 후세의 용렬하고 우매한 왕의 조정에서 간사한 소인이 자기들끼리 끌어주는 것과 무엇이 다르겠습니까? 그렇지만 오직 요임금의 밝은 덕만은 마치 해가 하늘에 떠서 만물을 전부 비추는 것과 같아서, 한마디 말이 나오자 숨겨진 실상을 환히 꿰뚫어보아 숨길 수 없는 것이 있었으니, 이것이 요임금이 聖人인 이유일 것입니다.

然於朱[20]・於共工則不用하고 而於鯀則用之者는 蓋前二[21]者는 輔相之任이라 所貴

19) 擧 : 사고본에는 이 뒤에 '之'가 더 있다.
20) 於朱 : 대전본에는 없다.
21) 二 : 대전본에는 '一'로 되어 있다.

者가 德이요 此則治水之任이라 所取者가 材니 鯀雖狠愎(퍅)自用이나 而以治水言之면 則未有過之者라 故卒從衆言而命之하시니 此又可見聖人이 雖智周萬物이나 而不自用其智也요 至於舜在側微에 潛德隱行이 何由徹於廟堂之上하여 而岳言이 一發에 堯卽然之하고 曰吾固聞之矣라하시되 然必問其德之詳하고 而以二女試之하시니 又可見聖人之明이 雖足以知人[22]이나 然猶考諸[23]衆言之公하며 試以行事之實이라 故無後世徇名之弊하고 而有爲天下得人之功이라

그러나 丹朱와 共工을 천거한 데 대해서는 따르지 않고 鯀을 천거한 데 대해서는 따른 것은 아마도 앞의 두 경우는 輔相의 직임이라서 중요하게 여기는 것이 德이었고, 뒤의 곤의 경우에는 홍수를 다스리는 직임이기 때문에 취하는 것이 재능이었으니, 곤은 비록 심사가 뒤틀리고 명을 거역하여 자기 생각대로만 했지만 홍수를 다스리는 일로 말한다면 이보다 더 나을 자가 없었습니다. 그러므로 마침내 여러 신하의 말에 따라 그에게 명하였으니 이 점에서 또 聖人이 비록 지혜는 만물의 이치에 대해 두루 통달했더라도 자신의 지혜만을 쓰지 않았다는 것을 볼 수 있습니다.

미천한 지위에 있던 舜에 이르러서는 알려지지 않은 미덕과 숨겨진 행실이 어떤 경로인지 묘당에까지 알려져서 사악의 천거하는 말이 한번 나오자마자 요임금이 즉시 옳게 여기고 "내가 본래 그에 대해 들었다."라고 하였습니다. 그러나 반드시 순의 덕에 대해 상세한 내용을 묻고 두 딸로 시험하였으니, 또 성인의 명철함이 비록 사람을 알기에 충분한데도 오히려 여러 신하들의 공론에서 상고해보고 실제로 행하는 일에서 시험해보았기 때문에 후세에 명성만을 따르는 폐단이 없고 천하를 위해 인재를 얻는 공이 있었다는 것을 알 수 있습니다.

雖然이나 人主가 欲以堯爲法인대 將何所用力哉오 曰明其德而已라 蓋堯之知人은 不可學而能이어니와 堯之明德은 可以學而至니 格物致知하여 於天下之理에 無所疑하며 勝私窒欲하여 於天下之物에 無所蔽가 此所以明其德也니 明其德者는 知人之本也라 有天下者가 可不勉諸잇가

비록 그렇기는 하지만 임금이 요임금을 모범으로 삼고자 한다면 어디에 힘을

---

22) 人 : 대전본에는 '□□之'로, 사고본에는 '之'로 되어 있다. 대전본에 근거할 때 원문에 誤脫이 있을 가능성이 있으나 명확하지 않으므로 우선 저본을 따른다.

23) 諸 : 사고본에는 '之'로 되어 있다.

써야 하겠습니까? 자신의 덕을 밝힐 따름입니다. 요임금이 사람을 알아본 것은 배워서 할 수 있는 것이 아니지만 요임금이 덕을 밝힌 것은 배워서 도달할 수 있는 것입니다. 사물의 이치를 궁구하고 앎을 지극히 하여 천하의 이치에 대해 의혹되는 바가 없고, 私情을 이기고 욕망을 막아서 천하의 사물에 대해 가려진 바가 없는 것이 바로 자신의 덕을 밝히는 것이니, 자신의 덕을 밝히는 것은 사람을 알아보는 근본입니다. 천하를 다스리는 사람이 여기에 힘쓰지 않아서야 되겠습니까.

15-2-가[24)]

皐陶曰 都라 **在知人**하며 **在安民**하니이다 **禹曰 吁**라 **咸若時**홀든 **惟帝**도 **其難之**①러시니 **知人則哲**이라 **能官人**②하며 **安民則惠**③라 **黎民**이 **懷之**④하리니 **能哲而惠**면 **何憂乎驩兜**⑤며 **何遷乎有苗**⑥며 **何畏乎巧言令色孔壬**⑦이리오

① 禹曰……難之 : 咸, 皆也. 若, 如也. 時, 是也. 言皆如所言, 雖堯帝亦以爲難, 故先歎而後言也.
'咸'은 '모두'라는 뜻이다. '若'은 '같다'라는 뜻이다. '時'는 '이것'이라는 뜻이다. 모두 말한 바와 같이 한다면 비록 요임금이라도 어려운 일로 여겼다고 말한 것이니, 이 때문에 먼저 탄식한 뒤에 말한 것이다.

② 知人則哲能官人 : 哲, 智也[25)].
'哲'은 '지혜롭다'라는 뜻이다.

③ 安民則惠 : 惠, 愛也.

24) 《서경》 〈虞書 皐陶謨〉에 보인다. 본래 '謨'는 신하가 임금을 위해 계책을 아뢰는 내용으로, 해당 인용문의 文勢상 皐陶가 禹에게 진언한 말인 듯하다. 〈皐陶謨〉의 다음 편인 〈益稷〉의 서두에는 순임금이 우에게 昌言하게 하자 우는 "帝시여, 제가 무슨 말씀을 올리겠습니까.〔帝予何言〕"라고 대답하였다. 이에 대해 《서집전》에서는 "고요의 말이 지극하니, 제가 어찌 다시 말하겠습니까.〔皐陶之謨至矣 我更何所言〕"라고 풀이한 뒤, "전편(〈고요모〉)에서 우와 고요가 문답한 것은 아마도 순임금의 앞에서 서로 함께 말한 것인 듯하다.〔上篇禹皐陶答問者 蓋相與言於帝舜之前也〕"라고 설명하여 〈고요모〉의 문답이 순임금의 재위 중에 이루어졌고 진언의 대상도 순임금인 것으로 보았다. 이에 대해 진덕수도 안설에서 "고요가 순임금에게 계책을 아뢰었다.〔皐陶陳謨于舜〕"라고 하여 〈고요모〉에 등장하는 문답의 정황에 대해 동일한 인식을 보이고 있다.

25) 也 : 대전본・사고본에는 '者'로 되어 있다.

'惠'는 '사랑하다'라는 뜻이다.

④ 黎民懷之 : 懷, 謂心服也.
'懷'는 마음으로 복종하는 것을 이른다.

⑤ 何憂乎驩兜 : 四凶之一.
'驩兜'는 四凶의 한 사람이다.

⑥ 何遷乎有苗 : 遷, 徙也. 三苗之君, 昏迷不恭者也.
'遷'은 '귀양을 보내다'라는 뜻이다. 三苗의 군주는 이치에 어둡고 공손하지 않은 자이다.

⑦ 何畏……孔壬 : 巧, 好也. 令, 善也. 孔, 甚也. 壬者, 包藏姦慝之意. 說者謂指共工而言, 四凶不言鯀者, 禹爲親者諱.
'巧'는 '좋게 하다'라는 뜻이다. '令'은 '잘하다'라는 뜻이다. '孔'은 '매우'라는 뜻이다. '壬'은 간특한 마음을 숨기고 있는 것이다. '巧言令色孔壬'은 說者들이 이르기를 "共工을 가리켜 말한 것이다."라고 하였으니, 四凶 가운데 鯀을 언급하지 않은 것은 禹가 부친을 위해 숨긴 것이다.

皐陶가 말하였다.
"아! 사람을 알아보는 것에 있으며 백성을 편안히 하는 것에 있습니다."
禹가 말하였다.
"허어! 모두 이와 같이 하는 것은 요임금도 어렵게 여기셨으니, 사람을 알면 지혜로워 뛰어난 사람을 벼슬시키고 백성을 편안히 하면 은혜로워 백성들이 마음으로 복종할 것이니, 군주가 지혜롭고 은혜로우면 어찌 驩兜를 걱정하며, 어찌 有苗를 귀양 보내며, 어찌 말을 좋게 하고 얼굴빛을 잘 꾸며 매우 간악한 마음을 숨기고 있는 자를 두려워하겠는가."

皐陶曰 都라 **亦行有九德**하니 **亦言其人**의 **有德**인대 **乃言曰 載采采**①니이다 **禹曰 何**②오 **皐陶曰 寬而栗**③하며 **柔而立**④하며 **愿而恭**⑤하며 **亂而敬**⑥하며 **擾而毅**⑦하며 **直而溫**⑧하며 **簡而廉**⑨하며 **剛而塞**(색)⑩하며 **彊而義**⑪니 **彰厥有常**이 **吉哉**⑫니이다

① 乃言曰載采采 : 載, 行也. 采, 事也.
'載'는 '행하다'라는 뜻이다. '采'는 '일'이라는 뜻이다.

② 禹曰何 : 問如何謂之九德也.

무엇을 아홉 가지 덕이라고 하는지 물은 것이다.

③ 皐陶曰寬而栗 : 寬洪而莊栗.
'寬而栗'은 너그러우면서도 엄격한 것이다.

④ 柔而立 : 柔順而有植立.
'柔而立'은 유순하면서도 꼿꼿함이 있는 것이다.

⑤ 愿而恭 : 愿慤而能[26)]恭[27)].
'愿而恭'은 질박하면서도 능히 공손한 것이다.

⑥ 亂而敬 : 有治亂之才而能敬.
'亂而敬'은 난을 다스리는 재주가 있으면서도 능히 공경하는 것이다.

⑦ 擾而毅 : 擾, 順也. 順而果毅.
'擾'는 '순하다'라는 뜻이니, '擾而毅'는 순하면서도 과감하고 굳센 것이다.

⑧ 直而溫 : 正直而溫和.
'直而溫'은 정직하면서도 온화한 것이다.

⑨ 簡而廉 : 簡約而有廉隅.
'簡而廉'은 소탈하면서도 廉隅가 있는 것이다.

⑩ 剛而塞 : 塞, 實也. 剛健而篤實.
'塞'은 '독실하다'라는 뜻이니, '剛而塞'은 강건하면서도 독실한 것이다.

⑪ 彊而義 : 堅强[28)]而能合義.
'彊而義'는 굳세면서도 능히 의에 부합하는 것이다.

⑫ 彰厥有常吉哉 : 彰, 顯也. 久而不變曰常. 吉, 猶善也.
'彰'은 '드러나다'라는 뜻이다. 오래도록 변하지 않는 것을 '常'이라고 한다. '吉'은 '善(선하다)'과 같다.

皐陶가 말하였다.

"아! 또한 행실을 총괄하여 말한다면 아홉 가지 덕이 있으니, 또한 그 사람이 소유한 덕을 총괄하여 말한다면 곧 이러한 일과 이러한 일을 행했다고 말하는 것입니다."

禹가 말하였다.

"아홉 가지 덕은 무엇인가?"

고요가 대답하였다.

---

26) 能 : 대전본·사고본에는 '溫'으로 되어 있다.
27) 恭 : 대전본에는 '和'로 되어 있다.
28) 强 : 대전본·사고본에는 '彊'으로 되어 있다.

"너그러우면서도 엄격하며 유순하면서도 꼿꼿함이 있으며 질박하면서도 능히 공손하며 다스리는 재주가 있으면서도 능히 공경하며 순하면서도 과감하고 굳세며 정직하면서도 온화하며 소탈하면서도 廉隅가 있으며 강건하면서도 독실하며 굳세면서도 義에 부합하는 것이니, 아홉 가지 덕이 몸에 드러나서 꾸준함이 있는 것이 길합니다.

日宣三德①하린 **夙夜**에 **浚明有家**②하리며 **日嚴祗敬六德**하린 **亮采有邦**③하리니 **翕受敷施**④하면 **九德**이 **咸事**⑤하여 **俊乂**가 **在官**⑥하여 **百僚**가 **師師**하며 **百工**이 **惟時**⑦로 **撫于五辰**(신)⑧하여 **庶績**이 **其凝**⑨하리이다

① 日宣三德 : 宣, 達[29]也.
'宣'은 '드러내다'라는 뜻이다.

② 夙夜浚明有家 : 浚, 治也. 家, 謂大夫.
'浚'은 '다스리다'라는 뜻이다. '家'는 대부를 이른다.

③ 亮采有邦 : 亮, 明也. 采, 事也. 有邦, 謂諸侯.
'亮'은 '밝히다'라는 뜻이다. '采'는 '일'이라는 뜻이다. '有邦'은 제후를 이른다.

④ 翕受敷施 : 翕, 合也.
'翕'은 '모으다'라는 뜻이다.

⑤ 九德 咸事 : 咸, 皆也.
'咸'은 '모두'라는 뜻이다.

⑥ 俊乂在官 : 俊, 賢也. 有治人之才曰乂.
'俊'은 '어질다'라는 뜻이다. 사람을 다스리는 재능이 있는 것을 '乂'라고 한다.

⑦ 百僚……惟時 : 僚・工, 皆官也. 僚, 以人言, 工, 以事言. 師師, 謂更相師法. 惟時, 言百工之事各得其時.
'僚'와 '工'은 모두 관리이다. '僚'는 사람을 가지고 말한 것이고, '工'은 일을 가지고 말한 것이다. '師師'는 서로 돌아가며 본받는다는 것을 이른다. '惟時'는 백공의 일이 저마다 알맞은 때를 얻음을 말한 것이다.

⑧ 撫于五辰 : 撫, 順也. 五辰, 四時也. 木・火・金・水旺於四時, 土寄旺於四季[30].

---

29) 達 : 대전본에는 '遠'으로 되어 있다.

30) 五辰……四季 : 고대에는 五星이 사계절을 나누어 주관한다고 여겼는데, 곧 五星은 五行이다. 木은 봄을, 火는 여름을, 金은 가을을, 水는 겨울을, 土는 四時에 나누어 속해 있다고 여겼기 때문에 四時를 五辰이라고 한 것이다. 五辰이 왕성한 계절로는 立春 이후 72일간은

'撫'는 '순히 하다'라는 뜻이다. '五辰'은 四時이다. 木·火·金·水는 각각 四時에 왕성하고 土는 四時에 붙어 왕성하다.

⑨ 庶績其凝 : 庶, 衆也. 績, 功也. 凝者, 成而堅定之意.
'庶'는 '뭇'이라는 뜻이다. '績'은 '공'이라는 뜻이다. '凝'은 이루어져 견고하게 된다는 뜻이다.

날마다 세 가지 덕을 드러내는 사람(대부)은 새벽부터 밤까지 소유한 집안을 다스려 밝힐 것이며, 날마다 두려워하여 여섯 가지 덕을 공경히 행하는 사람(제후)은 소유한 나라의 일을 밝힐 것이니, 덕 있는 사람을 모아서 받아들여 배치하여 쓰면 아홉 가지 덕을 가진 사람들이 모두 일하여, 어질고 재능 있는 사람들이 관직에 있어서 百僚가 스승으로 삼아 본받으며 百工이 제때에 五辰을 순히 하여 모든 공적이 이루어져 견고하게 될 것입니다."

15-2-나(按)

臣은 按 皐陶가 陳謨于舜에 以知人·安民으로 爲要어늘 禹謂二者는 雖帝堯나 且猶難之라하시니 蓋知人者는 智之事也요 安民者는 仁之事也라 知人則官得其職이요 安民則民懷其惠니 合智與仁하여 二者가 兼盡則雖有姦邪小人이나 不足畏矣라 凡姦邪之所以害事者는 以人君이 不知其爲姦邪也니 苟誠知之인댄 雖[31]驩兜가 未放하며 有苗가 未竄하며 共工이 未流나 彼安能肆其惡哉리오 故深歎其難而不敢易也시니라

【臣按】 皐陶가 순임금에게 계책을 아뢸 때 사람을 알아보는 것〔知人〕과 백성을 편안히 하는 것〔安民〕을 핵심으로 삼았는데, 禹는 말하기를 "이 두 가지 일은 요임금이라 하더라도 오히려 어렵게 여기셨다."라고 하였습니다. 인재를 알아보는 것은 智에 속하는 일이고, 백성을 편안히 하는 것은 仁에 속하는 일입니다.

인재를 알아보면 관리가 적합한 직임을 얻게 되고 백성을 편안히 하면 백성이 군주의 사랑에 마음으로 복종하게 되니, 智와 仁을 겸하여 두 가지 일이 모두 이

木氣가 왕성하고 立夏 이후 72일간은 火氣가 왕성하고 立秋 이후 72일간은 金氣가 왕성하고 立冬 이후 72일간은 水氣가 왕성하다. 季春부터 입하 이전까지의 18일간, 季夏부터 입추 이전까지의 18일간, 季秋부터 입동 이전까지의 18일간, 季冬부터 입춘 이전까지의 18일간의 도합 72일간은 土氣가 四氣에 붙어 왕성하다.

31) 雖 : 사고본에는 '如'로 되어 있다.

루어지면 비록 간사한 소인이 있더라도 두려워할 것이 없습니다. 무릇 간사한 사람이 사업을 해치게 되는 까닭은 임금이 그가 간사한 사람인 줄 알지 못하기 때문이니, 진실로 이를 안다면 비록 驩兜가 귀양 가지 않고 有苗가 遠竄 가지 않고 共工이 유배 가지 않았더라도 저들이 어떻게 자신의 악을 펼 수 있겠습니까. 그러므로 두 가지 일의 어려움을 깊이 탄식하고 감히 쉽게 여기지 못한 것입니다.

皐陶가 則曰知人이 誠非易事나 然亦不過以德求之而已라 有德則爲君子요 無德則爲小人이니 此가 知人之要也요 人之行이 凡有九德하니 言人之有德者를 必觀其行事如何니 蓋德者는 事之本이요 事者는 德之施라 徒曰有德而不見之事則德爲虛言矣니 此가 又知人之要也요 自寬而栗而下가 其目이 凡九니 或以剛濟柔하며 或以柔濟剛하여 渾全而無偏弊然後에 爲成德이라 觀其德之成與否而人才[32]之優劣이 判矣니 此가 又知人之要也요 先儒가 謂自寬至强은 皆所禀之性이요 自栗至義는 乃學問之力[33]이라하니 此說이 得之라

皐陶는 "사람을 알아보는 것이 진실로 쉬운 일은 아니지만 또한 덕을 기준으로 구하는 데 불과할 뿐입니다."라고 하였습니다. 덕이 있으면 군자이고 덕이 없으면 소인이니, 이것이 사람을 알아보는 요체입니다.

사람의 행실에는 모두 아홉 가지 덕이 있으니, 덕이 있는 사람에 대해 반드시 일을 행하는 것이 어떠한지를 살펴야 한다고 말하였습니다. 덕은 일의 근본이고 일은 덕이 베풀어지는 것입니다. 덕이 있다 하더라도 일에 드러나지 않으면 덕은 공허한 말이 되니 이것이 또 사람을 알아보는 요체입니다.

'寬而栗(너그러우면서도 엄격하다)' 이하로 그 조목이 모두 아홉이니, 어떤 것

---

32) 才 : 사고본에는 '材'로 되어 있다.

33) 先儒……之力 : 先儒는 宋나라 張九成(1092~1159)이다. 자는 子韶, 호는 橫浦居士·無垢居士이다. 浙江 海鹽 출신이다. 紹興 2년(1132) 進士에 급제하고 禮部侍郎·鎭東軍簽判·太常博士 등을 역임하였다. 재상 秦檜의 배척을 받아 유배되었다가 소흥 25년(1155) 진회의 사후 溫州 刺史로 서용되었으나 얼마 안 되어 병으로 죽었다. 徑山寺의 승려 大慧 宗杲(1089~1163)와 교유가 두터웠다. 《宋史》 卷374 〈張九成傳〉이 있다. 해당 인용문의 원 출처는 명확하지 않으나, 宋나라 黃倫의 《尙書精義》 卷7에 장구성이 "저 '寬(너그러움)'에서 '彊(굳셈)'까지의 아홉 가지는 모두 하늘이 부여한 본성이고, '栗(엄격함)'에서 '義(의에 부합함)'까지의 아홉 가지는 모두 학문의 공효이다.〔夫自寬至彊 皆天與之性也 自栗至義 皆學問之力也〕"라고 한 말이 보인다.

은 강건함으로 유순함을 이루어주기도 하고 어떤 것은 유순함으로 강건함을 이루어주기도 하여 완전한 전체가 되어 치우치는 폐단이 없게 된 뒤에야 덕이 이루어진 것이 됩니다. 그 덕이 이루어졌는지를 살펴보면 인재의 우열이 판가름 나니 이것이 또 사람을 알아보는 요체입니다.

先儒가 "'寬(너그러움)'에서 '彊(굳셈)'까지의 아홉 가지는 모두 稟賦받은 본성이고, '栗(엄격함)'에서 '義(의에 부합함)'까지의 아홉 가지는 곧 학문의 공효이다."라고 하였는데 이 설명이 타당합니다.

然有德者가 又貴乎常而不變이니 若勉於暫이요 不能持之久면 亦不足以言德矣라 故孔子가 曰 人而無常[34]이면 不可以作巫醫[35]라하시니 人君이 能顯用有常之士則爲國之福이라 故曰 彰厥有常이 吉哉라하니 以常與不常觀之컨대 其有常者가 爲君子요 不能常者가 爲小人이니 是又知人之要也라

그러나 덕이 있는 사람은 또 꾸준하여 변하지 않는 것을 귀하게 여깁니다. 만약 잠시 동안만 힘쓰고 오래도록 유지하지 못한다면 또한 덕이라고 말할 수 없습니다. 그러므로 공자가 말하기를 "사람으로서 꾸준함이 없으면 무당이나 醫員도 될 수 없다."라고 한 것입니다. 임금이 꾸준함이 있는 선비를 요직에 임용할 수 있다면 나라의 복이 됩니다. 그러므로 "이루어진 德이 몸에 드러나서 꾸준함이 있는 것이 길하다.〔彰厥有常 吉哉〕"라고 하였으니, 꾸준한지 꾸준하지 않은지를 살펴보면 꾸준함이 있는 사람이 군자이고 꾸준하지 못한 사람이 소인이니 이것은 또 사람을 알아보는 요체입니다.

然人之於九德에 不能皆全하여 或有其三하며 或有其六하니 惟上所用爾라 有三德者를 日宣達之하여 無使沈滯則其人이 朝夕浚治而光明하여 可任大夫之職矣요 有六德者를 日[36]尊嚴而祗敬之하여 無或慢忽[37]則其人이 精明通達하여 可任諸侯之職矣니 天下에 未嘗無才라 上之人이 有以淬(쉬)勵興起之則下亦澡雪精神하여 以應其求요 不然則頹靡昏惰니 安得有浚明・亮采之氣象邪아

34) 常 : 사고본에는 '恒'으로 되어 있다.

35) 人而……巫醫 : 《논어》 〈子路〉 제22장에 보인다.

36) 日 : 대전본에는 '曰'로 되어 있다.

37) 慢忽 : 사고본에는 '忽慢'으로 되어 있다.

그러나 사람이 아홉 가지 덕을 모두 구비할 수는 없어서 어떤 사람은 그중에 세 가지를 가지고 있고 어떤 사람은 그중에 여섯 가지를 가지고 있으니 오직 윗사람이 쓰기 나름입니다. 가지고 있는 세 가지 덕을 날마다 드러내어 침체시키지 않는다면 그 사람은 朝夕으로 다스려 밝혀서 大夫의 직임을 맡길 만하고, 가지고 있는 여섯 가지 덕을 날마다 두려워하여 공경히 행하여 등한시하고 가벼이 하는 때가 없다면 그 사람은 총명하고 통달하여 諸侯의 직임을 맡길 만하니, 천하에 인재가 없었던 적은 없습니다. 윗사람이 면려하고 진작시키면 아랫사람도 정신을 깨끗이 하여 그 요구에 부응합니다. 윗사람이 그렇게 하지 않으면 아랫사람이 쇠퇴하고 어리석어지니, 어떻게 집안과 나라의 일을 다스려 밝히는 기상이 있을 수 있겠습니까.

然三德之爲大夫와 六德之爲諸侯는 亦言其大法爾니 非必以數拘也라 天子者는 一世人才之宗主也니 九德之中에 苟有其一이면 皆當兼收竝蓄하여 分布而用之하여 使各隨所長而施於事則百官이 皆賢而互相觀法하며 百工이 皆治而不失其時矣리라 夫五辰이 在天而此以撫言者는 天人이 一本이니 人事가 順則天道가 亦順也라 凝者는 凝定堅久之謂니 成功이 非難이요 而堅久가 爲難하니 惟衆賢이 畢用하며 百職이 具修면 則其功이 可以堅久矣라

그러나 세 가지 덕을 지닌 사람이 대부가 되고 여섯 가지 덕을 지닌 사람이 제후가 되는 것은 또한 그 大法을 말한 것일 뿐이니 그 수에 얽매일 필요가 없습니다. 천자는 한 시대 인재들의 宗主이니, 아홉 가지 덕 중에서 어느 하나를 가졌다면 다 같이 받아들여 모아두어, 나누어 배치하여 써서 저마다 잘하는 것에 따라 일에 발휘하도록 해야 하니, 그렇게 되면 백관이 모두 어질어서 서로 보고 본받을 것이며 백공이 모두 잘 다스려져 알맞은 때를 놓치지 않게 될 것입니다.

대저 五辰은 하늘에 달려 있는데 여기서 '순히 한다〔撫〕'라고 말한 것은, 하늘과 사람이 근본을 같이하니 人事가 순하면 天道도 순하기 때문입니다. '이루어지다〔凝〕'라는 말은 이루어져서 견고하게 오래간다는 말이니, 功을 이루는 것이 어려운 것이 아니고 견고하게 오래가는 것이 어려운 것입니다. 오직 여러 현인이 모두 임용되고 온갖 직임이 모두 다스려지면 그 공이 견고하게 오래갈 수 있습니다.

九德之名이 自皐陶始하니 其後에 周公이 告成王에 亦欲其迪知忱(침)恂(현)于九德之行[38]하시니 蓋古之論人者가 必貴於有德이어늘 後世之主가 或以材能取[39]人而不稽諸德行이라 故有才無德之小人이 得以自售하여 其不敗事者가 幾希하니 皐陶之言이 眞萬世知人之法也니이다

아홉 가지 덕의 명칭은 皐陶로부터 비롯되었습니다. 그 후에 周公이 成王에게 고했을 때에도 성왕이 아홉 가지 덕의 행실을, 실천을 통해 알게 하고 참으로 믿게 하고자 하였습니다. 옛날 인물을 논하는 사람은 반드시 덕이 있는 것을 귀하게 여겼는데, 후세의 임금 중에는 간혹 재능을 가지고 인재를 취하고 덕행은 헤아려 보지 않았습니다. 그러므로 재능은 있지만 덕이 없는 소인이 스스로 재주를 팔 수 있어서 일을 그르치지 않은 경우가 거의 드물었으니, 고요의 말이 진실로 만대의 인재를 알아보는 방법입니다.

15-3-가[40]

子가 曰 視其所以①하며 觀其所由②하며 察其所安③하면 人焉廋哉리오 人焉廋哉④리오

① 視其所以 : 所以, 所爲也.
'所以'는 하는 바이다.

② 觀其所由 : 所由, 所從也.
'所由'는 연유한 바이다.

③ 察其所安 : 所安, 所存[41]也.
'所安'은 보존하고 있는 바이다.

④ 人焉……廋哉 : 廋, 隱也.
'廋'는 '숨기다'라는 뜻이다.

공자가 말하였다.

---

38) 迪知……之行 : 《서경》 〈立政〉에 나오는 말로 "아홉 가지 덕의 행실을 실천하여 알고 참으로 믿었다.〔迪知忱恂于九德之行〕"라고 하였다.

39) 取 : 사고본에는 '論'으로 되어 있다.

40) 《논어》 〈爲政〉 제10장에 보인다.

41) 存 : 사고본에는 '樂'으로 되어 있다.

"그 하는 바를 보며, 그 연유한 바를 살피며, 그 마음에 편안히 여기는 바를 유심히 살펴본다면, 사람이 어떻게 자신을 숨길 수 있겠는가! 사람이 어떻게 자신을 숨길 수 있겠는가!"

15-3-나(按)

臣은 按 此가 聖門觀人之法也라 凡人所爲가 蓋[42]有偶合於善者하니 必觀其所從來가 其爲義邪아 爲利邪아하여 若其本心이 實主於義則其善이 出於誠이라 可以爲善矣어니와 若其本心이 實主於利則其善也가 非出於誠이니 又安得爲善乎리오 然有所從이 雖善而非其心之所安者하니 苟未能安焉則富貴가 可以淫이며 貧賤이 可以移며 威武가 可以屈[43]이라 不能保其常不變也니 然則若之何爲安고 曰 猶水之寒하며 猶火之熱하여 自然而不可易이며 猶飢之食하며 猶渴之飮하여 必然而不可已니 夫然後에 謂之安이니라

【臣按】 이것이 聖人 문하에서 사람을 관찰하는 방법입니다. 무릇 사람의 하는 바가 우연히 善에 부합하는 경우가 있으니, 반드시 연유한 바가 義 때문인지 利 때문인지를 살펴서 만약 그 본심이 실로 義를 주장했다면 그 善이 진심에서 나온 것이기 때문에 善이 될 수 있지만, 만약 그 본심이 실로 利를 주장한 것이라면 그 善이 진심에서 나온 것이 아니니 또 어떻게 선이 될 수 있겠습니까.

그러나 연유한 바가 비록 선하다 하더라도 그 마음이 편안히 여기는 바가 아닌 경우가 있으니, 만일 이를 편안히 여기지 못한다면 부귀가 그 마음을 미혹시킬 수 있으며 貧賤이 그 뜻을 바꿀 수 있으며 威武가 그 절개를 굽히게 할 수 있어서 그것이 꾸준하여 변치 않을 것이라고 보장할 수 없습니다. 그렇다면 무엇을 '편안히 여기는 것〔安〕'이라고 합니까? 마치 물이 차갑고 불이 뜨거운 것과 같아서 저절로 그러하여 바꿀 수 없으며 마치 배고플 때 먹고 목마를 때 마시는 것과 같아서 반드시 그렇게 하여 그칠 수 없는 것이니 그렇게 한 뒤에야 '편안하게 여긴다〔安〕'라

---

42) 蓋 : 사고본에는 '皆'로 되어 있다.

43) 富貴……以屈 : 《맹자》〈滕文公 下〉 제2장에 "천하의 너른 집(仁)에 거처하고 천하의 바른 자리(禮)에 서며 천하의 大道(義)를 행하여, 뜻을 얻으면 백성과 함께 이를 행하고 뜻을 얻지 못하면 홀로 그 도를 행하여, 부귀가 그 마음을 미혹하게 하지 못하고 빈천이 그 뜻을 바꾸지 못하며 威武가 그 절개를 굽힐 수 없는 자를 대장부라고 이른다.〔居天下之廣居 立天下之正位 行天下之大道 得志與民由之 不得之獨行其道 富貴不能淫 貧賤不能移 威武不能屈 此之謂大丈夫〕"라고 하였다.

고 말하는 것입니다.

夫以孔子之聖으로도 其於人也에 以視爲未足而復觀之하시며 以觀爲未足而復察之然後에 人之情僞가 不得而隱이어든 況聖未如孔子者가 可以知人爲易乎아 雖然이나 視也・觀也・察也는 出於我者也라 苟我之心이 未能至公而無私하며 至明而不惑이면 其於人之情僞에 焉能有見乎리오 以人君言之컨대 一身而照臨百官하여 正邪忠佞이 雜然吾前이라 豈易辨哉리오 必也淸其天君하여 如鑑之明하며 如水之止하여 以爲臨下燭物之本然後에 於人之所由・所安에 庶乎其得之矣니 此又人君所當知也니이다

무릇 孔子 같은 聖明함으로도 사람에 대하여 보는 것만으로는 부족하여 다시 살폈으며 살피는 것만으로는 부족하여 다시 관찰한 뒤에야 사람의 실정과 거짓이 숨겨질 수 없게 되었는데, 하물며 공자와 같은 성인이 아닌 경우는 사람을 알아보는 것을 쉽게 여길 수 있겠습니까.

비록 그렇기는 하지만 보고 살피고 관찰하는 것은 나에게서 나온 것입니다. 만일 나의 마음이 지극히 공정하여 사사로움이 없을 수 없고 지극히 밝아 의혹하지 않을 수 없다면 남의 실정과 거짓을 어떻게 알 수 있겠습니까. 임금의 입장에서 말한다면 한 몸으로 백관에 임하여 정직한 이와 간사한 이, 진실한 이와 아첨하는 이가 자기 앞에 섞여 있는데 어찌 쉽게 변별하겠습니까. 반드시 마음을 맑게 하여 마치 밝은 거울과 같고 고요한 물과 같아서 아랫사람을 대하고 만물을 비추는 근본으로 삼은 뒤에야 사람이 연유한 바와 편안하게 여기는 바에 대해 거의 알 수 있을 것이니, 이것이 또 임금이 알아야만 하는 것입니다.

15-4-가[44)]

子가 曰 人之過也가 各於其黨①이니 觀過에 斯知仁矣②니라

① 人之……其黨 : 黨, 類也.
　'黨'은 '부류'라는 뜻이다.

② 觀過斯知仁矣 : 過, 謂失誤也. 仁, 謂本心之德也.
　'過'는 잘못을 이른다. '仁'은 本心의 德을 이른다.

---

44) 《논어》 〈里仁〉 제7장에 보인다.

공자가 말하였다.
"사람의 잘못은 저마다 그 사람의 부류에 따라 다르니, 잘못을 보면 그 사람의 仁을 알 수 있다."

15-4-나(按)

臣은 按 此亦聖門觀人之法이라 先儒가 以爲 人之過也가 各於其類니 君子는 常失於厚하고 小人은 常失於薄하며 君子는 過於愛하고 小人은 過於忍이니 以此觀之則人之仁不仁을 可知矣[45]라하니 若夫爲人君者는 尤當因臣下之過而察其心이니 如愛君而極諫이 不無狂訐之過나 要其用心이 非仁乎아 取其仁而略其過가 可也요 愛民而違命이 不無矯拂之過나 要其用心이 非仁乎아 取其仁而略其過가 可也니 若姦邪之臣은 巧於揜覆이라 未必有過之可指나 然其心이 何如哉오 凡此가 皆觀人之一端이니 以類求之면 莫不然也니이다

【臣按】이 또한 聖人 문하에서 사람을 관찰하는 방법입니다. 先儒가 "사람의 잘못은 저마다 그 부류에 따라 다르니 군자는 항상 후한 데에서 잘못하고 소인은 항상 박한 데에서 잘못하며 군자는 사랑에서 잘못하고 소인은 잔인함에서 잘못하니, 이 네 가지 잘못을 가지고 살펴보면 사람이 仁한지 不仁한 지를 알 수 있다."라고 하였습니다.

그런데 임금은 더욱이 신하의 잘못을 통해 그 신하의 마음을 관찰하여야 합니다. 예컨대 임금을 사랑하여 극간하는 것이 임금의 허물을 지나치게 질책하는 잘못이 없지는 않지만 요컨대 그 마음 씀씀이는 仁이 아니겠습니까. 그 신하의 仁을 취하고 그 잘못은 넘어가야 할 것입니다. 백성을 사랑하여 명을 어기는 것이 임금의 명을 거역하여 반발하는 잘못이 없지는 않지만 요컨대 그 마음 씀씀이는 仁이 아니겠습니까. 그 신하의 仁을 취하고 그 잘못은 넘어가야 할 것입니다. 간사한 신하로 말한다면 잘못을 가리고 덮는 데 뛰어나기 때문에 반드시 지적할 만한 잘못이 있지는 않지만 그 마음은 어떻습니까? 무릇 이런 것들이 모두 사람을 관찰하는 하나의 단서이니, 유추하여 구해보면 그렇지 않은 경우가 없습니다.

45) 先儒……知矣 : 先儒는 伊川 程頤(1033~1107)를 일컬으며, 해당 내용은《論語集註》〈里仁〉 제7장 朱熹의 注와《河南程氏經說》卷6〈論語解 里仁〉에 보인다.

15-5-가[46]

子가 **曰 始吾**가 **於人也**에 **聽其言而信其行**이라니 **今吾**가 **於人也**에 **聽其言而觀其行**하노니 **於予與**에 **改是**와라

공자가 말하였다.

"처음에는 내가 다른 사람에 대해서 그의 말을 듣고 그의 행실을 믿었는데, 지금은 내가 다른 사람에 대해서 그의 말을 듣고 그의 행실을 살펴본다. 宰予의 일에서 이 잘못을 고치게 되었노라."

15-5-나(按)

臣은 按 此因宰予晝寢而言하시니 蓋予之爲人이 能[47]言而行不逮라 故孔子가 自謂始也에 聽人之言하고 即信其行이러니 今也에 聽人之言하고 必觀其行하노니 蓋因予而改此失也라하시고 家語에 亦曰 以言取人이면 失之宰予[48]라하시니 夫以孔子之於門人高弟에 朝夕與處하시니 其正邪賢否가 安能逃聖鑑哉리오마는 猶必觀其行而後에 誠僞를 可見이어든 況人君之尊이 其與臣下接이 固有時矣而欲以一應對之頃으로 察知其心術하니 不亦難哉아 故敷奏必以言而明試必以功이 自[49]堯舜以來로 不易之法也[50]라 夫巧言如簧은 詩人이 刺之[51]하고 利口覆邦은 聖人所惡[52]니 有言者가 不必有德[53]而

46) 《논어》〈公冶長〉 제9장에 보인다. 공자의 제자 宰予는 말은 잘하지만 실천은 부족했는데, 공자는 그가 낮잠을 잔 일에 대해 "썩은 나무는 조각을 할 수 없고 썩은 흙으로는 담에 흙손질할 수 없다.〔朽木不可雕也 糞土之牆不可杇也〕"라고 꾸짖고, 이 말을 하였다. 다만 胡寅은 해당 인용문의 '子曰'이 衍文이거나 같은 때 한 말이 아닐 수도 있다는 의견을 제시하였다. 《論語集註 公冶長》

47) 能 : 대전본에는 '爲'로 되어 있다.

48) 以言……宰予 : 《孔子家語》〈子路初見〉에 "말을 기준으로 사람을 취하면 재여에서 잘못하게 된다.〔以辭取人 則失之宰予〕"라고 하였다. 《史記》〈仲尼弟子列傳〉에는 같은 내용이 있는데, "나는 말을 기준으로 사람을 취하다가 재여에서 잘못하였다.〔吾以言取人 失之宰予〕"라고 하였다.

49) 自 : 대전본·사고본에는 이 앞에 '此'가 더 있다.

50) 敷奏……法也 : 《서경》〈舜典〉에 "천자가 5년에 한 번 순수하면 여러 제후가 번갈아 네 번 조회하니, 자신의 治積을 말로 아뢰게 하고 명확하게 공적으로 상고하여 수레와 의복으로 공을 표창하였다.〔五載 一巡守 群后 四朝 敷奏以言 明試以功 車服以庸〕"라고 하였다.

佞者를 不知其仁[54)]이라

【臣按】 이는 宰予가 낮잠을 잔 것을 계기로 말한 것입니다. 재여의 됨됨이는, 말은 잘하지만 행실은 미치지 못하였습니다. 그러므로 공자가 스스로 "처음에는 남의 말을 듣고서 곧 그의 행실을 믿었는데, 이제는 남의 말을 듣고서 반드시 그의 행실을 살펴보게 되었으니 재여로 인하여 이 잘못을 고치게 되었다."라고 말하였습니다. 《孔子家語》에도 "말을 기준으로 사람을 취하면 재여 같은 경우에서 잘못하게 된다."라고 하였습니다. 공자가 門人 중에서도 뛰어난 제자에 대해서는 조석으로 함께 거처하였으니 그들의 바름과 간특함, 어질고 어질지 못함이 어찌 聖人의 눈을 피할 수 있었겠습니까. 그런데도 반드시 그 행실을 살펴본 뒤에 참과 거짓을 알 수 있었던 것입니다.

더구나 존귀한 임금이 그 신하들과 만나는 것은 본래 정해진 때가 있는데 한번 응대하는 잠깐 사이에 신하들의 마음을 살펴보아 알고자 하니 또한 어렵지 않겠습니까. 그러므로 治績을 아뢰는 것은 반드시 말로 하고 명확하게 상고하는 것은 반드시 공적으로 하는 것은 堯임금과 舜임금 이래로 불변의 법입니다. 생황의 혀처럼 교묘한 말은 詩人이 풍자하였고 말 잘하는 입이 나라를 전복시키는 것은 聖人이 미워한 것이니, 훌륭한 말을 하는 자가 반드시 덕이 있는 것은 아니며 말재주 있는 자가 仁한지는 알지 못하는 것입니다.

故漢文이 悅嗇夫之對하여 拜爲上林令이어늘 而張釋之爭之하여 以爲 絳侯① · 東陽侯②가 稱爲長者로되 此兩人言事에 曾不能出口하니 豈效此嗇夫喋喋(첩첩)利口哉리오 今以其口辯[55)]而超遷之하시니 臣은 恐天下가 隨風而靡라한대 文帝가 乃止[56)]하시니 當是

51) 巧言……刺之 : 《시경》 〈小雅 巧言〉에 "생황의 혀처럼 교묘한 말은 얼굴이 두껍기 때문이다.〔巧言如簧 顔之厚矣〕"라고 하였다. 毛序에서는 幽王을 풍자한 시로 보아 "대부가 참언에 해를 당했기 때문에 이 시를 지은 것이다.〔大夫傷於讒 故作是詩也〕"라고 하였다.

52) 利口……所惡 : 《논어》 〈陽貨〉 제18장에 "말 잘하는 입이 나라를 전복시키는 것을 미워한다.〔惡利口之覆邦家者〕"라고 하였다.

53) 有言者不必有德 : 《논어》 〈憲問〉 제5장에 "덕이 있는 자는 반드시 훌륭한 말이 있지만 훌륭한 말이 있는 자가 반드시 덕이 있는 것은 아니다.〔有德者 必有言 有言者 不必有德〕"라고 하였다.

54) 佞者不知其仁 : 《논어》 〈公冶長〉 제4장에 "어디에 말재간을 쓰겠느냐? 말재간으로 남의 말을 막아서 자주 남에게 미움을 받는다. 그가 어진지는 모르겠다. 하지만 말재간을 어디에 쓰겠느냐.〔焉用佞 禦人以口給 屢憎於人 不知其仁 焉用佞〕"라고 하였다.

時하여 將相大臣이 皆少文多質하여 議論이 務在忠厚하고 恥言人之過失하여 迄成醇厚之俗이러니 其後武帝之於江充[57]과 唐文宗之於李訓[58][59]에 皆以應對敏捷으로 悅而信之하여 巫蠱[60]・甘露之禍[61]가 幾至亡國이라 臣이 故因宰予之事及之하여 以見聽言

---

55) 辯 : 대전본에는 '辨'으로 되어 있다.

56) 文帝乃止 : 西漢의 孝文帝 3년(기원전 177)에 문제가 虎圈에 행차했는데, 張錫之가 謁者僕射로 수행하였다. 이때 虎圈의 책임자인 上林尉에게 여러 禽獸들의 帳簿를 묻자 제대로 대답하지 못하였고 虎圈의 嗇夫가 그를 대신하여 자세히 대답하니, 문제가 색부를 上林令으로 제수하도록 하였다. 장석지가, 絳侯 周勃과 東陽侯 張相如는 長者였지만 말을 잘하지는 못했으며 말재주가 있다고 품계를 뛰어넘어 승진시키면 온 천하 사람들로 하여금 말재주만 추구하여 실제가 없는 풍조를 조장하게 될 것이 염려스럽다고 간언하여 이를 중지시켰다. 《史記 卷102 張釋之列傳》

57) 江充 : ?~기원전 91. 자는 次倩이다. 西漢 趙國 邯鄲 사람이다. 본명은 齊이다. 그 누이가 歌舞와 鼓琴에 뛰어났는데 趙나라 太子 劉丹에게 시집을 가서 趙나라 敬叔王 劉彭祖의 上賓이 되었다. 후에 유단과 관계가 악화되어 살해 위협을 받자 長安으로 달아나 劉丹을 漢 武帝에게 고소하여 유단을 폐위시켰다. 한 무제는 강충을 奇士라고 여겨 총애하였다. 강충은 匈奴에 사신으로 다녀오고 관직이 水衡都尉에 이르렀다. 일찍이 무제를 수행하여 甘泉宮에 가다가 법규를 위반한 戾太子 劉據(기원전 128~기원전 91)의 가신을 적발하였는데, 태자의 선처 요구를 거절하고 법대로 처벌하여 무제의 신뢰를 받게 되었다. 그러나 이로 인해 태자와의 관계는 악화되었다. 武帝가 晩年에 병이 들자, 태자의 巫蠱 때문에 병이 든 것이라고 고변하여 무고의 옥을 일으켰다가 여태자 유거에게 주살당했다.

58) 李訓 : 대전본・사고본에는 '鄭注'로 되어 있다. 鄭注(?~835)는 唐 文宗 때의 대신으로, 太僕卿・御史大夫・工部尙書・翰林侍講學士 등을 역임하였다. 당 문종을 도와 전횡을 일삼던 환관 王守澄을 제거하고, 鳳翔 節度使가 되어 李訓 등과 환관 仇士良 등을 제거하고자 감로의 변을 일으켰으나 실패하고 피살되었다.

59) 李訓 : ?~835. 자는 子垂이다. 初名은 仲言이다. 隴西 成紀 출신이다. 唐 文宗 때의 大臣이다. 進士로 급제하여 文宗 太和 8년(834)에 환관 王守澄의 천거를 받아 翰林侍講이 되었다. 다음해 禮部 侍郎 同平章事가 되었다. 鄭注와 결탁하여 宰臣 李德裕・李宗閔 등을 배척하였다. 文宗을 위하여 '太平之策'을 수립하여 먼저 환관 세력을 제거하고 다음으로 河湟을 수복하고 다시 河北을 수복할 것을 주장하였다. 전후로 환관 陳及・王守澄 등을 죽이고 鳳翔 節度使 鄭注와 '甘露의 變'을 일으켜 환관 仇士良 등을 제거할 것을 꾀하다가 실패하여 도리어 피살되었다.

60) 巫蠱 : 漢 武帝(기원전 156~기원전 87) 征和 2年(기원전 91)에 일어난 巫蠱의 獄을 이른다. 무제의 寵臣이었던 江充(?~기원전 91)과 戾太子 劉據(기원전 128~기원전 91)가 불화하였다. 강충은 무제가 붕어하고 여태자가 즉위하면 위태롭게 될 것을 걱정하여 무제가

觀行之訓이 爲不可易也하노이다

① 絳侯 : 周勃[62].
'絳侯'는 周勃이다.
② 東陽侯 : 張相如[63].
'東陽侯'는 張相如이다.

병들자 여태자가 저주하여 병이 난 것이라고 무고하였다. 여태자는 당시 甘泉宮에서 무제를 알현하여 해명하려 하였으나, 뜻대로 되지 않자 長樂宮의 호위병을 동원하여 강충을 참살하였다. 그러나 반란으로 오인한 무제에게 토벌을 당해 도성에서 탈출하였다가 결국 자결하였다. 《漢書 卷63 武五子傳, 卷45 江充傳》

61) 甘露之禍 : 唐 文宗 太和 9년(835)에 일어난 甘露의 變을 이른다. 당 문종 시기 환관의 전횡은 큰 문제를 야기하였다. 문종은 재상 李訓 등을 이용하여 환관 세력을 견제하고자 했다. 재상 이훈은 절도사 鄭注 등과 左金吾廳의 석류나무에 감로가 내렸다는 소문을 퍼뜨리고 金吾大將軍 韓約을 시켜 金吾衛를 동원하여 금오청 문 밖에 매복시켰다가 환관들이 구경하러 오면 일거에 척살하려는 계획을 세웠다. 神策軍을 주관하던 환관 仇士良과 魚弘志는 문종의 명을 받들어 감로를 살피러 갔다가 매복이 있다는 것을 알아챘다. 이에 급히 含元殿으로 가서 문종을 옹위하여 大明宮으로 들어가 농성하고 신책군을 동원하여 이훈 등을 척살하였다. 이후 문종은 환관들에 의해 사실상 유폐되었다가 開成 5년(840)에 붕어하였다. 《舊唐書 卷169 李訓傳》

62) 周勃 : ?~기원전 169. 泗水 沛 출신이다. 秦 二世 원년(기원전 209)에 中涓으로 劉邦을 따라 패에서 起兵하였다. 유방이 漢中에서 關中을 공격할 때 趙賁을 격파하고 章平을 패퇴시키고 章邯을 포위하였으며 對楚戰爭에 종군하여 여러 차례 전공을 세웠다. 成皐 전투에 참전하여 項羽와 대적했고 전후로 曲逆·泗水·東海 등 12縣을 공략하여 漢 高祖 6년(기원전 201) 絳侯에 봉해졌다. 이어서 韓信·陳豨·盧綰의 반란을 평정하는 데 공을 세웠다. 惠帝 때 太尉가 되었다. 위인이 질박하면서도 강직하고 돈후하였기에 고조의 신임을 받아 중대사를 많이 맡았다. 일찍이 고조는 "劉氏의 천하를 안정시킬 사람은 틀림없이 周勃일 것이다.〔安劉氏天下者 必勃也〕"라고 하였다. 고조의 사후 惠帝가 즉위하자, 呂后가 專權을 행하여 척족인 呂氏가 劉氏를 핍박하였다. 여후가 죽자 陳平과 함께 여씨 일족을 誅殺하고 文帝를 옹립하여 漢室을 안정시켰다. 이후 右丞相이 되었으나 얼마 안 되어 사직했다. 陳平의 사후에 다시 丞相이 되었으나 곧 사직하였다. 시호는 武侯이다.

63) 張相如 : ?~기원전 165. 漢 高祖 6년(기원전 201)에 中大夫가 되었고, 陳豨의 모반이 일어나자 河間守로 힘써 싸워 그 공으로 고조 11년에 東陽武侯으로 봉해졌고, 漢 文帝 연간에 太子太傅가 되었다. 문제 14년(기원전 166)에 흉노가 침공하여 彭陽까지 진입하자, 大將軍이 되어 출병하여 흉노를 격퇴하였다. 文帝 15년(기원전 165)에 죽었다. 《史記 卷103 萬石張叔列傳》《漢書 卷16 高惠高后文功臣表》

그러므로 漢 文帝가 嗇夫의 대답에 기뻐하여 上林令에 제수하자, 張釋之가 간쟁하기를 "絳侯와 東陽侯는 長者로 일컬어졌지만 이 두 사람은 일을 말할 때 일찍이 제대로 말하지 못했으니, 어찌 재잘거리며 말 잘하는 이 색부를 본받게 하십니까. 지금 그의 말재주 때문에 등급을 뛰어넘어 승진시키시니 신은 천하 사람들이 바람에 따라 쏠리듯 다투어 본받을까 염려됩니다."라고 하니 文帝가 마침내 중지시켰습니다.

이 당시에 將相 등 대신들이 모두 文飾이 적고 질박함이 많아서 議論은 진실하고 순후한 데 힘썼고 남의 과실을 말하는 것을 부끄럽게 여겨 마침내 순후한 풍속을 이루었습니다. 그 뒤 漢 武帝가 江充에 대해서, 唐 文宗이 李訓에 대해서 그들이 모두 應對가 민첩하다는 것으로 기뻐하여 신임해서 巫蠱의 禍와 甘露의 화가 거의 나라가 망하는 데까지 이르게 하였습니다. 신이 이 때문에 재여의 일을 통해 이를 언급하여 말을 듣고 행실을 살피라는 가르침은 가볍게 여겨서는 안 된다는 것을 나타냈습니다.

15-6-가[64)]

子游[65)]가 **爲武城宰**①러니 **子**가 **曰 女**가 **得人焉爾**[66)]**乎**아 **曰 有澹臺滅明**[67)]**者**②하니 **行不由徑**③하며 **非公事**어든 **未嘗至於偃之室也**④하나니이다

---

64)《논어》〈雍也〉 제12장에 보인다.

65) 子游 : 공자의 제자 言偃(기원전 506~?)으로, 子游는 그의 자이다.《史記》卷67〈仲尼弟子列傳〉에는 吳나라 사람으로 공자보다 45세 연하라고 하였고《孔子家語》에는 魯나라 사람으로 공자보다 35세 연하라고 하였는데 무엇이 옳은지는 명확하지 않다. 孔門十哲의 한사람으로 文學에 뛰어났다고 일컬어지며, 일찍이 武城宰가 되어 禮樂을 통한 敎化政治를 펼친 바 있다. 唐 玄宗 開元 27년(739)에 吳侯에 봉해졌고, 宋 眞宗 大中祥符 2년(1009)에 丹陽公에, 南宋 度宗 咸淳 3년(1267)에 吳公에 고쳐 봉해졌다.

66) 爾 : 사고본에는 '耳'로 되어 있다.

67) 澹臺滅明 : 기원전 522~?. 공자의 제자로, 성은 澹臺, 이름은 滅明, 자는 子羽이다. 武城 사람으로 사료에 따라 魯나라 또는 吳나라 사람으로 기재되어 국적에 차이를 보인다.《史記》卷67〈仲尼弟子列傳〉에는 공자보다 39세 연하라고 하였고《孔子家語》에는 49세 연하라고 하였는데 명확하지 않다. 심한 곰보에 용모는 보잘것없었으나 수행에 힘쓰고 正道를 지켜 강남에 거주할 때는 제자가 3백여 명에 이르렀다. 공자는 이에 대해 "외모를 기준으로 사람을 취하다가 자우에서 잘못하였다.〔以貌取人 失之子羽〕"라고 탄식하기도 하였다.

① 子游爲武城宰 : 言偃, 字子游, 孔子弟子也. 武城, 魯邑名.
'言偃'은 자가 子游이니, 공자의 제자이다. '武城'은 魯나라의 읍 이름이다.

② 有澹臺滅明者 : 澹臺, 姓, 滅明, 名.
'澹臺'는 성이고 '滅明'은 이름이다.

③ 行不由徑 : 徑, 路之小而捷者.
'徑'은 작고 빠른 길이다.

④ 非公事未嘗至於偃之室也 : 公事, 如鄕飮 · 鄕射 · 讀法[68]之類.
'公事'는 鄕飮酒禮 · 鄕射禮 · 讀法 따위와 같은 것이다.

子游가 武城의 邑宰가 되었다. 공자가 말하였다.
"너는 인재를 얻었느냐?"
자유가 대답하였다.
"澹臺滅明이라는 자가 있는데, 길을 다닐 적에 샛길로 다니지 않으며 공적인 일이 아니면 저의 집에 온 적이 없습니다."

15-6-나(按)

臣은 按 子游가 以行不由徑 · 非公事不至其室而知澹臺之賢하니 蓋二者가 雖若細行이나 因而推之컨대 行且不由徑하니 其行己也가 肯枉道而欲速乎아 非公事且不至其室하니 其事上也가 肯阿意以求悅乎아 子游가 以一邑宰로 其取人을 猶若是하니 等而上之면 宰相이 爲天子擇百僚하며 人主가 爲天下擇宰相에 必以是觀焉이 可也라 故王素[69]之論命相에 欲求宦官 · 宮妾不知名之人[70]하고 而司馬光之用諫官에 亦取不通

68) 讀法 : 《周禮》 〈地官 州長〉에 "正月의 초하루에 각각 그 주의 백성을 모아 법령을 읽고서 德行과 道藝를 살펴 권면하고 과오를 규찰하여 경계한다.〔正月之吉 各屬其州之民而讀法 以考其德行道藝而勸之 以糾其過惡而戒之〕"라고 하였는데, 賈公彦의 疏에 따르면 "뭇사람들에게 1년의 정령과 12조의 교법을 읽어주는 것이다.〔對衆讀一年政令及十二敎之法〕"라고 하였다.

69) 王素 : 1007~1073. 자는 仲儀이다. 北宋의 문신이다. 太尉 王旦의 손자이다. 莘縣 출신이다. 北宋 仁宗 天聖 5年(1027)에 進士가 되었고, 穎州 通判이 되었다. 이후 侍御史 · 知鄂州事 · 知諫院 등을 거쳐, 仁宗 연간에 歐陽脩 · 蔡襄 · 余靖 등과 함께 諫官이 되었다. 일찍이 王德用이 인종에게 미녀 2인을 바치자 왕소가 직언하여 출궁시켰다. 왕소의 爲政은 仁情에 부합하기를 힘쓰고 斷案에 뛰어났으며 軍務에도 능했다. 이후 知成都府事로 재임할 때, 蜀 지방에 鐵錢의 유통이 많아 물가가 치솟자 鑄錢을 금지하여 물가를 안정시켰다. 治平 원년(1064)에 西夏가 침범하자 知渭州事가 되어 서쪽 변경을 안정시켰고, 神宗 熙寧 원년(1068)

書問者爲之하니 必若是然後에 剛方正大之士가 進而奔競諂諛之風이 息矣리이다

【臣按】子游는 길을 다닐 적에 샛길로 다니지 않고 공적인 일이 아니면 자신의 집에 오지 않은 것으로 담대멸명이 어질다는 것을 알았습니다. 이 두 가지는 비록 사소한 일인 것 같지만 이를 통해 미루어보면 길을 다닐 적에도 샛길로 다니지 않으니, 그의 처신이 도를 굽혀 빨리 이루고자 하겠습니까. 공적인 일이 아니어도 자유의 집에 오지 않았으니 그 윗사람을 섬기는 것이 윗사람의 뜻에 영합하여 기쁘게 하기를 구하겠습니까. 子游가 일개 읍재로서 인재를 취하는 것을 오히려 이와 같이 하였으니, 여기서 단계를 높여 적용해서 말한다면 재상이 천자를 위하여 백관을 선발하며 군주가 천하를 위하여 재상을 선발할 때 반드시 이에 따라 살펴보아야 할 것입니다.

그러므로 王素가 재상의 임명에 대해 논할 적에 宦官과 宮妾이 이름을 알지 못하는 사람을 구하고자 하였고, 司馬光이 諫官을 임용할 때 역시 서신을 주고받지 않은 사람을 취하여 간관으로 삼으려 하였으니, 반드시 이처럼 한 뒤에야 강직하고 방정한 선비가 나아와 벼슬하고 앞다투어 명리를 추구하고 아첨하는 풍조가 종식될 것입니다.

15-7-가[71]

子貢이 問曰 鄕人이 皆好之면 何如니잇고 曰[72] 未可也니라 鄕人이 皆惡(오)之면 何如니잇고 曰[73] 未可也니라 不如鄕人之善者가 好之요 其不善者가 惡之니라

子貢이 물었다.

"고을 사람들이 모두 좋아하면 어떻습니까?"

에는 知太原府事가 되어 제방을 쌓고 선박을 건조하여 汾河의 범람에 대처하고, 山西 지역에 災荒이 발생하자 진휼하였다. 관직이 工部 尙書에 이르렀다. 시호는 懿敏이다.

70) 王素……之人 : 宋 仁宗이 王素에게 고관 중에서 宰相의 직임에 임명할 만한 사람이 누구인지를 묻자, 왕소가 "오직 환관과 궁첩이 성명을 모르는 사람을 그 직임에 충원할 만합니다.〔惟宦官宮妾不知其姓名者 可充其選〕"라고 진언하였다. 이에 仁宗이 富弼을 재상으로 임명했다고 한다.《九朝編年備要 卷15 以文彦博富弼同平章事》《宋名臣言行錄 後集 卷4》

71)《논어》〈子路〉 제24장에 보인다.

72) 曰 : 사고본에는 이 앞에 '子'가 더 있다.

73) 曰 : 사고본에는 이 앞에 '子'가 더 있다.

공자가 대답하였다.

"선한 사람이라고 말할 수 없다."

자공이 물었다.

"고을 사람들이 모두 미워하면 어떻습니까?"

공자가 말하였다.

"선한 사람이라고 말할 수 없다. 고을 사람들 가운데 선한 자가 좋아하고 선하지 않은 자가 미워하는 것만 못하다."

15-7-나(按)

臣은 按 此는 論觀人於一鄕者가 當如是也라 推之於國・於天下에 亦莫不然하니 夫人之善否가 不同而好惡이 亦異라 故善者는 不善之所仇而不善者는 亦善人之所弗與也라 若人無善否히 翕然好之則是는 雷同干譽者之所爲니 孟子所謂鄕原者也[74)]요 若人無善否히 翕然惡之면 雖未見所以致之之由나 然其人을 亦可知矣라 故必善者가 好之하며 不善者가 惡之라야 是其制行之美가 有以取信於君子而立心之直이 又不苟同於小人이니 則其爲賢者가 必矣라

【臣按】 이는 한 고을에서 사람을 관찰하는 것이 이와 같아야 함을 논한 것입니다. 이 방법을 나라에 미루어나가고, 천하에 미루어나갈 때에도 그렇지 않은 것이 없으니, 무릇 사람의 善不善이 같지 않고 好惡도 다르기 때문에 선한 사람은 선하지 않은 사람이 원수로 여기는 사람이고 선하지 않은 사람은 또한 선한 사람이 허여하지 않는 사람입니다. 만약 선한 사람인지의 여부와 상관없이 누구나 다 그를 좋아한다면 이는 부화뇌동하여 명예를 구하는 자가 하는 짓이니 孟子가 이른바

74) 孟子……者也 : 《說文解字》에 따르면 '原'은 '愿(삼가다)'과 같다. 본래 《논어》 〈양화〉 제13장에 "향원은 덕을 해치는 자이다.〔鄕原 德之賊也〕"라고 하였는데, 《맹자》 〈盡心 下〉 제37장에 이를 인용하고, 이에 대해 부연하여 '속마음을 감추고서 세상에 아첨하는 사람〔閹然媚於世也者〕'으로 "비난하려 해도 거론할 잘못이 없으며 풍자하려 해도 풍자할 잘못이 없어서 세상의 흐름에 동화하며 더러운 세상에 영합하여 처신은 진실하고 신실한 것처럼 보이고, 행실은 청렴하고 결백한 것처럼 보여서 뭇사람이 모두 좋아하면 스스로도 옳다고 여기지만 堯임금과 舜임금의 도에 참예하여 들어갈 수는 없다.〔非之無擧也 刺之無刺也 同乎流俗 合乎汚世 居之似忠信 行之似廉潔 衆皆悅之 自以爲是 而不可與入堯舜之道〕"라고 하고, 덕과 '비슷하면서 전혀 아닌 것〔似而非〕'으로 덕을 해치는 자인 이유를 설명하였다.

'鄕原'이라는 자입니다. 만약 선한 사람인지의 여부와 상관없이 누구나 다 그를 미워한다면 비록 이렇게 된 원인은 알지 못할지라도 그 사람됨은 또한 알 수 있습니다. 그러므로 반드시 선한 사람이 좋아하고 선하지 않은 사람이 미워해야 이 행실을 절제하는 아름다움이 군자에게 신뢰를 받고 뜻을 확립하는 곧음이 또 소인에게 구차하게 동화되지 않으니, 그는 틀림없이 현자인 것입니다.

陳蕃·李膺之徒를 **天下稱其賢而中常侍**[75)]가 **目之曰 鉤黨**[76)]이라하고 **裴度之爲人**을 **天下**가 **仰其勳德而八關十六子輩毁之者**가 **百端**[77)]하니 **此所謂善者**가 **好之而不善者**가

75) 中常侍 : 張儉 등이 당파를 만들었다고 무고하여 黨錮의 禍를 일으킨 중상시 侯覽을 가리킨다. 중상시는 宮廷內侍官으로 秦代에 설치되었는데 환관을 임용하였다. 西漢 때에는 列侯·郎中 등 관원의 加官으로 이용되어 궁중에 출입할 수 있도록 하였다. 東漢 때에는 다시 환관을 專任시켰다. 秩 1천석 내지 比 2천석으로 정원이 없었다. 少府에 소속되어 황제의 좌우에서 모시면서 內宮을 출입하고 궁중의 제반업무를 보좌하며 고문과 응대에 대비하였다. 후대에는 散騎와 합병되어 散騎常侍로 일컬어지기도 했는데, 이 경우에는 士人이 임용되었다.

76) 陳蕃……鉤黨 : 동한 말의 黨錮의 禍를 말한다. 桓帝가 즉위한 뒤 淸流와 濁流 간의 갈등이 심화되었는데, 특히 태위 陳蕃, 李膺 등은 환관의 전횡에 대해 극렬히 비판하였다. 환관 張讓의 동생 張朔과 張成이 임신부를 죽인 일로 司隷校尉 이응이 주살하자, 환관들은 장성의 제자 牢脩를 시켜서 이응이 太學의 학생들과 결탁하여 당파를 만들고 조정을 비난하며 풍속을 어지럽힌다고 탄핵하도록 하였다. 영제는 이응, 范滂, 杜密, 陳寔을 비롯하여 2백여 명을 하옥했다. 외척인 竇武와 尙書 郭謂가 관대하게 처분할 것을 주청하여 이응 등은 금고를 당한 채 낙향하였는데, 이것이 제1차 당고의 화이다. 환제가 세상을 떠나자 竇太后는 靈帝를 옹립하여 섭정하고, 오빠 두무를 대장군, 진번을 태위로 삼아 국정을 위임했다. 이때 이응과 두밀도 다시 서용되었다. 진번은 환관의 폐단을 우려하여 대장군 두무 등과 함께 환관 세력의 척결을 도모하였는데, 이 일이 사전에 누설되어 환관 王甫, 曹節, 鄭颯 등에게 당파를 결성하였다고 지목받아 축출되었다. 이때 대장군 두무는 자살하고, 진번은 살해되었고, 이응 등은 다시 금고에 처해졌다. 이듬해 환관 侯覽이 張儉 등이 당파를 만들었다고 무고하여 다시 옥사를 일으켜서 이응 등을 체포하여 처형하였다. 이후 176년 黨人의 문하생, 부자 및 형제, 5촌 내의 친척을 모두 면직시키고 금고에 처하였는데, 이것이 제2차 당고의 화이다.

77) 裴度……百端 : 裴度(765~839)는 中唐 시기의 재상으로, 자는 中立이다. 憲宗 연간에 中書侍郎으로 淮蔡의 亂을 平定하여 晉國公에 봉해진 명신으로 관직이 司空 同平章事에 이르렀다. '八關十六子'는 李逢吉의 黨人을 가리킨다. 鄭注가 王受澄에게 총애를 받자, 李逢吉이 조카 李訓을 보내 정주에게 뇌물을 주고 왕수징과 결탁하여 중앙의 후원 세력으로 삼았다. 이

惡之也라 然好者는 雖多나 其言이 未必上徹이요 惡者는 雖少나 其論이 常譁於人主之前이라 所以誣善之言이 易行而忠邪가 每至於易位也니 爲人君者가 將奈何오 曰 明四目・達四聰[78]하여 使天下公論으로 皆得上聞하고 而姦邪가 不得以壅蔽면 則是非好惡之實이 庶乎其不繆[79]矣리이다

陳蕃・李膺의 무리를 천하 사람들이 그 어짊을 칭찬하였는데 中常侍는 그들을 지목하기를 "서로 결탁하여 당여가 되었다.〔鉤黨〕"라고 하였고, 裴度의 됨됨이를 천하 사람들이 그 功勳과 德을 흠앙했는데 八關十六子의 무리는 온갖 방법으로 헐뜯었습니다. 이것이 이른바 선한 사람이 좋아하고 선하지 않은 사람이 미워한다는 것입니다.

그러나 좋아하는 사람은 아무리 많아도 그 말이 반드시 임금에게까지 통하지는 않고, 미워하는 사람은 비록 적어도 그 의론이 항상 군주의 앞에서 시끄럽습니다. 때문에 선한 사람을 무함하는 말이 쉽게 행해지고 충성스러움과 간사함이 매양 위치가 뒤바뀌게 되니 임금이 된 자가 장차 어떻게 해야겠습니까. 사방의 눈을 밝히고 사방의 귀를 통하게 하여 천하의 公論이 모두 위에까지 들릴 수 있게 하고 간사한 사람이 막고 가릴 수 없게 한다면 是非와 好惡의 실상이 거의 어긋나지 않게 될 것입니다.

15-8-가[80]

子가 曰 衆惡之라도 必察焉하며 衆好之라도 必察焉이니라

공자가 말하였다.

"사람들이 미워하더라도 반드시 살펴야 하며, 사람들이 좋아하더라도 반드시 살펴야 한다."

로부터 이봉길이 방자해져서 꺼리는 바가 없었다. 그의 도당에 張又新・李續之・張權輿・劉栖楚・李虞・鄭昔範・姜洽・이훈 등 8명이 있었고 이들의 당여가 또 8명이 있어 모두 요직을 맡았기 때문에 팔관십육자라고 일컬어졌다. 시호는 文忠이다.《新唐書 卷187 李逢吉列傳》

78) 明四目 達四聰 :《서경》〈虞書 舜典〉에 "四岳에게 물어 사방의 문을 열어놓아서 사방의 눈을 밝히고 사방의 귀를 통하게 하였다.〔詢于四岳 闢四門 明四目 達四聰〕"라고 하였다.

79) 繆 : 대전본・사고본에는 '謬'로 되어 있다.

80)《논어》〈衛靈公〉 제27장에 보인다.

15-8-나(按)

臣은 按 好善惡[81]惡이 雖人性之本然而違[82]道之譽[83]·求全之毀[84]가 亦世之所有라 故不可以不察也라 匡[85]章之不孝는 人所共稱也而孟子則曰此가 父子責善之過爾라 非不孝也[86]라하시고 仲子之廉은 亦人所共稱也而孟子則責其避兄離母之罪曰 此가 烏能廉哉[87]리오하시니 是是非非之大致가 固若黑白之了然이로되 而其似是而非·似非而是者則常人之所易惑也라 不有聖賢이 原情於疑似之中하며 考實於曖昧之際면 烏能適其當乎리오 自人君言之컨대 必如齊威王之烹阿·封卽墨[88]然後에 爲能察是

81) 善惡 : 대전본에는 '惡善'으로 되어 있다.

82) 違 : 대전본에는 '達'로 되어 있다.

83) 違道之譽 : 《서경》 〈虞書 大禹謨〉에 "도를 어겨서 백성의 칭찬을 구하지 말라.〔罔違道以干百姓之譽〕"라고 하였는데, 여기서 연유한 말이다.

84) 求全之毁 : 《맹자》 〈離婁 上〉에 "예기치 않은 칭찬이 있고 완전하기를 추구하다가 받는 비방이 있다.〔有不虞之譽 有求全之毁〕"라고 하였다.

85) 匡 : 대전본에는 '康'으로 되어 있으나, 宋 太祖 趙匡胤을 피휘한 것이다.

86) 匡章……孝也 : 《맹자》 〈離婁 下〉 제30장에 따르면, 齊나라 사람 匡章은 온 나라 사람들에게 불효자로 비난받았지만 맹자는 그와 교유하며 예모까지 갖추었다. 公都子가 그 이유를 묻자, 맹자는 광장이 불효라고 할 수 없다고 답하였다. 왜냐하면 불효의 다섯 가지 조목 중에 광장이 해당하는 것이 없으며 단지 부자 사이에 責善을 지나치게 하다가 부친을 봉양할 수 없게 되었을 뿐인데, 오히려 스스로 혐의하여 처자의 봉양을 종신토록 받지 않았기 때문이다.

87) 仲子……廉哉 : 《맹자》 〈滕文公 下〉 제10장에 보인다. 제나라 사람 陳仲子는 於(오)陵에 거처할 때 3일 동안 먹지 못하여 귀에 들리는 것이 없고 눈에 보이는 것이 없는 지경까지 이르렀다가 우물가에서 굼벵이가 반 이상 파먹은 오얏을 삼킨 뒤에야 보고 들을 수 있었던 적이 있었다. 이에 대해 匡章은 진중자가 청렴하다고 여겼는데, 맹자는 이를 인정하지 않았다. 왜냐하면 진중자는 제나라의 世家 출신으로 형 陳戴가 萬鍾의 녹을 받았지만 불의하다는 이유로 어머니가 해주는 음식을 먹지 않고 형의 집에서 거처하지 않으면서 아내가 해주는 밥을 먹고 오릉의 집에서 거처하였기 때문이다.

88) 齊威……卽墨 : 齊 威王(재위 기원전 356~기원전 320)은 성이 田, 이름이 因齊이다. 부국강병을 추구하여 鄒忌를 재상으로 기용하고 孫臏을 군사로 삼아 국세를 신장하여 桂陵과 馬陵에서 魏나라를 대파하고 稷下의 學宮을 설치하여 학문을 중흥시켰다. 당시 阿大夫는 阿를 잘 다스리지 못하였으나 위왕의 측근에게 뇌물을 바쳐 항상 위왕에게 자신을 칭찬하도록 하였고 卽墨大夫는 卽墨을 잘 다스렸으나 뇌물을 바치지 않아 항상 비방을 받았다. 이를 이상하게 여긴 위왕이 사람을 보내 살펴보고 평판이 잘못되었다는 것을 알고 즉묵대부에게 采邑 1만호를 봉해주고 아대부를 불러들여 烹刑에 처하였다. 《史記 卷46 田敬仲完世家》

非之實이니 不然則未有不以毁譽而亂眞者니이다

【臣按】 선을 좋아하고 악을 미워하는 것은 비록 사람의 본성이 본래 그러하지만, 도를 어겨서 구하는 칭찬과 완전하기를 추구하다가 받는 비방 또한 세상에 있기 때문에 세심히 살피지 않으면 안 됩니다. 匡章의 불효는 사람들이 모두 일컬었지만 맹자는 "이는 부자간에 責善이 지나쳤던 것일 뿐이지, 불효가 아니다."라고 하였고, 仲子의 청렴은 또한 사람들이 모두 일컬었지만 맹자는 그가 형을 피하고 모친을 떠난 죄를 책망하여 "이것이 어찌 청렴한 것이 될 수 있겠는가."라고 하였으니, 시시비비의 대체는 본래 흑백처럼 명료합니다.

그러나 그중에 옳은 것 같지만 그릇되고 그릇된 것 같지만 옳은 것은 보통 사람이 쉽게 혼동하는 것입니다. 聖賢이 비슷하여 분간하기 어려운 것 중에서 실정을 궁구하지 않고 모호한 사이에서 실정을 고찰하지 않았다면, 어떻게 그 합당한 데 알맞게 할 수 있겠습니까. 임금의 입장에서 말한다면 반드시 齊 威王이 阿大夫를 烹刑에 처하고 卽墨大夫를 봉해준 것처럼 한 뒤에야 시비의 실정을 제대로 살핀 것이 되니, 그렇게 하지 않는다면 비방과 칭찬으로 실상을 어지럽히지 않을 사람이 없습니다.

15-9-가1[89)]

子가 曰 巧言令色이 鮮矣仁①이니라

① 巧言令色鮮矣仁 : 巧, 好也. 令, 善也. 鮮, 少也.
'巧'는 '좋게 하다'라는 뜻이다. '令'은 '잘하다'라는 뜻이다. '鮮'은 '적다'라는 뜻이다.

공자가 말하였다.
"말을 좋게 하고 얼굴빛을 곱게 하는 사람이 仁한 이가 적다."

15-9-가2[90)]

子가 曰 剛毅木訥이 近仁①이니라

① 剛毅木訥近仁 : 剛者, 堅剛[91)]也. 毅者, 果敢[92)]也. 木者, 質樸也. 訥者, 遲鈍也.

89) 《논어》 〈學而〉 제3장에 보인다.
90) 《논어》 〈子路〉 제27장에 보인다.

'剛'은 '굳세고 강하다'라는 뜻이다. '毅'는 '과단성 있다'라는 뜻이다. '木'은 '질박하다'라는 뜻이다. '訥'은 '더디고 둔하다'라는 뜻이다.

공자가 말씀하였다.
"강하고 과단성 있고 질박하고 둔함이 仁에 가깝다."

15-9-나(按)

臣은 按 巧言令色之人은 以虛僞勝이라 故鮮仁하고 剛毅木訥之人은 以質實勝이라 故近仁하니 仁者는 本心之全德이라 必致知하며 必力行然後에 能造乎其地하나니 豈剛果樸鈍의 所能遽得哉리오 然誠而不僞하며 質而不華면 則其本心이 未失이라 於仁에 爲不遠矣니 故曰近仁이라하시고 若好其言하며 善其色하여 致飾於外하여 求以悅人則其僞而不誠하며 華而不實하여 去本心也가 遠矣라 其能爲仁者가 幾希니 兩章之言이 實相表裏라

【臣按】 말을 좋게 하고 얼굴빛을 곱게 하는 사람은 헛됨과 거짓됨이 승합니다. 이 때문에 仁이 드뭅니다. 강하고 과단성 있고 질박하고 둔한 사람은 질박함과 성실함이 승합니다. 이 때문에 仁에 가깝습니다. '仁'은 本心의 온전한 德입니다. 반드시 앎을 지극히 하고 반드시 힘써 행한 뒤에야 이 경지에 나아갈 수 있으니, 어찌 강하고 과단성 있고 질박하고 둔한 사람이 대번에 얻을 수 있는 것이겠습니까. 그러나 성실하고 거짓되지 않으며 질박하고 浮華하지 않으면 그 본심이 없어지지 않기 때문에 仁에서 멀지 않으니, 그러므로 '仁에 가깝다〔近仁〕'라고 한 것입니다. 말을 좋게 하고 얼굴빛을 곱게 하여 외면을 지극히 꾸며서 남을 기쁘게 하기를 힘쓴다면 아마도 거짓되고 성실하지 않으며 浮華하고 실질이 없어서 본심과의 거리가 멀게 되니 능히 仁을 행할 수 있는 사람이 거의 드뭅니다. 두 章의 말이 실로 서로 표리가 됩니다.

由後世觀之컨대 安劉氏者는 乃椎鈍木强之周勃[93]而令色諛言如董賢[94]者는 卒以禍

91) 剛 : 대전본·사고본에는 '强'으로 되어 있다.
92) 敢 : 대전본·사고본에는 '毅'로 되어 있다.
93) 椎鈍木强之周勃 : 周勃(?~기원전 169)은 漢 高祖 劉邦을 도와 漢 王朝를 건국한 개국 공신이다. 본래 사람됨이 질박하고 굳세며 돈후하였고, 文辭와 예절을 좋아하지 않았다. 儒生이

漢室焉하니 勃은 未得爲仁人也而忠誠徇國하여 惟一無二하니 其質이 近乎仁矣로되 惜其不學이라 故止[95]於是焉이요 若賢則不仁之尤者也라 然樸忠之臣[96]은 難合而巧佞之士는 易親이라 故不仁者가 往往得志於世하여 治亂存亡이 常必由此하나니 嗚呼라 人主는 其亦謹所擇哉니이다

후세의 입장에서 이를 살펴보면 劉氏를 안정시킨 이는 바로 독실하고 우둔하며 질박하고 군센 周勃이었고, 얼굴빛을 곱게 하고 아첨한 董賢과 같은 이는 끝내 이로써 漢室에 화를 끼쳤습니다. 주발은 仁한 사람이 되지는 못하였으나 충성하여 나라를 위해 목숨을 바쳐 한결같고 두 마음을 품지 않았으니 그 질박함이 仁에 가깝지만 안타깝게도 학문을 하지 않았기 때문에 여기에 그쳤습니다. 동현의 경우에는 不仁함이 더욱 심한 사람입니다. 그러나 순박하고 충성스런 신하는 모이기 어렵고 교활하고 아첨하는 士는 친해지기 쉽습니다. 그러므로 不仁한 사람이 자주 세상에서 뜻을 얻어 治亂과 存亡이 항상 반드시 여기에서 말미암는 법입니다. 아! 임금도 인재 선발을 신중히 해야 할 것입니다.

나 遊說客을 접견할 때에도 賓主의 예를 따르지 않고 스스로 상석에 앉아 "나를 위해 빨리 말하시오!〔趣爲我語〕"라고 말하곤 했다. 고조는 주발에게 중대사를 맡길 만하다고 여겨 呂后에게 "유씨의 천하를 안정시킬 이는 틀림없이 주발일 것이다.〔安劉氏天下者 必勃也〕"라고 말하기도 하였다. 高祖가 붕어하자 惠帝 劉盈을 보좌하여 혜제 6년(기원전 189)에 太尉가 되었다. 呂后가 專權을 행하고 呂氏가 발호하자 기회를 엿보다가 여후의 사후에 陳平 등과 모의하여 呂氏 일족을 주살하고 文帝를 옹립하여 漢室을 안정시켰다. 관직이 丞相에 이르렀다. 《史記 卷57 絳侯周勃世家》 주발에 관한 자세한 행력은 앞의 주석 62) 참조.

94) 令色諛言如董賢 : 董賢(기원전 22~기원전 1)은 자가 聖卿으로 馮翊 雲陽 사람이다. 漢 哀帝 劉欣의 寵臣이다. 처음에 太子舍人으로 있다가 綏和 2년(기원전 7)에 哀帝가 즉위하자 郎官이 되었다. 애제가 그의 아름다운 용모를 매우 좋아하여 黃門郎으로 승진시켰다. 이로부터 동현에 대한 애제의 총애는 날로 커져서 駙馬都尉 侍中으로 삼아 출입할 때 수레에 동승시키고 항상 가까이서 자신을 侍奉하도록 하였다. 한 달 사이에 얻은 賞賜가 1億 錢에 달하기도 하였다. 동현은 성정이 유화하고 애제의 의중에 영합하기를 잘하여 아첨으로 자신의 지위를 확고히 하였다. 애제는 동현의 누이를 후궁으로 맞이하여 昭儀로 삼고 동현을 高安侯로 삼아 식읍 1천 호를 봉하였으며 얼마 후에 다시 2천 호에 봉하였다. 심지어 동현을 大司馬에 임명하여 三公의 반열에 두었는데, 이때 그의 나이는 22세에 불과했다. 元壽 2년(기원전 1)에 애제가 죽자 얼마 안 되어 탄핵을 받아 파면되고 자결하였다.

95) 止 : 대전본에는 없다.

96) 臣 : 사고본에는 '言'으로 되어 있다.

15-10-가[97)]

子가 曰 不知言이면 無以知人也니라

공자가 말씀하였다.
"말을 알지 못하면 사람을 알지 못한다."

15-10-나(按)

臣은 按 易之大傳[98)]에 曰 將畔[99)]者는 其辭가 慙하고 中心이 疑者는 其辭가 枝하며 吉人之辭는 寡하고 躁人之辭는 多하며 誣善之人은 其辭가 游하고 失其守者는 其辭가 詘[100)]이라하니 此는 因言觀人之法也라 爲人君者가 尤當知之니 蓋人之將爲惡也에 必有愧於中이라 故其辭가 慙하고 見理不明하여 中心이 眩惑이라 故其辭가 枝니 枝는 謂支離而多端也라 端良易直之人은 言不苟發이라 故簡而寡하고 狂妄躁急之人은 言常輕發이라 故繁而多하며 誣毁善良에 中懷羞恧(뉵)이라 故其辭가 游揚而不確하고 操守가 不堅하여 奪於利害라 故其辭가 困屈而易窮하나니 有諸中이면 必形諸外하여 不可揜也라 故不知言則無以知人이니라

【臣按】《주역》〈繫辭傳〉에 이르기를 "장차 배반할 사람은 그 말이 부끄럽고, 마음이 미혹된 사람은 그 말이 산만하고, 선한 사람의 말은 적고, 조급한 사람의 말은 많고, 선한 사람을 모함하는 사람은 그 말이 오락가락하고, 그 지킴을 빼앗긴 사람은 그 말이 궁색하다."라고 하였습니다. 이는 말을 통해 사람을 관찰하는 법입니다. 임금 된 자가 특히 알아야 합니다.

사람이 악을 행하려 할 때는 반드시 내면에 부끄러운 마음을 가지기 때문에 그 말이 부끄럽고, 이치를 보는 것이 밝지 못하여 마음이 현혹되기 때문에 그 말이 산만하니 '枝'는 번잡하고 여러 갈래로 나누어지는 것을 말합니다. 바르고 어질고 화평하고 곧은 사람은 말을 구차하게 하지 않기 때문에 그 말이 간략하고 적으며, 망령되고 조급한 사람은 말을 항상 경솔하게 하기 때문에 그 말이 번잡하고 많습

97)《논어》〈堯曰〉 제3장에 보인다.
98) 易之大傳 :《주역》 가운데 卦辭나 爻辭와 같은 經文을 해석한 傳으로, 〈彖〉·〈象〉·〈文言〉·〈繫辭〉·〈說卦〉·〈序卦〉·〈雜卦〉 7傳을 일컫는다.
99) 畔 : 사고본에는 '叛'으로 되어 있다.
100) 將畔……辭詘 :《주역》〈繫辭傳 下〉 제12장에 보인다.

니다. 선량한 사람을 모함하고 비방할 때는 내면에 부끄러움을 품기 때문에 그 말이 오락가락하고 확고하지 않으며, 지킴이 견고하지 않아 利害에 빼앗기기 때문에 그 말이 궁색하고 쉽게 논리가 막힙니다. 내면에 있으면 반드시 외면에 드러나서 숨길 수가 없습니다. 그러므로 말을 알지 못하면 사람을 알지 못합니다.

雖然이나 緘默不言者가 有似乎寡하고 敷陳無隱者가 亦近乎多하니 聽言者가 苟不察焉則懷姦者가 得吉士之名이요 盡忠者가 入躁人之目이니 豈不誤哉리오 惟人君이 於此에 知吉人之辭가 簡而當理라 非緘默不言之謂요 躁人之辭가 繁而悖理라 非敷陳無隱之謂하여 於近似之中에 察其甚不同이니 然後에 爲眞知言者矣니라 大傳之言이 與此章으로 同出於孔子라 故倂論焉하노이다

비록 그렇기는 하지만 입을 다물고 말하지 않는 것은 말이 적은 것과 비슷하고, 의견을 개진할 때 숨김이 없는 것은 또한 말이 많은 것에 가까우니, 말을 듣는 사람이 만일 세심히 살피지 않는다면 간사한 마음을 품은 자가 훌륭한 선비라는 이름을 얻을 것이고, 충성을 다하는 사람이 조급한 사람이라는 분류에 들어가게 되니, 어찌 잘못이 아니겠습니까.

임금만이 이에 대하여 선한 사람의 말은 간략하고 이치에 합당한 것을 말하는 것이지 입을 다물고 말하지 않음을 말하는 것이 아니라는 것을 알며, 조급한 사람의 말은 번잡하고 이치에 위배되는 것을 말하는 것이지 의견을 개진할 때 숨김이 없음을 말하는 것이 아니라는 것을 알아서, 유사한 것 중에서 매우 다른 점을 세심히 살펴야 합니다. 그러한 뒤에야 참으로 말을 아는 자가 될 것입니다. 〈繫辭傳〉의 말이 이 장과 똑같이 공자에게서 나왔기 때문에 여기서 아울러 논하였습니다.

15-11-가[101]

子가 曰 君子는 周而不比하고 小人은 比而不周①니라

① 君子……不周 : 周, 普徧[102]也. 比, 偏[103]黨也.
'周'는 '두루 어울리다'라는 뜻이다. '比'는 '偏黨 짓다'라는 뜻이다.

101) 《논어》〈爲政〉 제14장에 보인다.
102) 徧 : 대전본에는 '偏'으로 되어 있다.
103) 偏 : 저본에는 '徧'으로 되어 있으나, 사고본에 근거하여 바로잡았다.

공자가 말하였다.

"군자는 두루 어울리고 편당 짓지 않으며, 소인은 편당 짓고 두루 어울리지 않는다."

15-11-나(按)

臣은 按 君子之心은 與物爲公이라 故周而不比하고 小人之心은 惟己是私라 故比而不周니이다

【臣按】 군자의 마음은 남과 더불어 공변되기 때문에 두루 어울리고 편당을 짓지 않으며, 소인의 마음은 자기만 사사롭게 여기기 때문에 편당 짓고 두루 어울리지 않습니다.

15-12-가[104)]

子가 曰 君子는 懷德①하고 小人은 懷土하며 君子는 懷刑하고 小人은 懷惠니라

① 君子懷德 : 懷, 思念也.
'懷'는 '생각하다'라는 뜻이다.

공자가 말하였다.

"군자는 덕을 생각하고 소인은 처한 곳을 생각하며, 군자는 형벌을 생각하고 소인은 은혜를 생각한다."

15-12-나(按)

臣은 按 君子所好者가 善이라 故懷德하고 小人所志者가 安[105)]이라 故懷土하며 君子所畏者가 法이라 故懷刑하고 小人所徇者가 利라 故懷惠하나니 懷者는 常存於心之謂니이다

【臣按】 군자가 좋아하는 것은 善이기 때문에 덕을 생각하고, 소인이 뜻을 둔 것은 안락함이기 때문에 처한 곳을 생각하며, 군자가 두려워하는 것은 법이기 때문에 형벌을 생각하고, 소인이 따르는 것은 이익이기 때문에 은혜를 생각합니다.

---

104) 《논어》 〈里仁〉 제11장에 보인다.

105) 安 : 대전본·사고본에는 '利'로 되어 있다.

'懷'는 항상 마음에 간직하고 있는 것을 이릅니다.

15-13-가[106)]

子가 曰 君子는 坦蕩蕩①이요 小人은 長戚戚이니라

① 君子坦蕩蕩 : 坦, 平夷也. 蕩蕩, 寬廣貌.
'坦'은 '평탄하다'라는 뜻이다. '蕩蕩'은 넓은 모양이다.

공자가 말하였다.
"군자는 평탄하여 여유가 있고 소인은 늘 걱정스러워한다."

15-13-나(按)

臣은 按 君子는 安於義理라 故常坦然有自得之意하고 小人은 役於物欲이라 故常戚然懷不足之憂니이다

【臣按】 군자는 의리에 편안하기 때문에 항상 평탄하여 만족스런 뜻을 가지고, 소인은 물욕에 부림을 당하기 때문에 늘 근심하여 부족하게 여기는 근심을 품습니다.

15-14-가[107)]

子가 曰 君子는 成人之美하고 不成人之惡하나니 小人은 反是니라

공자가 말하였다.
"군자는 남의 善을 이루어주고 남의 악을 이루어주지 않으니, 소인은 이와 반대이다."

15-14-나(按)

臣은 按 君子之心은 好善이라 故惟恐人之不爲善하여 善則奬而成之하고 小人之心은

---

106)《논어》〈述而〉 제36장에 보인다.
107)《논어》〈顔淵〉 제16장에 보인다.

疾善이라 故惟恐人之爲善[108]하여 善[109]則沮而敗之하나니 成人之善則不成人之惡矣요 成人之惡則不成人之善矣니이다

【臣按】 군자의 마음은 善을 좋아하기 때문에 오직 남이 선을 행하지 않을까만 걱정하여 선하면 장려하여 이루어주고, 소인의 마음은 善을 싫어하기 때문에 오직 남이 선을 행할까만 걱정하여 선하면 저지하고 실패하게 만듭니다. 남의 선을 이루어주면 남의 악을 이루어주지 않는 것이고, 남의 악을 이루어주면 남의 선을 이루어주지 않는 것입니다.

15-15-가[110]

子가 曰 君子는 和而不同하고 小人은 同而不和니라

공자가 말씀하였다.
"군자는 조화롭게 어울리고 부화뇌동하지 않으며 소인은 부화뇌동하고 조화롭게 어울리지 않는다."

15-15-나(按)

臣은 按 君子之於人에 以可否相濟라 故和而不同하고 小人之於人에 以朋比相親이라 故同而不和니이다

【臣按】 군자는 사람들에 대해 가부에 따라 이루어주기 때문에 조화롭게 어울리고 부화뇌동하지 않으며, 소인은 사람들에 대해 자기편인지에 따라 친하기 때문에 부화뇌동하고 조화롭게 어울리지 않습니다.

15-16-가[111]

子가 曰 君子는 易事而難說(열)也니 說之不以道면 不說也요 及其使人也하얀

108) 善則……爲善 : 대전본 · 사고본에는 없다.
109) 善 : 사고본에는 '惡'으로 되어 있다.
110) 《논어》〈子路〉 제23장에 보인다.
111) 《논어》〈子路〉 제25장에 보인다.

器之니라 小人은 難事而易說也니 說之雖不以道라도 說也요 及其使人也하얀 求備焉이니라

공자가 말하였다.
"군자는 섬기기는 쉬워도 기쁘게 하기는 어렵다. 기쁘게 하기를 道에 맞게 하지 않으면 기뻐하지 않으며, 사람을 부림에 있어서는 그릇에 따라 한다. 소인은 섬기기는 어려워도 기쁘게 하기는 쉽다. 기쁘게 하기를 비록 도에 맞지 않게 하더라도 기뻐하며, 사람을 부림에 있어서는 구비하기를 요구한다."

15-16-나(按)

臣은 按 君子之心은 平恕라 故易事요 其情이 正大라 故難說이니 惟其平恕라 故使人에 各取其所長하고 小人之心은 刻覈이라 故難事요 其情이 偏私라 故易說이니 惟其刻覈이라 故用人에 必責其全備니이다

【臣按】 군자의 마음은 공평하고 너그럽기 때문에 섬기기 쉽고 그 情이 바르고 크기 때문에 기쁘게 하기 어려우니, 오직 공평하고 너그럽기 때문에 남을 부릴 적에 저마다 잘하는 것을 각각 취합니다. 소인의 마음은 각박하기 때문에 섬기기 어렵고 그 情이 치우치고 사사롭기 때문에 기쁘게 하기 쉬우니, 오직 각박하기 때문에 남을 임용할 때 반드시 완전히 갖출 것을 요구합니다.

15-17-가[112]

子가 曰 君子는 泰而不驕하고 小人은 驕而不泰니라

공자가 말하였다.
"군자는 태연하고 교만하지 않으며 소인은 교만하고 태연하지 않다."

15-17-나(按)

臣은 按 君子는 循理라 故安舒而不矜肆하고 小人은 逞欲이라 故矜肆而不安舒하나니 泰者는 心廣而體胖이요 驕者는 意盈而氣盛이니이다

112) 《논어》〈子路〉 제26장에 보인다.

【臣按】 군자는 이치에 따르기 때문에 편안하고 느긋하며 교만하고 방자하지 않습니다. 소인은 욕망을 있는 대로 다 부리기 때문에 교만하고 방자하며 편안하고 느긋하지 않습니다. '泰'는 마음이 넓고 몸이 편안한 것이며 '驕'는 뜻이 넘치고 기운이 왕성한 것입니다.

15-18-가[113)]

子가 曰 君子는 上達하고 小人은 下達이니라

공자가 말하였다.
"군자는 위로 통달하고 소인은 아래로 통달한다."

15-18-나(按)

臣은 按 君子는 以窮理爲事라 故日進乎高明하고 小人은 以徇欲爲事라 故日究於汚下니이다

【臣按】 군자는 이치를 궁구하는 것을 직분으로 삼기 때문에 날로 고명한 데에 나아가고, 소인은 인욕을 따르는 것을 직분으로 삼기 때문에 날로 저열한 데에 이르는 것입니다.

15-19-가[114)]

子가 曰 君子는 求諸己요 小人은 求諸人이니라

공자가 말하였다.
"군자는 자신에게서 찾고 소인은 남에게서 찾는다."

15-19-나(按)

臣은 按 君子는 自責而不責人이라 故求諸己하고 小人은 責人而不自責이라 故求諸人이니이다

113) 《논어》 〈憲問〉 제24장에 보인다.
114) 《논어》 〈衛靈公〉 제20장에 보인다.

【臣按】 군자는 자신을 책망하고 남을 책망하지 않기 때문에 잘못을 자신에게서 찾고, 소인은 남을 책망하고 자신을 책망하지 않기 때문에 잘못을 남에게서 찾습니다.

15-20-가[115)]

子가 曰 君子는 不可小知而可大受也요 小人은 不可大受而可小知也니라

공자가 말하였다.

"군자는 작은 일로는 알 수 없으나 큰일을 맡을 수 있고, 소인은 큰일을 맡을 수는 없고 작은 일로는 알 수 있다."

15-20-나(按)

臣은 按 君子는 所存者가 大라 故不可以小事測知而可以當大事요 小人은 局於狹小하니 其長을 易見이라 故不可以任大而可以小知니이다

【臣按】 군자는 마음에 품고 있는 것이 크기 때문에 작은 일로는 헤아려 알 수 없지만 큰일을 맡을 수 있고, 소인은 협소한 데 국한되니 그 장점을 쉽게 알 수 있기 때문에 큰일을 맡을 수 없지만 작은 일로 알 수 있습니다.

15-21-가[116)]

子가 曰 君子는 喩於義하고 小人은 喩於利①니라

① 君子……於利 : 喩, 猶曉也.
'喩'는 '曉(밝다)'와 같다.

공자가 말하였다.

"군자는 의에 밝고 소인은 이익에 밝다."

15-21-나(按)

臣은 按 義者는 天理之公이요 利者는 人欲之私라 君子之心은 惟知有義라 故於義에

115)《논어》〈衛靈公〉 제33장에 보인다.
116)《논어》〈里仁〉 제16장에 보인다.

見得分明하고 小人之心은 惟知有利라 故於利에 無不通曉하나니 自比周而下凡十有一章이 皆言君子・小人所爲之相反而其大[117]端은 不越於公私・義利而已라 孔子本[118]指는 欲學者가 知君子・小人之分而審夫[119]取舍之幾[120]어니와 臣은 今於此에 欲人主가 知君子・小人之辨而致謹於用舍之際하노니 聖人之言이 蓋無適而不宜也라 嗚呼라 自昔姦邪小人之所以爲天下禍者가 雖非一端이나 然未有不以私與利爲之者하니 利卽私也요 私卽利也라 苟利其身이면 雖君父之安危라도 弗顧也하며 苟利其家면 雖社稷之存亡이라도 弗恤也하나니 然則人主가 於平時用舍之際에 其可不察諸此乎잇가

【臣按】'義'는 공변된 天理이고 '利'는 사사로운 人欲입니다. 군자의 마음은 오직 義가 있다는 것만 알기 때문에 義에 대해 앎이 분명하고, 소인의 마음은 利가 있다는 것만 알기 때문에 利에 대해 통달하지 않은 것이 없습니다. '君子 周而不比 小人 比而不周(15-11-가)' 이하 11장이 모두 군자와 소인의 하는 바가 상반된 것을 말하였는데, 그 大體는 公과 私, 義와 利를 벗어나지 않습니다. 공자의 본뜻은 배우는 자들이 군자와 소인의 구분을 알아서 취사선택하는 기미를 살피도록 하고자 한 것이지만, 신은 이제 여기에서 임금이 군자와 소인의 분별을 알아서 등용하고 해임할 때에 지극히 신중히 하도록 하려는 것이니 聖人의 말은 어떤 상황에서나 합당하지 않은 경우가 없습니다.

아! 예로부터 간사한 소인이 천하의 禍가 된 것이 비록 한두 가지가 아니지만 私와 利 때문에 빚어지지 않은 적이 없었으니 利는 곧 私이고, 私는 곧 利입니다. 자기 일신만 이롭다면 君父의 안위라도 상관하지 않으며 자신의 집안만 이롭다면 社稷의 존망이라도 돌보지 않습니다. 그렇다면 임금이 평소 등용하고 해임할 때

117) 大 : 대전본에는 '文'으로 되어 있다.

118) 本 : 사고본에는 '之'로 되어 있다.

119) 夫 : 사고본에는 '其'로 되어 있다.

120) 欲學……之幾 : 朱熹의 《論語集註》〈爲政〉 제14장에 "군자와 소인의 하는 바가 같지 아니하니,……그 나누어지는 원인을 따져보면 公과 私의 사이로 털끝만 한 차이에 있을 뿐이다. 그러므로 성인이 '두루 어울리는 것〔周〕'과 '편당 짓는 것〔比〕', '조화롭게 어울리는 것〔和〕'과 '부화뇌동하는 것〔同〕', '교만한 것〔驕〕'과 '태연한 것〔泰〕'의 따위에 대해 항상 나란히 들어 서로 말하였으니, 배우는 자들이 둘 사이를 관찰하여 취사선택의 기미를 살피도록 하고자 한 것이다.〔君子小人所爲不同……究其所以分 則在公私之際毫釐之差耳 故聖人於周比和同驕泰之屬 常對擧而互言之 欲學者察乎兩間 而審其取舍之幾也〕"라고 한 것이 보인다.

에 이를 잘 몰라서야 되겠습니까.

15-22-가[121)]

孟子가 曰 觀近臣호대 以其所爲主요 觀遠臣호대 以其所主①니라

① 觀近……所主：主, 猶擧主之主[122)].
'主'는 '擧主'의 '主'와 같다.

맹자가 말하였다.
"近臣을 관찰할 적에는 누구의 薦擧者가 되었는지를 살피고, 遠臣을 관찰할 적에는 그 사람이 천거자로 삼은 사람을 살핀다."

15-22-나(按)

臣은 按 君子・小人이 各從其類라 故近臣而賢인대 必能擧遠臣之賢者요 遠臣而賢인대 亦必有近臣之賢者가 以擧之라 故觀其所擧之賢否則近臣之爲人을 可知며 觀其擧者之賢否則遠臣之爲人을 可知니이다

【臣按】 군자와 소인이 저마다 자신의 부류를 따릅니다. 그러므로 近臣이면서 어질다면 반드시 遠臣 가운데 어진 자를 능히 천거할 것이고, 遠臣이면서 어질다면 또한 반드시 近臣 가운데 어진 자가 그를 천거할 것입니다. 그러므로 그 천거 받은 사람의 賢否를 살피면 近臣의 됨됨이를 알 수 있으며, 천거하는 사람의 賢否를 살피면 遠臣의 됨됨이를 알 수 있습니다.

15-23-가[123)]

孟子가 曰 存乎人者[124)]가 莫良於眸子①하니 眸子가 不能掩[125)]其惡하나니 胸

---

121) 《맹자》〈萬章 上〉 제8장에 보인다. 맹자의 제자 萬章이 孔子가 衛나라에 있을 때 癰疽(옹저)를 주인으로 삼았고 齊나라에 있을 때 侍人(內侍) 瘠環(척환)을 주인으로 삼았다는 어떤 이의 말에 대해 묻자, 맹자가 이를 부정하며 대답한 말이다. 《孟子集註》에 따르면 '近臣'은 '조정에 있는 신하〔在朝之臣〕'이고, '遠臣'은 '먼 지방에서 와서 벼슬하는 자〔遠方來仕者〕'를 이른다.

122) 主：대전본에는 '擧'로 되어 있다.

中이 正則眸子가 瞭焉하고 胸中이 不正則眸子가 眊焉②이니라 聽其言也요 觀其眸子면 人焉廋哉리오

① 存乎……眸子 : 眸子, 目之瞳子也.
'眸子'는 눈동자이다.

② 胸中……眊焉 : 瞭, 明也. 眊, 不明之貌.
'瞭'는 '밝다'라는 뜻이다. '眊'는 밝지 못한 모양이다.

맹자가 말하였다.
"사람에게 보존되어 있는 것(神氣)은 눈동자보다 더 좋은 것이 없으니, 눈동자는 마음속의 악을 숨기지 못한다. 마음속이 바르면 눈동자가 밝고, 마음속이 바르지 못하면 눈동자가 흐리다. 그 말을 들어보고 그 눈동자를 관찰한다면 사람들이 어떻게 숨기겠는가."

15-23-나(按)

臣은 按 目者는 精神之所發이요 而言者는 心術之所形이라 故審其言之邪正하며 驗其目之明昧而其人之賢否가 不可掩焉이니 此가 觀人之一法也니이다

【臣按】 눈은 精神이 발현되는 것이고 말은 마음이 드러나는 것입니다. 그러므로 그 말의 간사함과 바름을 살피고 그 눈의 밝음과 어두움을 징험한다면 그 사람의 賢否가 숨겨질 수 없으니, 이것이 사람을 관찰하는 한 방법입니다.

15-24-가[126]

魏文侯[127]가 問置相於李克[128]한대 克이 曰 居視其所親하며 富視其所與하며

123) 《맹자》〈離婁 上〉 제15장에 보인다.
124) 存乎人者 : 《맹자집주》에 따르면 이에 대해 "사람이 사물과 접할 때에 그 神氣가 눈에 있다.〔蓋人與物接之時 其神在目〕"라고 설명하였다. 참고로 楊伯峻의 《孟子譯注》에는 《爾雅》〈釋詁〉를 인용하여 '存'을 '察(살피다)'로 훈고하여 '사람을 살피는 것'으로 해석하였다.
125) 掩 : 대전본에는 '晻'으로 되어 있다. 통행본 《맹자》에는 '掩'으로 되어 있다.
126) 《史記》 卷44 〈魏世家〉에 보인다. 魏 文侯가 동생인 魏成과 翟璜을 두고 누구를 재상으로 삼을지 李克에게 물었는데, 이극의 대답을 듣고 魏成을 재상으로 삼았다.
127) 魏文侯 : 기원전 472~기원전 396. 재위 기원전 445~기원전 396. 성은 姬, 씨는 魏, 이

達視其所擧하며 **窮視其所不爲**하며 **貧視其所不取**니라

魏 文侯가 李克에게 재상을 세우는 방법에 대해 묻자, 이극이 대답하였다. "평소 거처할 때에 친하게 지내는 바를 살펴보며, 부유할 때에 주는 바를 살펴보며, 현달할 때 천거하는 바를 살펴보며, 곤궁할 때 하지 않는 바를 살펴보며, 가난할 때 취하지 않는 바를 살펴봅니다."

15-24-나(按)

臣은 **按 文侯**가 **問擇相而李克**이 **以此五者**로 **爲言**하니 **蓋居而不妄親**하여 **所親者**가 **必賢**하며 **富而不妄予**[129)]하여 **所與者**가 **必當**하며 **達而不妄擧**하여 **所擧者**가 **必善**하며 **雖窮困而不爲非義之事**하며 **雖貧匱而不取非義之財**하여 **兼此五者**를 **非君子**면 **不能**이라 **故可以當大臣宰相之任**이니 **李克此言**이 **亦庶幾得觀人之要矣**라 **是時**에 **有魏成**[130)]**者**가 **食祿千鍾**호대 **什九**가 **在外**하고 **什一**이 **在內**라 **是以**로 **得卜子夏**[131)] · **田子方**[132)] · **段**

름은 斯 또는 都이다. 전국시대 魏나라의 왕이다. 魏桓子(魏駒)의 아들이다. 기원전 403년에 韓·趙·魏가 周나라 왕의 승인을 받았을 때 정식으로 제후가 되었다. 賢士를 예우하여 卜子夏·田子方·段干木 등을 스승으로 섬겼고 李悝·翟璜·樂羊·吳起·西門豹를 임용하여 부국강병의 變法을 추진하였으며, 趙나라를 견제하고 中山國을 멸망시켰으며 秦·齊 등을 패퇴시켜 魏나라를 戰國七雄의 하나로 자리매김시켰다.

128) 李克 : 기원전 455~기원전 395. 전국시대 魏나라 사람이다. 卜商을 사사하였다. 魏 文侯 때 變法을 추진한 李悝와 동일 인물이라는 설이 있다. 魏 文侯 때 翟璜의 추천을 받아 中山相이 되었다. 《李克》 7篇을 저술하였으나 거의 일실되었고, 淸나라 馬國翰의 《玉函山房輯佚書》에 일부 내용이 전한다.

129) 予 : 대전본·사고본에는 '與'로 되어 있다.

130) 魏成 : ?~?. 전국시대 魏나라 사람이다. 魏 文侯의 동생이며, 魏桓子(魏駒)의 아들이다. 재화를 풀어 명사와 교유하고 卜子夏·田子方·段干木 등을 文侯에게 천거하였고 魏나라의 재상을 지냈다.

131) 卜子夏 : 卜商(기원전 507~기원전 420?)으로, '子夏'는 자이다. 춘추시대 말 衛나라 사람으로, 일설에는 晉나라 溫 사람이라고도 한다. '孔門十哲'의 한 사람으로 文學에 뛰어났다. 일찍이 魯나라에서 莒父宰를 지냈다. 공자의 사후에 魏나라 西河에서 강학하였는데, 대표적인 제자로는 李克·吳起·田子方·段干木 등이 있다. 魏 文侯가 스승으로 섬겼다. 《詩》·《禮》·《春秋》의 전수자이며 《詩序》를 지었다고 전해진다. 唐 玄宗 開元 27년(739)에 魏侯로, 宋 眞宗 大中祥符 2년(1009)에 東阿公으로, 南宋 咸淳 3년(1267)에 魏公으로 추봉되었다. 明 世宗 嘉靖 9년(1530)에 先賢卜子로 개칭되었다.

干木[133]而進之하여 文侯가 皆以爲師[134]하니 李克之言이 雖非專爲成發이나 然非成이면 莫能當者라 故文侯가 卒相之하니 後之論相者가 其尙有考焉이니이다

【臣按】魏 文侯가 재상을 간선하는 일에 대해 묻자, 李克이 이 다섯 가지를 가지고 말하였습니다. 대개 평소 거처할 때 함부로 친히 하지 않아서 친히 하는 사람이 반드시 어질며, 부유해도 함부로 주지 않아서 주는 것이 반드시 합당하며, 현달해도 함부로 천거하지 않아서 천거받은 사람이 반드시 선하며, 비록 곤궁하더라도 의가 아닌 일을 하지 않으며, 비록 가난하더라도 의가 아닌 재물을 취하지 않아서 이 다섯 가지를 모두 겸하는 것을 군자가 아니면 할 수 없습니다. 그러므로 大臣・宰相의 직임을 맡을 수 있으니, 李克의 이 말이 또한 거의 사람을 관찰하는 요령을 얻었습니다.

이 당시에 魏成이라는 사람이 食祿이 千鍾이었는데, 그 열에 아홉은 밖에 쓰고 하나는 안에 썼습니다. 이 때문에 卜子夏・田子方・段干木을 얻어 군주에 나아가게 하여 魏 文侯가 모두 스승으로 삼았으니, 이극의 말이 비록 위성만을 위하여 꺼낸 것은 아니지만 위성이 아니면 감당할 수 있는 사람이 없었습니다. 그러므로 문후가 마침내 위성을 재상으로 삼았으니, 후세에 재상을 세우는 일에 대해 논하는 자들이 아직도 이를 참고할 점이 있습니다.

以上은 論聖賢觀人之法하니라

이상은 성현이 인재를 관찰하는 방법을 논한 것이다.

---

132) 田子方：田無擇을 이른다. '子方'은 그의 자이다. 魏나라 사람이다. 子貢을 사사하였다. 됨됨이가 굳세고 결단력이 있으며 王・侯에게 오만하고 부귀를 가벼이 여겨 당대에 이름을 날렸다. 魏 文侯의 초빙을 받아 스승으로 예우받았다. 뒤에 齊나라의 相國이 되었다.

133) 段干木：기원전 475?~기원전 396. 春秋 말 戰國 초 魏나라 사람이다. 은둔하고 벼슬하지 않았다. 일찍이 魏成의 추천으로 魏 文侯가 스승으로 섬겼으며, 재상의 직임을 맡아줄 것을 부탁하였으나 거절하였다. 周 安王 6년(기원전 401)에 秦나라가 魏나라를 침공하고자 陽狐에 이르렀으나 단간목의 명성을 듣고 중지하였다. 子夏・田子方 등과 함께 '河東三賢'으로 일컬어진다.

134) 有魏……爲師：《史記》 卷44 〈魏世家〉에 "魏成子는 食祿이 千鍾이었는데, 그중 열에 아홉은 밖에서 쓰고 열에 하나는 안에서 썼다. 이 때문에 동쪽에서 卜子夏・田子方・段干木을 얻었는데, 이 세 사람은 임금이 모두 스승으로 섬겼다.〔魏成子以食祿千鍾 什九在外 什一在內 是以東得卜子夏・田子方・段干木 此三人者 君皆師之〕"라고 하였다.

15-24-다(按)

臣은 按 朱熹가 有言 知人之難은 堯・舜도 以爲病[135]하시고 孔子가 亦有聽言觀行之戒[136]나 然嘗思之호니 此特爲小人設耳라 若皆君子則何難之有哉리오 蓋天地之間에 有自然之理하니 凡陽은 必剛이라 剛必明이니 明則易知요 凡陰은 必柔라 柔必闇이니 闇則難測이라 故聖人이 作易에 遂以陽爲君子하고 陰爲小人하시니 其所以通幽明之故하며 類萬物之情者가 雖百世라도 不能易也라 嘗竊推易說하여 以觀天下之人호니 凡其光明正大疎暢洞(통)達이 如靑天白日하며 如高山大川하며 如雷霆之爲威而[137]雨露之爲澤하며 如龍虎之爲猛而麟鳳之爲祥하여 磊磊落落하여 無纖芥可疑者가 必君子也요 而其依阿淟涊(전년)하며 回互隱伏하여 糾結如蛇蚓하며 瑣細如蟣蝨하며 如鬼蜮(역)狐蠱[138]하며 如盜賊詛祝하여 閃倏狡獪하여 不可方物者가 必小人也라 君子・小人之極이 旣定於內則其形於外者가 雖言談擧止之微라도 無不發見이온 而況於事業文章之際에 尤所謂粲然者이따녀 彼小人者가 雖曰難知나 而亦豈得而逃哉[139]리오하니 臣은 謂熹之言이 深有得於大易微旨하니 人主가 以是觀人이면 思過半矣라 故附著焉하노이다

【臣按】朱熹가 말하였습니다.

"인재를 알아보는 어려움은 堯임금과 舜임금도 병통으로 여겼고, 孔子 또한 말을 듣고 행실을 살핀다는 경계가 있었다. 그러나 일찍이 생각해보니, 이는 단지 소인 때문에 가설한 것일 뿐이다. 만약 모두가 군자라면 무슨 어려움이 있겠는가. 대저 天地의 사이에 본래 그러한 이치가 있다. 무릇 陽은 반드시 강건하다. 강건하면 반드시 밝으니, 밝으면 알기 쉽다. 무릇 陰은 반드시 유순하다. 유순하면 반드시 어두우니, 어두우면 헤아리기가 어렵다. 그러므로 聖人이《易》을 지을 적에 마침내 陽을 君子로 삼고 陰을 小人으로 삼았으니, 幽・明의 원인을 통달하고 만물의 성정을 분류한 것은 비록 百世라도 바꿀 수 없다.

내 일찍이《易》의 내용을 미루어 천하 사람들을 관찰해보니, 그 광명정대하고 확 뚫려 막힘이 없는 것이 푸른 하늘의 밝은 해와 같고 높은 산・큰 내와 같으며 천둥번개의 위엄과 같고 비와 이슬이 윤택하게 하는 것과 같으며 용맹스럽기가

135) 知人……爲病 :《서경》〈虞書 皐陶謨〉에 보인다. 15-2-가 참조.

136) 孔子……之戒 :《논어》〈公冶長〉 제9장에 보인다. 15-5-가 참조.

137) 而 : 사고본에는 '如'로 되어 있다.

138) 蠱 : 대전본에는 '蟲'으로 되어 있다.

139) 知人……逃哉 :《晦庵集》卷75 〈王梅溪文集序〉에 보인다.

용과 호랑이 같고 상서롭기가 기린과 봉황 같아서 뜻이 크고 결백하며 지조가 분명하여 티끌만큼도 의심스러운 바가 없는 사람은 틀림없이 군자였다. 아부하고 더러우며 둘러대고 숨겨서 뱀과 지렁이처럼 결탁하며 서캐와 이처럼 잔달며 귀신과 물여우처럼 홀리며 도적처럼 저주하여 재빠르고 교활하여 다른 것에 비할 수 없는 사람은 틀림없이 소인이었다. 군자와 소인의 기준이 이미 안에서 정해지면 그 밖에 드러나서 비록 세세한 말과 행동거지라도 발현되지 않는 것이 없는데 하물며 사업과 문장에 더욱이 '찬란하다'는 것이야 말해 무엇하겠는가. 저 소인은 비록 알기 어렵다고 하지만 또한 어찌 피할 수 있겠는가."

신은 생각건대 주희의 말이 매우 《大易》의 은미한 뜻을 얻었으니 임금이 이로써 인재를 관찰한다면 거의 대부분은 알 수 있을 것입니다. 그러므로 여기에 덧붙여 씁니다.

格物致知之要(二) 사물의 원리를 깊이 연구하여 知性의 힘을 극대화하는 핵심적인 방법들 (2)

辨人材 人材를 구별하는 방법들

帝王知人之事 역대 聖王이 인재를 알아봤던 사례들

16-1-가1[1)]

漢高帝[2)]가 **疾甚**이어시늘 **呂后**가 **問曰 陛下百歲後**에 **蕭相國**[3)]이 **旣死**어든 **誰令代**

---

1) 관련 내용이 《前漢書》 卷1下 〈高祖本紀〉, 《資治通鑑》 卷12 〈漢紀4 太祖 下〉 12년(기원전 195) 기사 등에 보인다. 기원전 196년에 韓信이 죽고 한 고조가 彭越의 시신을 젓으로 담가 제후들에게 보내자 이를 두려워한 黥布가 반란을 일으켰다. 이듬해 고조가 경포를 공격하던 중에 流矢에 맞았다. 토벌을 마치고 돌아온 뒤에 병이 심해졌으나 명이 하늘에 달렸다고 하면서 치료를 거부하다가 4월에 죽었다.

2) 漢高帝 : 기원전 265~기원전 195. 재위 기원전 202~기원전 195. 서한의 초대 황제 劉邦이다. 자는 季, 묘호는 高祖이다. 泗水 沛縣 豐邑 사람이다. 秦나라 말에 泗水亭長이 되었다가 秦 二世 원년(기원전 209) 陳勝·吳廣의 난 때 군사를 일으켜 沛公을 칭했다. 이후 項梁의 휘하에서 項羽와 함께 反秦 세력으로 활동했다. 기원전 206년에 咸陽으로 들어가 約法三章을 실시하고 漢王에 봉해졌다. 이후 항우와 결전을 벌여 기원전 202년에 승리를 거두고 帝位에 올라 漢나라를 건국하였다. 개국에 공을 세운 이들을 제후로 봉하였으나 상당수를 차례차례 제거하였다.

3) 蕭相國 : ?~기원전 193. 蕭何를 가리킨다. 泗水 沛縣 사람이다. 처음에 沛縣의 아전인 主吏掾으로 있다가 劉邦의 거병에 협력하였다. 유방과 함께 咸陽으로 들어가서는 秦나라 丞相府와 御史府에 보관된 律令과 圖書들을 거두어들여 천하의 요충지와 郡縣들의 戶口를 파악하였다. 유방이 漢王이 되자 丞相이 되었으며 韓信을 천거하여 대장으로 삼게 하였다. 楚나라와 한나라가 싸울 때에는 關中을 수비하며 군량 보급이 끊어지지 않도록 했는데, 유방이 황제가 되자 酇侯로 봉해졌다. 秦나라 때의 법률을 참고하여 《九章律》을 편찬했다. 고조와 呂后를 도와 陳豨·韓信·黥布 등을 제거하는 데 참여하였으며 相國이 되었다. 고조가 죽자

之있고 **上**이 **曰 曹參**[4]이 **可**하니라 **問其次**한대 **曰 王陵**[5]이 **可**어니와 **然少戇**(당)[①]하니 **陳平**[6]이 **可以助之**라 **陳平**이 **知有餘**나 **然難獨任**이니 **周勃**[7]이 **重厚少文**하나 **然**

惠帝를 섬겼으며 病死하기에 앞서 曹參을 재상으로 천거했다. 시호는 文終이다. 相國은 백관의 우두머리로 전국시대에 처음 설치되었는데 相·宰相 등으로도 불렀다. 漢 高帝가 즉위했을 때에는 승상 1명을 두었다가 고제 11년(기원전 196)에는 이를 相國으로 개칭하였다. 惠帝·呂后 때에는 左丞相과 右丞相을 두었는데 이때에는 우승상이 좌승상보다 높았다. 文帝 2년(기원전 178)에는 다시 승상 1명을 두었다.《史記辭典 丞相》

4) 曹參 : ?~기원전 190. 자는 敬伯으로 泗水 沛縣 사람이다. 원래 沛의 獄掾으로 있으면서 劉邦·蕭何와 절친하게 지냈다. 유방이 거병하자 그를 도와 무수한 전공을 세웠으며, 漢王 원년(기원전 206)에는 유방을 따라 漢中으로 들어간 뒤 建成侯에 봉해지고 將軍이 되었다. 한나라의 천하 통일에 기여한 戰功으로 高帝 6년(기원전 201)에 平陽侯로 봉해졌으며 齊國相이 되었다. 이 자리에 9년간 있을 때에는 道家의 大師인 蓋(갑)公을 스승으로 삼았으며 清淨無爲를 추구하여 백성들과 함께 휴식하여 齊가 잘 다스려졌다. 陳豨의 반란과 黥布의 반란을 평정하는 데에도 참여했으며 고제가 죽은 뒤 惠帝 2년(기원전 193)에 相國이 되어 혜제를 보좌했다. 조참은 소하의 후임이 되어 소하가 제정한 갖가지 법률들을 충실히 따라 '蕭規曹隨'라는 말이 생겼다. 시호는 懿이다.

5) 王陵 : ?~기원전 181. 泗水 沛縣 사람이다. 패현의 토호 출신으로 직언을 잘했으며, 한미한 시절의 劉邦을 잘 대해주었다. 유방이 거병했을 때 처음에는 따르지 않았다가 項羽를 공격하고 丹水에 이르자 병력을 이끌고 투항하였다. 이후 유방을 따라 전공을 세워 襄侯에 봉해졌다. 高帝 6년(기원전 201)에는 다시 安國侯로 봉해졌으며, 혜제 6년(기원전 189)에는 右丞相이 되었다. 呂后가 여씨들을 왕으로 앉히려고 했을 때 강력하게 반대하여 太傅로 밀려나 실권을 빼앗겼다. 마침내 稱病하고 조회에 나오지 않았다. 시호는 武이다.

6) 陳平 : ?~기원전 178. 陽武 戶牖 사람이다. 秦나라 말에 천하가 어지러워지자 魏王 咎의 밑에서 太僕을 지냈으나 계책이 받아들여지지 않고 참소를 당하자 項羽를 섬겨 信武君이 되었다. 그러나 의심이 많은 항우에게 죽임을 당할 것이 두려운 나머지 도망하여 劉邦을 섬겼다. 이후 숱한 책략으로 유방이 천하를 통일하는 데 기여하여 高帝 6년(기원전 202)에 戶牖侯에 봉해졌다. 이후에도 韓信을 사로잡고 平城에서 匈奴에게 포위당한 유방을 구출하는 데에도 계책을 내어 마침내 曲逆侯로 轉封되었다. 惠帝가 즉위하고 나서는 郎中令으로 있다가 左丞相이 되었으며, 高后 원년(기원전 187)에는 王陵의 후임으로 右丞相이 되었다. 이때에는 날마다 주색에 탐닉하여 화를 면하였는데 呂后가 죽자 周勃 등과 공모하여 呂氏들을 주멸하였다. 이후 文帝를 옹립하고 나서 단독으로 丞相이 되었다. 시호는 獻이다.

7) 周勃 : ?~기원전 169. 泗水 沛縣 사람이다. 劉邦을 따라 패에서 일어나 秦나라 군대를 여러 차례 격파했는데, 유방이 漢王이 되자 威武侯에 봉해지고 將軍이 되었다. 項羽를 멸하고 나서 高帝 6년(기원전 201)에 絳侯로 봉해졌다. 한나라 초기에는 유방을 도와 韓信·陳豨·

安劉氏者가 **必勃也**라 **可令爲太尉**[8)]이니라 **呂后**가 **復問其次**한대 **上**이 **曰 此後**는 **亦非乃**의 **所知也**니라

① 少戇 : 少者, 多少之少, 戇, 謂愚而直也, 言陵之爲人稍愚直也.
'少'는 '多少'라고 할 때의 少이며 '戇'은 우둔하면서도 올곧다는 말이니, '少戇'은 王陵의 사람됨이 조금 우직하다는 말이다.

漢 高帝가 병이 깊어지자 呂后가 물었다.

"폐하 百歲 후에 蕭相國(蕭何)이 죽고 나면 누구에게 그 후임을 시킵니까?"

고제가 대답하였다.

"曹參을 시키는 것이 좋겠다."

여후가 그 다음 후임을 묻자 고제가 대답하였다.

"王陵을 시키는 것이 좋지만 조금 우직하니 陳平이 이를 돕게 하는 것이 좋겠다. 진평이 지략은 넉넉하지만 혼자서 大任을 감당하기는 어렵다. 周勃이 중후하고 文才는 부족하지만 劉氏를 안정시킬 사람은 틀림없이 주발일 것이니 太尉로 임명할 만하다."

여후가 또 그 다음 후임을 묻자 고제가 대답하였다.

"이 다음 후임은 또한 그대가 알 바 아니다."

16-1-가2[9)]

惠帝二年에 **蕭何**가 **薨**커늘 **曹參**이 **代何爲相國**하여 **擧事**를 **無所變更**하여 **一遵**

盧綰 등 異姓 제후들의 반란을 평정했으며 匈奴를 공격하는 등 공을 세워 太尉가 되었다. 惠帝와 呂后 때에도 태위로 있었는데, 여후가 죽은 뒤 陳平과 공모하여 여씨들을 주살하고 文帝를 옹립하였다. 그 후 右丞相에 올랐으나 공이 높으면 재앙을 초래한다고 여겨 병을 핑계로 사직했다. 진평이 죽자 다시 승상이 되었으나 10여 달 뒤에 그만두었다. 시호는 武侯이다.

8) 太尉 : 전국시대 秦나라 때 설치한 國尉가 진나라의 천하 통일 후 그 명칭이 태위로 변경되었는데, 온 나라의 軍務를 담당하는 最高 長官이다. 漢나라에서도 襲用하였으나 시기에 따라 置廢를 거듭하여 武帝 때에는 大司馬大將軍이 태위를 대신하기도 하였다. 丞相·御史大夫와 함께 三公으로 불렸다. 《中國官制大辭典 太尉》《中國歷代官制大詞典 太尉》

9) 관련 내용이 《史記》 卷54 〈曹相國世家〉, 《前漢書》 卷39 〈曹參傳〉, 《資治通鑑》 卷12 〈漢紀4 惠帝〉 2년(기원전 193) 기사 등에 보인다.

何之約束하니 **爲相三年**에 **百姓**이 **歌之曰 蕭何爲法**이 **較若畫**(획)**一**이러니 **曹參**이 **代之**하여 **守而勿失**하니 **載其淸淨**하여 **民以寧壹**이라하니라

惠帝 2년(기원전 193)에 蕭何가 죽자, 曹參이 소하의 후임으로 相國이 되어 모든 일을 변경하는 바 없이 한결같이 소하의 규정을 따랐다. 상국이 된 지 3년이 되자 백성들이 다음과 같이 노래하였다.

소하가 법률을 제정한 것이	蕭何爲法
一자를 긋듯이 명확했는데	較若畫一
조참이 소하의 후임이 되어	曹參代之
그대로 지켜서 잃지 않으며	守而勿失
그 淸淨無爲함을 실천하니	載其淸淨
백성이 이로써 안정되었네	民以寧壹

16-1-나(按)

臣은 按 此는 以參代何之驗이니이다

【臣按】 이는 조참을 소하의 후임으로 임명한 결과입니다.

16-2-가[10)]

五年에 **曹參**이 **薨**커늘 **明年**에 **以王陵**으로 **爲右丞相**하고 **陳平**으로 **爲左丞相**하고 **周勃**로 **爲太尉**①하다 **七年**에 **惠帝**가 **崩**커시늘 **太后**가 **臨朝稱制**[11)]하다 **高后元年**에 **議立諸呂爲王**할새 **問右丞相陵**한대 **陵**이 **曰 高帝**가 **刑白馬盟曰 非劉**

10) 관련 내용이 《前漢書》 卷40 〈王陵傳〉, 《資治通鑑》 卷13 〈漢紀5 高皇后〉 원년(기원전 187) 기사 등에 보인다. 기원전 188년 8월에 혜제가 죽고 9월에 呂后가 臨朝稱制하면서 국정을 장악하였다. 이듬해 겨울에 여후가 여씨들을 왕으로 삼으려고 王陵의 의사를 타진해보았으나 왕릉이 반대하였다. 마침내 이해 11월에 왕릉을 太傅로 임명하여 승상의 권한을 박탈해 버렸다.

11) 臨朝稱制 : 조정에 직접 나와 국사를 처리하며 천자의 직권을 행사하는 것을 말한다. 制는 制書를 가리키는데 황제가 내리는 詔書의 일종이다. 《漢書辭典 臨朝稱制》

氏而王이어든 天下가 共擊之[12)]라하시니 今[13)]王呂氏가 非約也니이다 太后가 不說하여 問平・勃한대 平・勃이 對曰 可[14)]하니이다 太后가 喜하더라

① 明年……太尉 : 此盡用高帝垂沒之言也.
이는 모두 高帝가 임종할 때의 말에 따른 것이다.

惠帝 5년(기원전 190)에 曹參이 죽자, 이듬해에 王陵을 우승상으로 陳平을 좌승상으로 周勃을 太尉로 임명하였다. 혜제 7년(기원전 188)에 혜제가 붕어하자, 太后(呂后)가 臨朝稱制하였다. 高后 원년(기원전 187)에 呂氏들을 세워 왕으로 삼는 일을 의논할 때 우승상 왕릉에게 묻자 왕릉이 대답하였다.

"高帝께서 백마를 잡아 맹세하시기를 '劉氏가 아닌데 왕이 되면 천하가 함께 그자를 공격하라.'라고 하셨으니, 지금 여씨들을 왕으로 삼는 것은 맹약에 어긋납니다."

태후가 기뻐하지 않고서 진평과 주발에게 묻자 진평과 주발은 "왕으로 삼으셔도 됩니다."라고 대답하였다. 태후가 기뻐하였다.

罷朝에 陵이 讓平・勃曰 始與高帝啑(삽)血盟에 諸君이 不在邪아 今王呂氏면 何面目見高帝於地下乎리오 平・勃이 曰 面折廷爭은 臣不如君이어니와 全社稷・安劉氏는 君亦不如臣①이리라 陵이 無以應之하더라 太后가 以陵爲太傅[15)]하니 實奪之相權이라 陵이 遂病免歸하다

12) 高帝……擊之 : 《史記》 卷17 〈漢興以來諸侯王年表〉에 따르면 高帝 말년에 劉氏가 아닌데도 왕이 되는 자와 공이 없는데도 제후가 되는 자들은 천하가 함께 주멸하도록 했다고 하며, 《사기》 권9 〈呂太后本紀〉에 따르면 고제가 천하를 평정한 뒤 대신들과 맹약을 했다고 한다. 백마를 잡았다는 것은 歃血을 가리킨다. 삽혈은 고대에 맹약이나 선서를 할 때 희생을 잡아 그 피를 입에 바르는 것인데, 이로써 盟誓의 장중함을 나타내었다. 《韓兆琦, 史記箋證, 南昌 : 江西人民出版社, 2005, 770쪽》

13) 今 : 대전본에는 '令'으로 되어 있다. 통행본 《사기》에는 '今'으로 되어 있다.

14) 平勃對曰可 : 《史記》 卷9 〈呂太后本紀〉에 따르면 진평과 주발이 여태후에게 "高帝께서는 천하를 평정하시고 자제들을 왕으로 삼으셨습니다. 지금 태후께서 臨朝稱制를 하시니 呂氏 형제들을 왕으로 삼는 것이 안 될 게 없습니다.〔高帝定天下 王子弟 今太后稱制 王昆弟諸呂 無所不可〕"라고 대답하였다.

15) 太傅 : 천자의 국정을 보좌하는 벼슬로, 周나라 때에는 太師・太保와 더불어 三公의 하나였

① 面折……如臣：漢初, 承戰國餘習, 臣下相謂, 亦曰君・臣.
漢나라 초에는 전국시대의 遺習을 이어받아 신하들끼리 서로간에 호칭할 때에도 '君'이니 '臣'이니 하였다.

조회를 파하자 왕릉이 진평과 주발을 나무라며 말하였다.

"처음에 高帝와 함께 歃血을 하며 맹약하는 자리에 君들은 있지 않았습니까. 지금 여씨들을 왕으로 삼는다면 무슨 면목으로 지하에서 고제를 뵙겠습니까."

진평과 주발이 말하였다.

"面折廷爭하는 것은 臣들이 君만 못하지만, 社稷을 온전히 하고 劉氏를 안정시키는 것은 군 또한 신들만 못할 것입니다."

왕릉이 그 말에 답할 수 없었다. 태후가 왕릉을 太傅로 임명하니 실제로는 승상의 권한을 박탈한 것이었다. 왕릉이 마침내 병으로 면직되어 고향으로 돌아갔다.

16-2-나(按)

臣은 按 陵之爭王諸呂는 戇也요 平이 不爭而許之는 智也[16]니이다

【臣按】 왕릉이 여씨들을 왕으로 삼는 일에 대해 간쟁했던 것은 '우직한' 것이고, 진평이 간쟁하지 않고 동의했던 것은 '지혜로운' 것입니다.

16-3-가[17]

七年에 諸呂가 擅權用事하니 陳平이 患諸呂호대 力不能制하여 嘗燕居深念이러니 陸賈[18]가 見平曰 天下가 安에 注意相이요 天下가 危에 注意將이라 將相이 和調

다. 漢나라 때에 와서는 高后 원년(기원전 187)에 설치하였다. 지위가 三公보다도 위에 있어 지위가 존귀하였으나, 이 당시에는 태부를 포함하여 태사・태보 등 上公에 해당하는 이들은 실권이 없었다. 《漢書 卷19上 百官公卿表》《中國官制大辭典 太傅》《譚景王, 漢代上公制度考述, 山東大學學報(哲學社會科學版), 2005年 3期, 76쪽》

16) 陵之……智也：16-1-가 참조.

17) 《前漢書》 卷43 〈陸賈傳〉, 《資治通鑑》 卷13 〈漢紀5 高皇后〉 7년(기원전 181) 기사 등에 보인다.

18) 陸賈：?～?. 楚 사람으로 언변에 능하였는데 劉邦의 천하 통일에 크게 공헌하였다. 사신으

則士가 **豫附**하고 **士**가 **豫附則天下**가 **雖有變**이나 **權不分**하나니 **君**[19]**何不交驩太尉**오 **平**이 **用其計**하여 **兩人**이 **深相結**하니 **呂氏謀益衰**러라

高后 7년(기원전 181)에 여씨들이 정권을 專斷하여 권력을 휘둘렀다. 진평은 여씨들을 근심하였지만 힘으로 제압할 수 없어 일찍이 燕居할 때 골똘히 생각에 잠겨 있었는데 陸賈가 진평을 만나 말하였다.

"천하가 평안할 때에는 관심이 재상에게 모이고 천하가 위태로울 때에는 관심이 장수에게 모입니다. 장수와 재상이 화합하면 선비들이 흔쾌히 따르고 선비들이 흔쾌히 따르면 천하에 변란이 생기더라도 권력이 분산되지 않는 법입니다. 君께서는 태위와 교분을 맺어 환심을 얻는 것이 어떻겠습니까?"

진평이 그 계책에 따라 두 사람이 깊이 서로 교분을 맺으니 呂氏들의 계획이 더욱 약화되었다.

16-3-나(按)

臣은 **按 平**이 **非勃**이면 **不能獨濟大事**니 **此**가 **難獨任也**[20]니이다

【臣按】 진평은 주발이 아니었다면 혼자서 큰일을 이루지 못했을 것이니, 이것이 바로 '혼자 감당하기 어려운 것'입니다.

16-4-가[21]

八年에 **太后**가 **崩**커늘 **諸呂**가 **欲爲亂**이러니 **當是時**하여 **趙王呂祿**[22] **· 梁王呂**

로 南越에 가서 南越王 趙佗가 稱臣하도록 하였으며, 돌아와 太中大夫가 되었다. 高帝가 秦나라가 멸망한 까닭을 질문하자 《新語》를 지어 올렸다. 惠帝가 즉위한 뒤 呂后가 여씨들을 왕에 봉하려고 하자 병을 핑계로 사직하였다. 이후 여씨들이 권력을 휘두르자 陳平을 찾아가 周勃과 잘 지낼 것을 권하였다. 文帝가 즉위하자 다시 태중대부가 되었으며, 남월에 재차 사신으로 가서 조타가 칭신하게 하였다.

19) 君 : 16-2-가의 원주 ① '面折……如臣' 참조.

20) 難獨任也 : 16-1-가 참조.

21) 관련 내용이 《史記》 卷9 〈呂太后本紀〉, 《資治通鑑》 卷13 〈漢紀5 高皇后〉 8년(기원전 180) 기사 등에 보인다. 高后 8년 7월에 여태후가 죽고 나서 呂祿·呂産 등이 난을 일으키려고 하자 陳平·周勃 등이 서로 손을 잡고 9월에 여씨들을 주멸하였다. 그 다음 달인 윤9월에

產[23]이 將兵하여 居南·北軍[24]하니 太尉勃이 不得入軍中[25]主兵이라 酈商[26]子寄[27]가 與呂祿善이러니 絳侯가 乃與丞相平으로 謀하여 使人劫酈商하여 令其子寄로 紿說(태세)呂祿[28]歸將印하여 以兵屬太尉하니 太尉가 遂將北軍하나 然尙

고조의 아들인 代王 劉恒을 옹립하니 바로 文帝이다.

22) 呂祿 : ?~기원전 180. 單父 사람이다. 呂釋之의 아들로 呂后의 조카이다. 高后 원년(기원전 187)에 漢陽侯로 봉해지고 北軍을 장악하고 궁궐을 호위하였으며 고후 7년(기원전 181)에는 趙王으로 봉해졌다. 여후의 병이 위중해지자 上將軍이 되었다. 여후가 죽은 뒤에 반란을 일으키려고 하다가 周勃·陳平 등에게 주살당했다.

23) 呂產 : ?~기원전 180. 單父 사람이다. 呂澤의 둘째 아들로 呂后의 조카이다. 惠帝 원년(기원전 194)에 汶侯로 봉해졌으며 高后 원년(기원전 187)에는 南軍을 장악했다. 고후 6년(기원전 182)에 呂王에 봉해졌다가 이듬해에 梁王으로 轉封되었다. 여후의 병이 위중해지자 相國이 되었으며 여후가 죽은 뒤에 반역을 획책하다가 朱虛侯 劉章에게 주살당했다.

24) 南北軍 : 南軍과 北軍을 말한다. 이들의 주요 임무는 황제와 중앙 정권에 소속된 이들의 안전을 보위하는 것으로 中央軍에 속했다. 남군은 황궁을 수비하는 禁衛軍으로 西漢 前期에는 대략 2만 명이 넘었으며 長安城 남쪽 황궁 안에 주둔하고 있었기 때문에 붙여진 이름이다. 북군은 도성을 수비하기 위하여 상주했던 군대로 未央宮과 長樂宮 북쪽에 군영이 있었다. 병력·무기·장비 면에서 남군을 능가하였는데, 평소에는 남군과 함께 번갈아 장안 일대의 경비를 담당하였다가 戰時에는 대다수가 將軍을 따라 출정하였다.《劉向東, 中國古代軍事典章制度, 沈陽 : 白山出版社, 2012, 39~40쪽》《漢書辭典 北軍》

25) 軍中 : 사고본에는 '中軍'으로 되어 있다. 통행본 《사기》에는 '軍中'으로 되어 있다.

26) 酈商 : ?~기원전 180. 高陽 사람이다. 秦나라 말 陳勝이 봉기할 때 무리를 이끌고 귀부했다가 劉邦이 陳留를 공격하자 군대를 이끌고 유방에게 귀부하였다. 이후 宛·長社·漢中 등을 공략하는 데 공을 세워 信成君에 봉해지고, 유방이 漢王이 되자 장군이 되어 臧荼를 격파하였다. 유방이 帝位에 오르자 右丞相이 되었으며, 陳豨·黥布 등을 평정한 뒤 曲周侯로 進封되었다. 유방이 죽자 惠帝와 呂后를 보좌하였으며 高后 8년(기원전 180)에 병사하였다. 시호는 景이다.

27) 寄 : ?~?. 酈寄를 말한다. 자는 況 또는 兄으로 陳留 高陽 사람이다. 酈商의 아들로 본래 呂祿과 친하였다. 呂后가 죽자 역상이 周勃의 겁박을 받아 여록이 거느리던 북군의 군권을 내놓게 하였다. 文帝 원년(기원전 179)에 역상의 뒤를 이어 曲周侯가 되었다 吳·楚 7國이 난을 일으켰을 때 군대를 이끌고 趙를 공격했다가 10달이 되도록 굴복시키지 못했는데 欒布의 원병과 합세하고 나서야 평정할 수 있었다. 景帝 中元年(기원전 148)에 경제의 王皇后의 언니 臧兒를 부인으로 삼으려다 경제의 노여움을 사 제후의 지위를 박탈당했다.

28) 紿說呂祿 : 酈寄가 呂祿에게, 지금 태후가 죽었는데도 封國으로 가 藩屛을 지키지 않고 계속 병권을 가지고 있으면 대신과 제후들의 의심을 살 것이므로 인수를 내놓고 병권을 태위

有南軍이러니 **丞相平**이 **乃召朱虛侯章**[29)]**佐太尉**하여 **遂誅諸呂**하고 **立文帝**하다

高后 8년(기원전 180)에 태후가 붕어하자 여씨들이 난을 일으키려고 하였다. 이 당시에 趙王 呂祿과 梁王 呂産이 군권을 맡아 南軍과 北軍을 장악하고 있었으므로, 태위 周勃은 軍中으로 들어가 군대를 지휘할 수 없었다. 酈商의 아들 酈寄가 여록과 사이가 좋았는데, 絳侯(주발)가 이에 승상 陳平과 모의하여 사람을 시켜서 역상을 겁박하여 그의 아들 역기로 하여금 거짓말로 여록을 설득해 장군의 印綬를 반납하여 군대를 태위에게 배속하도록 하였다. 태위가 마침내 북군을 통솔하였으나 아직도 남군이 남아 있었다. 승상 진평이 이에 朱虛侯 劉章을 불러 태위를 돕게 하여 마침내 여씨들을 주살하고 文帝를 옹립하였다.

16-4-나(按)

臣은 **按 此**가 **安劉必勃**[30)]**之驗也**니이다 **高帝**가 **論蕭・曹・平・勃諸人**이 **考其始終**에 **無一或差者**하니 **蓋帝之性**이 **既明達而又更事履變之久**하여 **其於群臣之才**[31)]**行**에 **皆**

에게 소속시키라고 제의하였다. 또한 梁王 呂産으로 하여금 相國의 인수를 내놓게 하여 대신들과 맹약하고 함께 封國으로 돌아가면 대신들이 편안할 수 있어 여록에게 이로움이 된다고 설득하였다. 여록이 이 말을 믿고 병권을 내놓고자 사람을 시켜 여산 및 여씨 가문의 노인들에게 이를 통보하였으나 찬반이 엇갈려 결정을 미루고 있었다. 얼마 후에 태위 周勃이 북군으로 들어가려고 하였으나 들어가지 못했는데, 황제의 符節을 관장한 襄平侯 紀通이 부절을 가지고 어명을 사칭하여 결국 주발이 들어가게 해주었다. 주발이 다시 역기와 典客 劉揭로 하여금 먼저 여록에게 가서 설득하게 하자, 이들이 여록에게 장군의 인수를 반납하고 봉국으로 가지 않으면 화가 닥칠 것이라고 말하였다. 여록은 역기가 자신을 속이지 않으리라 생각하고 인수를 유게에게 주어 마침내 병권을 주발에게 넘겼다. 《史記 卷9 呂太后本紀》

29) 章 : ?~기원전 177. 劉章을 말한다. 齊悼惠王 劉肥의 아들로 漢 高帝 劉邦의 손자이다. 高后 원년(기원전 187)에 朱虛侯로 봉해졌다. 한번은 呂后와 呂氏들이 있는 술자리에서 軍法에 따라 술을 돌리겠다고 청했는데, 그 뒤 여씨 일족 가운데 한 사람이 술에 취해 달아나자 그를 검으로 베었다. 이후 여씨들이 두려워하는 대상이 되었다. 여후가 죽은 뒤 陳平・周勃 등이 呂氏 일족을 주살할 때 呂産을 未央宮에서 주살하였다. 그 공으로 文帝 2년(기원전 178)에 城陽王으로 봉해졌다. 시호는 景이다.

30) 安劉必勃 : 16-1-가 참조.

31) 才 : 대전본・사고본에는 '材'로 되어 있다.

嘗斟酌而劑量之라 故所以爲後人計者가 幾無遺策하니 後之論者가 以知人善任使稱之[32]가 信矣라 若繼世之君이 不[33]若帝之明達이요 又不若帝更嘗之多라도 苟能躬覽萬機하여 以究事情之利害하며 日接群臣하여 以察人材之長短을 若漢宣帝聽政之日에 令丞相以下各奉職而進[34]하여 明陳其職하여 以考功能이면 是亦知人之方也라

【臣按】 이것이 '劉氏를 안정시킬 사람은 틀림없이 주발'이라는 것의 증험입니다. 高帝가 蕭何·曹參·陳平·周勃 등 여러 사람을 논한 것은 그 전말을 살펴보았을 때 어느 것 하나 혹시라도 어긋난 것이 없었습니다. 고제의 성품이 사리에 통달한 데다 또 일을 경험하고 변란을 겪은 지 오래되어 신하들의 재주와 행실에 대해 모두 일찍이 짐작하여 재량하고 있었습니다. 그러므로 후인을 위하여 계책을 세운 것에 거의 잘못된 방책이 없었으니, 후대의 논자가 인재를 알아보고 잘 임용했다고 칭찬했던 것이 참으로 맞는 말입니다.

만약 대를 이은 임금이 고제처럼 사리에 통달하지 않고 또 고제처럼 일을 경험한 것이 많지 않더라도, 참으로 온갖 정무를 몸소 살펴 세상물정의 이해득실을 궁구하며 날마다 신하들을 접견하여 인재의 장단점을 살피기를, 마치 漢 宣帝처럼 정무를 보는 날에 승상 이하로 하여금 맡고 있는 직무를 가지고 조정으로 나오게 하여 그 직무를 분명히 아뢰게 함으로써 공과 능력을 살폈던 것처럼 할 수 있다면, 이 또한 인재를 알아보는 방법입니다.

若夫深居高拱하여 於事에 未嘗有裁決之勤하며 淵嘿[35]寡言하여 於人에 未嘗有叩擊[36]

32) 後之……稱之 : 後之論者는 班固를 가리키며, 知人善任使는 《前漢書》 卷100上 〈敍傳〉에 보인다.

33) 不 : 사고본에는 '有'로 되어 있다.

34) 漢宣……而進 : 《漢書》 卷89 〈循吏傳序〉에 "孝宣帝에 이르러서는 미천한 신분으로 지존의 자리에 올랐는데 서민 출신으로서 백성들 형편의 고단함을 알았다. 霍光이 죽은 뒤에야 비로소 親政을 하기 시작했는데 정신을 가다듬어 치세를 이루어나갔으며 5일에 한 번씩 정무를 보았는데 승상으로부터 이하가 맡고 있는 직무를 받들어 조정에 나왔다.〔及至孝宣 繇側陋而登至尊 興于閭閻 知民事之艱難 自霍光薨後 始躬萬機 厲精爲治 五日一聽事 自丞相已下 各奉職而進〕"라는 내용이 보인다.

35) 嘿 : 대전본·사고본에는 '默'으로 되어 있다.

36) 叩擊 : 《禮記》 〈學記〉에 "질문에 잘 대처하는 이는 마치 종을 치는 것과 같아서 작은 것으로 두드리면 작게 울리고 큰 것으로 두드리면 크게 울린다.〔善待問者如撞鐘 叩之以小者則小鳴

之素하고 舍功能之實하며 信毁譽之偏而欲用舍之間에 各當其任이 難矣라 故人主가 上必如堯하고 次必如高帝하고 又其次는 必如孝宣이라사 庶幾可語知人之事니 不然이면 非所聞也로소이다

만약 구중궁궐 깊은 곳에서 그저 팔짱만 낀 채 일에 대해서는 재결하는 근면함이 있지 않으며, 말없이 잠자코 있으면서 인재에 대해서는 학식이 있는 사람에게 알아보려는 평소의 노력이 있지 않고, 실질적인 공과 능력은 내버려두고 일방적인 비방이나 칭송만 믿으면서 등용하고 면직할 때 각각 그 임무에 합당한 사람을 찾고자 한다면 어려울 것입니다.

그러므로 임금이 최상으로는 반드시 요임금처럼 해야 하고 그 다음은 반드시 고제처럼 해야 하며 또 그 다음으로는 孝宣帝(漢 宣帝)처럼 해야 인재를 알아보는 문제에 대해 논할 수 있을 것입니다. 그렇게 하지 않는다면 신이 아는 바가 아닙니다.

16-5-가1[37)]

孝文帝가 後元六年에 匈奴가 入上郡・雲中하여 所殺略이 甚衆이어늘 以周亞夫[38)]로 爲將軍하여 次細柳[39)]하고 劉禮[40)]로 爲將軍하여 次霸上[41)]하고 徐厲[42)]로

叩之以大者則大鳴]"라는 내용이 보인다. 여기에서는 학식이 있는 사람에게 질문하는 것을 비유하였다.

37) 관련 내용이 《史記》 卷57 〈絳侯周勃世家 周亞夫〉, 《前漢書》 卷40 〈周勃傳 周亞夫〉, 《資治通鑑》 卷15 〈漢紀7 文帝〉 後元 6년(기원전 158) 기사 등에 보인다. 후원 6년 겨울에 匈奴가 침입하여 기병 3만은 上郡을, 다른 기병 3만은 雲中을 공격하였다. 이에 문제가 中大夫 令免을 車騎將軍으로 삼아 飛狐에 주둔하게 하고 前 楚相 蘇意를 將軍으로 삼아 句注에 주둔하게 하고 將軍 張武를 北地에 주둔하게 하였다. 또한 河內 太守 周亞夫・宗正 劉禮・祝茲侯 徐厲 등도 장군으로 삼아 흉노를 방어하게 하였는데, 細柳에 주둔시킨 주아부의 군영을 시찰한 문제가 감탄하였다. 한 달쯤 뒤에 흉노가 변경에서 멀리 물러가자, 문제가 마침내 주아부를 中尉로 임명하였다.

38) 周亞夫 : ?~기원전 143. 沛縣 사람으로 漢나라 창업에 공을 세운 絳侯 周勃의 차남이다. 文帝 後元 2년(기원전 162)에 條侯로 봉해졌다. 後元 6년(기원전 158)에 匈奴가 침입하자 將軍이 되어 細柳에 주둔하였는데 軍紀가 엄정하여 문제가 직접 군을 위문하러 갔을 때 찬탄을 받았다. 이후 中尉가 되었으며 景帝가 즉위하자 車騎將軍이 되었다. 前元 3년(기원전 154)에 吳・楚 7國이 반란을 일으키자 太尉로 임명되어 난을 평정한 뒤에 丞相이 되었다.

爲將軍하여 次棘門[43)]하여 以備胡러니 上이 自勞軍하실새 至霸上及棘門軍하사 直馳入하시니 將以下騎가 送迎이러니 已而요 之細柳軍하시니 軍士吏가 被甲銳兵刃하며 彀(구)弓弩持滿[①]이라 先驅가 至하여 不得入하고 曰 天子가 且至라한대 軍門都尉[44)]가 曰 軍中은 聞將軍令이요 不聞天子之詔니라 居無何에 上이 至하사 又不得入하시고 上이 乃使使持節하여 詔將軍하사대 吾欲入營勞軍이라하신대 亞夫가 乃傳言開壁門이어늘 天子가 按轡徐行하사 至營하시니 亞夫가 持兵揖曰 介胄之士는 不拜라 請以軍禮見하노이다 天子가 爲動하사 改容式車하사 使人稱謝하사대 皇帝가 敬勞將[45)]軍이라하시고 成禮而去하실새 上이 曰 嗟乎라 此가 眞將軍矣로다 曩者霸上·棘門은 若兒戲耳라 其將은 固可襲而虜也어니와 至於亞夫하얀 可得而犯邪아하고 稱善者가 久之러시다 月餘에 匈奴가 遠塞어늘 漢兵이 罷하니 乃拜亞夫爲中尉[46)]하시다

후에 경제가 栗太子를 폐하는 일을 반대했다가 경제와 소원해졌다. 中元 3년(기원전 147)에 병을 핑계로 사직하고 집에 있었는데, 나중에 아들이 사적으로 황제가 사용하는 물건을 사들여 고발을 당한 데에 연루되어 廷尉에게 심문을 당하자 이에 굽히지 않고 식음을 전폐한 끝에 굶어 죽었다.

39) 細柳 : 현재 陝西省 咸陽市 서남쪽 渭河의 북쪽 기슭에 있었다.《施丁 주편, 漢書新注, 三秦出版社, 1994, 1474쪽》

40) 劉禮 : ?~기원전 151. 楚元王 劉交의 아들이다. 文帝 前元 元年(기원전 179)에 平陸侯로 봉해졌으며 景帝 前元 4年(기원전 153)에는 조카인 楚王 劉戊가 七國의 난 때 가담했다가 피살된 것을 계기로 楚王에 봉해졌다. 시호는 文이다.

41) 霸上 : 현재 陝西省 西安市 동쪽에 있었다.《施丁 주편, 漢書新注, 三秦出版社, 1994, 1474쪽》

42) 徐厲 : ?~기원전 157. 徐悍이라고도 한다. 舍人의 신분으로 劉邦을 따라 沛에서 봉기하였으며, 후에 郎中이 되어 漢王이 된 유방을 따라 蜀으로 들어갔다. 高后 4년(기원전 184)에 松玆侯로 봉해졌으며 文帝 後元 6년(기원전 158)에 匈奴가 침입하자 長安 부근의 棘門에 주둔하였다. 시호는 夷이다.

43) 棘門 : 현재 陝西省 咸陽市 동북쪽에 있었다.《施丁 주편, 漢書新注, 三秦出版社, 1994, 1474쪽》

44) 軍門都尉 : 서한 때 特設된 軍官으로 지위가 將軍에 버금가는 고위 군관이었다. 軍營 문의 경비를 담당하였다.《漢書辭典 軍門都尉》

45) 將 : 대전본·사고본에는 없다. 통행본《전한서》에는 있다.

46) 中尉 : 秦나라 때 창설된 관직으로 당시에는 도성의 순찰을 관장하였다. 西漢 초에는 군대를

① 彀弓弩持滿 : 彀, 張也.
'彀'는 '당기다'라는 뜻이다.

孝文帝가 後元 6년(기원전 158)에 흉노가 上郡과 雲中으로 쳐들어와서 살육하고 노략질한 것이 매우 많자, 周亞夫를 將軍으로 임명하여 細柳에 주둔시키고 劉禮를 장군으로 임명하여 霸上에 주둔시켰으며 徐厲를 장군으로 임명하여 棘門에 주둔시켜 흉노에 대비하였다. 文帝가 친히 군대를 위문할 때 霸上의 군영과 棘門의 군영에 이르러 곧장 말을 달려 들어가니 장군 이하 기병들이 맞이하고 전송하였다.

이윽고 細柳의 군영으로 갔는데 軍士와 軍吏들이 갑옷을 착용하고 병기의 날을 벼렸으며 弓弩의 시위를 한껏 당겨놓았다. 先驅가 도착하여 들어가지 못하고

"천자께서 납실 것입니다."

라고 하자 軍門都尉가 말하였다.

"軍中에서는 장군의 영을 듣고 천자의 命을 듣지 않는다."

조금 뒤에 문제가 도착하여 또 들어가지 못하였다. 문제는 이에 사자를 시켜 節을 가지고 장군(주아부)에게 명하기를

"내가 군영으로 들어가 군대를 위문하고 싶다."

라고 하였다. 주아부가 이에 말을 전하여 군영의 문을 열게 하였다. 문제가 말을 몰아 徐行하여 군영에 도착하니 주아부가 무기를 든 채 揖을 하고 말하였다.

"갑주를 착용한 무사는 절을 올리지 않으니 軍禮로 뵙겠습니다."

문제가 움찔하면서 용모를 고쳐 수레에서 軾을 하고 사람을 시켜 사례하기를

"황제가 정중히 장군을 위문한다."

라고 하게 하였다. 예를 마치고서 떠날 때 문제가 말하였다.

"아, 이 사람이야말로 진정한 장군이다. 지난번 霸上의 군영과 棘門의 군영에서는 어린애 장난하는 것 같았다. 그 군영의 장수들은 참으로 습격하여 사로잡을 수 있겠지만 주아부와 같은 경우에는 건드릴 수 있겠는가."

훌륭하다고 칭찬하기를 오래도록 하였다.

한 달 남짓 있다가 흉노가 변경에서 멀리 물러가자 漢나라 군대가 철군하니, 이에 주아부를 中尉로 임명하였다.

통솔하는 무관직으로서 도성의 치안을 담당하였다. 《中國官制大辭典 中尉》《漢書辭典 中尉》

16-5-가2[47)]

孝景帝二年에 **吳·楚等七國**이 **皆反**[48)]하다 **初**에 **文帝**가 **戒太子曰 卽有緩急**인댄 **周亞夫**가 **眞可任將兵**이라하더시니 **及七國**이 **反**에 **上**이 **乃拜亞夫爲太尉**하사 **將三十六將軍**하여 **往擊吳·楚**하니 **凡三月**에 **皆破滅**하다

孝景帝 前元 2년(기원전 155)에 吳·楚 등 7國이 모두 반란을 일으켰다. 당초에 文帝가 태자(景帝)에게 다음과 같이 훈계하였다.

"만약 위급한 일이 생기면 周亞夫가 참으로 군대 통솔을 맡을 만하다."

7국이 반란을 일으키자 경제가 이에 주아부를 태위로 임명하여 36명의 장군을 이끌고 가서 오와 초를 공격하게 하니 총 3개월 만에 모두 격파하여 궤멸시켰다.

---

47) 관련 내용이 《史記》 卷57 〈絳侯周勃世家 周亞夫〉, 《前漢書》 卷40 〈周勃傳 周亞夫〉, 《資治通鑑》 卷16 〈漢紀8 景帝 下〉 前元 3년(기원전 154) 기사 등에 보인다. 문제 後元 7년(기원전 157)에 문제가 죽음을 앞둔 상황에서, 위급한 일이 생기면 周亞夫를 임용하라고 태자(景帝)에게 당부하였다. 문제가 죽자 경제는 주아부를 車騎將軍으로 임명하였다. 이후 경제 前元 3년(기원전 154) 정월에 吳楚 등 7國이 난을 일으키자 경제가 中尉 주아부를 太尉로 임명하여 난을 평정하게 하였다. 2월에 주아부가 반군을 크게 격파하고, 한 달 후에 東越이 吳王 劉濞의 목을 바침으로써 3개월 만에 난이 평정되었다.

48) 孝景……皆反 : 《史記》·《前漢書》·《資治通鑑》에는 吳·楚 7國의 난이 前元 3년(기원전 154)에 일어난 것으로 되어 있다. 7국의 난은 吳王 劉濞가 주동이 되어 楚王 劉戊·趙王 劉遂·膠西王 劉卬·膠東王 劉雄渠·菑川王 劉賢·濟南王 劉闢光 등이 함께 漢나라 중앙 정부를 타도하고자 난을 일으킨 사건이다. 文帝 때 오왕 유비의 아들이 당시 태자였던 景帝가 던진 바둑판에 맞아 죽었기 때문에 유비는 경제에게 늘 반감을 품고 있었다. 그러나 난의 직접적인 원인은 諸侯王들의 봉지를 삭감하자는 晁錯의 削藩策이 경제 때 시행되었기 때문이다. 전원 3년 정월에 소금을 생산하던 會稽郡과 구리를 채굴하던 豫章郡을 삭감한다는 문서가 유비에게 하달되자 유비는 廣陵에서 군사를 일으키고 이민족인 東越의 군대까지 끌어들였다. 경제는 난을 무마하고자 袁盎의 제의에 따라 削藩을 주장한 조조를 棄市에 처하고 원앙을 유비에게 보냈으나, 유비가 원앙을 대면하지 않음으로써 목적을 달성하지 못하였다. 마침내 太尉 周亞夫가 출병하여 반군의 군량 수송로를 타격함으로써 오·초의 군대를 크게 패퇴시켰다. 유비는 동쪽으로 달아나 淮水를 건너 동월의 군대와 합세했으나 조정에서는 동월과 내통하여 그들이 유비를 살해하게 만들었다. 유비와 거병했던 나머지 왕들도 항복하거나 자살함으로써 난은 3개월 만에 평정되었다.《資治通鑑 卷16 漢紀8 景帝 下 前元 3年》《西嶋定生 저, 최덕경 외 역, 중국의 역사(진한사), 혜안, 2013, 159~166쪽》

16-5-가3[49)]

三年에 以亞夫爲丞相이러니 其後에 上이 廢栗太子[50)]어시늘 亞夫가 爭之不能得하니 上이 由此疏之하시다

景帝 中元 3년(기원전 147)에 주아부를 승상으로 임명하였다. 그 후에 경제가 栗太子를 폐하려 하자 주아부가 간쟁하여 그렇게 하지 못하였다. 경제가 이로 말미암아 주아부를 멀리하였다.

16-5-가4[51)]

竇太后[52)]가 言皇后兄信[53)]을 可侯라하여시늘 上이 與丞相議하신대 亞夫가 曰 高

49) 관련 내용이 《史記》 卷57 〈絳侯周勃世家 周亞夫〉, 《前漢書》 卷40 〈周勃傳 周亞夫〉, 《資治通鑑》 卷16 〈漢紀8 景帝 下〉 中元 3년(기원전 147) 2월 기사 등에 보인다. 《자치통감》에는 주아부를 승상으로 임명한 것이 前元 7년(기원전 150) 2월의 일로 되어 있다.

50) 上廢栗太子 : 栗太子는 臨江王으로 강등된 劉榮을 말한다. 유영은 景帝의 큰아들이자 栗姬의 소생으로 前元 4년(기원전 153)에 태자가 되었다. 경제의 누이인 長公主 劉嫖가 자신의 딸을 유영에게 시집보내고자 하였는데, 유영의 어미인 율희가 허락하지 않자, 율희를 미워하여 참소하였다. 이로 말미암아 경제가 율희와 태자를 미워한 끝에 전원 7년(기원전 150) 11월에 태자를 폐위하여 임강왕으로 삼았다. 中元 2년(기원전 148) 3월에 유영이 文帝 廟의 영역을 침범하여 궁전을 지었다가 中尉 郅都에게 심문을 받던 도중 두려움으로 자살하였다. 《前漢書 卷53 景十三王傳 臨江閔王傳》

51) 관련 내용이 《史記》 卷57 〈絳侯周勃世家 周亞夫〉, 《前漢書》 卷40 〈周勃傳 周亞夫〉, 《資治通鑑》 卷16 〈漢紀8 景帝 下〉 中元 3년(기원전 147) 9월 기사 등에 보인다. 중원 3년에 두태후가 경제에게 王信을 제후로 봉했으면 한다는 의사를 밝히자 경제가 완곡하게 반대 의사를 펴면서 승상 주아부와 상의를 해보겠다고 하였다. 결국 주아부의 반대에 부딪쳐 일이 무산되었다. 또한 匈奴의 왕 徐盧 등이 항복해 와 경제가 이들을 제후로 봉하려고 할 때 주아부가 또 반대하였음에도 이들을 제후로 봉하자, 이해에 주아부가 병을 핑계로 사직하였다.

52) 竇太后 : ?~?. 이름은 猗房으로 淸河 觀津 사람이다. 어려서 아비를 잃어 집안이 가난했는데 입궁하여 呂后의 시중을 들다가 代王 劉恒(文帝)에게 보내져 총애를 받았다. 유항이 즉위하자 황후가 되었는데, 병 때문에 실명하였다. 아들인 景帝가 즉위하자 皇太后로 높여졌으며, 손자인 武帝가 즉위하자 太皇太后로 높여져 권력을 장악하였다. 黃老學을 좋아하여 경제와 竇氏 일족들이 그 영향을 받았으며 儒學에 우호적이었던 竇嬰·田蚡·趙綰·王臧 등을 배척하였다. 《史記》에는 建元 6년(기원전 135)에 병사했다고 되어 있으며, 《漢書》에는

皇帝約에 **非劉氏不王**이요 **非有功不侯**라하시니 **今信**이 **雖皇后兄**이나 **無功**하니 **侯之非約也**니이다 **帝**가 **默然止**러시니 **其後**에 **匈奴王徐盧**[54]**等六人**[55]이 **降**이어늘 **帝欲侯之以勸後**어시늘 **亞夫**가 **曰 彼背其主降陛下**하니 **陛下**가 **侯之**하시면 **何以責人臣不能盡忠**[56]**守節者乎**잇고 **帝**가 **曰 丞相議**를 **不可用**이라하시고 **乃悉封徐盧等爲列侯**[57]하시니 **亞夫**가 **因謝病免**[58]하다

竇太后가 황후의 오라비 王信을 侯로 봉할 만하다고 하자 景帝가 승상과 논의하였는데, 주아부가 말하였다.

"高皇帝의 맹약에, 劉氏가 아니면 왕이 되지 못하고 공이 있지 않으면 侯가 되지 못한다고 하였습니다. 지금 왕신이 비록 황후의 오라비이지만 공이 없으니 侯로 삼는 것은 맹약에 어긋납니다."

경제가 잠자코 그만두었다. 그 후에 匈奴王 徐盧 등 여섯 사람이 漢나라에 투항해오자, 경제는 그들을 侯로 삼아 훗날을 권면하고자 하였는데 주아부가 말하였다.

"저들은 제 주인을 배반하고 폐하께 항복하였으니, 폐하께서 저들을 侯로 삼으신다면 신하로서 충성을 다하지 못하고 절개를 지키지 못하는 자들을 어떻게 꾸짖겠습니까."

경제가 말하였다.

元光 6년(기원전 129)에 병사했다고 되어 있다.

53) 信 : ?~?. 王信을 가리킨다. 자는 長君으로 槐里 사람이다. 景帝의 황후인 王皇后의 오라비이다. 술을 좋아하여 경제의 총애를 받았다. 경제가 제후로 삼으려고 했다가 周亞夫의 반대에 부딪쳐 뜻을 이루지 못했는데, 주아부가 죽은 뒤인 中元 5년(기원전 145)에서야 蓋(갑)侯로 봉해졌다. 시호는 靖이다. 《史記》에는 元狩 2년(기원전 121)에 죽었다고 되어 있으며, 《前漢書》에는 元光 2년(기원전 133)에 죽었다고 되어 있다.

54) 徐盧 : ?~기원전 141. 본래 匈奴의 왕이었으나 景帝 때 漢나라에 투항하여 中元 3년(기원전 147)에 容城侯로 봉해졌다. 시호는 携이다.

55) 六人 : 徐盧 외에 賜 · 陸彊 · 僕黚(달) · 范代 · 邯鄲을 가리킨다. 《資治通鑑 卷16 漢紀8 景帝 下 胡三省注》

56) 盡忠 : 대전본 · 사고본에는 없다. 통행본 《전한서》에도 없다.

57) 乃悉……列侯 : 이때 徐盧를 容城侯로, 賜를 桓侯로, 陸彊을 遒侯로, 僕黚(달)을 易侯로, 范代를 范陽侯로, 邯鄲을 翕侯로 봉하였다. 《資治通鑑 卷16 漢紀8 景帝 下 胡三省注》

58) 免 : 대전본에는 '死'로 되어 있으나, 오자이다.

"승상의 의론을 채용할 수 없다."

마침내 서로 등을 모두 봉하여 列侯로 삼으니, 주아부가 이 때문에 병을 핑계 삼아 사직하였다.

16-5-가5[59)]

後元年에 **帝**[60)]**居禁中**하사 **召亞夫賜食**하실새 **獨置大胾**(자)[61)]**無切肉**하고 **又不置箸**어늘 **亞夫**가 **心不平**하여 **顧謂尙食**[62)]**取箸**한대 **上**이 **視而笑曰 此非不足君所乎**아 **亞夫**가 **免冠謝**하고 **因趨出**이어늘 **上**이 **目送之曰 此**가 **鞅鞅非少主臣**이라하더시니 **俄以事下吏**한대 **獄吏以反誣之**하니 **亞夫**가 **不食死**[63)]하다

後元 원년(기원전 143)에 경제가 궁중에 있으면서 주아부를 불러 음식을 하사하였다. 그때 큰 고깃점만 놓아두고서 썰어놓은 고기는 없었으며 또 젓가락도 놓아두지 않았다. 주아부가 속으로 불쾌하여 尙食을 돌아보고 젓가락을 가져다 달라고 하였다. 경제가 보고 웃으며 말하였다.

"이것이 그대에게 만족스럽지 않은 것은 아닌가?"

주아부가 관을 벗고 사죄하고 나서 그대로 빠른 걸음으로 나가자, 경제가 눈으

59) 관련 내용이 《史記》 卷57 〈絳侯周勃世家 周亞夫〉, 《前漢書》 卷40 〈周勃傳〉, 《資治通鑑》 卷16 〈漢紀8 景帝 下〉 後元 원년(기원전 143) 기사 등에 보인다. 이해에 주아부의 아들이 주아부를 위하여 5백 개에 달하는 순장용 갑옷과 방패를 구입하였다. 이를 마련하는 雇工이 힘들어했음에도 금전이 지급되지 않자 고공은 홧김에 주아부의 아들이 모반을 꾀한다고 고발하여 주아부까지 연루되어 버렸다. 관리가 서면으로 주아부를 질책하였음에도 주아부가 답을 하지 않자 경제가 노하여 주아부를 廷尉에게 넘기게 하였다. 주아부는 정위에게 넘겨지기 전에 자결하려고 하였으나 부인이 말려 그만두었다. 마침내 5일 동안 음식을 먹지 않은 끝에 피를 토하고 죽었다.

60) 帝 : 대전본에는 '肉'으로 되어 있으나, 오자이다.

61) 胾 : 순 살코기를 덩어리로 썬 것을 말한다. 《前漢書 卷40 周勃傳 顔師古注》

62) 尙食 : 秦나라 때 궁중에서 황제를 모시던 벼슬로 御膳을 관장하였으며 漢나라 초에도 이를 襲用하였다. 《사기》·《전한서》·《자치통감》에는 '尙席'으로 되어 있는데, 應劭에 따르면 연회를 주관하는 사람을 말한다. 《中國歷代官制大辭典 尙食》 《中國官制大辭典 尙食》 《前漢書 卷40 周勃傳 應劭注》

63) 俄以……食死 : 16-5-가1의 '周亞夫' 주석 참조.

로 전송하며 말하였다.

“이 사람은 鞅鞅不樂하는 것이 어린 군주의 신하는 아니다.”

얼마 뒤에 사건을 계기로 주아부를 法吏에게 회부하였는데 법리가 주아부를 반역으로 무고하자 주아부가 음식을 먹지 않고 죽었다.

16-5-나(按)

臣은 按 人之度量이 相去豈不遠哉아 方亞夫之軍細柳也에 持軍之嚴이 雖人主나 無所屈이라 文帝가 乃以是知之曰 緩急에 眞可將也라하시고 其後作相에 因事數諫하여 積忤上心이라 景帝가 以是疑之曰 鞅鞅非少主臣也라하시니 細柳之事가 儻[64)]在孝景時則亞夫가 必以傲上誅니 尙何兵之可將이리오 使其得相文帝하여 盡忠論諫則必以社稷臣目之니 二帝之度量相去不同이 如此하니 其所以然者는 文帝는 不以拂己爲忤하고 景帝는 專以適己爲悅故也라 故人君이 欲眞知臣下之賢否인댄 其必自去私意始니이다

【臣按】 사람의 도량에 있어 그 차이가 얼마나 현격합니까. 주아부가 細柳에 주둔했을 때 군대를 거느린 위엄이 임금에게도 굽힌 바가 없었습니다. 문제가 이에 이것으로 주아부를 알아보고 말하기를 “위급한 일에 참으로 장수로 삼을 만하다.”라고 하였습니다. 그 후에 주아부가 승상이 되었을 때 일로 인해 자주 간하여 임금의 마음을 여러 번 거슬렀습니다. 景帝가 이것으로 주아부를 의심하여 “鞅鞅不樂하는 것이 어린 군주의 신하는 아니다.”라고 하였습니다. 細柳의 일이 만약 경제 때에 있었다면 주아부는 틀림없이 임금에게 오만했다고 하여 주살되었을 것이니, 그러고도 어떻게 군대를 이끌 수 있었겠습니까.

만약 주아부가 文帝의 재상이 되어 충성을 다해 의론하고 간언할 수 있었다면 틀림없이 社稷之臣으로 지칭되었을 것입니다. 두 황제의 도량의 차이가 달랐던 것이 이와 같았으니 그러했던 이유는, 문제는 자신을 거스르는 것을 가지고 거역한다고 여기지 않았으며 경제는 자신에게 맞추는 것만 기쁨으로 여겼기 때문입니다. 그러므로 임금이 신하의 賢否를 진정 알고자 한다면 반드시 사사로운 생각을 버리는 것부터 시작해야 합니다.

---

64) 儻 : 대전본 · 사고본에는 ‘倘’으로 되어 있다.

16-6-가[65)]

漢武帝末에 以霍光[66)]으로 爲大司馬大將軍[67)]하고 金日磾(제)[68)]로 爲車騎將

65) 관련 내용이 《前漢書》 卷7 〈昭帝紀〉·卷68 〈霍光傳〉, 《資治通鑑》 卷22 〈漢紀14 武帝 下之下〉·卷23 〈漢紀15 昭帝 上〉에 보인다. 後元 2년(기원전 87) 정월에 무제가 병이 위독해지자 당시 8세인 劉弗陵을 황태자로 삼고 霍光·金日磾·上官桀을 大司馬大將軍·車騎將軍·左將軍으로 삼아 遺詔를 받들어 어린 군주를 보필하게 하였다. 이달에 무제가 五柞(작)宮에서 붕어하자 유불릉이 昭帝로 즉위하였다. 소제 초기에는 곽광과 상관걸의 사이가 좋아 곽광이 자리를 비우면 상관걸이 늘 그의 일을 대신 처리해주었으며, 곽광의 딸은 상관걸의 아들 상관안의 아내가 되었다. 그런데 상관안은 곽광을 통해 자신의 딸을 궁중으로 들여보내려다가 나이가 아직 어리다는 이유로 곽광에게 거절당하였다. 상관안은 소제의 누나인 蓋長公主와 가깝게 지내던 丁外人에게 손을 써서 蓋長公主의 도움을 받아 자신의 딸을 倢伃가 되게 하였다. 이로써 상관걸 부자와 곽광의 사이가 벌어져 권력 다툼이 일어나는 계기가 되었다. 元鳳 원년(기원전 80)에 상관걸 부자가 정외인을 侯로 봉하게 하려고 했으나 곽광이 반대하였으며, 그 후 또 정외인이 작위를 받게 해주려고 하였으나 뜻을 이루지 못하여 더욱 곽광을 원망하게 되었다. 한편 무제의 아들 燕王 劉旦은 자신이 소제의 형인데도 황제가 되지 못한 것에 불만을 품었는데, 이 무렵 蓋長公主·상관걸 부자·桑弘羊에게 많은 뇌물을 주면서 이들과 결탁하였다.

66) 霍光 : ?~기원전 68. 자는 子孟으로 河東 平陽 사람이다. 霍去病의 이복동생으로, 곽거병이 죽기 전에 光祿大夫가 되어 중용되었다. 武帝가 죽기 전에 大司馬大將軍이 되어 병권을 장악하였으며, 遺詔를 받들어 金日磾·桑弘羊·上官桀 등과 어린 昭帝를 보필하였다. 이때 국정을 독단하여 상홍양·상관걸의 불만을 샀는데 나중에 燕王 劉旦과 결탁해 모반한 죄를 물어 상홍양·상관걸을 주살하였다. 소제가 죽자 昌邑王 劉賀를 옹립했다가 유하가 국정을 황폐하게 하자 곧바로 폐위시키고 宣帝를 옹립하였다. 무제 말부터 20여 년 동안 국정을 장악하였다. 선제 地節 2년(기원전 68)에 병사하였다. 시호는 宣成이다.

67) 大司馬大將軍 : 大司馬는 漢 武帝 때 전국의 軍政을 담당하는 太尉를 폐지하고 설치한 것이다. 이 직함을 大將軍이나 驃騎將軍 등과 같은 장군의 官銜 앞에 붙임으로써 名號가 존귀해지고 권력이 더 커졌음을 표시하였다. 宣帝 때 霍光이 대사마대장군의 직분으로 국정을 보좌하였는데, 궁중 안의 內朝에 있으면서 전반적인 정무를 장악함으로써 丞相은 명목만 남고 의례적으로 하던 일만 처리하게 되었다. 《中國官制大辭典 大司馬》 《胡琦峻, 漢代官印選, 北京:學苑出版社, 2011, 84쪽》

68) 金日磾 : 기원전 134~기원전 86. 자는 翁叔으로 匈奴 休屠王의 태자이다. 武帝 元狩 2년(기원전 121)에 渾邪王이 休屠王을 죽이고 겁박해오자 漢나라에 투항하였다. 처음에는 말을 돌보는 종으로 있다가 재주와 외모가 출중하고 말을 잘 길러 무제의 인정을 받고 馬監으로 승진했다. 이어 侍中·駙馬都尉·光祿大夫 등을 역임하였다. 궁녀와 사통한 아들을 죽

軍[69)]하고 **上官桀**[70)]로 **爲左將軍**[71)]하여 **受遺詔輔少主**하니 **是爲昭帝**[72)]라 **又以桑弘羊**[73)]으로 **爲御史大夫**[74)]하다 **其後**에 **桀父子**가 **與光爭權**하고 **燕王旦**[75)76)]이 **自**

이자 더욱 무제의 신임을 얻어 늘 황제의 곁에 있었다. 後元 원년(기원전 88)에 侍中 馬何羅가 무제를 시해하려 하자 그를 주살하였으며 이듬해 車騎將軍이 되었다. 무제가 죽자 곽광과 함께 遺詔를 받들어 昭帝를 보필했으며 始元 원년(기원전 86)에는 秺(투)侯로 봉해졌다. 시호는 敬이다.

69) 車騎將軍 : 漢 文帝 원년(기원전 179)에 창설된 무관직으로 정벌을 관장하였다. 처음에는 그 지위나 권세가 대단치 않았으나 武帝 때 衛靑이 거기장군이 되어 흉노를 정벌하면서 그 지위가 大將軍에 버금가는 고위급 장군이 되었다. 이후로는 국정을 보좌하는 문관이 이 직함을 맡는 경우가 많아졌다. 《漢書辭典 車騎將軍》《中國官制大辭典 車騎將軍》

70) 上官桀 : ?~기원전 80. 자는 少叔으로 隴西 上邽(규) 사람이다. 騎馬와 활쏘기에 능하여 종군하였는데 羽林期門郞이 되었다. 後元 2년(기원전 87)에 武帝가 병들자 左將軍이 되었으며 유조를 받들어 霍光과 함께 昭帝를 보필했다. 始元 2년(기원전 85)에는 安陽侯에 봉해졌다. 아들 上官安의 딸이 소제의 황후가 되었는데 후에 곽광과 알력을 빚었다. 황제가 곽광을 가까이하고 자신을 멀리하자 元鳳 원년(기원전 80)에 상관안 및 燕王 劉旦·桑弘羊 등과 함께 곽광을 살해하고 황제를 폐위하려고 모의했다가 발각되어 멸족되었다.

71) 左將軍 : 전국시대에 前將軍·後將軍·左將軍·右將軍을 두었는데 秦·漢代에서도 이를 襲用하였으며 군대와 이민족에 관한 사무를 관장하였다. 漢代에는 좌장군과 우장군만 두거나 전장군과 후장군만 두기도 하여 置廢가 일정하지 않았다. 《中國官制大辭典 前將軍, 左將軍》

72) 昭帝 : 기원전 94~기원전 74. 재위 기원전 86~기원전 74. 서한의 제7대 황제 劉弗陵이다. 武帝의 아들로 鉤弋夫人의 소생이다. 8살에 태자가 되고 무제가 죽은 뒤에 즉위하여 霍光·上官桀 등이 보좌하였다. 재위 기간 동안 조세를 경감하여 백성들을 쉬게 하였으며 농업에 근본을 두어 무제 때 큰 타격을 입었던 경제를 회복하고 국가 생산력의 증대를 가져왔다. 후사를 남기지 못하고 병사하였다.

73) 桑弘羊 : 기원전 152~기원전 80. 洛陽 사람이다. 상인의 아들로 기민하여 13세에 侍中이 되었으며, 武帝 元封 원년(기원전 110)에 搜粟都尉로 승진하고 大司農이 되었다. 농업을 중시하고 상업을 억제하는 정책을 폈으며 鹽鐵을 專賣하여 국가 재정을 늘렸다. 平準과 均輸를 수행하는 기구를 설립하여 郡國의 물자와 전국의 상품을 통제하는 등의 조치로 세금 징수를 늘리지 않고도 나라를 풍요롭게 한 공으로 左庶長이 되었다. 後元 2년(기원전 87)에 昭帝가 즉위하자 霍光 등과 함께 국정을 보좌하면서 御史大夫가 되었다. 元始 6년(기원전 81)에 곽광이 개최한 鹽鐵會議에서 각지의 賢良·文學들에게 염철 官營의 중요성을 설파했다. 후에 곽광과 정권을 다투며 사이가 벌어졌는데 燕王 劉旦·上官桀 등과 함께 곽광을 제거하려다가 실패하여 주살되었다.

74) 御史大夫 : 秦나라 때 창설되어 漢代에도 설치한 관직으로, 승상을 보좌하고 궁중 장서 및

以帝兄不得立이라하여 **常懷怨望**하고 **及弘羊**이 **建造酒榷**(각) · **塩鐵**[77]하여 **爲國興利**라 **伐其功**하여 **欲其子弟得官**하다가 **亦怨恨光**하더라

漢 武帝 말에 霍光을 大司馬大將軍으로, 金日磾를 車騎將軍으로, 上官桀을 左將軍으로 임명하여 遺詔를 받아 어린 임금을 보좌하게 하니, 바로 昭帝이다. 또 桑弘羊을 御史大夫로 임명하였다.

그 후에 상관걸 부자가 곽광과 권력을 다투었으며 燕王 劉旦은 자신이 황제의 형임에도 즉위하지 못했다고 하여 늘 원망을 품었다. 그리고 상홍양은 酒榷과 鹽鐵 제도를 제정하도록 건의하여 국가를 위해 이익을 일으켰으므로 제 공을 자랑하여 자신의 자제들에게 벼슬을 얻어주려다가 〈거절당했기 때문에〉 또한 곽광에게 원한을 품었다.

於是에 **桀等**이 **皆與旦**[78]**通謀**하고 **且詐令人爲燕王上書言 光**이 **出都肄郎**[79] ·

문서들을 관장하였으며 百官에 대한 考課 · 감찰 · 탄핵 등을 담당하였다. 황제의 制書나 詔書가 대부분 어사대부를 통해 승상에게 전달되었으며, 승상의 후임으로 대개 어사대부가 보임되었다. 《漢書辭典 御史大夫》

75) 旦 : 저본에는 '朝'로 되어 있으나, 朝鮮의 피휘이다.

76) 燕王旦 : ?~기원전 80. 劉旦을 가리킨다. 武帝의 아들로 陳皇后의 소생이다. 元狩 6년(기원전 117)에 燕王에 봉해졌다. 昭帝가 즉위하자 황제가 되지 못한 것에 불만을 품고 始元 원년(기원전 86)에 반역을 도모했다가 至親이라는 이유로 처벌을 받지 않았다. 그 후 元鳳 원년(기원전 86)에 上官桀 · 上官安 · 桑弘羊 등과 함께 霍光을 죽이고 소제를 폐위한 뒤 황제가 되려고 했으나 모의가 발각되어 상관걸 등이 멸족당했을 때 자살하였다. 시호는 剌이다.

77) 弘羊……塩鐵 : 상홍양은 元狩 4년(기원전 119)에 大農丞 東郭咸陽 · 孔僅 등과 함께 염철을 전매하는 정책을 입안하여 실시하고, 元鼎 원년(기원전 115)에는 대농승이 되어 均輸法을 실시하였으며, 天漢 원년(기원전 110)에는 治粟都尉로서 염철의 전매와 균수법의 시행을 관장하였다. 酒榷은 국가가 酒類를 전매하는 것으로 천한 3년(기원전 112)부터 실시되었다. 소금과 철의 경우, 무제 이전에는 製鹽業者와 製鐵業者에게만 과세하고 稅收는 少府로 들어가 황실의 재정이 되었는데, 무제 때에는 이를 개혁하여 국가 재정으로 전환하였다. 소금은 정부가 생산을 담당하지는 않지만 생산된 소금을 독점적으로 사들이고 판매하는 데 비해, 철은 정부가 생산과 판매를 직접 담당하였다. 《漢書辭典 酒榷》《西嶋定生 저, 최덕경 외 역, 중국의 역사(진한사), 혜안, 2013, 232~234쪽》

78) 旦 : 저본에는 '朝'로 되어 있으나, 朝鮮의 피휘이다.

79) 郎 : 九卿의 하나인 郎中令의 속관으로, 郎官 · 郎吏라고도 한다. 황궁에 있는 문을 수비하

羽林①[80]에 道上稱蹕②[81]하고 又擅調益幕府校尉③하여 光이 專權自恣하니 疑有非常이라 臣旦[82]이 願入宿衛察姦變이라하여 候司光出沐日[83]奏之④하고 桀이 欲從中下其事어든 弘羊은 當與諸大臣共執退光이러니 書奏에 帝不肯下하시니 明旦[84]에 光이 聞之不入한대 上이 問 大將軍安在오 桀이 對曰 以燕王이 告其罪라 故不敢入이로소이다

① 光出都肄郎羽林 : 肄, 試也. 郎·羽林者, 宿衛之士. 都肄, 猶言大閱也.
'肄'는 '시험하다'라는 뜻이다. '郎'과 '羽林'은 숙위하는 군사이다. '都肄'는 '大閱'이라고 말하는 것과 같다.

② 道上稱蹕 : 道, 路也. 天子出稱警, 入稱蹕[85]. 此言光僭.
'道'는 '길'이라는 뜻이다. 천자가 나갈 때 辟除하는 것을 警이라고 하고, 들어올 때 벽제하는 것을 蹕이라고 한다. '道上稱蹕'은 곽광의 참람함을 말한다.

③ 又擅……校尉 : 調益, 謂增置也. 校尉, 幕府之屬也.
'調益'은 늘려 임명하는 것을 이른다. '校尉'는 幕府의 僚屬이다.

④ 候司……奏之 : 司[86], 與伺通用. 出沐, 謂休沐也.
'司'는 '伺(엿보다)'와 통용한다. '出沐'은 休沐(휴가)을 이른다.

이에 상관걸 등이 모두 劉旦과 通謀하고 또한 거짓으로 사람을 시켜 燕王 대신 다음과 같이 上書하는 글을 짓기를,

"곽광이 郎官과 羽林들을 대대적으로 사열하러 나갈 때 길에서 辟除를 칭하고

고 황제를 侍衛하는 일을 담당하였다.《漢書辭典 郎》

80) 羽林 : 한나라 때 禁衛軍의 이름이다. 궁궐을 숙위하고 황제를 호위, 隨從하는 것을 담당하였다.《漢書辭典 羽林》

81) 蹕 : 대전본·사고본에는 '趩'로 되어 있다. 통행본《전한서》에도 '趩'로 되어 있다.

82) 旦 : 저본에는 '朝'로 되어 있으나, 朝鮮의 피휘이다.

83) 出沐日 : 漢代 관원의 정기적인 휴가로 5일마다 한 번씩 있었다. 이는 先秦시대의 沐浴禮에서 기원하였다. 일반적으로 목욕을 하면 공무를 처리할 수 없고 바깥사람도 만나지 않게 되는데, 후대에는 점점 휴일을 沐日, 休沐, 洗休 등으로 부르게 되었다. 또한 이 휴가는 病暇, 喪暇 등과는 구분되었다.《宋杰, 漢代官吏的休假制度, 北京師院學報(社會科學版) 1986年 3期, 北京:首都師範大學, 67쪽》

84) 旦 : 저본에는 '朝'로 되어 있으나, 朝鮮의 피휘이다.

85) 蹕 : 대전본·사고본에는 '趩'로 되어 있다.

86) 司 : 대전본에는 '同'으로 되어 있으나, 오자이다.

또 제멋대로 막부의 교위들을 늘려 임명하였습니다. 곽광이 권력을 專斷하여 제멋대로 구니 심상치 않은 일이 생길까 의심스럽습니다. 신 유단이 들어가 숙위하여 姦賊의 변란을 살피고 싶습니다."
라고 하여 곽광이 휴가 가는 날을 엿보았다가 상주하였다. 그리고 상관걸은 대궐에서 그 사안을 내려보내면 상홍양이 대신들과 함께 쟁집하여 곽광을 퇴출시키기로 하였다. 글이 상주되자 소제는 내려보내려고 하지 않았다. 이튿날 아침에 곽광이 그 소식을 듣고 입궐하지 않았는데, 소제가 물었다.
"대장군은 어디 있는가?"
상관걸이 대답하였다.
"연왕이 그의 죄를 고발하였기 때문에 감히 입궐하지 못하고 있습니다."

有詔召大將軍하신대 光이 入免冠頓首謝어늘 上曰 將軍은 冠하라 朕이 知是書詐也하노라 將軍이 無罪하니라 光이 曰 陛下가 何以知之시니잇고 上曰 將軍之廣明[87]都郞이 近耳①요 調校尉[88]以來가 未能十日이니 燕王이 何以得知②리오 且將軍이 爲非인대 不須校尉③니라 時에 帝年[89]이 十四라 尙書左右가 皆驚而上書者가 果亡④이어늘 捕之甚急하니 桀等이 懼白上호대 小事라 不足遂⑤니이다 上이 不聽하시다 後에 桀黨이 有譖光者어든 上이 輒怒曰 大將軍은 忠臣이라 先帝所屬以輔朕身이니 敢有毁者면 坐之라하시니 自是로 桀等이 不敢復言하니라

① 將軍……近耳：廣明，地名．都郞，卽前都試郞・羽林也．
'廣明'은 지명이다. '都郞'은 바로 앞에서 郎官과 羽林들을 대대적으로 사열했다는 뜻이다.

② 燕王何以得知：言燕去京師遠，十日內事，燕王何由便知．
燕은 京師와 멀리 떨어져 있는데 10일 안의 일을 燕王이 무슨 수로 즉각 알았겠느냐는 말이다.

---

87) 廣明 : 옛날 苑 이름으로 현재 陝西省 西安 서북쪽에 있었다.《漢書辭典 廣明》

88) 校尉 : 將軍의 屬官으로 漢나라 때에는 그 지위가 장군의 다음인 中上級 軍官이었다. 武帝 때에는 中壘校尉・屯騎校尉・步兵校尉 등 8校尉를 두었다.《郭俊然, 出土資料所見的漢代校尉官考, 焦作師範高等專科學校學報 29卷 3期, 2013, 39쪽》《中國官制大辭典 校尉》

89) 年 : 대전본에는 '方'으로 되어 있다. 통행본 《전한서》에는 '年'으로 되어 있다.

③ 將軍……校尉 : 言將軍大權在手, 若欲爲非, 不須增置校尉, 方可擧事也.
장군은 대권이 수중에 있으니 반역을 일으키려 한다면 교위를 더 임명할 필요 없이 곧바로 거사할 수 있을 것이라는 말이다.

④ 上書者果亡 : 亡, 謂逃亡也.
'亡'은 도망간다는 것을 이른다.

⑤ 不足遂 : 謂不須窮竟也.
'不足遂'는 끝까지 캘 필요가 없다는 말이다.

조서를 내려 대장군을 부르자, 곽광이 입궐하여 관을 벗고 머리를 조아리며 사죄하였다. 소제가 말하였다.

"장군은 관을 쓰라. 짐은 이 글이 거짓임을 안다. 장군은 죄가 없다."

곽광이 아뢰었다.

"폐하께서는 그것을 어떻게 아십니까?"

소제가 말하였다.

"장군이 廣明에 가서 郎官과 羽林들을 사열했던 것이 최근의 일이고 校尉들을 임명한 지가 열흘도 채 안 되었는데 燕王이 어떻게 알 수 있겠는가. 게다가 장군이 반란을 일으키려고 한다면 교위를 더 임명할 필요가 없을 것이다."

이때 소제의 나이가 14세였다. 尙書와 좌우 신하들이 모두 놀라고 상서한 사람이 결국 도망가고 없자 매우 서둘러 잡아들이게 하였다. 상관걸 등이 두려워하여 소제에게 아뢰기를

"작은 일이니 끝까지 캘 필요가 없습니다."

라고 하였으나 소제는 듣지 않았다. 후에 상관걸의 당여 가운데 곽광을 참소하는 자가 있으면 소제가 그때마다 성을 내며 말하였다.

"대장군은 충신이라 선제께서 부탁하여 짐을 보좌하게 한 사람이니, 감히 헐뜯는 자가 있으면 처벌하겠다."

이로부터 상관걸 등이 감히 더 이상 말하지 못하였다.

16-6-나1(李)[90]

唐李德裕[91]가 論曰 人君之德이 莫大於至明하니 至明以照姦則百邪가 不能蔽矣니

90) 李德裕의 《會昌一品集》〈外集〉 卷1 〈漢昭論〉에 보인다.

漢昭帝是也라 周成王이 有慙德矣로다 成王이 聞管・蔡[92]流言하고 使周公狼跋[93]而東하니 所謂執狐疑之心이면 來讒賊之口[94]라 使昭帝得伊・呂之佐則成・康을 不足侔矣니라

唐나라의 李德裕가 다음과 같이 논하였습니다.

"임금의 덕은 지극히 명철한 것보다 큰 것이 없다. 지극한 명철함으로 간악함을 살피면 온갖 사악함이 은폐될 수 없을 것이니 漢 昭帝의 경우가 그렇다. 周 成王은 부끄러운 덕이 있었다. 성왕이 管叔과 蔡叔의 유언비어를 듣고 周公을 진퇴양난에 빠뜨려 동쪽으로 가게 하였으니, 이른바 '의심하는 마음을 가지면 헐뜯는 말을 부른다.'라는 것이다. 만약 소제가 伊尹이나 呂望(姜太公)과 같은 이의 보좌를 받았다면 성왕과 康王에 비견되는 수준 이상이었을 것이다."

16-6-나2(按)

臣은 按 武帝가 託孤於霍光이 善矣而又參之以上官桀・桑弘羊하시니 是知人之明이 有媿[95]於高帝也라 桀等이 皆姦邪嗜利之徒라 外交藩王而內結貴主[96]하니 非昭帝天性夙成하여 能知光爲忠臣而保持之하여 使桀等得志면 其禍를 可勝言哉아 是昭帝知

91) 李德裕 : 787~850. 자는 文饒로 趙郡 사람이다. 御史大夫를 지낸 李栖筠의 손자이자 재상을 지낸 李吉甫의 아들이다. 德宗 貞元 14년(798)에 監察御史가 된 이후 翰林學士・屯田員外郞・中書舍人 등을 역임하였다. 文宗 大和 7년(833)에 兵部 尙書・同中書門下平章事가 되고 贊皇伯에 봉해졌는데 이듬해에 興元 節度使로 나갔다. 開成 5년(840)에 武宗이 즉위하자 門下侍郞・同中書門下平章事가 되었으며, 會昌 원년(841)에 尙書左僕射를 겸하고 4년 후에 衛國公에 進封되었다. 宣宗이 즉위하자 牛僧孺・李宗閔이 이끄는 牛黨이 득세하면서 東都 留守로 나갔다가 大中 2년(848)에 崖州 司戶로 폄적된 후 최주에서 죽었다. 저서에 《會昌一品集》이 있다.

92) 蔡 : 대전본에는 '叔'으로 되어 있다.

93) 狼跋 : 곤경에 처하는 것을 말한다. 《시경》 〈豳風 狼跋〉에 "이리가 앞으로 나아가자니 턱살이 밟히고 뒤로 물러나자니 꼬리가 밟히네.〔狼跋其胡 載疐其尾〕"라는 내용이 보인다. 朱熹의 《詩集傳》에 따르면, 〈狼跋〉은 周公이 비방과 의심을 받았음에도 떳떳함을 잃지 않은 것을 찬미한 시이다.

94) 執狐……之口 : 《漢書》 卷36 〈楚元王傳〉에 보인다.

95) 媿 : 사고본에는 '愧'로 되어 있다.

96) 內結貴主 : 貴主는 昭帝의 누이인 蓋長公主를 가리킨다. 16-6-가 주석 참조.

人之明이 反過於孝武也라 然孝武가 不立燕・廣陵①97)而立昭帝하시니 是는 明於知子요 不屬田千秋98)輩而屬霍光하시니 是는 明於知臣而乃失之桀等者는 桀이 以諂進하고 弘羊이 以利合故也라 傳에 曰 播糠眯(미)目하면 天地爲之易位99)라하니 故人君이 必先正其心하여 不爲諂惑하며 不爲利動然後에 可以辨群臣之邪正矣리이다

① 燕・廣陵 : 燕王旦・廣陵王胥.
'燕'・'廣陵'은 燕王 劉旦과 廣陵王 劉胥이다.

【臣按】 武帝가 곽광에게 어린 아들(昭帝)을 부탁한 것은 잘한 일이지만 또 상관걸과 상홍양을 참여하도록 하였으니, 이는 인재를 알아보는 명철함이 高帝에 비하면 부끄러움이 있는 것입니다. 상관걸 등은 모두 간사하고 이익을 탐하는 무리이므로 밖으로는 藩王과 결탁하고 안으로는 존귀한 공주와 결탁하였습니다. 소제의 천성이 일찍 이루어지지 않아서 곽광이 충신이라는 것을 알아보지 못하고 그를 감싸주지 못하여 상관걸 등이 득의하게 했더라면 그 재앙을 이루 다 말할 수 있겠습니까. 이는 소제가 인재를 알아보는 명철함이 도리어 孝武帝보다 월등했던 것입니다.

그러나 효무제가 燕王이나 廣陵王을 후사로 세우지 않고 소제를 세웠으니 이는

97) 廣陵 : ?~기원전 54. 廣陵王 劉胥를 가리킨다. 武帝의 아들로 陳皇后의 소생이다. 元狩 6년(기원전 117)에 광릉왕으로 봉해졌다. 倡樂과 오락을 좋아하였으며 鼎을 들어 올리고 맹수를 맨손으로 때려잡을 정도로 힘이 장사였으나 행동이 규범에 맞지 않아 태자가 되지 못했다. 그러자 무당을 시켜 저주를 하게 하였는데 宣帝가 즉위한 뒤에도 저주 행위를 계속하였다. 地節 원년(기원전 69)에는 楚王과 반역을 획책했다가 미수에 그쳤는데 선제는 그를 치죄하지 않았다. 그 후 五鳳 4년(기원전 54)에 저주한 죄 때문에 하옥되었는데, 옥중에서 자살하였다. 시호는 厲이다.

98) 田千秋 : ?~기원전 77. 馮翊 長陵 사람이다. 처음에 高寢郎이 되어 高帝의 陵인 長陵을 지켰는데, 戾太子 劉據가 난을 일으켜 江充을 죽인 뒤 자살하자 武帝에게 上書하여 태자의 원통함을 알렸다. 이 일로 大鴻臚가 되어 九卿의 반열에 올랐으며 征和 4년(기원전 89)에는 丞相이 되고 富民侯에 봉해졌다. 무제가 죽은 뒤에는 昭帝를 보필하였다. 소제의 배려로 조회할 때 작은 수레를 타고 궁중을 출입하게 되어 사람들이 '車丞相'이라 불렀기 때문에 '車千秋'라고도 하였다. 元鳳 4년(기원전 77)에 병사하였다.

99) 播糠……易位 : 《莊子》 〈天運〉에, 공자와 老聃이 만나 仁義에 대해 말할 때 노담이 "겨를 뿌려 눈에 들어가면 천지사방의 위치를 구별하기 어렵다.〔夫播糠眯目 則天地四方易位矣〕"라고 한 말이 보인다.

자식을 아는 데 밝았던 것이고, 田千秋의 무리에게 후사를 맡기지 않고 곽광에게 맡겼으니 이는 신하를 아는 데 밝았던 것입니다. 그런데도 상관걸 등에서 실책을 범했던 것은 상관걸이 아첨으로 나오고 상홍양이 이익으로 영합했기 때문입니다.

옛 글에 이르기를 "겨를 뿌려 눈에 들어가면 천지사방이 그 때문에 위치를 구별하기 어렵다."라고 하였습니다. 그러므로 임금은 반드시 자신의 마음을 먼저 바로 잡아 아첨에 미혹되지 않으며 이익에 흔들리지 않은 뒤에야 신하들의 간사함과 올바름을 변별할 수 있을 것입니다.

16-7-가[100)]

唐明皇[101)]之在蜀也[①]에 **給事中[102)]裴士淹[103)]**이 **以辯學得幸**이러니 **時**에 **肅宗[104)]**이

---

100) 관련 내용이 《新唐書》 卷223上 〈李林甫傳〉에 보인다. 天寶 14년(755)에 安祿山이 난을 일으켜 12월에 東京 洛陽을 함락시키고 이듬해 6월에는 潼關까지 함락시켜 長安을 압박하자 玄宗은 蜀으로 몽진하였다. 馬嵬驛에 이르렀을 때 굶주림과 피로에 지쳐 들고 일어난 장졸들을 진정시키고자 楊貴妃를 자진시켰으며, 마외역을 떠날 때 자신을 가로막는 父老들을 달래고자 현종은 태자 李亨을 남겨 반란군을 토벌하게 하였다. 이때 현종이 이형에게 전위하려 하였으나 이형은 받지 않았는데, 마침내 현종은 촉으로 가고 이형은 북상하면서 변란를 수습하고자 하였다. 다음 달인 7월에 이형이 靈武에 도착하자 裴冕·杜鴻漸 등이 箋을 올려 이형에게 현종이 마외역에서 내렸던 전위의 명을 따라 즉위할 것을 청하였다. 이형은 처음에 허락하지 않았으나 배면 등이 다섯 번에 걸쳐 전을 올리자 마침내 허락하여 靈武城南樓에서 즉위하고 현종을 上皇天帝로 높였다. 이때까지 현종은 이형의 즉위를 몰랐다가 成都에 도착한 뒤 8월에 영무에서 사자가 오고 나서야 그 사실을 알았다. 이에 현종은 자신을 太上皇으로 칭하도록 하고 군국대사를 肅宗이 먼저 재결하게 한 뒤에 자신에게 보고하도록 명하였다. 그리고 韋見素·房琯 등에게 명하여 國寶와 玉冊을 받들어 영무로 전달하게 하였다. 《資治通鑑 卷218 唐紀34 肅宗 上之上》

101) 唐明皇 : 685~762. 재위 712~756. 당나라의 황제 李隆基로, 明皇帝는 시호이며 묘호는 玄宗이다. 睿宗의 셋째 아들로 9세에 臨淄郡王에 봉해졌다. 26세 때 擧兵하여 中宗을 암살한 韋皇后 세력을 제거한 뒤 부친을 황제로 옹립하고 자신은 태자가 되었다. 이후 太平公主 세력을 제압하고 28세에 예종의 양위로 즉위하였다. 재위 기간 전반에는 姚崇·宋璟·張說·張九齡 등 명재상을 등용하고 屯田制와 府兵制를 확대하는 등 開元之治를 이룩하였다. 그러나 天寶 연간(742~756)으로 접어들면서 李林甫를 재상으로 기용하고 失政을 거듭하면서 천보 14년(755)에 安祿山의 난이 일어났다. 이듬해 蜀으로 피난을 갔으며 같은 해에 태자 李亨이 즉위하여 肅宗이 됨으로써 자신은 太上皇이 되었다. 長安으로 돌아오고 나서는

在鳳翔[105)]하사 每命宰相에 輒啓聞이러시니 及房琯[106)]이 爲將에 帝曰 非破賊才也라 若姚崇[107)]이 在면 賊不足滅이리라 至宋璟[108)]하여 曰 彼賣直以取名爾[109)]라

쓸쓸한 노년을 보냈다.

102) 給事中 : 秦나라 때 설치된 관직으로, 顧問에 응대하고 정사를 토론하였다. 唐 高宗 龍朔 2년(662)에 東臺舍人으로 명칭이 변경되었다가 咸亨 원년(670)에 다시 급사중이라는 명칭을 회복하였는데 조칙에 부당한 점이 있으면 이를 바로잡는 封駁을 담당하였다. 《兩唐書辭典 給事中》

103) 裴士淹 : ?~?. 河東 聞喜 사람이다. 玄宗 때 司勳郎中을 지냈으며 天寶 14년(755)에 給事中이 되었다. 이해에 安祿山의 난이 일어나자 현종을 수행하여 蜀으로 피난 갔는데, 翰林學士・知制誥가 되었다. 代宗 永泰 2년(766)에는 檢校禮部尙書로 儀禮使가 되었다. 大曆 연간 초기에는 尙書에 임명되고 絳郡公이 되었다. 대력 5년(770)에는 魚朝恩의 당여에 연좌되어 饒州 刺史로 폄적되었다.

104) 肅宗 : 711~762. 재위 756~762. 당나라의 황제 李亨으로 숙종은 묘호이다. 초명은 嗣昇으로, 후에 浚・璵・紹 등으로 개명했다가 亨으로 고쳤다. 玄宗의 아들로 開元 26년(738)에 태자가 되었다. 安祿山의 난이 일어나자 현종을 수행하여 피난을 갔으며, 馬嵬驛에 이르러 禁軍이 楊國忠을 살해하고 楊貴妃가 목을 맨 뒤에는 현종은 蜀으로 가고 자신은 그곳에 남았다. 그해 7월에 靈武로 가서 황제로 즉위하고 현종은 上皇으로 높였다. 나중에 回紇에게 병사를 빌리고 郭子儀에게는 兩京을 수복하라고 명하였다. 환관 李國輔・魚朝恩 등을 총애하여 혼란이 끊이지 않았다.

105) 肅宗在鳳翔 : 肅宗은 즉위한 해인 至德 원년(756)에 扶風을 鳳翔郡으로 고쳤다. 鳳翔으로 간 것은 현종이 촉으로 파천한 이듬해인 至德 2년(757) 2월이다. 이해 정월에 안녹산이 아들 安慶緖에게 피살되었다. 숙종은 范陽을 먼저 취해 반군을 궤멸하자는 李泌의 건의를 듣지 않고, 먼저 長安과 洛陽을 수복하기로 결정하였다.

106) 房琯 : 697~763. 자는 次律로 河南 사람이다. 則天武后 때 재상을 지낸 房融의 아들로 蔭仕를 통해 弘文生이 된 후 監察御史・宜春 太守 등을 지냈다. 天寶 15년(756)에 일어난 安祿山의 난 때 蜀으로 파천하는 현종을 뒤따라와 文部 尙書・同中書門下平章事에 제수되었으며 成都로 와서는 정권을 장악하였다. 그해 8월에 左相 韋見素 등과 靈武에서 肅宗을 옹립하여 조정의 대권을 장악하고 나서는 군대를 이끌고 난을 평정하기를 청하였다. 용병술에 어두워 군대를 잘못 지휘하여 여러 차례 패전을 거듭하였음에도 숙종은 치죄하지 않았다. 후에 성품이 주밀하지 않고 호언장담을 일삼는다는 탄핵을 받았으며, 뇌물을 받은 사실이 발각되자 至德 2년(757)에 재상에서 파직되어 太子少師가 되었다. 乾元 원년(758)에는 邠州 刺史가 되어 治積이 있었는데, 光德 원년(763)에 刑部 尙書로 임명되어 도성으로 올라오던 도중에 사망하였다.

107) 姚崇 : 650~721. 초명은 元崇, 자는 元之로, 陝州 硤石 사람이다. 일찍이 文才가 있었으

因歷評十餘人 皆當하시고 **至李林甫**[110]하여 **曰 是子**가 **妬賢疾能**이 **無與比者**니라 **士淹**이 **曰 陛下**가 **誠知之**신댄 **何任之久**잇고 **帝**가 **默不應**하시다

① 唐明皇之在蜀也 : 天寶十四載安祿山反, 明皇幸蜀.
天寶 14년(755)에 安祿山이 반란을 일으키자 明皇이 蜀으로 播遷하였다.

唐 明皇(玄宗)이 蜀에 있을 때 給事中 裴士淹이 말재주와 학식으로 현종의 총애를 받았다. 이때 肅宗이 鳳翔에 있으면서 宰相을 임명할 때마다 현종에게 보고

며 則天武后 때 재주를 인정받아 同鳳閣鸞臺平章事·夏官 尙書·同鳳閣鸞臺三品 등을 역임하였다. 中宗 神龍 원년(705)에 張柬之 등과 張易之 형제를 주살한 공으로 梁縣侯에 봉해지고, 睿宗이 즉위하자 中書令에 올랐다. 玄宗 開元 원년(713)에 同中書門下三品이 되었으며 후에는 梁國公으로 進封되었다. 여러 차례 재상으로 있으면서 직무를 잘 수행하였으며 農桑의 권면을 주장하여 민생이 안정되게 하였다. 개원 4년(716)에 아들들이 뇌물을 받은 것이 문제가 되어 재상에서 물러났다. 開元 9년(721)에 졸하였으며, 시호는 文獻이다.

108) 宋璟 : 663~737. 邢州 南和 사람이다. 高宗 調露 원년(679)에 進士가 된 후 監察御史·御史中丞 등을 지냈다. 中宗 때 吏部 尙書가 되고 諫議大夫를 겸하였으며, 睿宗 景雲 원년(710)에 吏部 尙書·同中書門下三品이 되었다. 玄宗이 즉위한 후 御史大夫·刑部 尙書를 역임했으며 開元 4년(716)에 吏部尙書 兼 侍中이 되었다. 이윽고 姚崇의 뒤를 이어 재상이 되었는데, 간신을 내치고 형벌을 관대하게 하며 변경의 장수들이 병력을 함부로 움직이는 것을 엄금하는 등 치적을 쌓아 요숭과 함께 명재상으로 불렸다. 개원 20년(732)에 치사하여 낙양에 살았다. 강직하고 장중한 풍도가 있었으므로 현종이 경외하여 늘 뜻을 굽혀 의견을 받아들였다. 시호는 文貞이다.

109) 彼賣直以取名爾 : 당 현종 開元 4년(716)에 송경이 요숭의 후임으로 재상이 되었다. 송경은 과감하게 犯顔諫爭을 하여 현종이 송경을 매우 공경하면서도 꺼려 마음에 들지 않더라도 따라주었다. 훗날 안녹산의 난 때 현종이 촉에서 송경을 폄하한 것은 당시의 일을 마음에 두고 있었기 때문인 것으로 보인다.《資治通鑑 卷211 唐紀27 玄宗 上之中》《古今紀要 卷11 唐3》

110) 李林甫 : ?~752. 아명은 哥奴, 호는 月堂으로, 隴西 狄道 사람이다. 당나라의 宗室로 李思誨의 아들이다. 開元 14년(726)에 御史中丞이 되고 刑部 侍郎·吏部 侍郎을 역임했다. 開元 22년(734)에는 禮部 尙書·同中書門下三品이 되었다가 이윽고 戶部 尙書·兵部 尙書·中書令 등을 지내고 晉國公에 봉해졌다. 天寶 연간(742~756) 초에는 右丞相이 되었다. 권력을 휘두르며 모략을 일삼아 張九齡·裴耀卿과 같은 현신을 모해하고 牛仙客·楊國忠과 같은 간신을 끌어들였다. 또한 현종이 태자 李瑛을 폐출하도록 부추겼으며, 현종에게 이민족 장수들을 중용하도록 종용하여 安祿山 등이 대규모의 병력을 거느릴 수 있게 하였다. 楊國忠의 모함을 받고 병이 들어 천보 11년(752)에 죽었다.

를 올렸는데, 房琯이 장군에 임명되어 그 보고가 올라오자 현종이 말하였다.

"叛賊을 격파할 재목이 아니다. 만약 姚崇이 살아 있었다면 반적은 토멸할 것도 없었을 것이다."

宋璟에 대해 말이 나오자 현종이 말하였다.

"그 사람은 정직함을 팔아 명성을 얻은 것일 뿐이다."

그리고 이어서 10여 사람들에 대해 하나하나 평한 것이 모두 합당하였다. 李林甫에 대해 말이 나오자 현종이 말하였다.

"이자는 어진 사람을 시기하고 유능한 사람을 미워했던 것이 비길 자가 없다."

배사엄이 말하였다.

"폐하께서 정말로 그러한 줄 아셨다면 왜 그를 오래도록 임용하셨습니까?"

현종은 잠자코 대답하지 않았다.

16-7-나(按)

臣은 按 明皇之爲人也가 異哉라 以爲闇邪則其評房琯・評姚崇・評李林甫가 何其言之當也며 以爲明邪則其評宋璟이 抑何言之戾也오 璟之忠誠端亮이 爲開元輔相第一이어늘 帝乃以賣直取名으로 目之하니 蓋璟이 以直道事君하여 屢拂上意라 故一斥不復用[111)]하여 至是猶有餘怒焉하고 若林甫之妬賢疾能은 帝가 非不知者而乃用之終其身하니 由璟은 不苟合하고 林甫는 苟合故也라 然則人主가 一有好同惡異之心則私意行而賢否亂하여 雖有英明之資나 卒蹈闇繆[112)]之失이니 如明皇者를 豈可不戒也哉리잇고

【臣按】 明皇이라는 사람은 참 이상합니다. 간사함을 알아보는 데 어두웠다고 하자니 房琯을 평하고 姚崇을 평하고 李林甫를 평한 것이 어쩌면 그렇게도 말이 합당하며, 간사함을 알아보는 데 밝았다고 하자니 宋璟을 평한 것이 또 어쩌면 그렇게도 말이 잘못되었단 말입니까. 송경의 충성스러움과 올곧음은 開元 연간(713~741)의 재상 가운데 으뜸이었는데 명황은 도리어 정직함을 팔아 명성을 얻은 사람으

111) 一斥不復用 : 開元 20년(720)에 송경이 70세가 되자 치사하여 洛陽의 자택으로 물러가 5년 뒤에 죽었다. 《舊唐書 卷96 宋璟傳》《新唐書 卷124 宋璟傳》《資治通鑑 卷213 唐紀29 玄宗中之上》

112) 繆 : 사고본에는 '謬'로 되어 있다.

로 지적하였습니다. 이는 송경이 정직한 도리로 임금을 섬겨 임금의 뜻을 자주 거슬렀기 때문입니다. 그러므로 한번 물리친 뒤로 다시는 기용하지 않아 송경을 평한 이때에 이르러서도 여전히 노여운 마음이 남아 있었습니다. 이임보가 어진 사람을 시기하고 유능한 이를 미워했던 것은 명황이 모르는 바 아니었는데도 그가 죽을 때까지 등용하였습니다. 이는 송경이 구차하게 영합하지 않았고 이임보가 구차하게 영합했기 때문입니다.

그렇다면 임금이 부화뇌동은 좋아하고 이견은 싫어하는 마음을 조금이라도 갖게 되면 사심이 행해져 賢否에 대한 평가가 문란해져서 영명한 자질이 있어도 끝내 어둡고 그르치는 잘못을 범하게 되니, 명황과 같은 경우를 어찌 경계하지 않아서야 되겠습니까.

16-8-가[113)]

唐德宗[114)]時에 濠泗觀察使[115)]杜兼[116)]이 惡(오)幕僚李藩[117)]하여 誣奏藩이 搖動

113) 관련 내용이《資治通鑑》卷235〈唐紀51 德宗〉貞元 16년(800) 조에 보인다. 선정을 베풀어 명성이 있었던 徐泗濠節度使 張建封은 정원 16년에 병이 심해지자 자신의 후임을 임명해달라고 청하였다. 성품이 음험한 濠泗觀察使 杜兼은 암암리에 자신이 그 후임이 되고자 하여 濠州에서 장봉건에게 달려갔다. 이때 幕僚 李藩은 그와 同列이었는데 장건봉에게 병문안을 다녀오면서 두겸을 보고는, 장봉건의 병이 위중한데 왜 호주를 내버려두고 여기에 왔느냐고 나무라면서 속히 돌아가지 않으면 조정에 보고하겠다고 말하였다. 두겸은 마침내 호주로 돌아갔다. 그 후 장건봉이 죽고 나서 두겸이 이번을 무함하자 덕종이 격노하여 은밀히 杜佑에게 이번을 죽이라는 조서를 내렸다. 두우는 평소 이번을 중히 여겨 조서를 품에 품고 열흘이 되도록 꺼내지 않고 있다가 이번과 대화를 나눌 때 조서를 보여주었으나 이번은 안색이 바뀌지 않았다. 한편 덕종은 그래도 의심스러워 이번을 장안으로 소환하였는데 그의 모습을 바라보고는 나쁜 짓을 할 사람이 아니라면서 즉시 秘書郎으로 제수하였다.

114) 唐德宗 : 742~805. 재위 779~805. 당나라의 황제 李适(괄)로 덕종은 묘호이다. 시호는 神武孝文皇帝이다. 代宗의 장자로, 玄宗 때 궁중에서 태어나 奉節郡王이 되었다. 대종 寶應 원년(762)에 天下兵馬元帥가 되어 史朝義를 토벌하고 東都를 수복하여 이 공으로 中書令에 올랐다. 廣德 2년(764)에 태자가 되고 大曆 14년(779)에 즉위하였다. 초기에는 楊炎을 재상으로 삼았는데 그의 의견에 따라 租・庸・調 제도를 철폐하고 兩稅法을 시행하였으나 큰 효과는 거두지 못했다. 剛明하다고 자임하며 참소하는 말을 믿었는데, 간사한 盧杞를 재상으로 삼았으며 국가의 재정을 증대시킨 劉晏을 楊炎의 모함만 듣고 무고하게 죽였다. 建中 2년(781)에 李正己・田悅 등이 반란을 일으켰으나 이윽고 평정되었으며 얼마 후 朱

軍情이라한대 上이 大怒하사 召詣長安이러니 望見藩儀度安雅하고 乃曰 此豈爲惡者耶아 擢秘[118]書郞[①119]하시다

① 擢秘書郞 : 藩後事憲宗, 爲元和賢相.
李藩은 후에 憲宗을 섬겨 元和 연간(806~820)의 賢相이 되었다.

唐 德宗 때 濠泗 觀察使 杜兼이 막료 李藩을 미워하여, 이번이 군사들의 마음을 흔들어놓고 있다고 황제에게 誣告하였는데 덕종이 크게 노해 이번을 소환하여 長安으로 오게 하였다. 그런데 이번의 威儀와 법도가 침착하고 단아한 것을 멀리서 보고 이에 말하였다.

滔・田悅・王武俊・李納・李希烈 등이 연계하여 난을 일으켰다. 이에 대응하고자 涇原에서 군사를 징발했는데 建中 4년(783)에 경원에서 兵變이 일어나 長安으로 쳐들어오자 奉天으로 달아났다. 興元 원년(785)에 李晟이 병사를 이끌고 장안을 수복하자 되돌아왔다. 이후로는 賦稅를 늘려 聚斂에 골몰하였으며 陸贄・陽城・韓愈 등을 폄척하고 裴延齡・竇參 등을 가까이하여 정치를 부패하게 만들었다. 또한 환관들에게 禁軍의 병권을 맡겨 그 세력이 더 강해졌다. 貞元 21년(805)에 병사하였다.

115) 觀察使 : 唐 肅宗 乾元 원년(758)에 采訪處置使를 觀察處置使로 이름을 바꾸었는데 이것의 약칭이 관찰사이다. 節度使를 설치하지 않은 곳에는 관찰사가 한 道의 행정 장관이 되어 州縣에 소속된 관리들의 치적을 살피고 백성들에 관한 사무를 처리하였다. 당나라 중엽 이후로는 대부분 절도사가 관찰사를 겸임하였으며 그 아래에 副使・判官・掌書記・推官・巡官・衙推 등의 관리를 두었다.《兩唐書辭典 觀察使》

116) 杜兼 : 750~809. 자는 處弘으로 京兆 사람이다. 太宗・高宗 때의 재상인 杜正倫의 5세손이다. 德宗 建中 원년(780)에 진사가 된 후 濠州 刺史・蘇州 刺史・河南尹 등을 역임하였다. 부임하는 곳마다 살육과 가렴주구를 일삼아 사람들로부터 빈축을 샀다.

117) 李藩 : 754~811. 자는 叔翰으로 趙郡 사람이다. 일찍 부친을 잃어 집안 형편이 어려운 탓에 40세가 넘어서 출사하였다. 처음에는 秘書郞이 되었다가 憲宗 元和 연간(806~820) 초에 吏部 郞中・國子監 司業・給事中을 역임했다. 재상 裴垍(기)의 추천으로 憲宗 元和 4년(809)에는 門下侍郞・同中書門下平章事가 되었다. 재상으로 있으면서 권세를 두려워하지 않고 직책을 신중히 수행하였으며 과감하게 직언을 하였다. 후에 李吉甫의 배척을 받아 詹事로 좌천되었다. 元和 6년(811)에는 華州 刺史 兼 御史大夫가 되었는데 임지에 도착하기 전에 사망하였다. 죽은 뒤 戶部 尙書에 추증되었다.

118) 秘 : 사고본에는 '祕'로 되어 있다.

119) 秘書郞 : 東漢 때 창설된 관직으로 秘書監에 소속되어 있으면서 서적의 교감을 담당하였다. 당나라 때에는 秘書省의 소속으로 비서랑 4員을 두었는데, 각기 經・史・子・集 4部 典籍의 교감과 書寫를 담당하였다.《中國官制大辭典 秘書郞》

"이러한 사람이 어찌 나쁜 짓을 할 사람이겠는가."
이번을 秘書郎으로 발탁하였다.

16-8-나(按)

臣은 按 德宗이 知人之明이 最其[120]所短이라 故於盧杞[121]則不覺其姦邪하고 於姜公輔[122]則疑其賣直[123]하며 李晟[124]之勳과 陸贄[125]之忠則疎斥之·擯廢之하고

120) 其 : 대전본·사고본에는 '爲'로 되어 있다.

121) 盧杞 : ?~785?. 자는 子良으로 滑州 靈昌 사람이다. 玄宗 때 재상을 지낸 盧懷信의 후손이다. 용모가 추하고 안색이 검어 귀신과 같은 외모였으나 언변이 좋았다. 門蔭으로 출사하여 監察御史·刑部 員外郎·御史大夫 등을 역임하였으며 德宗 建中 2년(781)에 門下侍郎·同中書門下平章事에 올랐다. 재상으로 있으면서 현능한 이를 질투하여 늘 동료를 모해하였는데, 그의 흉계로 楊炎·崔寧·顔眞卿·蔡廷玉 등이 죽임을 당하고 張鎰·嚴郢·杜佑·李揆 등이 폄적되었다. 建中 4년(783)에 涇原의 군대가 長安을 함락시켰는데 朔方 節度使 李懷光이 글을 올려 그의 죄를 성토하자 新州 司馬로 폄적되었다. 후에 澧州 別駕로 나갔다가 澧州에서 죽었다.

122) 姜公輔 : ?~805. 愛州 日南 사람이다. 진사에 급제한 후 校書郎·左拾遺·翰林學士 등을 역임하였다. 德宗 때 朱滔가 반역을 일으키면서 형인 朱泚에게 밀서를 보내자 강공보는 덕종에게 주차를 주살하라고 간하였으나 덕종은 따르지 않았다. 그 결과 涇原에서 병변이 일어나 장안이 혼란에 빠지자 鳳翔으로 가려던 덕종에게 극력 간언하여 奉天으로 몽진하게 하였다. 덕종 建中 4년(783)에 諫議大夫·同中書門下平章事가 되었다. 이듬해에 덕종의 딸 唐安公主의 장례 문제에 대해 간언하다가 덕종의 노여움을 사 太子左庶子로 강등되었다가 다시 泉州 別駕로 폄적되었다. 順宗이 즉위하고 나서 吉州 刺史에 임명되었으나 부임하기 전에 죽었다. 헌종 때 禮部 尙書에 추증되었다.

123) 疑其賣直 : 興元 원년(784)에 李懷光이 난을 일으키자 덕종이 梁州로 피난 가던 도중에 덕종의 딸인 唐安公主가 죽었다. 덕종은 매우 슬퍼 장례를 성대하게 치르라고 명했다. 이에 姜公輔가 반대하자 덕종이 노하여 翰林學士 陸贄에게 그 문제를 가지고 불평을 늘어놓았는데, 육지는 강공보가 諫議大夫이자 재상으로서 자신의 직무에 충실했다고 변호하였다. 그러자 덕종은 "그렇지 않다. 짐은 강공보의 재주가 재상이 되기에는 부족하다고 여겼는데 또 그 자신이 해직을 청하였기에 짐이 이미 윤허하였다. 그가 내심 앞으로 파직될 것을 알았기 때문에 정직함과 명성을 팔아먹었을 따름이다.〔不然 朕以公輔才不足以相而又自求解 朕旣許之 內知且罷 故賣直售名爾〕"라고 말하였다.《新唐書 卷152 姜公輔傳》

124) 李晟 : 727~793. 자는 良器로 洮州 臨潭 사람이다. 소싯적부터 문무를 겸전하고 담력이 출중하였는데 18세부터 종군하여 여러 차례 공을 세웠다. 代宗 大曆 4년(769)에는 開府儀

裴延齡[126]之欺罔과 韋渠牟[127]之躁劣則親信之・寄任之하니 以佞爲忠하며 以直爲枉[128]이 未有甚焉者也로되 顧能於擧目之頃而識李藩하니 蓋當是時하여 未有私見之汩故也요 若盧杞・姜公輔諸人則有愛惡之私焉이라 故識鑑之昏明이 若是其異也라 傳에 曰 公生明하고 偏生闇[129]이라하니 使德宗持心之平無所適莫이 常如見[130]李藩之時則於諸臣之邪正에 必不至易位矣리니 後之人主가 可不戒諸잇가

同三司가 되고 左金吾大將軍을 겸했으며 合川郡王으로 봉해졌다. 德宗 建中 2년(781)에 田悅・朱滔・王武俊의 반란을 평정하고, 2년 후에 李懷光과 함께 朱泚를 패퇴시켰다. 興元 원년(784)에 마침내 長安을 수복하고 주차의 난을 평정하였다. 이 공으로 尙書左僕射・同中書門下平章事가 되고 얼마 후에 西平郡王으로 轉封되었다. 貞元 3년(787)에 吐藩이 사신을 보내어 덕종에게 참소하자 병권을 박탈당하고 太尉・中書令이 되었다. 시호는 忠武이다.

125) 陸贄 : 754~805. 자는 敬輿로 蘇州 嘉興 사람이다. 代宗 大曆 6년(771)에 進士가 되었으며, 德宗이 태자로 있을 때 그 명성이 알려져 翰林學士가 되었다. 덕종 建中 4년(783)에 朱泚가 난을 일으키자 덕종을 호종하여 奉天으로 가서 詔書와 勅令을 기초하였다. 덕종이 장안으로 돌아오자 中書舍人이 되었으며 貞元 8년(792)에 中書侍郎・同中書門下平章事가 되었다. 재상으로 있으면서 여러 차례 덕종에게 上書하여 時政의 득실을 논하고 널리 현인을 등용하자고 주장했으며, 兩稅法 이외에 부과되던 雜稅를 철폐하고 훌륭한 장수들을 발탁하여 변경을 공고히 하였다. 성품이 강직하여, 당시 聖寵을 받아 교만했던 裴延齡과 대립하였는데 貞元 10년(794)에 배연령의 모함으로 재상에서 쫓겨나 죽임을 당할 뻔하였다. 이듬해 忠州 別駕로 폄적되었다가 順宗이 즉위하여 詔書를 내려 복직시켰으나 도착하기 전에 졸하였다. 저서에 《陸宣公奏議》가 있으며 시호는 宣이다.

126) 裴延齡 : 728~796. 河中 河東 사람이다. 덕종 때 膳部 員外郎・司農少卿・翰林院 直學士 등을 역임하였다. 戶部 侍郎으로 있을 때에는 재무에 익숙치 않아 늘 서리들과 일을 도모하였으며 左藏庫에 원래 있던 재물을 여섯 개의 別庫에 나누어 보관함으로써 덕종이 개인적으로 사용하는 데 보탬이 되게 하자고 주장하였다. 당시 재상으로 있던 陸贄는 그 말이 허탄하다고 비난하면서 그가 재무를 관장해서는 안 된다고 하였으나 덕종은 육지를 폄적시키고 배연령을 더욱 후대하였다. 배연령이 죽자 사람들은 기뻐하였으나 덕종만 슬퍼하였다고 한다. 憲宗 때에 繆(목)이라는 시호를 받았다.

127) 韋渠牟 : 749~801. 京兆 萬年 사람이다. 어려서부터 시를 잘 지었으며, 도사가 되었다가 승려가 되고 다시 환속하였다. 덕종 때 秘書郎이 되어서는 황제에게 700자에 달하는 시를 지어 올렸으며, 얼마 후 右補闕・諫議大夫가 되었다. 陸贄가 재상에서 파면된 후 덕종으로부터 裴延齡 등과 함께 신임을 받아 그 권세가 황제에 버금갔다. 시호는 忠이다.

128) 枉 : 대전본・사고본에는 '狂'으로 되어 있다.

129) 公生明偏生闇 : 《荀子》 〈不苟〉에 보인다.

130) 見 : 사고본에는 없다.

【臣按】 덕종은 인재를 알아보는 명철함이 가장 부족하였습니다. 그러므로 盧杞에 대해서는 그의 간사함을 깨닫지 못하였고 姜公輔에 대해서는 그가 정직함을 팔아먹는다고 의심하였으며, 李晟의 功勳과 陸贄의 충성에 대해서는 멀리하고 밀어냈으며 裴延齡의 기망과 韋渠牟의 조급함·비열함에 대해서는 친근히 하여 믿고 맡겼으니, 奸佞을 충성으로 여기며 정직을 狂妄으로 여기는 것이 덕종보다 심한 이가 없었습니다. 다만 李藩을 보자마자 이번의 사람됨을 알아볼 수 있었으니, 이 당시에는 私見에 빠지지 않았기 때문입니다. 노기와 강공보 등의 사람들에 대해서는 좋아하고 미워하는 사심이 있었기 때문에 감식의 어두움과 밝음이 이처럼 달랐던 것입니다.

옛 글에 이르기를 "공정함은 밝음을 낳고 치우침은 어두움을 낳는다."라고 하였습니다. 만약 덕종의 마음가짐이 공평하여 치우친 데가 없는 것이 늘 이번을 보았을 때처럼 하였다면 신하들의 간사함과 올바름에 있어서 틀림없이 기준이 바뀌는 데까지는 이르지 않았을 것이니, 후대의 임금이 경계하지 않아서야 되겠습니까.

16-9-가[131)]

唐[132)]憲宗[133)]元和中에 裴度[134)]가 平蔡하고 還知政事러니 程异[135)]·皇甫鏄[136)]이

---

131)《新唐書》卷173〈裴度傳〉에 보인다. 元和 13년(818) 봄에 裴度는 吳元濟가 일으킨 蔡州(淮西)의 난을 평정하였다. 헌종은 난이 평정되자 점점 교만하고 사치하여 戶部 侍郞 判度支 皇甫鏄과 鹽鐵轉運使 程异가 황제의 비위를 맞추어 그 비용을 댔으므로 덕종의 총애를 받았다. 이에 두 사람이 예전처럼 판탁지와 염철전운사를 맡으면서 同平章事가 되었다. 배도는 세 번이나 上書하여 그 불가함을 극론하고 자신의 인장을 바치기까지 하였으나 덕종은 받아들이지 않았다. 이 때문에 그들과 사이가 벌어지기 시작하였다. 마침내 배도는 정이와 황보박의 모함을 받아 檢校尙書右僕射 兼 門下侍郞平章事의 직함을 가진 채 河東 節度使가 되었다.

132) 唐 : 대전본·사고본에는 없다.

133) 唐憲宗 : 778~820. 재위 805~820. 당나라의 황제 李純이다. 초명은 淳이며 시호는 聖神章武孝皇帝이다. 順宗의 아들로 貞元 21년(805)에 태자가 되어 그해 8월에 즉위하였다. 杜黃裳·李吉甫 등을 재상으로 등용하여 律令을 개혁하고 과거 제도를 정비하였으며 削藩策으로 국가 재정의 증대를 꾀하였다. 元和 10년(815)에 재상 武元衡이 암살되자 裴度를 재상으로 李愬 등을 장수로 기용하여 신속하게 淮西의 吳元濟를 討平하였다. 이로써 成德·橫海·幽州 등의 藩鎭들이 잇달아 귀부하였다. 元和 14년(819)에는 淄靑 12州를 수복하여 元

以言財利幸하여 **俄得宰相**이어늘 **度**가 **三上書極論不可**한대 **帝**가 **不納**하시니 **纖人**이 **始得乘罅**(하)하다 **帝**[137]가 **嘗論 臣事君**에 **當勵善底公**이니 **朕**이 **惡夫植黨者**하노라 **度**가 **曰 君子・小人**이 **以類而聚**라 **未有無徒者**하니 **君子之徒**는 **同德**이요 **小人之徒**는 **同惡**이라 **外甚類**[138]나 **中實遠**하니 **在陛下**가 **觀所行則辨**이니이다 **帝**

和中興을 이룩하였다. 만년에는 불로장생을 추구하여 方士를 맹신하고 金丹을 복용하여 조급증에 빠져 죄를 입은 사람들이 많았다. 결국 환관 陳弘志 등에게 謀殺당하였다.

134) 裴度 : 765~839. 자는 中立으로 河東 聞喜 사람이다. 德宗 貞元 5년(789)에 진사가 되어 監察御史・起居舍人 등을 지냈으며, 憲宗이 즉위한 뒤에는 中書舍人・御史中丞 등을 거쳐 元和 10년(815)에 中書侍郞・同中書門下平章事가 되었다. 이후 蔡州를 공격하여, 반란을 일으킨 吳元濟를 사로잡는 공을 세워 金紫光祿大夫・弘文館大學士가 더해졌으며 上柱國에 오르고 晉國公에 봉해졌다. 穆宗 때에는 李逢吉의 배척을 받아 山南西道 節度使로 쫓겨났다가 敬宗 寶曆 2년(826)에 경종을 시해한 환관 劉克明을 주멸하고 文宗을 옹립하는 데 협력하였다. 문종이 즉위한 뒤에 牛僧孺 등의 시기를 받아 山南東道 節度觀察使・臨漢監牧使 등으로 나갔다가 開成 4년(839)에 中書令이 되었다. 재상으로 있을 때에는 藩鎭 철폐를 주장했으며, 벼슬에서 물러나 洛陽에 있을 때에는 綠野堂을 짓고 白樂天・劉禹錫 등과 함께 詩文을 수창하였다. 시호는 文忠이다.

135) 程异 : ?~819. 자는 師擧로 京兆 長安 사람이다. 德宗 때 鹽鐵轉運使를 지냈으며 王叔文과 함께 개혁에 참여했다가 개혁이 실패하면서 郴(침)州 司馬로 폄적되었다. 憲宗이 즉위한 후 鹽鐵使 李巽의 추천으로 淮南等五道兩稅使가 되었으며 후에 鹽鐵轉運副使를 겸하였다. 당시 李希烈의 반란을 평정하느라 나라의 재정이 바닥나자, 南方 각지에 남아도는 재정을 조정으로 바치게 하여 국고가 풍족해졌다. 元和 13년(818)에 同中書門下平章事가 되었는데, 錢穀을 담당하는 관리 출신이라 재상에 걸맞지 않다는 비판을 듣자 재상직을 수행할 엄두를 내지 못했다. 서북 변경의 軍政이 문란하자 巡邊使를 두자는 건의를 하면서 재상에서 물러나 외직으로 보임되기를 자청하였는데 詔令이 내려지기 전에 사망하였다. 성품이 청렴하여 죽을 때 집에 가산이 없어 남들의 칭찬을 받았다. 시호는 恭이다.

136) 皇甫鎛 : ?~?. 涇州 臨涇 사람으로 일설에는 安定 朝那 사람이라고도 한다. 德宗 때 進士가 되어 監察御史・吏部 員外郞・司農卿・戶部 侍郞 등을 역임하였다. 憲宗이 蔡州를 토벌하려고 할 때 財用이 급히 필요해지자 황제의 비위를 맞추기 위하여 백성들의 고혈을 짜고 관원들의 녹봉을 삭감하여 군비를 댄 공으로 御史大夫가 되었다. 元和 13년(818)에 同中書門下平章事에 임명되었으면서도 度支를 담당하였는데, 당시 사람들은 장사치를 재상으로 앉혔다며 비판하였다. 정치적으로는 李逢吉・令狐楚와 함께 裴度를 배척하였으며, 인심을 잃는 대신 황제의 환심을 얻고자 方士와 승려를 추천하고 長生藥을 수소문하였다. 憲宗이 피살된 뒤 穆宗이 즉위하자 崖州로 폄적되었다가 그곳에서 죽었다.

137) 俄得……乘罅帝 : 대전본・사고본에는 없다.

曰 言者가 大抵若是하니 朕이 豈易辨之리오 度가 退喜曰 上이 以爲難辨則易요 上이 以爲易辨則難이니 君子・小人이 行判矣라하더니 已而요 卒爲异・鎛所構하여 出爲河中節度使하다

唐 憲宗 元和 연간(806~820)에 裵度가 蔡州의 반란을 평정하고 돌아와 정사를 맡았는데 程异와 皇甫鎛이 재물과 이익을 말하는 것으로 총애를 받아 갑자기 재상 자리를 얻었다. 배도가 세 번 上書하여 그 불가함을 극론하였는데, 헌종이 받아들이지 않으니 소인배가 비로소 그 틈을 탈 수 있게 되었다. 헌종이 한번은 다음과 같이 논하였다.

"신하가 임금을 섬길 때 선을 권면하여 공평함에 이르도록 해야 할 것이다. 짐은 저 붕당 짓는 자들을 미워한다."

배도가 말하였다.

"군자와 소인은 끼리끼리 모이므로 무리가 없는 사람이 없습니다. 군자의 무리는 덕을 함께하고 소인의 무리는 악을 함께하므로 겉은 매우 유사하지만 속은 실로 현격합니다. 폐하께서 그들의 행동을 보면 분변하게 되실 것입니다."

헌종이 말하였다.

"말하는 자들이 대부분 이렇게 말하니 짐이 어찌 쉽게 분변하겠는가."

배도가 물러나와 기뻐하며 말하였다.

"상께서 분변하기 어렵다고 여기시면 쉬울 것이며 상께서 분변하기 쉽다고 여기시면 어려울 것이니, 군자와 소인은 행동이 판이하다."

이윽고 배도가 마침내 정이와 황보박에게 무함을 당하여 河中 節度使로 나가게 되었다.

16-9-나(按)

臣은 按 憲宗이 剛明果斷하여 能用忠謀하고 不惑群議하여 以建中興之烈하니 是豈不知人者리오 蔡功이 旣成에 侈心이 遂熾하니 於是正邪가 始易位矣라 由异・鎛輩가 善於治財하여 有以供其侈用故也니 傳에 曰 利令智昏[139]이라하니 信哉라 不然則以裵度之

138) 甚類 : 대전본・사고본에는 '似' 1자로 되어 있다. 통행본 《신당서》에는 '甚類'로 되어 있다.

堂堂忠節로 視异・鎛輩之瑣瑣姦諛컨대 雖不辨白黑者라도 亦能知其爲正邪之分也어늘 天資가 如憲宗이 猶以利欲으로 揜[140]其明하니 是故人君이 不可無正心之學이니이다

【臣按】 헌종은 剛明하고 과단성이 있어 능히 충성스러운 계책을 따르고 뭇사람들의 의론에 현혹되지 않아 당나라를 중흥시키는 공을 세웠으니, 이 어찌 인재를 알아보지 못하는 사람이겠습니까. 蔡州를 평정한 공이 이루어지자 사치하는 마음이 마침내 타올랐으니, 이에 올바름과 간사함이 비로소 그 지위가 뒤바뀌게 되었습니다. 이것은 정이와 황보박의 무리가 재정 관리에 능하여 헌종의 사치하는 비용을 댈 수 있었기 때문입니다. 옛 글에 이르기를 "이익은 지혜를 어둡게 한다."라고 하였으니 참으로 맞는 말입니다.

그렇지 않으면 배도의 당당한 충절을 정이와 황보박 무리의 하찮고 간사한 아첨에 비교해보았을 때 흑백을 분간하지 못하는 자라도 그 올바름과 사악함의 구분을 알 수 있었을 텐데, 천부적인 자질이 헌종과 같은 사람도 오히려 이익과 욕심으로 자신의 명철함이 가려지게 되었습니다. 이 때문에 임금은 마음을 바르게 하는 학문이 없으면 안 됩니다.

16-10-가[141]

唐[142]武宗이 卽位에 以李德裕[143]로 爲門下侍郞[144]・平章事[145]하신대 德裕가

139) 利令智昏 : 《史記》 卷76 〈平原君虞卿列傳〉에 보인다.

140) 揜 : 대전본・사고본에는 '掩'으로 되어 있다.

141) 관련 내용이 《新唐書》 卷180 〈李德裕傳〉, 《資治通鑑》 卷246 〈唐紀62 文宗 下〉 開成 5년(840) 조에 보인다. 개성 5년 정월에 仇士良 등이 문종의 아들인 태자 李成美가 어리다는 이유로 조서를 고쳐 문종의 동생 李瀍(전)을 皇太弟로 삼았다. 이달에 문종이 죽자 이전이 즉위하니 바로 武宗이다. 무종이 즉위하고 나서 楊嗣復・李珏(각)이 재상으로 있었으나 무종의 뜻과 맞지 않아 파면되고, 이해 8월에 淮南 節度使 李德裕를 조정으로 불러들여 9월에 門下侍郎・同中書門下平章事로 임명하였다.

142) 唐 : 대전본・사고본에는 없다.

143) 李德裕 : 787~850. 자는 文饒로 趙郡 사람이다. 憲宗 때의 재상 李吉甫의 아들이다. 德宗 때 監察御史・翰林學士・屯田員外郎을 지냈으며 穆宗 때 中書舍人이 되었다가 李逢吉의 배척을 받아 浙西 觀察使가 되었다. 文宗 때에는 兵部 侍郎에 임명된 지 얼마 되지 않아 李宗閔의 배척을 받고 滑州 節度使로 나갔다. 그 후 大和 7년(833)에 牛僧孺의 뒤를 이어 兵部尙書・同中書門下平章事가 되고 贊皇伯에 봉해졌다. 이듬해 이종민이 다시 재상으로 기용되

入謝하여 言於上曰 致理之要는 在於辨群臣邪正이니 二者가 勢不相容이라 正人이 指邪人爲邪하고 邪人이 亦指正人爲邪하나니 人主가 辨之甚難하니 臣은 以爲正人은 如松栢[146]이 特立不倚하고 邪人은 如藤蘿가 非附它[147]物이면 不能自起라 故正人은 一心事君而邪人은 競爲朋黨하나니 先帝가 深知朋黨之患而所用이 皆朋黨之人은 良由執心이 不定이라 故姦邪가 得乘間而入也니이다

唐 武宗이 즉위하여 李德裕를 門下侍郎·平章事에 임명하자 이덕유가 입궁하여 사례하고 나서 무종에게 말하였다.

"치세를 이룩하는 요체는 신하들의 간사함과 올바름을 분별하는 데에 달려 있으니 두 가지는 그 형세가 서로 용납하지 않는 것입니다. 올바른 사람은 간사한 사람을 가리켜 간사하다고 하고 간사한 사람 또한 올바른 사람을 가리켜 간사하다고 하니 임금이 분변하기 매우 어렵습니다. 신은 생각건대, 올바른 사람은 마치 松栢이 홀로 서서 기대지 않는 것과 같으며 간사한 사람은 마치 藤蘿가 다른 사물에 의지하지 않으면 스스로 일어서지 못하는 것과 같습니다. 그러므로 올바른 사람은 한결같은 마음으로 임금을 섬기고 간사한 사람은 경쟁적으로 붕당을 만듭니다. 선제(文宗)께서 붕당의 우환을 깊이 아셨으나 등용한 사람들이 모두 붕당을 짓는 사람들이었던 것은 진실로 마음가짐이 일정하지 않았기 때문입니다.

면서 興元 節度使로 나간 이후로 여러 외직으로 폄적되었다가 840년에 문종이 죽고 武宗이 즉위하자 門下侍郎·同中書門下平章事가 되었다. 會昌 원년(841)에 尙書左僕射를 겸하였으며 會昌 5년(845)에 守太尉를 겸하고 衛國公에 進封되었다. 宣宗이 즉위하여 다시 우승유·이종민이 득세하면서 재상에서 물러나 東都 留守로 나갔다. 폄적을 거듭하여 大中 2년(848)에 崖州 司戶가 되었으며 그곳에서 졸하였다.

144) 門下侍郎 : 門下侍中을 보좌하는 직책으로 2員을 두었으며, 天寶 원년(742)에 正4品上이었다가 大曆 2년(767)에 正3品으로 승격되었다. 당나라 중기 이후에는 문하시랑에게 대부분 平章事의 직함이 더해져 명실상부한 재상이 되었다.《新唐書 卷47 百官志 門下省》《中國歷代官制大詞典 門下侍郎》

145) 平章事 : 同中書門下平章事의 약칭으로 唐代의 재상이다. 보통 侍中이나 中書令이 아니면서 재상의 관직에 있는 사람에게 이 직함이 더해졌다.《兩唐書辭典 同中書門下平章事》《中國歷代官制大詞典 平章事》《中國歷代職官辭典 平章事》

146) 栢 : 대전본에는 '柏'으로 되어 있다.

147) 它 : 사고본에는 '他'로 되어 있다.

그러므로 간사한 자들이 그 틈을 타 파고들 수 있었던 것입니다."

16-10-나(按)

臣은 按 德裕가 在文宗朝하여 與李宗閔으로 迭爲宰相而德裕가 卒爲宗閔所傾하니 以文宗이 不能辨其[148]邪正也요 及相武宗하여 深陳二者之辨而武宗이 能聽之라 故德裕가 得效其忠謀하여 會昌之功이 幾於元和[149]하니 由武宗이 能辨其邪正故也라 德裕松栢・藤蘿之辨이 此善喩也니 蓋正人은 以直道로 自將하여 雖於人主라도 猶無所容悅이온 況肯它[150]有依憑以進乎아 邪人은 以枉道로 求合이라 故權臣이 用事則附權臣하고 近習이 得志則附近習하고 妃嬪이 有寵則附妃嬪하여 卑鄙猥[151]賤이 無所不至하나니 德裕此言이 足以判正邪之情狀矣로다

【臣按】 이덕유가 文宗朝에 李宗閔과 번갈아 재상이 되었는데 이덕유가 마침내 이종민에 의해 기울어졌으니 문종이 간사함과 올바름을 분변하지 못했기 때문입니다. 武宗 때 재상이 되어서는 이 두 가지의 분변을 심도 있게 아뢰어 무종이 들어줄 수 있었습니다. 그러므로 이덕유가 자신의 충성스러운 계책을 아뢸 수 있어서 會昌 연간(841~846)의 업적이 元和 연간(806~820)에 가까웠으니, 무종이 그 간사함과 올바름을 분간할 수 있었기 때문입니다.

이덕유가 군자와 소인을 松栢과 藤蘿에 비유하여 분변했던 것이 좋은 비유입니다. 올바른 사람은 올곧은 방법으로 스스로 이끌어 비록 임금에게라도 환심을 사는 것이 없는데 하물며 다른 것에 기대어 조정에 나오려고 하겠습니까. 간사한 사람은 간사한 방법으로 영합하기를 추구하므로 權臣이 권세를 휘두르면 권신에게 붙고 近臣이 득세하면 근신에게 붙으며 妃嬪이 총애를 받으면 비빈에게 붙어, 비루하고 천박하여 못하는 짓이 없습니다. 이덕유의 이 말에서 올바름과 간악함의 정상을 판별할 수 있습니다.

148) 其 : 사고본에는 없다.

149) 會昌……元和 : 會昌은 武宗 때의 연호로, 회창 5년(845)에 廢佛 정책을 추진하여 4천6백여 곳에 달하는 사찰을 헐고 僧尼 26만여 명을 환속시켰다. 元和는 憲宗 때의 연호로, 원화 12년(817)에 淮西의 난을 평정하였다. 원화 14년(819)에는 헌종이 法門寺의 탑에 보관된 佛骨을 맞이하게 하여 韓愈가 〈佛骨表〉를 올리는 계기가 되었다.

150) 它 : 사고본에는 '他'로 되어 있다.

151) 鄙猥 : 사고본에는 '猥鄙'로 되어 있다.

近世名臣張浚[152]이 又推而廣之하여 以爲 不私其身하여 慨然以天下百姓으로 爲心은 此가 君子也요 謀身[153]之計가 甚密而天下百姓之利害를 我不顧焉은 此가 小人也요 志在於爲道하여 不求名而名自歸之는 此가 君子也요 志在於爲利하여 掠虛美・邀浮譽는 此가 小人也요 其言之剛正不撓하여 無所阿徇은 此가 君子也요 辭氣柔佞하여 切切然伺候人主之意於眉目顔色之間은 此가 小人也요 樂道人之善하고 惡(오)稱人之惡은 此가 君子也요 人之有善을 必攻其所未至而掩之하고 人之有過則欣喜自得을 如獲至寶하여 旁引曲借하여 必欲開陳於人主之前은 此가 小人也요 難進易退는 此가 君子也요 叨冒爵祿하여 蔑無廉恥는 此가 小人也[154]니 臣嘗以此而求之호니 君子・小人之分을 庶幾其可以槪見矣[155]라하니

근세의 명신 張浚이 또 이를 미루어 확대하여 다음과 같이 말하였습니다. "제 자신을 사사롭게 여기지 않아 慨然하게 천하 백성의 마음을 자신의 마음으로 삼는 사람은 군자이며, 제 자신을 도모하는 계책은 매우 치밀하지만 천하 백성의 이해를 나 몰라라 하는 사람은 소인입니다. 道를 행하는 데에 뜻이 있어 명성을 추구하지 않지만 명성이 저절로 따르는 사람은 군자이며, 이익을 도모하는 데에 뜻이 있어 거짓 명성을 훔치고 虛名을 꾀하는 사람은 소인입니다. 그 말이 剛正하여 흔들리지 않아 아부하고 굴종하는 바가 없는 사람은 군자이며, 말이 부드럽고 알랑거려 임금의 뜻을 표정과 안색에서 살살 엿보는 사람은 소인입니다. 남의 선을 말하기 좋아하고 남의 악을 말하기 싫어하는 사람은 군자이며, 남이 선을 행하면 기어이 드러나기 전에 공격하여 덮어버리고 남이 잘못을 저지르면 마치

152) 張浚 : 1097~1164. 자는 德遠으로 漢州 綿竹 사람이다. 張栻의 부친이다. 徽宗 때 進士가 되었으며 高宗 때에는 樞密院 編修官・殿中侍御史 등을 지냈다. 建炎 3년(1129)에 苗傅와 劉正彦이 반란을 일으켜 고종을 퇴위시켰을 때 勤王兵을 일으켜 고종을 복위시킨 공으로 知樞密院事가 되었다. 紹興 5년(1135)에 尙書右僕射・同中書門下平章事가 되었다. 이해에 金나라에 억류되어 있던 徽宗이 죽자 황제에게 진언할 때 늘 復讎雪恥를 말하였다. 그러나 主和派인 秦檜가 집권하자 약 20년 동안 외직으로 떠돌았다. 孝宗이 즉위하자 魏國公으로 봉해졌으며 隆興 원년(1163)에 북벌을 했다가 실패하였다. 얼마 후 右僕射가 되었으나 오래지 않아 진회의 잔당인 左僕射 湯思退의 배척을 받아 파직되었다. 시호는 忠獻이다.

153) 身 : 대전본・사고본에는 '求'로 되어 있다.

154) 難進……人也 : 대전본・사고본에는 없다.

155) 不私……見矣 : 《張魏公集》〈辨君子小人疏〉에 보인다. 같은 내용이 李心傳의 《建炎以來繫年要錄》 卷85 등에도 보인다. 이 글은 紹興 5년(1135) 2월에 장준이 高宗에게 올린 글이다.

큰 보배라도 얻은 것처럼 기뻐하고 득의양양하여 두루 끌어들이고 살살이 짜 맞추어 기어이 임금 앞에서 떠벌리고자 하는 사람은 소인입니다. 조정에 出仕하기를 어려워하고 조정에서 물러나기를 쉽게 여기는 사람은 군자이며, 爵祿을 탐내고 염치를 모르는 사람은 소인입니다. 신이 일찍이 이러한 기준으로 탐구해보니 군자와 소인의 구분을 거의 대체로 알 수 있었습니다."

臣은 謂 人主가 欲知群臣之邪正인대 惟以德裕・浚之言으로 參而考之則亦何難辨之有리오 然德裕所謂邪人이 競爲朋黨은 獨不思君子가 其無同類矣乎아 我以朋黨으로 議小人則小人이 亦將以朋黨[156]으로 議我矣니 必如裴度曰 君子之徒는 同德하고 小人之徒는 同惡[157]이라사 則爲得之니 此가 德裕之所以不及度也니이다

신은 이렇게 생각합니다. 임금이 신하들의 간사함과 올바름을 알고자 할 경우 오로지 이덕유와 장준의 말을 참조하여 살펴보면 또한 변별하기 어려울 게 무엇이 있겠습니까. 그러나 이덕유가 말한 "간사한 사람은 경쟁적으로 붕당을 만든다."라고 한 것은, 유독 군자에게 동류가 없을 것이라고 생각했던 것이 아니겠습니까. 내가 붕당을 짓는다고 소인을 비판하면 소인 또한 장차 붕당을 짓는다고 나를 비판할 것이니, 반드시 배도가 "군자의 무리는 덕을 함께하고 소인의 무리는 악을 함께한다."라고 말했던 것처럼 해야 될 것입니다. 이것이 이덕유가 배도에 미치지 못하는 까닭입니다.

以上은 論帝王知人之事하니라

이상은 역대 聖王이 인재를 알아본 사례들을 논하였다.

156) 我以……朋黨 : 대전본에는 '我以朋黨'으로, 사고본에는 '或以朋黨'으로 되어 있다.
157) 君子之徒……同惡 : 16-9-가 참조.

格物致知之要(二) 사물의 원리를 깊이 연구하여 知性의 힘을 극대화하는 핵심적인 방법들 (2)

辨人材 人材를 구별하는 방법들

姦雄竊國之術 奸雄이 國權을 훔친 방법

17-1-가[1)]

春秋傳에 **晉魏絳**이 **曰**① **昔有夏之方衰也**에 **后羿**가 **自鉏**(서)**遷于窮石**②[2)]하여 **因夏民以代夏政**③[3)]하여 **恃其射也**④하여 **不修民事而淫于原獸**⑤하고 **棄武羅・伯因**[4)]**・熊髡・尨圉**⑥**而用寒浞**하니 **寒浞**은 **伯明氏**[5)]**之讒子弟也**라 **伯明后寒**이

---

1) 《춘추좌씨전》 襄公 4년(기원전 569) 기사에 보인다. 이해에 山戎의 無終國 임금인 嘉父가 孟樂을 晉나라에 사신으로 보내 魏絳을 통하여 虎皮와 豹皮를 바치고 진나라가 戎狄들과 화친하기를 청하였다. 이때 晉 悼公은 위강에게 융적을 토벌하는 것이 낫다고 말하였다. 위강은 이를 만류하면서 사냥을 좋아하고 활솜씨에 능했던 有窮國 后羿의 이야기를 하였는데 이것은 도공이 사냥을 좋아했기 때문이다. 위강은 晉나라 사람으로 시호는 莊子이다. 《春秋左氏傳注疏 襄公 4年 杜預注》《楊伯峻, 春秋左傳注(修訂本), 北京:中華書局, 1990, 910・935쪽》

2) 后羿……窮石 : 鉏는 后羿의 본국 이름으로 현재 河南省 滑縣 동쪽에 있으며, 窮石은 바로 窮谷으로 현재 洛陽市 남쪽에 있다. 《春秋左氏傳注疏 襄公 4年 杜預注》《楊伯峻, 春秋左傳注(修訂本), 北京:中華書局, 1990, 936쪽》

3) 因夏民以代夏政 : 杜預에 따르면, 禹王의 손자 太康이 방종하여 나라를 잃자 하나라 사람들이 그의 아우 仲康을 옹립하였으며 중강이 죽자 그 아들 相이 즉위하였는데 후예가 마침내 상을 대신하여 국호를 有窮이라 하였다. 孔安國에 따르면, 태강이 방종하자 后羿가 태강을 폐위시키고 중강을 옹립하여 정권을 잡았다고 한다. 《春秋左氏傳注疏 襄公 4年 杜預注・孔穎達疏》《楊伯峻, 春秋左傳注(修訂本), 北京:中華書局, 1990, 936쪽》

4) 因 : 사고본에는 '困'으로 되어 있다. 통행본 《춘추좌씨전》에는 '因'으로 되어 있다.

棄之어늘[6] 夷羿가 收之⑦하여 信而使之하여 以爲己相하다 浞이 行媚于內⑧而施賂于外하고 愚弄其民而虞羿于田⑨하여 樹之詐慝하여 以取其國家하니 外內咸服⑩이러라 羿猶不悛⑪하고 將歸自田할새 家衆이 殺而烹[7]之⑫[8]하니 浞이 因羿室⑬하니라

① 晉魏絳曰：晉，國名．魏絳，晉大夫．
'晉'은 나라 이름이다. '魏絳'은 晉나라 대부이다.

② 后羿……窮石：后羿，夏諸侯．鉏及窮石，皆地名．
'后羿'는 夏나라의 제후이다. '鉏'와 '窮石'은 모두 지명이다.

③ 因夏民以代夏政：禹孫太康淫放[9]失國，夏人立其弟仲康，仲康亦微弱．仲康卒，子相立，羿遂代相，號曰有窮[10]．
禹王의 손자 太康이 음란하고 방탕하여 나라를 잃자 夏나라 사람들이 그 아우 仲康을 옹립하였는데 중강도 미약하였다. 중강이 죽자 아들 相이 즉위하였는데 羿가 마침내 상을 대신하고 국호를 '有窮'이라고 하였다.

④ 恃其射也：羿善射．
羿는 활쏘기를 잘했다.

⑤ 淫于原獸：淫放原野．
'淫于原獸'는 마음대로 들에 사냥을 나간 것이다.

⑥ 武羅……尨圉：四子皆羿之賢臣．
네 사람은 모두 羿의 賢臣이다.

⑦ 夷羿收之：夷，氏．
'夷'는 氏이다.

⑧ 浞行媚于內：內，宮人．

---

5) 伯明氏：伯明은 寒나라의 임금이다. 《春秋左氏傳注疏 襄公 4年 杜預注》

6) 伯明后寒이 棄之어늘：저본에는 '伯明后가 寒棄之어늘'로 되어 있으나, 孔穎達의 疏와 楊伯峻의 《春秋左傳注》 등에 근거하여 바로잡았다. 《春秋左氏傳注疏 襄公 4年 孔穎達疏》 《楊伯峻, 春秋左傳注(修訂本), 北京:中華書局, 1990, 937쪽》

7) 烹：대전본에는 '亨(팽)'으로 되어 있다. 통행본 《춘추좌씨전》에도 '亨'으로 되어 있다.

8) 家衆殺而烹之：한착의 私黨은 후예를 죽이고 그 시신을 삶아 후예의 아들에게 먹이려고 하였는데, 후예의 아들은 차마 먹지 못하고 窮나라 城門으로 달아나서 자살하였다. 《春秋左氏傳 襄公 4年》 《楊伯峻, 春秋左傳注(修訂本), 北京:中華書局, 1990, 937쪽》

9) 放：대전본에는 '𢻱'로 되어 있다.

10) 窮：대전본에는 '康'으로 되어 있으나, 오자이다.

'內'는 宮人이다.

⑨ 虞羿于田 : 樂之以遊田.

'虞羿于田'은 사냥 가는 일로 羿를 즐겁게 한 것이다.

⑩ 外內咸服 : 信浞詐.

寒浞의 欺瞞을 믿은 것이다.

⑪ 羿猶不悛 : 悛, 改也.

'悛'은 '고치다'라는 뜻이다.

⑫ 家衆殺而亨之 : 家衆, 寒浞之私黨也. 亨[11], 鬻[12]也, 殺羿而鬻[13]食之也.

'家衆'은 寒浞의 私黨이다. '亨'은 '끓이다'라는 뜻이니, 羿를 죽이고 그 시신을 끓여 먹인다는 뜻이다.

⑬ 浞因羿室 : 就其妃妾.[14]

寒浞이 后羿의 妃妾들을 차지한 것이다.

《춘추좌씨전》에 다음과 같은 내용이 있다.

"晉나라 魏絳이 말하였다.

'옛날 夏나라가 쇠퇴할 때에 后羿가 鉏에서 窮石으로 옮겨 와 하나라 백성들을 통하여 하나라의 정권을 대신하였습니다. 후예는 자신의 활 솜씨를 믿어 민생은 돌보지 않고 들판에 나가 사냥하는 데 탐닉하였으며 武羅·伯因·熊髡·尨圉와 같은 賢臣들을 버리고 寒浞을 등용하였습니다. 한착은 伯明氏의 간악한 자제입니다. 寒나라의 임금인 伯明이 한착을 버리자 夷羿(后羿)가 한착을 거두어 신임하고 일을 시켜 자신의 재상으로 삼았습니다. 한착이 안으로는 宮人들에게 아첨하고 밖으로는 뇌물을 뿌리며 하나라의 백성들을 우롱하고 후예를 사냥 가는 것으로 즐겁게 하게 하여 사특한 자들을 심어서 그 나라를 손에 넣으니 안팎이 모두 복종하였습니다. 후예는 여전히 잘못을 고치지 않았습니다. 그리고 사냥에서 돌

11) 亨 : 대전본에는 '享'으로 되어 있다.

12) 鬻 : 사고본에는 '煮'로 되어 있다.

13) 鬻 : 사고본에는 '煮'로 되어 있다.

14) 就其妃妾 : 寒浞의 당여들이 后羿를 죽이자 한착은 후예의 처첩을 취하여 澆(요)와 豷(희)를 낳았다. 나중에 이들은 후예의 신하였던 靡에 의하여 격멸된다. 미는 후예가 죽었을 때 有鬲氏에게로 망명하였는데 그곳에서 한착에 의해 멸망한 나라인 斟灌과 斟尋의 백성들을 규합하여 한착을 격멸하고 小康을 옹립하였다. 후에 한착의 자식인 요와 희까지도 격멸하였다. 《春秋左氏傳 襄公 4年》

아오려고 할 때 한착의 私黨이 후예를 죽여 그 시신을 끓이니 한착이 후예의 妃妾들을 차지하였습니다."

17-1-나(按)

臣은 按 自古姦臣이 欲盜其君之國인대 非挾宮闈之助하며 合左右之交則不能獨爲라 故寒浞之相羿也에 行媚於內而施賂於外하여 內外盤結하여 無一發其姦者然後에 得以愚弄上下而恣其所欲爲하니 使羿無從禽之荒則玆心이 未悟하여 猶有時而覺也라 故又娛[15]羿于田하여 使之馳騁弋獵하여 以汨亂其精神하며 顚倒其志慮하니 於是에 詐慝之謀가 得立而取羿之國·戕羿之身을 若反手然하니라 當有夏之時하여 風俗이 淳質호대 已有巧於簒盜가 如寒浞者어든 況後世哉아 是以로 虞·周君臣이 更相勑[16]戒曰 無游逸[17]하며 無耽樂[18]이라하여 以此爲坊[19]이라도 後世에 猶有湛(탐)①于酒色而擧國授人을 如漢成帝[20]者[21]하니이다

① 湛 : 音耽.
'湛'의 음은 耽(탐)이다.

【臣按】 예로부터 간신이 제 임금의 나라를 훔치려고 할 때 宮人의 도움을 끼고

15) 娛 : 사고본에는 '虞'로 되어 있다.
16) 勑 : 대전본에는 '敕'으로 되어 있다.
17) 游逸 : 대전본·사고본에는 '逸游'로 되어 있다.
18) 虞周……耽樂 : 《서경》 〈周書 無逸〉에 따르면, 주공이 成王에게 한 말 가운데 "아, 지금부터 嗣王(성왕)께서는 그 구경·편안함·유람·사냥을 지나치게 하지 않음을 본받아 만민의 正供만 받으소서. 한가히 여겨 '오늘은 즐기자.'라고 말하지 마소서.〔嗚呼 繼自今 嗣王則其無淫于觀于逸于遊于田 以萬民惟正之供 無皇曰今日耽樂〕"라는 내용이 보인다. 正供은 법으로 정한 賦稅를 말한다.
19) 坊 : 대전본·사고본에는 '防'으로 되어 있다.
20) 漢成帝 : 기원전 51~기원전 7. 재위 기원전 33~기원전 7. 서한의 제11대 황제 劉驁(오)로 자는 太孫이다. 元帝의 장자로 즉위한 뒤 주색에 빠져 歌姬 趙飛燕을 총애하고 황후로 삼았으며 그의 동생은 昭儀로 삼았다. 또한 외조부인 王鳳을 비롯하여 일가인 王崇·王商·王根·王莽 등이 모두 제후에 봉해지고 높은 관직에 오름으로써 왕씨들이 정권을 장악하게 되었다. 재위하는 동안 정치는 부패하고 백성들은 피폐해져 민란이 일어났다.
21) 後世……帝者 : 漢 成帝가 王莽의 작위를 높여주어 왕망이 국정을 장악할 계기를 마련해준 것을 말한다. 17-4-가 참조.

좌우 近臣과의 교분을 맺지 않으면 혼자서 하지 못했습니다. 그러므로 寒浞이 后羿의 재상으로 있을 때 안으로는 아첨하고 밖으로는 뇌물을 뿌려 안팎으로 결탁하여 어느 한 사람 그의 간사함을 말하는 자가 없고 난 후에야 상하를 우롱하여 제가 하고 싶은 것을 마음대로 할 수 있었습니다. 만약 후예가 짐승을 쫓는 미혹됨이 없었으면 이 마음이 흐려지지 않아서 오히려 어느 때고 깨달았을 것입니다. 그러므로 또 후예를 사냥으로 즐겁게 하여 말을 달려 사냥하게 함으로써 그의 정신을 어지럽히고 그의 생각을 뒤바꾸어 놓았습니다. 이에 사특한 음모가 성립되어 후예의 나라를 손에 넣고 후예를 죽이기를 마치 손바닥을 뒤집듯이 쉽게 할 수 있었습니다. 夏나라 때에는 풍속이 淳厚하고 질박하였는데도 이미 한착처럼 찬탈하여 나라를 훔치는 데 뛰어난 자가 있었으니, 하물며 후세에는 어떠하겠습니까.

이 때문에 순임금 때나 周나라 때의 임금과 신하들이 또한 서로 신칙하여 경계하기를 "안일에 빠지지 말고 즐기지 말라."라고 하여 이를 법도로 삼았습니다. 그럼에도 후세에 오히려 주색에 빠져 나라를 들어 남에게 주기를 漢 成帝처럼 한 사람이 있었습니다.

17-2-가[22)]

史記[①]齊世家[②]에[23)] 田乞(기)[24)]가 事齊景公[25)]爲大夫하여 其收賦稅於民에 以

22) 관련 내용이 《史記》 卷46 〈田敬仲完世家〉에 보인다. 본문에서 〈齊世家〉에 보인다고 한 것은, 田完의 후예인 田氏에게 齊나라의 정권이 넘어간 뒤에도 '제'라는 국호를 바꾸지 않았기 때문으로 보인다.

기원전 490년에 齊 景公이 죽자 高昭子와 國惠子가 경공의 유언을 받들어 경공의 총희인 芮子의 소생 荼(晏孺子)를 옹립하였다. 이에 경공의 다른 아들인 陽生은 魯나라로 도망갔다. 전기는 양생을 옹립하고 국정을 장악하고자 기원전 489년에 대부들과 함께 고소자와 국혜자를 공격하고 悼公을 옹립하였다. 기원전 485년에 전기가 죽고 田恒이 대를 이었는데 이듬해에 鮑牧이 도공과 불화가 생겨 도공을 시해하였다. 이에 제나라 사람들이 도공의 아들 壬을 옹립하니 바로 簡公이다. 그 후 전항은 간공의 총애를 받는 監止를 시기하였다. 한편 감지의 일족인 子我는 전씨 일족과 사이가 좋지 않아 전씨들을 멸족하려고 했는데 전씨들이 이를 알고 선수를 쳐서 자아를 죽이려고 하였다. 이에 간공이 군대를 보내 전항을 공격하려다가 子余의 만류로 그만두었는데, 전씨들이 자아와 감지를 죽이자 徐州로 달아났다. 전씨들은 후환을 두려워하여 기원전 480년에 간공을 시해하고 전항이 간공의 동생 平公을 옹립했다. 기원전 456년에 평공과 전항이 죽자 宣公이 즉위하고 田盤이 선공의 재상

小斗受之하고 其粟予[26]民에 以大斗하여 行陰德於民而景公이 弗禁하니 由此田氏가 得齊衆心하여 宗族이 益彊이어늘 晏子[27]가 數(삭)諫호대 公이 弗聽하다 景公이 有寵姬生子荼러니 景公이 病에 命其相國惠子·高昭子하여 立荼爲太子러니 景公이 卒에 兩相이 立荼하니 是爲晏孺子라

① 史記 : 漢司馬遷所作.
《史記》는 漢나라 司馬遷의 저작이다.

② 齊世家 : 齊世家, 紀齊國之事也.
《史記》〈齊世家〉는 齊나라의 일을 기록한 것이다.

《사기》〈齊世家〉에 다음과 같은 내용이 있다.

"田乞가 齊 景公을 섬겨 대부가 되었다. 전기가 백성들에게 賦稅를 징수할 때 작은 말로 받고 곡식을 백성들에게 줄 때에는 큰 말로 하여 백성에게 음덕을 베풀었는데 경공이 금하지 않았다. 이로 말미암아 田氏가 제나라의 민심을 얻어 종족이 더욱 강성해지자 晏子(晏嬰)가 자주 간하였는데 경공이 듣지 않았다.

경공에게 寵姬가 있어 아들 荼를 낳았다. 경공은 중병이 들자 國相인 國惠子와 高昭子에게 명하여 荼를 태자로 세웠는데, 경공이 죽자 두 국상이 荼를 옹립하니

이 되었다. 선공의 치세 동안 전반과 그의 아들 田白, 손자 田和가 차례로 국정을 장악하였다. 기원전 405년에 선공이 죽고 康公이 즉위하여 정사를 돌보지 않자 마침내 기원전 386년에 전화가 강공을 내쫓고 즉위하여 齊 太公이 되고 주 왕실로부터 제후로 인정받았다.

23) 에 : 509본에는 없다.

24) 田乞 : ?~기원전 485. 성은 嬀(규)이며 田은 씨이다. 田桓子(田無宇)의 아들로 齊 景公을 섬겼으며, 경공이 죽고 高昭子와 國惠子가 경공의 아들 荼(晏孺子)를 옹립하자 고소자·국혜자를 죽이고 公子 陽生(齊 悼公)을 옹립하였다. 후에 안유자를 죽이고 스스로 國相이 되어 제나라의 국정을 전단하였다. 시호는 釐(희)子이다.

25) 齊景公 : ?~기원전 490. 재위 기원전 547~기원전 490. 춘추시대 齊나라의 임금 姜杵臼로 景은 시호이다. 齊 莊公의 이복동생으로 장공을 살해한 大夫 崔杼에 의해 옹립되었다. 즉위한 뒤 최저를 右相으로 慶封을 左相으로 삼았다. 궁실을 짓고 사냥개와 말을 모으기를 좋아하였으며 세금과 형벌을 무겁게 하며 사치가 끝이 없었다. 晏嬰을 卿에 임명한 뒤로는 그의 간언에 의하여 저지되기도 하였다. 재위 기간 동안 齊나라의 公室이 쇠퇴하고 田氏 세력이 대두하였다.

26) 予 : 사고본에는 '與'로 되어 있다. 통행본 《사기》에는 '予'로 되어 있다.

27) 晏子 : 14-2-가의 '晏子' 주석 참조.

바로 晏孺子이다.

田乞가 不說하여 遂立景公의 佗[28]子陽生而殺晏孺子하고 專齊政이러니 乞가 卒[①]커늘 子恒[29)30)]이 立하여 復修釐(희)子之政하여 以大斗出貸하고 以小斗收하더니 執其君簡公而弑之하고 立簡公弟하니 是爲平公[31]이라 田恒[32]이 言於平公曰 德施는 人之所欲이니 君其行之하소서 刑罰은 人之所惡니 臣請行之호리이다 行之五年에 齊國之政이 皆歸田恒[33]이어늘 恒[34]이 於是에 盡誅鮑·晏·監止[②]及公族之彊者而割齊하여 自安平[35]以東至琅邪[③36)]히 自爲封邑하니 封邑이 大於平公之所食이러라 恒[37]이 卒[④]커늘 子盤[38]이 立하여 使其兄弟宗人으로 盡爲齊都邑大夫러니 盤之孫田和[39]가 乃遷其君康公[40]於海上하여 食一城以奉其先

28) 佗 : 대전본・사고본에는 '他'로 되어 있다. 통행본《사기》에도 '他'로 되어 있다.

29) 恒 : 대전본・사고본에는 '常'으로 되어 있다. 대전본의 경우 宋代의 피휘이다.

30) 恒 : ?~기원전 456. 田恒을 가리키는데 漢 文帝 劉恒 이후로는 이를 피휘하여 田常으로 표기되었다. 田乞(기)의 아들로 齊 簡公 때 監止와 함께 각각 左相과 右相이 되었다. 기원전 481년에 거병하여 감지와 간공을 죽이고 간공의 동생 驁(平公)를 옹립하였다. 이로써 제나라의 정권을 모두 장악하고 강성한 公族들은 모두 제거되었다. 시호는 成子이다.

31) 平公 : ?~기원전 456. 재위 기원전 480~기원전 456. 춘추시대 齊나라의 임금으로 平은 시호이며 성은 姜, 씨는 呂, 이름은 驁이다. 簡公의 동생으로 강공을 시해한 田恒에 의해 옹립되었다. 재위 기간 동안 田氏가 국정을 전단하였으며 安平 동쪽의 땅을 모두 封邑으로 삼았다.

32) 恒 : 대전본・사고본에는 '常'으로 되어 있다. 대전본의 경우 宋代의 피휘이다.

33) 恒 : 대전본・사고본에는 '常'으로 되어 있다. 대전본의 경우 宋代의 피휘이다.

34) 恒 : 대전본・사고본에는 '常'으로 되어 있다. 대전본의 경우 宋代의 피휘이다.

35) 安平 : 고대의 읍 이름으로, 현재 山東省 淄博 동북쪽에 있었다.《史記辭典 安平》

36) 邪 : 대전본・사고본에는 '琊'로 되어 있다.

37) 恒 : 대전본・사고본에는 '常'으로 되어 있다. 대전본의 경우 宋代의 피휘이다.

38) 盤 : ?~기원전 452. 田盤을 가리키며 田班이라고도 한다. 齊나라 田常의 아들이다. 전상이 죽자 그 뒤를 이어 제나라의 相이 되었으며, 三晉(韓・魏・趙)에 사신을 보내 교통하였다. 시호는 襄子이다.

39) 田和 : ?~기원전 383. 재위 기원전 386~기원전 383. 田齊의 임금 太公을 가리키며 田恒의 증손이다. 齊 康公이 주색에 빠져 정사를 돌보지 않자, 태공이 그를 바닷가로 내쫓고 城 하나를 식읍으로 주어 조상의 제사를 받들도록 했다. 강공 19년(기원전 386)에 정식으로

祀하고 和가 立爲齊侯하다

① 乞卒 : 謚釐子.
田乞는 시호가 釐子이다.
② 於是……監止 : 鮑·晏·監三氏, 皆齊大家.
鮑氏·晏氏·監氏 세 가문은 모두 齊나라의 큰 가문이다.
③ 自安……琅邪 : 安平·琅邪[41], 皆邑名.
'安平'과 '琅邪'는 모두 고을 이름이다.
④ 恒卒 : 謚成子.
田恒은 시호가 成子이다.

전기는 불쾌하여 마침내 경공의 다른 아들 陽生을 옹립하고 나서 晏孺子를 죽이고 齊나라의 정권을 專斷하였다. 전기가 죽자 아들 田恒이 그 지위를 이어받아 다시 釐子의 정치를 재현해 큰 말로 빌려주고 작은 말로 거두어들였다. 자신의 임금 簡公을 잡아 시해하고 간공의 아우를 세우니 바로 平公이다.

전항이 평공에게 말하였다.

"덕을 베푸는 것은 사람들이 바라는 것이니 임금께서 행하십시오. 형벌은 사람들이 싫어하는 것이니 신이 행하겠습니다."

이를 시행한 지 5년 만에 제나라의 정권이 모두 전항에게 귀속되었다. 전항이 이에 鮑氏·晏氏·監止와 公族 가운데 강성한 이들을 모두 죽이고, 제나라를 분할하여 安平에서부터 동쪽으로 琅邪에 이르기까지 스스로 봉읍으로 삼으니 그 봉읍이 평공의 식읍보다 컸다.

전항이 죽자 아들 田盤이 그 지위를 이어받아 자신의 형제와 宗人들을 모두 齊나라의 都와 邑들의 大夫가 되게 하였다. 전반의 손자 田和가 마침내 자신의 임금인 康公을 바닷가로 이주시키고 城 하나를 식읍으로 주어 그 조상의 제사를 받들게 하였다. 전화가 즉위하여 齊나라의 임금이 되었다.

즉위하여 제후가 되었다.

40) 康公 : ?~기원전 379. 재위 기원전 404~기원전 386. 齊나라의 임금 姜貸로 康은 시호이다. 平公의 손자이자 宣公의 아들이다. 재위 기간 동안 田氏가 국정을 전단하였으며, 기원전 386년에 田和가 즉위하면서 그에 의해 바닷가로 쫓겨 갔다.

41) 邪 : 대전본·사고본에는 '琊'로 되어 있다.

17-2-나(按)

臣은 按 左氏傳에 載晏子가 對景公하니 略曰 陳氏雖無大德而有施於民①하여 豆・區・釜・鍾[42]之數[43]를 其取之公也가 薄하고 其施之[44]民也가 厚[45]어늘 公[46]은 厚斂焉하고 陳氏는 厚施焉하니 民歸之矣라 後世若少惰요 陳氏而不亡則國[47]其國也리이다 公曰 善哉라 是可若何오 對曰 唯禮가 可以已之니이다 在禮에 家施가 不及國[48]하며 大夫가 不收公利[49]라하니이다 公曰 善哉라 我不能矣[50]라하니 史記所謂晏子가 諫而公不聽[51]者가 此也라

---

42) 鍾 : 대전본에는 '鍾'으로 되어 있다. 통행본《춘추좌씨전》에는 '鍾'으로 되어 있다.

43) 豆區釜鍾之數 : 清나라 때 洪亮吉은《春秋左傳詁》에서 "4되가 1豆, 4두가 1區, 4구가 1䤮(부), 10부가 1鍾이다.〔四升爲豆 四豆曰區 四區曰䤮 䤮十曰鍾〕"라는 鄭玄의 주석을 인용하면서 䤮와 釜는 음이 유사하고 뜻이 같다고 하였다.《春秋左傳詁 卷15》

44) 之 : 대전본에는 이 뒤에 '於'가 있다. 통행본《춘추좌씨전》에는 없다.

45) 厚 : 대전본에는 '輕'으로 되어 있다. 통행본《춘추좌씨전》에는 '厚'로 되어 있다.

46) 公 : 사고본에는 이 앞에 '在'가 있다. 통행본《춘추좌씨전》에는 없다.

47) 國 : 사고본에는 이 뒤에 '非'가 있다. 통행본《춘추좌씨전》에는 없다.

48) 家施不及國 : 공영달은 "대부는 家라고 하니 대부 집안에서 베푸는 것이 國人에게까지 베풀어져서는 안 된다. 국인은 임금의 소유이니 대부가 함부로 베풀어 자신의 사사로운 은혜를 심어서는 안 된다는 것을 말했다. 陳氏가 국인에게까지 베풀었으니 이는 禮를 어긴 것이다.〔大夫稱家 家之所施 不得施及國人 言國人是國君之所有 大夫不得妄施遺之以樹己私惠 陳氏施及國人 是違禮也〕"라고 설명하였다.《春秋左氏傳注疏 昭公 26年 孔穎達疏》

49) 大夫不收公利 : 不收公利를 두예는 "상을 내리지 않는 것이다.〔不作福〕"라고 풀이하였다. 공영달은 "이는 대부가 公家에 돌아갈 이익을 거두어 상으로 내려서는 안 된다는 것을 말한 것이다. 진씨가 상을 내려 國人들의 마음을 끌어모으고 백성들에게 베풀어 상을 내리니 이것이 공가에 돌아갈 이익을 거두는 것이다.〔是言大夫不得聚收公利自作福也 陳氏作福以招國人之心 施民作福 是收公利也〕"라고 하였다.《春秋左氏傳注疏 昭公 26年 杜預注・孔穎達疏》

50) 陳氏雖無……能矣 :《춘추좌씨전》昭公 26년(기원전 516) 12월 기사에 보인다. 당시 제나라에 혜성이 나타나자 제 경공은 혜성이 사라지기를 기원하는 禳祭를 지내게 하였는데 晏子가 만류하여 그만두게 하였다. 본문에 보이는 경공과 안자의 대화는 경공이 양제를 그만둔 이후에 두 사람이 서로 路寢(正寢)에 앉아 주고받은 말이다. 경공이 안자와 함께 노침에 앉으면서 "아름답구나, 방이여! 그 누가 이 방을 차지하게 될까?"라고 하자 안자는 무슨 의미로 한 말인지 물었다. 이에 경공이 "나는 이 방을 차지하는 것이 德에 달렸다고 생각한다."라고 답하였다. 이에 안자는 "임금께서 하신 말씀대로라면 이 방을 차지하는 것은 陳氏일 것입니다."라고 대답하면서 본문과 같이 말하였다.《春秋左氏傳 昭公 26年》

① 陳氏……於民：田氏本出於陳, 故又曰陳氏.[52]
田氏는 본래 陳에서 나왔기 때문에 陳氏라고도 한다.

【臣按】《춘추좌씨전》에 晏子가 景公에게 대답한 내용이 실려 있는데 대략 다음과 같습니다.

"陳氏가 비록 큰 덕은 없으나 백성들에게 베푸는 것이 있어서 豆・區・釜・鍾과 같은 몇 가지 量器를 가지고 公稅를 징수할 때에는 적게 받고 백성들에게 베풀 때에는 후하게 주는데, 임금께서는 많이 걷으시고 진씨는 후하게 베푸니 백성들이 진씨에게 귀의하였습니다. 임금의 후대가 만약 조금 태만해지고 진씨가 망하지 않으면 나라는 진씨의 나라가 될 것입니다."

경공이 말하기를

"좋은 말이다. 이를 어떻게 하면 좋겠는가?"

하니, 안자가 대답하기를

"오로지 禮만이 그러한 사태를 막을 수 있습니다. 예에 따르면, 대부 집안에서 베푸는 것이 國人에까지 미쳐서는 안 되며 대부가 公家에 돌아갈 이익을 거두어서는 안 된다고 하였습니다."

하였습니다. 경공이 말하기를

"좋은 말이다. 나는 못하겠지만."

이라고 하였으니, 《사기》에서 안자가 간하였으나 경공이 듣지 않았다고 한 것이 이것입니다.

---

51) 晏子諫而公不聽：《史記》 卷46 〈田敬仲完世家〉에 따르면, 田氏들이 제나라의 민심을 얻어 종족들이 강성해지고 백성들이 전씨를 생각하자 "晏子가 자주 경공에게 간했으나 경공이 듣지 않았다.〔晏子數諫景公 景公弗聽〕"라는 내용이 보인다.

52) 田氏……陳氏：제나라 田氏는 陳나라 陳完(기원전 750~?)의 후손인데 진완은 陳 厲公 陳他의 아들이다. 여공은 陳 桓公 鮑의 동생으로 환공에게는 免과 林이라는 아들이 있었다. 환공이 병석에 누웠을 때 여공의 외가인 蔡나라에서 사람을 시켜 환공과 태자 免을 살해하고 여공을 즉위시켰다. 이에 앙심을 품은 林이 채나라 사람으로 하여금 여공을 유인하여 죽이게 하고 스스로 즉위하였는데 바로 陳 莊公이다. 장공이 죽자 동생 杵臼가 즉위하니 바로 陳 宣公이다. 선공 11년(기원전 682)에 선공이 태자 禦寇를 죽이자 평소 어구와 친했던 진완은 화가 미칠까 두려워 제나라로 망명하였다. 이때 氏를 陳에서 田으로 바꾸었으며 그가 죽자 敬仲이라는 시호가 내려졌다. 일설에는 敬仲이 字라고도 한다. 《史記 卷46 田敬仲完世家》

方田氏之初에 不過以小惠施[53)]於國人而已라 使景公用晏子之言하여 修明君臣上下之禮하여 使惠施가 出於上而下不得私하며 利權이 歸於上而下不得擅則大分이 明而人心이 一이라 雖百田氏나 其能竊國乎아 景公이 乃善之而不能用하여 在公則厚斂焉하고 田氏則厚施焉하니 是는 驅其人而歸之也라 景公이 旣沒이어늘 於是에 田乞가 因主少國疑之際하여 得以擅廢立之權而國之大柄이 在其掌握矣라 及田乞가 死而恒[54)]이 代立하여 旣專惠施以作福하고 又專刑罰以作威하니 於是에 弑君而人莫敢討하고 世臣公族을 以次揃[55)]滅而人莫敢問하니 越再世卒有齊國이 亦云晩矣라

田氏의 초기에는 작은 은혜를 國人에게 베풀었던 것에 지나지 않았습니다. 만약 경공이 안자의 말에 따라 군신 상하의 예를 闡明하여 은혜를 베푸는 것이 위에서 나오게 하고 아래에서 사사롭게 나올 수 없게 하며, 작록과 권세가 위로 돌아가게 하고 아래에서 제멋대로 할 수 없게 했더라면, 分義가 분명해지고 민심은 한곳으로 귀결되었을 것이니, 100개의 田氏라 하더라도 어찌 나라를 훔칠 수 있었겠습니까. 景公이 마침내 그 말을 훌륭하게 여겼으나 쓰지 못하여 조정에서는 많이 거두어들이고 전씨는 후하게 베풀었으니, 이는 자신의 백성들을 몰아 전씨에게 귀의하게 한 것입니다.

경공이 죽고 나자 이에 전기는 군주가 어리고 나라가 어수선한 때를 이용하여 임금을 폐위하고 세우는 권한을 제멋대로 할 수 있게 되어 나라의 대권이 그의 수중에 있게 되었습니다. 田乞가 죽고 전항이 그 지위를 이어받게 되자 施惠를 專斷하여 상을 내렸을 뿐만 아니라 또 형벌을 전단하여 벌을 내렸습니다. 이에 임금을 시해하였음에도 감히 성토하는 사람이 없었으며 世臣과 公族들을 차례로 멸하였는데도 감히 따지는 사람이 없었으니 두 세대를 지나 마침내 제나라를 차지한 것도 늦었다고 하겠습니다.

易에 曰 臣弑其君하며 子弑其父가 非一朝一夕之故라 其所由來者가 漸矣니 由辨之不早辨也[56)]라하니 田氏之禍가 在景公世하얀 猶可爲也어니와 及其旣久則不可爲矣니 蓋其漸之不圖而早之不辨하여 至於簒勢之已成엔 孰得而遏之哉리오 漢人이 有言 權臣이

53) 施 : 대전본에는 '布'로, 사고본에는 '市'로 되어 있다.
54) 恒 : 대전본·사고본에는 '常'으로 되어 있다. 대전본의 경우 宋代의 피휘이다.
55) 揃 : 사고본에는 '翦'으로 되어 있다.
56) 臣弑……辨也 : 《주역》 <坤卦 文言傳>에 보인다.

易世則危[57]라하니 蓋言顯國之久則其權을 不可收요 其勢를 不可制하여 必至於危也라 故田乞之後에 有田恒[58]이 遂以代齊하고 季宿之後에 有意如가 亦以擅魯①하며 至於鳳[59]·莽[60]·操[61]·丕[62]之於漢②과 懿[63]·師[64]·昭[65]·炎[66]之於魏③에 皆以其

57) 漢人……則危 : 漢人은 梅福을 가리킨다. 權臣易世則危는 《前漢書》 卷67 〈梅福傳〉에 보이는데, 王鳳을 비롯한 왕씨의 세력이 커지는 것을 염려한 매복이 漢 成帝에게 上書한 글에서 한 말이다.

58) 恒 : 대전본·사고본에는 '常'으로 되어 있다.

59) 鳳 : 17-4-가의 '鳳' 주석 참조.

60) 莽 : 17-4-가의 '王莽' 주석 참조.

61) 操 : 155~220. 曹操를 가리킨다. 자는 孟德으로 沛國 譙縣 사람이다. 曹參의 후예이자 曹嵩의 아들이다. 20세에 孝廉으로 천거되어 頓丘令·議郞 등을 지냈으며, 黃巾賊의 난을 진압하는 데 참여하여 濟南相이 되었다. 獻帝 建安 원년(196)에 鎭東將軍이 되고 費亭侯에 봉해졌다. 이해에 洛陽에서 헌제를 맞이한 뒤 許昌으로 천도하고 나서 大將軍이 되고 武平侯에 봉해졌다. 이후로는 천자를 끼고 제후들을 호령하여 북으로는 烏丸을 정벌하고 서쪽으로 關隴 지역까지 진출하였다. 건안 5년(200)의 官渡大戰 이후로는 점차 중국의 북방을 장악해나갔다. 건안 13년(208)에 스스로 丞相이 되었으며 赤壁大戰에서는 크게 패하였다. 이후 屯田과 水利 사업을 일으키고 호족들을 억제하여 중앙 집권을 강화하였다. 건안 21년(216)에 魏王으로 진봉되었다. 아들 曹丕가 魏나라를 건국한 뒤에 太祖武皇帝로 추존되었다.

62) 丕 : 187~226. 재위 220~226. 삼국시대 魏나라의 초대 황제 曹丕를 가리킨다. 시호는 文帝, 묘호는 世祖이다. 자는 子桓으로 沛國 譙縣 사람이다. 曹操의 아들이다. 獻帝 建安 22년(217)에 世子가 되었다. 延康 원년(220)에 조조가 죽자 그 작위를 이어받아 魏王과 丞相이 되었다. 얼마 후에 獻帝에게 양위를 받아 魏나라를 건국하였다.

63) 懿 : 179~251. 司馬懿를 가리킨다. 자는 仲達로 河內 溫縣 사람이다. 曹操가 집권했을 때 主簿·軍司馬 등을 지냈으며, 魏나라가 건국되자 曹丕에 의해 중용되어 侍中·尙書右僕射·給事中·錄尙書事 등을 지냈다. 明帝 太和 4년(230)에 大將軍으로 승진하고 靑龍 3년(235)에 太尉가 되었다. 240년에 齊王 曹芳이 즉위하자 顧命大臣으로 보좌하였다. 曹爽에 의해 太傅가 되어 병권을 잃었다가 嘉平 원년(249)에 군사를 일으켜 조상 등을 주살하고 丞相이 되어 정권을 장악하였다. 손자 司馬炎이 晉나라를 건국한 후에 宣帝로 추존되었다.

64) 師 : 208~255. 司馬師를 가리킨다. 자는 子元으로 河內 溫縣 사람이다. 司馬懿의 맏아들이다. 嘉平 원년(249)에 아버지를 도와 曹爽 등을 주살하는 데 공을 세운 후에 錄尙書事가 되었다. 가평 4년(252)에 大將軍·侍中이 되어 국정을 전단하였다. 가평 6년(254)에 曹芳을 폐위하고 曹髦를 옹립하였다. 이후 正元 2년(255)에 揚州 刺史 文欽·鎭東將軍 毌(관)丘儉이 난을 일으키자 이를 진압한 후에 許昌에서 사망하였다. 조카 司馬炎이 晉나라를 건국한 뒤에 景帝로 추존되었다.

漸取之하니 推原本末컨대 由其不早辨故爾라 然則人主가 其可一日失其操柄也哉잇가

① 季宿……擅魯 : 季武子, 名宿. 其子季平子, 名意如, 逐昭公.[67]
季武子는 이름이 宿이다. 그 아들 季平子는 이름이 意如로 魯 昭公을 축출하였다.

② 至於……於漢 : 王鳳專政, 歷五侯,[68] 至從子莽簒位. 曹操專政, 至子丕簒位, 是爲魏文帝.
王鳳이 국정을 전단하고 나서 다섯 侯를 거쳐 조카 王莽에 이르러 제위를 찬탈하였다. 曹操가 국정을 전단하고 나서 아들 曹丕에 이르러 제위를 찬탈하니, 이 사람이 魏 文帝이다.

③ 懿師昭炎之於魏 : 司馬懿始專政, 其子師繼之, 師弟昭遂封晉王, 昭子炎簒位, 是爲武帝.
司馬懿가 처음 국정을 전단하였고 그의 아들 司馬師가 사마의를 계승하였다. 사마사의 동생 司馬昭가 마침내 晉王에 봉해지고 사마소의 아들 司馬炎이 제위를 찬탈하니, 바로 晉 武帝이다.

《주역》에 이르기를, "신하가 군주를 시해하고 자식이 부모를 시해하는 것은 갑자기 발생하는 변고가 아니라 그 연유한 것이 점진적으로 이루어진 것이니, 분변하기를 일찌감치 하지 않은 데에서 말미암은 것이다."라고 하였습니다. 전씨의 화

---

65) 昭 : 211~265. 司馬昭를 가리킨다. 자는 子上으로 河內 溫縣 사람이다. 司馬懿의 둘째 아들이다. 嘉平 원년(249)에 아버지를 도와 曹爽 등을 주살하는 데 공을 세웠다. 正元 2년(255)에 형 司馬師가 죽자 大將軍·錄尙書事로 승진하여 국정을 장악하였다. 甘露 5년(260)에 曹髦를 시해하게 한 뒤에 元帝 曹奐을 옹립하였다. 景元 4년(263)에 相國이 되고 晉公에 봉해졌으며 蜀나라를 멸한 뒤에 晉王으로 진봉되었다. 晉나라가 건국된 뒤에 文帝로 추존되었다.

66) 炎 : 236~290. 재위 265~290. 晉나라의 초대 황제 司馬炎을 가리키며 묘호는 世祖이다. 자는 安世로, 河內 溫縣 사람이다. 司馬昭의 맏아들이다. 魏 元帝 咸熙 2년(265)에 사마소의 뒤를 이어 相國과 晉王이 되었다. 얼마 후에 元帝 曹奐에게 선양을 받아 晉나라를 건국하였다. 咸寧 6년(280)에 吳나라를 멸함으로써 60년간 분열되어 있었던 중국을 통일하였다.

67) 逐昭公 : 魯 昭公 25년(기원전 517)에 季平子와 臧氏 집안 사이에 싸움이 생기자 소공이 季氏를 공격하였다. 계평자는 소공에게 자신이 타국으로 망명하겠다고 청하였으나 소공이 들어주지 않았다. 이에 계씨가 없어지면 불리할 것을 우려한 孟孫氏와 叔孫氏가 계씨와 연합하여 소공을 공격하자 소공이 齊나라로 망명하였다.《史記 卷33 魯周公世家》

68) 王鳳專政歷五侯 : 17-4-가의 주석 鳳, 商, 音, 根 참조.

란이 景公 때에는 그래도 손쓸 수 있었지만 오랜 세월이 지난 뒤에는 손쓸 수 없게 되었습니다. 점진적으로 이루어질 때 도모하지 못하고 일찌감치 분변하지 못하여 찬탈의 형세가 이미 이루어진 뒤에는 누가 그것을 막을 수 있겠습니까.

漢나라 때 사람이 말하기를, "권신이 대가 바뀌도록 이어지면 위태롭다."라고 하였으니, 이는 국정을 전단한 지 오래되면 그 권력을 거두어들일 수 없으며 그 세력을 제압할 수 없어서 반드시 위태로움에 이르게 된다는 말입니다. 그러므로 전기 이후에 전항이 마침내 기존의 齊나라를 대신하여 차지하고 季宿 이후에 季意如가 또한 魯나라의 국정을 전단하였으며, 王鳳・王莽・曹操・曹丕가 漢나라에 대해서와 司馬懿・司馬師・司馬昭・司馬炎이 魏나라에 대해서 모두 점진적으로 나라를 빼앗은 것이니, 본말을 궁구해보면 일찌감치 분변하지 않았기 때문입니다. 그렇다면 임금이 어찌 하루라도 그 권력을 잃어서야 되겠습니까.

17-3-가[69]

秦昭王[70]子安國君[71]이 爲太子라 安國君이 有子二十餘人이로되 其愛姬華陽夫人[72]이 無子러니 夏姬之子子楚[73]가 爲秦質子於趙하니 趙가 不甚禮子楚라

---

69) 관련 내용이 《史記》 卷85 〈呂不韋列傳〉에 보인다.

70) 秦昭王 : 기원전 324~기원전 251. 재위 기원전 306~기원전 251. 전국시대 秦나라의 임금 昭襄王 嬴稷이다. 秦 武王의 이복동생으로 宣太后의 아들이다. 무왕이 후사 없이 죽자 왕위에 올랐다. 范雎를 재상으로 발탁하고 司馬錯(조)・白起 등을 장수로 기용하여 東進 정책을 편 결과 韓・趙・魏・楚 등을 패퇴시켰으며 西周를 멸망시켰다. 이후 秦 始皇의 천하 통일에 기초를 마련하였다.

71) 安國君 : 기원전 303~기원전 250. 재위 기원전 251~기원전 250. 전국시대 秦나라의 임금 孝文王 嬴柱로 安國君은 즉위하기 전의 봉호이다. 昭襄王의 아들로 소양왕 32년(기원전 265)에 태자인 형이 죽자 그 뒤를 이어 태자가 되었다. 소양왕이 죽자 왕위에 올랐으나 얼마 되지 않아 죽었다.

72) 華陽夫人 : ?~기원전 230. 楚나라 사람이다. 安國君의 총애를 받았으나 아들이 없어 呂不韋의 주선으로 子楚(莊襄王)를 양자로 삼았다. 안국군이 孝文王으로 즉위한 뒤에 王后가 되었으며, 후에 태자 자초가 즉위하면서 華陽太后로 높여졌다.

73) 子楚 : 기원전 281~기원전 247. 재위 기원전 250~기원전 247. 秦나라의 임금 莊襄王 嬴子楚이다. 초명은 異人이다. 昭王 때 趙나라에 인질로 가 있었으나 呂不韋의 도움을 받아 安國君(孝文王)의 총애를 받는 華陽婦人의 양자가 되고 귀국하여 태자가 되었다. 효문왕이 죽

子楚가 **居處**가 **困**하여 **不得志**러니 **陽翟**(책)**大賈**(고)**呂不韋**[74]가 **賈邯鄲**(한단)**見之曰 此**는 **奇貨**라 **可居**라하고 **乃往見**하여 **請以千金西游**하여 **事安國君及華陽夫人**하여 **立子爲適嗣**호리라한대 **子楚**가 **曰 必如君策**인대 **請得分秦國**하여 **與君共之**호리라

秦 昭王의 아들 安國君이 태자가 되었다. 안국군이 아들 20여 명을 두었지만 그 愛姬인 華陽夫人에게는 아들이 없었다. 夏姬의 아들 子楚가 秦나라의 인질로써 趙나라에 있었는데, 조나라가 자초를 그다지 예우하지 않았다. 자초는 처지가 곤궁하여 실의에 차 있었다.

陽翟의 큰 장사꾼 呂不韋가 邯鄲에서 장사를 하다가 그를 보고 말하였다.

"이는 진기한 물건이다. 사둘 만하다."

마침내 자초를 찾아가 만나보고서, 천금을 가지고 서쪽으로 가 안국군과 화양부인을 섬겨 자초를 適嗣로 세우겠다고 하자 자초가 말하였다.

"만약 그대의 계책대로 된다면 진나라를 나누어 그대와 공유하겠소."

不韋가 **乃以五百金**으로 **與子楚**하여 **爲進用結賓客**하고 **復以五百金**으로 **買奇物玩好**하여 **自奉而西游秦**하여 **求見華陽夫人姊而以其物**로 **獻華陽夫人**하고 **因言 子楚**가 **賢智**하여 **結賓客徧天下**하고 **常曰 楚也**가 **以夫人爲天**하여 **日夜**에 **泣思太子及夫人**이라한대 **夫人**이 **大喜**어늘 **不韋**가 **因使其姊說夫人**하여 **請立子楚以爲嗣**한대 **安國君**이 **許之**하여 **乃與夫人刻玉符**하여 **約以爲適嗣而請呂不韋傅之**하다

여불위가 이에 5백 금을 子楚에게 주어 밑천으로 삼아 빈객들과 교분을 맺게

자 즉위하여 여불위를 相國으로 임명하였다.

74) 呂不韋 : ?~기원전 235. 衛나라 濮陽 사람이다. 원래 韓나라 陽翟의 巨商이었는데 趙나라 邯鄲에서 인질로 잡혀 와 있던 秦나라 公子 子楚(莊襄王)를 후원하여 왕이 되게 하였다. 장양왕이 즉위한 후 丞相이 되고 文信侯에 봉해졌으며, 嬴政(秦 始皇)이 즉위한 후에는 仲父로 불리며 정권을 장악하였다. 진 시황 10년(기원전 237)에 영정이 親政을 하자 봉지인 洛陽으로 쫓겨났다가 六國의 使者들과 내왕한 것이 빌미가 되어 다시 蜀郡으로 옮겨졌는데, 결국 음독자살하였다.

하고, 또 5백 금으로 기이한 물건과 玩好物을 사들여 직접 가지고 서쪽으로 秦나라에 가서, 화양부인의 언니와 만나기를 청하여 그 물건들을 화양부인에게 바치고 이어서 말하였다.

"자초가 어질고 지혜로워 교분을 맺은 빈객이 천하에 두루 퍼져 있습니다. 그리고 항상 말하기를 '내가 부인을 하늘로 여겨 밤낮으로 울면서 태자와 부인을 생각한다.'라고 하였습니다."

화양부인이 크게 기뻐하자 여불위는 이어서 화양부인의 언니에게 화양부인을 설득하여 자초를 세워 후사로 삼도록 청하게 하였다. 안국군이 이를 허락하자 이에 화양부인과 玉符를 새겨 嫡嗣로 삼기로 약속하고 여불위에게 자초의 사부가 되어주기를 청하였다.

不韋가 取邯鄲諸姬絶好善舞者與居하여 知有身이러니 子楚가 從不韋飮하다가 見而說之하여 因起爲壽請之한대 不韋가 怒라가 念已破家爲子楚라 乃遂獻其姬한대 姬가 自匿有[75]身이러니 至大期[76]時하여 生子政[77]하니 子楚가 遂立姬爲夫人하다 昭王이 薨커늘 安國君이 立爲王하여 華陽夫人으로 爲王后하고 子楚로 爲太子러니 秦王이 立三日에 薨커늘 諡를 孝文王이라하고 子楚가 立하니 是爲莊襄王이라 以不韋爲丞相하고 封文信侯하다 莊襄王이 立三年에 薨커늘 太子政이 爲王하여 尊不韋爲相國하고 稱仲父하다 秦王이 年少라 太后가 時時私竊通不韋러니 後에 始皇帝가 壯하얀 不韋가 事發誅하다

75) 有 : 사고본에는 '其'로 되어 있다. 통행본 《사기》에는 '有'로 되어 있다.

76) 大期 : 徐廣에 따르면 期는 열두 달을 가리키며, 譙周에 따르면 사람이 열 달 만에 태어나는데 두 달이 더 지났기 때문에 大期라고 하였다. 《史記 卷85 呂不韋列傳 裴駰集解·司馬貞索隱》

77) 政 : 기원전 259~기원전 210. 재위 기원전 246~기원전 210. 秦나라 최초의 皇帝로 政은 이름이다. 莊襄王의 아들이다. 13살에 즉위하였는데 당시에는 생모인 태후와 呂不韋가 집권하였다. 재위 9년째인 기원전 238년부터 친정을 시작하여 李斯 등을 중용하였으며, 기원전 230년에 韓나라를 멸한 것을 시작으로 六國을 차례로 멸하여 기원전 221년에 천하를 통일하였다. 이후 문자와 도량형을 통일하고 전국의 도로를 정비하는 등 많은 업적을 남겼으나 법령을 엄하게 하고 焚書坑儒를 자행하고 不死藥을 찾는 등의 과오를 범했다. 재위 기간 동안 여러 차례 순행을 나갔는데, 기원전 210년에 순행 도중 沙丘에서 병사하였다.

여불위는 邯鄲의 여자들 가운데 絕色이면서 춤을 잘 추는 사람을 데려와 함께 살다가 임신했다는 것을 알았다. 자초가 여불위와 어울려 술을 마시다가 그 여자를 보고 기뻐하여 그 자리에서 일어나 축수를 하고 그 여자를 달라고 청하였다. 여불위는 노여워하다가 이미 가산을 털어 자초를 도운 것이 생각났다. 이에 마침내 그 여자를 바쳤는데 여자는 자신이 임신한 사실을 숨겼다. 열두 달이 되어 아들 政을 낳으니 자초가 마침내 그 여자를 부인으로 삼았다.

秦 昭王이 죽자 안국군이 왕으로 즉위하여 華陽夫人을 王后로 삼고 子楚를 태자로 삼았다. 秦王이 즉위한 지 3일 만에 죽자 시호를 孝文王이라 하고 자초가 즉위하니 바로 莊襄王이다. 장양왕이 여불위를 승상으로 삼고 文信侯에 봉하였다. 장양왕이 즉위한 지 3년 만에 죽자 태자 政이 왕이 되어 여불위를 높여 相國으로 삼고 仲父라 불렀다. 秦王이 나이가 어릴 때 태후가 늘 여불위와 몰래 사통하였는데, 후에 시황제가 장성하고 나서 여불위는 일이 발각되어 주살되었다.

17-3-나(按)

臣은 按 呂不韋가 非直大賈라 蓋大盜也라 方其見子楚曰 奇貨可居라하니 固料已之能使子楚로 得國이요 又能移子楚之國하여 爲已之國矣라 其捐千金也가 非輕利也라 謂其利有百[78]乎此也요 其獻姬也가 非能割已之欲也라 謂其所欲이 有萬乎此也라 史稱子楚之請姬也에 不韋가 怒라가 旣不獲已與之라하니 夫不韋가 不出它[79]姬以[80]歆子楚而以娠者歆子楚하니 固知其見而悅하고 悅而請이라 請而與之則異時得國者가 吾之子也니 其獻也가 所欲而非强也며 其怒也가 僞而非情也라 包[81]藏이 深而布置가 遠하니 非獨子楚가 不能察이라 雖後之作史者라도 猶莫之察也라 且孝文之立三日而薨과 莊襄之立三年而薨이 豈其偶然邪아 抑必有其故矣로다

【臣按】 여불위는 그저 큰 장사꾼일 뿐만 아니라 아마도 큰 도둑일 것입니다. 그가 子楚를 보았을 때 "진기한 물건이다. 사둘 만하다."라고 하였으니, 진실로 자신이 자초가 나라를 얻게 할 수 있을 것이며 또 자초의 나라를 옮겨 자신의 나라로

78) 百 : 대전본에는 '伯'으로 되어 있다.
79) 它 : 사고본에는 '他'로 되어 있다.
80) 以 : 사고본에는 '而'로 되어 있다.
81) 包 : 대전본에는 '苞'로 되어 있다.

만들 수 있으리라는 것을 안 것입니다. 그가 천금을 쓴 것은 이익을 가볍게 여긴 것이 아니라 그 이익이 천금보다 백 배는 될 것이라고 생각했기 때문이며, 그가 여자를 바친 것은 자신의 욕망을 끊을 수 있었던 것이 아니라 그가 바라는 것이 여자보다 만 배는 컸기 때문입니다.

史書에 이르기를 자초가 여자를 달라고 청했을 때 여불위가 노여워하다가 부득이하게 된 뒤에 주었다고 하였습니다. 저 여불위가 다른 여자를 나오게 하여 자초를 술자리에서 모시게 하지 않고 임신한 여자를 나오게 하여 자초를 술자리에서 모시게 하였으니, 참으로 자초가 그 여자를 보면 기뻐할 것이고 기뻐하면 달라고 청하리라는 것을 알았던 것입니다. 청해서 주게 되면 훗날 나라를 얻는 자는 자신의 아들일 것이니, 여불위가 바친 것은 바라던 바이지 억지로 바친 것이 아니며, 여불위가 노여워한 것은 거짓이지 진심이 아닙니다. 속셈이 깊고 布石이 원대하였으니 자초만 살피지 못했던 것이 아니라 비록 훗날 역사를 쓰는 자도 살피지 못했던 것입니다. 게다가 효문왕이 즉위한 지 3일 만에 죽은 것과 장양왕이 즉위한 지 3년 만에 죽은 것이 어찌 우연이겠습니까. 아마 틀림없이 그 까닭이 있을 것입니다.

夫以不韋之智巧로 能使子楚外入하여 超在內二十餘公子而得國하니 安知其不能速二君之死而趣立其子乎리오 子政이 立則嬴氏之國이 轉而呂氏有矣라 蓋自子楚之嗣로 至此가 不二十年而呂氏得國이라 故先儒가 以謂 始皇이 既立에 伯翳[82]之祀가 已絶하니 史氏紀錄에 宜曰後秦이 可也[83]라하니 秦이 自孝公以至昭王히 國勢가 日益雄張하니 嘗合五國之師百萬之衆하여 攻之而不能克[84]而不韋가 以一女子로 從容談笑하여

82) 伯翳 : ?~?. 益·伯益·柏翳 등으로도 부른다. 少昊의 후예로 성은 嬴이다. 費에 봉해져서 費侯라고도 하는데 秦나라의 선조이다. 鳥獸를 잘 키워 순임금 때에는 山澤을 관장하는 虞를 지냈으며 禹王 때에는 治水를 도와 공을 세우기도 하였다. 우왕이 죽기 전에 천자의 자리를 물려주려고 하였으나 사양하였는데 결국 우왕의 아들 啓가 그 뒤를 이어 천자가 되었다.

83) 先儒……可也 : 先儒가 누구인지 논평한 내용이 어느 문헌에 있는지는 분명하지 않다. 다만 우리나라에서 많이 읽혔던 宋나라 江贄의 《通鑑節要》에서는 秦 始皇부터 秦王 子嬰 때까지의 秦나라 역사를 〈後秦紀〉로 다루었다.

84) 嘗合……能克 : 秦 惠文王 更元 7년(기원전 318)에 楚·趙·魏·韓·燕 등 다섯 나라가 흉노와 함께 秦나라를 침공하여 函谷關을 공격하였다. 진나라는 庶長 疾을 보내어 한나라 장

奪其國於袵席[85]間하니 故曰 不韋가 非獨大賈라 蓋大盜也라하노이다

여불위의 기지와 술책으로 자초가 국외에서 들어가 秦나라 국내에 있던 20여 공자들을 제치고 나라를 얻게 할 수 있었으니, 그가 능히 두 임금의 죽음을 앞당기고 제 자식의 즉위를 서두르지 않았을 것이라고 어떻게 장담하겠습니까. 아들 政이 즉위하면 嬴氏의 나라가 바뀌어 呂氏의 소유가 됩니다. 子楚가 후사가 되고부터 이때에 이르기까지 20년이 되지 않아 여씨가 나라를 얻었습니다. 그러므로 先儒가 이를 두고 논평하기를 "진 시황이 즉위하게 되자 伯翳의 제사가 끊어져 버렸으니, 역사서에서 後秦이라고 해야 할 것이다."라고 하였습니다.

秦나라가 孝公 때부터 昭王 때에 이르기까지 國勢가 날로 더욱 강성하여 일찍이 다섯 나라 백만 대군을 규합하여 秦나라를 공격하고도 이기지 못했습니다. 그런데 여불위가 여자 하나로 느긋하게 담소하면서 그 秦나라를 잠자리에서 빼앗았습니다. 그러므로 신은 여불위가 그저 큰 장사꾼일 뿐만 아니라 아마도 큰 도둑일 것이라고 말하는 것입니다.

其後에 楚相黃歇(알)[86]이 亦先納李園[87]之妹하여 娠而獻之君하여 生子爲太子하여 遂

수 信差를 사로잡고 조나라 공자 渴・한나라 태자 奐을 패퇴시켰으며 8만2천 명에 달하는 병사들의 목을 베었다. 마침내 다섯 나라 군대가 모두 패주하였다. 《資治通鑑 卷3 周紀3 愼靚王 3年》《史記 卷5 秦本紀》

85) 席 : 사고본에는 이 뒤에 '之'가 있다.

86) 黃歇 : ?~기원전 238. 春申君을 가리킨다. 전국시대 말기 楚나라 사람이다. 초나라 頃襄王 때 左徒가 되었으며, 秦 昭王을 설득하여 秦과 화친을 맺고 태자 完(考烈王)과 함께 秦나라의 인질이 되었다. 경양왕의 병이 위중해지자 꾀를 내어 태자를 탈출시키고 즉위하게 하였다. 이후 令尹이 되고 春申君에 봉해졌으며 淮北의 땅 12개의 縣을 봉지로 받고 3천 명의 식객을 두었다. 또한 재상으로 있을 때 秦나라 군대에게 도성을 포위당한 趙나라를 구원하였으며 고열왕 7년(기원전 256)에 魯나라를 공격하여 초나라의 國勢를 떨쳤다. 고열왕에게 아들이 없어 여자를 물색하던 차에 李園이 자신에게 누이동생을 바쳤는데 그 여자가 임신을 하자 다시 그녀를 고열왕에게 바쳤다. 후에 그녀가 낳은 아들이 태자가 되었는데, 고열왕이 죽자 태자의 출생에 관한 진상이 누설될 것을 두려워한 이원에게 살해당하였다.

87) 李園 : ?~기원전 228. 전국시대 말기 趙나라 사람으로 후에 楚나라로 가서 春申君의 舍人이 되었다. 누이동생을 먼저 춘신군에게 바쳤다가 임신을 하자 초나라 考烈王에게 바쳐 총애를 얻게 함으로써 권력을 잡았다. 고열왕이 죽자 춘신군을 모살한 뒤 누이동생의 소생인 幽王을 옹립하고 令尹이 되었다. 유왕이 죽자 同母弟인 哀王이 즉위하였는데 公子 負芻가

以黃으로 代羋(미)[88]하니 其竊國之術이 與不韋同하니이다 然二人이 卒以是自族하니 果何益哉리오 臣이 今列此於簒臣之篇者는 欲人君으로 知姦臣用智之可畏하여 謹毋以色而傾其國也하노이다 噫라

그 후에 楚나라의 재상 黃歇이 또한 李園의 누이동생을 먼저 받아들여 임신이 된 후 임금에게 바쳤습니다. 그녀가 아들을 낳자 태자로 삼아 마침내 黃氏가 羋氏를 대신하였으니 황알이 나라를 훔친 방법이 여불위와 같습니다. 그러나 두 사람이 끝내 이 때문에 스스로 멸족을 당하였으니 과연 무슨 이익이 있었겠습니까.

신이 지금 이 사례를, 정권을 찬탈했던 逆臣들을 다룬 篇에 넣은 것은 임금으로 하여금 간신이 꾀를 쓰는 것이 두렵다는 것을 알게 하여, 삼가 여자 때문에 나라를 망하게 하지 말도록 하고자 해서입니다. 아.

17-4-가[89]

漢王莽[90]은 孝元皇后[91]之弟子也라 莽의 群兄弟가 皆乘時侈靡하여 以輿馬聲

애왕을 시해할 때 멸족당했다.

88) 羋 : 저본・사고본에는 '芈', 대전본에는 '芊'으로 되어 있으나 통행본《史記》에 근거하여 바로잡았다.

89) 관련 내용이《前漢書》卷99上〈王莽傳〉에 보인다.

90) 王莽 : 기원전 45~23. 자는 巨君으로 魏郡 元城 사람이다. 漢 元帝의 황후인 王政君(孝元皇后)의 조카이자 王曼의 아들이다. 어려서 부친을 잃어 다른 왕씨들에 비해 제후에 일찍 봉해지지 못했다가 백부인 王鳳의 병을 간호한 것을 계기로 왕봉의 추천을 받아 黃門郎이 되었다. 永始 원년(기원전 16)에 新都侯로 봉해졌으며 綏和 원년(기원전 8)에 大司馬가 되어 국정을 보좌하였다. 元壽 2년(기원전 1)에 哀帝가 죽자 平帝를 옹립하였으며, 元始 원년(1)에 신하들을 시켜 安漢公의 칭호를 받아 국정을 전단하였다. 3년 후에는 王舜 등을 사주하여 자신을 宰衡으로 칭하게 하였다. 원시 5년(5)에 평제가 죽자 스스로 攝皇帝가 되었으며 이듬해인 居攝 원년(6)에 자신을 假皇帝라고 하였다. 거섭 3년(8)에 연호를 初始로 바꾸고 稱帝함으로써 新나라를 건국하였다. 이후 개혁을 시도했으나 법령이 가혹하고 부세가 과중하여 백성들과 한나라 宗室들의 봉기를 야기하였다. 地皇 4년(23)에 綠林軍이 長安에 입성했을 때 도주했다가 상인 杜吳에게 살해당하면서 신나라도 멸망하였다.

91) 孝元皇后 : 기원전 71~13. 성은 王, 이름은 政君으로, 漢 元帝 劉奭의 황후이자 成帝 劉驁의 모친이다. 魏郡 元城縣 사람으로 왕망의 고모이다. 기원전 33년에 원제가 죽고 성제가 즉위하자 황태후가 되었다. 이때부터 왕씨들이 정치에 관여하면서 국정을 장악하였다. 기원전 7년에 성제가 죽자 원제의 손자인 哀帝 劉欣이 즉위하면서 太皇太后가 되었으나, 애제

色佚游相高호대 莽이 獨折節爲恭儉이어늘 成帝가 封莽爲新都侯러시니 遷騎都尉[92]·光祿大夫[93]·侍中[94]하니 宿衛가 謹敕[95]이러라 爵位가 益尊호대 節操가 益謙하여 散輿馬衣裘하여 振施賓客하며 收贍名士하고 交結將相·卿大夫가 甚衆하니 故在位가 更推薦[96]之하며 游者가 爲之談說하니 虛譽가 隆洽하여 傾其諸父矣라 敢爲激發之行하여 處之不慙恧(뉵)[①]하더니 後에 大司馬曲陽侯根이 薦莽自代어늘 上이 遂擢爲大司馬[97]하시니 莽이 旣拔出同列하여 繼四父而輔政[②]이라 欲令名譽過前人하여 遂聘[98]諸賢良하여 以爲掾史[99]하고 賞賜邑錢을 盡以享士하더니 哀帝卽位에 以爭傅太后稱尊號事로 遣就國[100]하다

의 조모인 傅氏와 어머니인 丁氏 일가들이 정사에 관여하여 왕씨의 권력은 약해졌다. 그 후 기원전 1년에 애제가 죽고 平帝가 즉위하자 애제의 외척과 측근들을 배제하였으며 왕망을 大司馬로 삼아 국정을 보좌하게 하였다. 왕망의 찬탈 음모를 견제하다가 서기 5년에 평제가 독살되고 劉嬰이 옹립되자 왕망이 假皇帝를 자칭하며 傳國玉璽를 내놓으라는 요구에 분노하면서도 막지 못하였다. 왕망이 황제로 즉위하자 新室文母太皇太后라는 칭호를 받았다.

92) 騎都尉 : 騎兵을 통솔하는 군관으로 창설 시기는 분명치 않다. 西漢 때에는 中級 武官으로서 황제 가까이에 있었기 때문에 대부분 侍中이라는 벼슬이 더해졌다.《漢書辭典 騎都尉》《胡琦峻, 漢代官印選, 北京:學苑出版社, 2011, 180쪽》

93) 光祿大夫 : 議論을 관장하는 직책으로 실제로는 황제의 高級 參謀였으며 대부들 가운데 지위가 가장 높았다. 이 관직 앞에는 종종 給事中이나 侍中이라는 직함이 앞에 붙어 황제의 근신이 되었으므로 영예로웠을 뿐만 아니라 권력도 컸다.《漢書辭典 光祿大夫》

94) 侍中 : 秦나라 때 창설되었으며 漢나라 때에는 定員이 없었다. 列侯에서부터 문무 관원들에 이르기까지 이 벼슬을 겸하면 궁중에 출입하며 황제를 가까이에서 모실 수 있었다. 처음에는 황제의 수레나 의복 등을 분담하였으나 점차 정사에 간여하면서 적지 않은 이들이 현귀해졌다.《漢書辭典 侍中》

95) 敕 : 사고본에는 '勑'으로 되어 있다.

96) 薦 : 대전본에는 '廌'로 되어 있으나 오자이다.

97) 上遂擢爲大司馬 : 成帝 綏和 원년(기원전 8)의 일로 이때 왕망의 나이는 38세였다.《前漢書 卷99上 王莽傳》

98) 聘 : 대전본에는 '騁'으로 되어 있다. 통행본《전한서》에는 '聘'으로 되어 있다.

99) 掾史 : 한나라 때에는 두 부류의 掾史가 있었다. 하나는 掾과 史의 총칭으로, 郡縣에 소속된 아전을 가리킨다. 이때 掾은 正官, 史는 副官으로 한 曹의 사무를 총괄하였다. 다른 하나는 公卿의 府에 소속된 아전 가운데 掾이나 史로 불리는 이들을 두루 칭하는 말이다.《中國歷代官制大詞典 掾史》

① 處之不慙恧 : 恧, 愧也.

'恧'은 '부끄러워하다'라는 뜻이다.

② 繼四父而輔政 : 鳳[101)] · 商[102)] · 音[103)] · 根[104)]四人, 皆爲大司馬而莽之諸父也.

王鳳 · 王商 · 王音 · 王根 네 사람은 모두 大司馬가 되었으며 王莽의 諸父들이었다.

漢나라 王莽은 孝元皇后 동생의 아들이다. 왕망의 사촌들이 모두 때를 잘 만나 사치를 일삼아서 車馬 및 歌妓와 미녀들을 거느리고 방탕한 생활을 하며 서로 뽐

---

100) 哀帝……就國 : 기원전 7년에 哀帝가 즉위했을 때 애제의 조모인 傅太后와 모친인 丁姬가 살아 있었는데, 高昌侯 董宏이 上書하여 정희에게 존호를 올리자고 했으나 왕망은 반대하였다. 그러다가 2년 후에 부태후와 정희가 모두 존호를 칭하게 되자, 승상 朱博이 애제에게 왕망의 작위와 封土를 회수하고 왕망을 파면하여 庶人으로 삼자고 건의하였다. 그러나 애제는 왕망이 태황태후의 친족이라는 이유로 받아들이지 않고 왕망을 封國으로 돌아가게 하였다.《前漢書 卷99上 王莽傳》

101) 鳳 : ?~기원전 22. 王鳳을 가리킨다. 자는 孝卿으로 東平陵 사람이다. 孝元皇后 王政君의 아우이다. 부친 王禁이 병사하자 陽平侯를 승습하고 衛尉 · 侍中이 되었으며, 成帝가 즉위하자 大司馬 · 大將軍 · 錄尙書事가 되었다. 왕봉의 형제들 가운데 요절한 王曼을 제외하고는 모두 侯에 봉해졌으며, 왕씨들이 국정을 전단하자 황제의 권위가 쇠해졌다. 11년에 걸쳐 조정을 장악했으며 陽朔 3년(기원전 22)에 병사하였다. 시호는 敬成이다.

102) 商 : ?~기원전 12. 王商을 가리킨다. 자는 子夏로 孝元皇后 王政君의 아우이다. 建始 원년(기원전 32)에 關內侯가 되고 河平 2년(기원전 27)에 成都侯에 봉해졌다. 永始 2년(기원전 15)에 王音이 죽자 大司馬 · 衛將軍에 임명되어 국정을 보좌하였다. 元延 원년(기원전 12)에는 大司馬 · 大將軍으로 승진하였으나 오래지 않아 병사하였다. 시호는 景成이다.

103) 音 : 사고본에는 '立'으로 되어 있으나, 오자이다. ?~기원전 15. 王音을 가리킨다. 孝元皇后 王政君의 從姪이다. 어려서부터 학문을 좋아하여 儒術을 배웠으며 侍中 · 太僕 등을 지냈다. 建始 4년(기원전 29)에는 御史大夫가 되었다. 이듬해 王鳳이 중병에 걸렸을 때 成帝에게 왕음을 추천했는데, 이것이 계기가 되어 陽朔 3년(기원전 22)에 大司馬 · 車騎將軍 · 領尙書事에 올라 국정을 보좌했으며 후에 安陽侯로 봉해졌다. 시호는 敬이다.

104) 根 : ?~기원전 2. 王根을 가리킨다. 자는 稚卿으로 東平陵 사람이다. 孝元皇后 王政君의 아우이다. 成帝 建始 원년(기원전 32)에 關內侯가 되고 光祿勳에 임명되었다. 河平 2년(기원전 27)에 曲陽侯로 봉해지고 元延 원년(기원전 12)에 王商의 뒤를 이어 大司馬 · 驃騎將軍이 되었다. 哀帝 綏和 원년(기원전 8)에 병으로 사직하면서 후임으로 王莽을 추천하여 大司馬가 되게 하였다. 사치와 蓄財를 일삼았는데 성제가 붕어했을 때에는 掖庭의 女樂을 데려와 술판을 벌이고 가무를 벌였다. 마침내 이 일로 解光에게 탄핵을 당하여 파직되고 封地인 曲陽으로 돌아갔다. 시호는 煬이다. 왕망이 新나라를 건국한 뒤에 直道讓公으로 追謚하였다.

냈는데, 왕망은 유독 절제하여 공손함과 검소함을 실천하였다. 成帝가 왕망을 新都侯로 봉하였고 騎都尉·光祿大夫·侍中으로 轉職시키자 숙위를 신중하게 하였다. 왕망은 작위가 더욱 높아졌음에도 節操가 더욱 겸손하여 거마와 의복을 나누어주어 빈객들을 구제하였으며 名士들을 거두어 후원하고 將相·卿大夫와 교분을 맺은 것이 매우 많았다. 그러므로 벼슬자리에 있는 사람들은 더욱 왕망을 추천하고 명망이 있는 인사들은 왕망을 선전하였으니 왕망의 헛된 명성이 가득 넘쳐나 그의 諸父들을 능가하였다. 왕망은 감히 지나치게 억지스러울 만큼 가식적인 행동을 일삼아 그렇게 처신하고도 부끄러워하지 않았다.

후에 大司馬 曲陽侯 王根이 자신의 후임으로 왕망을 추천하자, 成帝가 마침내 왕망을 발탁하여 대사마로 임명하였다. 왕망이 同列에서 두각을 나타낸 뒤에는 네 諸父들의 뒤를 이어 국정을 보좌하게 되었으므로 명예가 이전의 제부들을 능가하게 하고자 하였다. 마침내 여러 현량한 이들을 초빙하여 掾史로 임명하고 賞賜와 封邑의 수입을 모두 士人들을 대접하는 데 썼다. 哀帝가 즉위하자 傅太后가 尊號를 칭하는 것에 대해 간쟁한 일로 왕망을 封國으로 가게 하였다.

17-4-나(按)

臣은 按 此가 莽飾僞釣名之始也라 然當是時하여 豈必遽有簒志哉리오 履霜之不戒則其漸이 必至於堅冰[105]이니 是以聖人이 畏諸[106]니이다

【臣按】 이는 왕망이 거짓으로 꾸며서 명예를 얻은 시초입니다. 그러나 이 당시에 어찌 반드시 찬탈할 마음을 대번에 가졌겠습니까. 작은 조짐이 보일 때 경계하지 않으면 그것이 점차적으로 크게 발전하여 틀림없이 어찌해볼 수 없는 형국에 이를 것이니, 이 때문에 성인이 두려워하였던 것입니다.

---

105) 履霜……堅冰 : 《주역》 〈坤卦〉 初六에 "서리를 밟으면 단단한 얼음이 이른다.〔履霜堅冰至〕"라는 내용이 보인다. 이는 작은 조짐이 나타나면 이것이 점차 발전하여 어떻게 해볼 수 없는 형국에 이른다는 뜻이다.

106) 聖人畏諸 : 程頤는 〈坤卦〉 初六의 상에 대하여 "陰이 처음 아래에서 생겨나니 지극히 미미하지만 聖人은 음이 처음 생겨날 때에 그 음이 앞으로 자라날 것을 경계하였다.〔陰始生於下 至微也 聖人於陰之始生 以其將長 則爲之戒〕"라고 하였다. 《伊川易傳 坤》

17-5-가[107)]

哀帝가 崩無子어시늘 太皇太后가 召莽拜爲大司馬하시고 迎中山王爲後하니 是爲平帝니 時年이 九歲라 太后가 臨朝稱制[108)]하사 委政於莽하시니 莽이 以大司徒孔光[109)]이 名儒요 相三主하니 太后所敬이라하여 於是에 盛尊事光하고 引光女壻甄邯[110)]하여 爲侍中하고 諸哀帝外戚及大臣居位素所不說者를 莽이 皆傅致其罪[①]하여 爲請奏하여 令邯으로 持與光하니 光이 素畏謹이라 不敢不上之어든 莽이 白太后하여 輒可其奏하니 於是에 附順者가 拔擢하고 忤恨者가 誅滅이라 王舜[111)]·王邑[112)]이 爲腹心하고 甄豐[113)]·甄邯이 主擊斷하고 平晏[114)]이 領機事하고

---

107) 관련 내용이 《前漢書》 卷99上 〈王莽傳〉에 보인다. 元壽 2년(기원전 1) 6월에 애제가 후사 없이 죽자, 7월에 元帝의 庶孫인 中山王 劉箕子가 후사로 정해졌으며 9월에 즉위하였다. 애제가 죽던 달에 태황태후는 왕망을 大司馬·領尙書事로 삼았는데 平帝가 즉위하면서 왕망이 국정을 장악하였다.

108) 臨朝稱制 : 16-2-가 주석 '臨朝稱制' 참조.

109) 孔光 : 기원전 65~5. 자는 子夏로 曲阜 사람이다. 공자의 14세손으로, 어려서 經史에 밝았는데 成帝 때 博士가 되었다. 후에 僕射·尙書令·御史大夫 등을 역임하였다. 성품이 곧아 권세에 아부하지 않았다. 성제에게 아들이 없어 丞相 翟方進·大司馬 王根 등이 성제의 조카 劉欣을 태자로 세우자고 했을 때 혼자 반대하였다가 성제의 노여움을 사 투옥되었다. 이후 성제가 죽자 태후의 동의를 받은 왕망에 의해 재상이 되고 博山侯에 봉해졌는데 傅太后의 專權을 반대하다가 파직되었다. 부태후가 죽은 뒤에 다시 출사하여 給事中·御史大夫 등을 지내고 다시 승상이 되었다. 애제가 죽고 평제가 즉위한 뒤에도 왕망이 정사를 독점하자 여러 차례 글을 올려 재상직에서 물러나기를 청하였다. 직임이 太師로 바뀐 후에 老病으로 사임하고 고향으로 돌아갔다.

110) 甄邯 : ?~12. 자는 子心으로 大司徒 孔光의 사위이다. 平帝 때 侍中·奉車都尉를 지내고 承陽侯에 봉해졌다. 居攝 원년(6)에는 太保後丞이 되고 이듬해에는 大將軍에 올라 왕망의 심복이 되었다. 新나라가 건국되자 大司馬가 되고 承新公에 봉해졌다.

111) 王舜 : ?~기원전 10. 東平陵 사람으로, 王音의 아들이자 王莽의 從弟이다. 永始 2년(기원전 15)에 부친의 작위를 계승하여 安陽侯가 되었으며, 哀帝 元壽 2년(기원전 1)에는 大司馬車騎將軍에 올랐다. 애제가 죽자 태황태후 王氏의 조서를 받들어 平帝를 맞이하여 즉위시켰다. 왕망이 攝政을 맡자 太傅·左輔가 되어 태황태후에게 전국옥새를 달라고 요구하였으며 왕망에게 여러 차례 上書하여 즉위를 권하였다. 왕망이 즉위하자 太師가 되고 安新公에 봉해졌다. 얼마 뒤 병사하였다.

112) 王邑 : ?~23. 東平陵 사람으로, 成都景侯 王商의 아들이자 孝元皇后 王政君의 아우이다.

劉歆[115]이 典文章하고 孫建[116]이 爲爪牙러라 莽이 色厲而言方②이라 欲有所爲에 微見風采하여 黨與가 承其指意而顯奏之어든 莽이 稽首涕泣하여 固推讓[117]焉하여 上以惑太后하고 下用[118]示衆庶하더라

① 莽皆傅致其罪 : 傅, 讀曰附, 附益而引致之, 令入於罪.
'傅'는 '附(부)'로 읽으니, 傅致其罪는 덧붙이고 끌어들여 죄목에 해당되도록 만드는 것이다.

哀帝 建平 원년(기원전 6)에 왕상의 뒤를 이어 成都侯가 되고 侍中이 되었다. 平帝 때 光祿勳이 되었으며 왕망의 심복이 되어 찬탈을 도왔다. 居攝 2년(7)에 東郡 太守 翟義가 군사를 일으켜 왕망에게 반기를 들자 虎牙將軍이 되어 이를 진압하였다. 始建國 원년(9)에 隆新公으로 봉해지고 大司空이 되었다. 地皇 4년(23)에 王尋과 42만의 군사를 거느리고 綠林軍과 싸웠으나 劉秀에게 패하였다. 更始帝의 군대가 長安에 입성하자 살해당했다.

113) 甄豐 : ?~10. 자는 長伯으로 王莽의 심복이다. 漢 平帝 때에 左將軍・大司空・右伯太傅 등을 지냈으며 新나라가 건국된 뒤에는 更始將軍이 되고 廣新公에 봉해졌다. 왕망의 딸이자 평제의 황후였던 王皇后를 아내로 맞이하고자 아들 甄尋이 符命을 날조하여 술수를 쓰다가 왕망의 비위를 거슬러 하옥된 뒤 옥사하였다. 이에 화가 미칠까 두려워 자살하였다.

114) 平晏 : ?~20. 平陵 사람으로 哀帝 때의 승상 平當의 아들이다. 어려서 경학에 정통하였으며 平帝 元始 5년(5)에 大司徒가 되고 防鄕侯로 봉해졌다. 왕망의 한나라 찬탈을 도와 新나라에서도 대사도의 직임을 계속 맡았으며 太子太傅를 겸하고 新德侯에 봉해졌다. 후에는 왕망의 교만함에 불만을 품고 마찰을 빚어 관계가 소원해졌다.

115) 劉歆 : 기원전 53?~23. 초명은 秀, 자는 子駿이었으나, 후에 歆으로 개명하고, 자를 穎叔으로 고쳤다. 沛縣 사람으로 楚元王 劉交의 5대손이자 劉向의 아들이다. 어려서 경전과 문장에 능하여 成帝의 부름을 받고 黃門郎이 되어 부친과 함께 궁중의 장서들을 교정하였다. 평소 왕망과 친분이 있었는데, 哀帝 때 왕망의 천거로 侍中・太中大夫가 되었으며 騎都尉・奉車光祿大夫에 올랐다. 平帝 때 왕망이 정권을 잡자 중용되어 왕망을 위해 그의 공덕을 찬양했다. 왕망이 한나라를 찬탈하자 國師・嘉新公・祁烈伯에 봉해졌다. 地皇 4년(23) 昆陽 전투 이후 新나라의 형세가 기울자 왕망을 죽이려고 모의했다가 일이 누설되어 자살하였다.

116) 孫建 : ?~15. 자는 子夏이다. 哀帝 元壽 2년(기원전 1)에 執金吾・右將軍을 지냈으며 平帝가 左將軍・光祿勳이 되었다. 왕망의 당여가 되어 찬탈에 협력하였으며 元始 5년(5)에는 成武侯에 봉해졌다. 居攝 2년(7) 東郡 太守 翟義가 반기를 들었을 때 이를 진압하는 데 참여하였으며, 신나라가 건국되자 立國將軍에 임명되고 成新公에 봉해졌다.

117) 讓 : 대전본・사고본에는 '遜'으로 되어 있다. 통행본《전한서》에는 '讓'으로 되어 있다.

118) 用 : 사고본에는 '以'로 되어 있다. 통행본《전한서》에는 '用'으로 되어 있다.

② 莽色厲而言方 : 外示勁厲之色, 而假爲方直之言.
色厲而言方은 겉으로 굳센 기색을 보여주면서 거짓으로 바르고 곧은 말을 하는 것이다.

哀帝가 붕어하였는데 아들이 없자 太皇太后가 왕망을 불러 大司馬로 임명하고 中山王을 맞이하여 후사로 삼으니, 바로 平帝로서 당시 나이가 9살이었다.

태후가 臨朝稱制하여 국정을 왕망에게 맡겼다. 왕망은 大司徒 孔光이 명유이고 세 황제(成帝·哀帝·平帝)를 보좌하여 태후가 공경하는 사람이라는 이유로, 이에 공광을 매우 존숭하여 섬기고 공광의 사위 甄邯을 추천하여 侍中으로 임명하였다. 애제의 여러 외척과 대신으로서 관직에 있으면서 평소 좋아하지 않던 자들을, 왕망이 모두 죄를 얽어서 상주하여 견감으로 하여금 공광과 함께 맡도록 청하였다. 공광은 평소 두려워하며 삼가는 성품이었으므로 감히 상주하지 않을 수 없었다. 그렇게 하면 왕망이 태후에게 아뢰어 번번이 그 상주에 동의하니 이에 왕망에게 붙어서 순종하는 자는 발탁되고, 거스르고 원망하는 자는 주멸당하였다. 王舜과 王邑은 심복이 되고 甄豐과 甄邯은 탄핵과 심판을 주관하였으며 平晏은 機務를 담당하고 劉歆은 文章을 담당하였으며 孫建은 爪牙가 되었다.

왕망은 낯빛이 엄숙하고 말이 方正하였으므로 어떤 일을 하고자 할 때에는 슬며시 기색을 내비쳐 왕망의 당여가 그 뜻을 받들어 공개적으로 上奏하면 왕망은 머리를 조아리고 눈물을 흘리면서 완강하게 사양하여, 위로는 태후를 미혹시키고 아래로는 여러 백성들에게 보여주었다.

17-5-나(按)

臣은 按 此가 莽得權用事之始也라 故其情狀이 浸與昔異하니 其推尊孔光은 以其有重名而易制也니 名重則可以欺天下요 易制則不妨己之權而可以行己之志라 前則霍光之於蔡義[119)120)]와 後則伾(비)[121)]·文[122)]之於杜佑[123)124)]에 其術이 略同하니이다

119) 霍光之於蔡義 : 漢 宣帝가 즉위하고 나서 蔡義가 楊敞의 후임으로 승상이 되었다. 胡寅의 《讀史管見》에서는 이를 霍光이 한 일로 보았는데, 昭帝 때 승상 田千秋가 죽자 2년이 지나서야 곽광이 양창을 승상으로 삼게 한 것은 소제를 깔본 것이라 하였고, 선제 때 양창이 죽자 겨우 10일 만에 채의를 승상으로 삼은 것은 선제를 감히 깔보지 못한 것이라고 평하였다. 이때 채의의 나이는 여든이 넘었으며 조정의 대권은 곽광이 쥐고 있었다. 《致堂讀史管

自色厲言方以下는 史氏가 所以狀莽之情態也라 孔子가 以色厲內荏으로 爲穿窬之盜[125)]라하시니 蓋外爲剛勁之色而中實陰柔하니 所以欺世盜名也니 莽之竊國이 蓋用此術이라 欲有所爲에 微示風指하고 及其得請則涕泣固辭하니 姦僞至此면 雖明君이라도 未能遽察이어든 況易欺之母后와 與易惑之衆庶乎아 其潛移漢鼎이 宜矣로소이다

見 卷2》《漢書 卷66 蔡義傳》

120) 蔡義 : ?~기원전 71. 蔡誼라고도 한다. 河內 溫 사람이다. 경서에 밝아 大將軍 霍光의 휘하에서 일했으며, 昭帝가 《韓詩》에 통달한 사람을 찾을 때 불려가 풀이함으로써 光祿大夫・給事中으로 발탁되어 소제에게 《시경》을 전수하였다. 이어서 少府・御史大夫로 승진하였다. 元平 원년(기원전 74)에 승상이 되고 陽平侯에 봉해졌다. 승상이 된 지 4년 만에 졸하였으며, 시호는 節侯이다.

121) 伾 : ?~?. 王伾를 가리킨다. 杭州 사람이다. 唐 德宗 때 翰林侍書待詔・正議大夫・殿中丞・太子侍書 등을 지냈으며, 王叔文과 동궁에서 時政을 논하여 태자의 신임을 얻었다. 貞元 21년(805)에 順宗이 즉위하고 나서 左散騎常侍가 되었다. 왕숙문이 조정을 개혁할 때 순종이 風疾을 앓고 있어 왕비가 궁중을 출입하며 환관 李忠言 등과 소식을 주고받았다. 오래지 않아 개혁이 실패로 돌아가면서 開州 司馬로 폄적되어 개주에서 죽었다.

122) 文 : 758~806. 王叔文을 가리킨다. 越州 山陰 사람으로, 唐 德宗 때 王伾와 함께 東宮侍讀을 지냈을 때 태자(順宗)의 신임을 받았다. 貞元 21년(805)에 順宗이 즉위한 후 翰林學士가 되고 얼마 후에 戶部 侍郞이 되었다. 韋執誼를 추천하여 재상이 되게 하고 柳宗元・劉禹錫 등을 기용하여 弊政을 개혁하는 데 힘썼으나, 순종이 환관 俱文珍에 의해 퇴위당하고 憲宗이 즉위하자 渝州 司戶로 좌천되었다. 그 후 오래지 않아 피살되었다.

123) 伾文之於杜佑 : 唐 順宗은 즉위하고 나서 국정을 제대로 돌보지 않았다. 이때 王叔文은 王伾의 도움으로 起居郞・翰林學士가 되어 그에게 의지하였는데, 왕비가 聖旨의 전달과 상주문의 접수를 관장하고 왕숙문은 이를 재가하여 中書省에 넘겨주었다. 그리고 왕숙문은 늘 말하기를 "錢穀은 나라의 큰 근본으로, 이에 대한 권력을 장악하면 선비들을 포섭할 수 있다."라고 하면서, 杜佑에게 度支鹽鐵使를 겸임하도록 건의하고 자신은 副使가 되어 실질적으로 재정권을 장악하였다. 《新唐書 卷168 王叔文傳》

124) 杜佑 : 735~812. 자는 君卿으로 京兆 萬年 사람이다. 門蔭으로 濟南 參軍이 된 이후 御史大夫・刑部 尙書 등을 거쳐 德宗 貞元 19년(803)에 檢校司空・同中書門下平章事가 되었다. 順宗이 즉위한 후에 檢校司徒에 오르고 度支鹽鐵使가 되어 국가의 재정을 담당하였다. 이때 王叔文이 度支鹽鐵副使가 되었다. 憲宗 元和 원년(806)에 司徒가 되고 岐國公에 봉해졌다. 저서에 《通典》이 있다. 시호는 安簡이다.

125) 孔子……之盜 : 《논어》〈陽貨〉 제12장에, "낯빛은 엄숙하면서도 내심이 유약한 것을 소인에 비유하자면 좀도둑과 같을 것이다.〔色厲而內荏 譬諸小人 其猶穿窬之盜也與〕"라는 공자의 말이 보인다.

【臣按】 이는 왕망이 권세를 얻어 권력을 휘두른 시초입니다. 그러므로 그 정상이 차츰 예전과 달라진 것입니다. 왕망이 孔光을 추켜세운 것은 그가 큰 명망이 있으면서도 제어하기 쉬웠기 때문이니, 명망이 크면 천하를 속일 수 있고 제어하기 쉬우면 자신의 권력에 방해를 받지 않고 자신의 뜻을 실행할 수 있습니다. 왕망 이전에는 霍光과 蔡義의 경우가, 왕망 이후에는 王伾·王叔文과 杜佑의 경우가 그 방법이 대략 같았습니다.

"낯빛이 엄숙하고 말이 方正하였다."라는 대목 이하는 역사를 기록하는 사람이 왕망의 마음과 태도를 형상화한 것입니다. 공자가, 낯빛은 엄숙하여도 내심이 유약한 것을 두고 좀도둑이라고 하였습니다. 이는 외면은 굳센 기색을 하고 있어도 마음속은 실로 陰柔한 것이니 欺世盜名하는 방법입니다. 왕망이 나라를 훔칠 때에는 이러한 술책을 사용하였습니다. 하고자 하는 것이 있으면 의도를 은밀하게 내비치고 요청이 받아들여지기에 이르러서는 눈물을 흘리며 固辭하였으니, 간사함과 거짓이 이 정도라면 비록 명철한 임금이라 하더라도 대번에 살펴 알 수 없는 것인데, 하물며 속기 쉬운 태황태후와 미혹되기 쉬운 뭇사람들에 있어서이겠습니까. 왕망이 漢나라의 정권을 남이 알지 못하는 사이에 훔친 것이 당연하였습니다.

17-6-가[126]

始風益州하여 **令塞外蠻夷**로 **獻白雉**하고 **莽**이 **白太后**하여 **以白雉**로 **薦宗廟**한대 **群臣**이 **因奏莽功德**이 **致周成白雉之瑞**[127]하니 **宜賜號安漢公**이라하여늘 **莽**이 **上書讓**한대 **不聽**이어시늘 **又固辭**러니 **群臣**이 **復上言宜以時加賞**이라한대 **太后**가 **下詔**하사 **益封莽二萬八千戶**하고 **爲太傅**하고 **賜號**[128]**安漢公**하신대 **於是**에 **莽**이 **爲**

126) 《前漢書》 卷99上 〈王莽傳〉에 보인다. 平帝가 즉위한 이듬해인 元始 원년(1) 2월에 왕망이 사람들을 미혹시키고자 남쪽의 먼 나라를 越裳氏로 칭하게 하면서 까만 꿩과 흰 꿩을 바치게 하고 그 꿩들을 종묘에 바쳤다. 월상씨로 칭하게 한 까닭은 아래의 '周成白雉之瑞' 주석 참조.

127) 周成白雉之瑞 : 《後漢書》 卷116 〈南蠻西南夷傳〉에 "周公이 섭정한 6년 동안에 예악을 제정하여 천하가 화평해지자, 越裳國의 사신이 세 마리의 코끼리를 타고 세 단계의 통역을 거쳐 흰 꿩을 바쳤다.〔周公居攝六年 制禮作樂 天下和平 越裳以三象重譯而獻白雉〕"라는 내용이 보인다.

128) 號 : 대전본·사고본에는 없다. 통행본 《전한서》에는 있다.

惶恐不得已而起受策하고 **又讓還益封爵邑**하다

처음에 왕망이 益州에 넌지시 알려 塞外의 蠻夷로 하여금 흰 꿩을 바치게 하고, 태후에게 아뢰어 흰 꿩을 종묘에 바치게 하였다. 신하들이 이에, 왕망의 공덕은 周 成王 때 흰 꿩의 祥瑞를 불러왔으니 安漢公이라는 칭호를 내려야 한다고 상주하였다. 왕망이 上書하여 사양하였는데 태후가 윤허하지 않자 왕망이 또 고사하였다. 신하들이 다시 상언하여 적당한 때에 상을 내려야 한다고 하자, 태후가 조서를 내려 왕망에게 2만8천 戶를 더 봉해주고 太傅에 임명하였으며 安漢公이라는 칭호를 내렸다. 이에 왕망이 황공해하면서 마지못해 조정에 나와 策書를 받고 나서 다시 더 봉해준 작위와 봉읍을 사양하며 반납하였다.

17-6-나(按)

臣은 按 此가 莽居攝之漸也라 安漢之稱은 用周公故事也[129]라 旣如周公之稱公하니 亦可如周公之居攝矣로소이다

【臣按】 이는 왕망이 攝政의 자리에 앉을 조짐입니다. '安漢公'이라는 칭호는 周公의 고사를 따른 것입니다. 이미 주공처럼 公을 칭했으니, 또한 주공처럼 섭정의 자리에 앉을 수 있었습니다.

17-7-가[130]

莽이 **欲專斷**하여 **知太后厭政**하고 **乃風公卿奏言**호대 **太后**가 **不宜親省小事**라하고 **令太后下詔**하여 **自今封爵**에 **乃以聞**하고 **它[131]事**란 **安漢公·四輔[132]**가 **平決**하라하니 **權與人主侔矣**러라

---

129) 安漢……事也 : 周 成王이 즉위했을 때 나이가 어린 데다 주나라가 천하를 평정한 지 얼마 되지 않아 제후들이 주나라를 배반할까 두려워 주공이 섭정을 했다. 그와 마찬가지로 平帝가 어려 왕망이 주공처럼 섭정이 되어 국정을 수행한 것을 말한다. 《史記 卷4 周本紀》

130) 관련 내용이 《前漢書》 卷99上 〈王莽傳〉, 《資治通鑑》 卷35 〈漢紀27 平帝 下〉 元始 4년(4) 기사에 보인다.

131) 它 : 사고본에는 '他'로 되어 있다. 통행본 《전한서》 顔師古 注에도 '他'로 되어 있다.

132) 四輔 : 太師 孔光·太保 王舜·太傅 王莽·少傅 甄豐을 가리킨다.

왕망이 국정을 專斷하고자 하여 태후가 정사에 싫증을 낸다는 것을 알고는 이에 公卿들에게 넌지시 알려 "태후께서 소소한 일까지 직접 처결하시는 것은 적절치 않습니다."라고 아뢰게 하고, 지금부터 封爵을 할 때나 보고하게 하고 다른 일들은 安漢公과 四輔가 판단하여 처결하도록 태후에게 조서를 내리게 하였다. 왕망의 권력이 임금과 동등해졌다.

17-7-나(按)

臣은 按 此가 莽奪國之漸也라 凡姦臣之欲奪國에 必先顓國하나니 顓則唯[133]吾之所欲爲라 雖奪人之國이라도 莫與爭者矣니이다

【臣按】 이는 왕망이 나라를 찬탈할 조짐입니다. 무릇 간신이 나라를 찬탈하려고 할 때에는 반드시 먼저 국정을 전단하는 법입니다. 국정을 전단하면 오로지 자기가 하고 싶은 대로 하게 되니 비록 남의 나라를 찬탈한다 하더라도 그와 다툴 사람이 없습니다.

17-8-가[134]

莽이 念中國이 已平호대 唯四夷가 未有異라하여 乃遣使者齎金幣하여 重賂匈奴單(선)于하여 使上書호대 聞中國이 譏二名이라 故名은 囊知牙斯러니 今更名知하여 慕從聖制라하니 所以誑耀媚事太后下至旁側長御[135]가 方[136]故萬端①이러라[137]

---

133) 唯 : 대전본·사고본에는 '惟'로 되어 있다.

134) 《前漢書》 卷99上 〈王莽傳〉, 《資治通鑑》 卷35 〈漢紀27 平帝 上〉 元始 2년(2)에 보인다. 이때 흉노 선우가 上書를 하면서 王昭君의 딸인 須卜居次를 漢나라로 보내 태후의 시중을 들게 하였다.

135) 長御 : 胡三省에 따르면 태후 곁에서 늘 모시는 사람을 말한다. 徐天麟의 《西漢會要》에서는 《漢官考》를 인용하여 宮官으로 설명하였다. 궁관은 前漢 때의 女官으로 女長御라고도 하였다. 《資治通鑑 卷36 漢紀28 王莽 上 胡三省注》 《西漢會要 卷6 帝系6 內職》 《中國歷代官制大詞典 長御, 宮官》

136) 方 : 사고본에는 '其'로 되어 있다. 통행본 《전한서》에는 '方'으로 되어 있다.

137) 이러라 : 509본에는 '이라'로 되어 있다.

① 旁側……萬端：旁側長御，謂太后宮中諸妾御也.
'旁側長御'는 太后宮 안의 妾御들을 이른다.

왕망은 중국이 이미 안정되었는데 오로지 四夷는 아직 변화가 없다고 생각하였다. 이에 사자를 보내면서 황금과 재물을 가지고 가 흉노의 單于에게 많은 뇌물을 주어 다음과 같이 중국에 上書하게 하였다.

"들으니 중국에서는 두 글자로 된 이름을 기롱한다고 합니다. 제 옛 이름은 囊知牙斯였는데 이제 知로 개명하여 聖人의 제도를 앙모하여 따르겠습니다."

왕망이 기만과 미혹으로 태후에서부터 아래로 태후 주변의 長御에 이르기까지 아첨하고 섬겨 수단이 가지각색이었다.

17-8-나(按)

臣은 按 莽이 於元后에 爲近親이니 自足以得其意矣而猶必事旁側長御者는 此가 寒浞行媚于內[138]之故智也라 姦賊之心이 所以彌縫上下者가 其密이 如此하니이다

【臣按】 왕망이 孝元皇后에게 近親이 되니 본래 충분히 마음먹은 대로 할 수 있었습니다. 그럼에도 굳이 태후 주변의 長御까지 섬겼던 것은 寒浞이 宮人에게 아첨했던 고전적인 수법입니다. 윗사람과 아랫사람에게도 빈틈없이 손썼던, 姦賊의 그 치밀한 마음이 이와 같습니다.

17-9-가[139]

莽이 旣尊重에 欲以女配帝爲皇后하여 以固其權하여 奏言 長秋宮[140]이 未建하니

138) 寒浞行媚于內：17-1-가 참조.

139) 관련 내용이 《前漢書》 卷99上 〈王莽傳〉, 《資治通鑑》 卷35 〈漢紀27 平帝 上〉 元始 2년(2) 기사에 보인다. 이해에 왕망은 자신의 딸을 황후로 만들어 자신의 권력을 공고하게 하려고 하였다. 이에 平帝가 즉위한 지 3년째가 되도록 황후와 媵妾들이 없다는 이유로 여인들을 널리 채택하라고 상주하면서 짐짓 자신의 딸은 채택하지 말라고 하였다. 그러나 많은 사람들이 왕망의 딸을 황후로 맞이하라고 청원하자 왕망은 자신의 딸을 만나보라고 하였다. 이듬해인 원시 3년(3) 봄에 태후가 長樂宮 少府 夏侯藩 등을 파견하여 納采를 하면서 왕망의 딸을 보게 하였는데 이들은 돌아와 태후에게 왕망의 딸을 칭찬하였다. 마침내 원시 4년(4) 4월에 왕망의 딸이 황후가 되었다.

請考論五經하여 定娶禮하여 正十二女之義[141)]하여 以廣繼嗣호대 博采二王後及周公·孔子世[142)]와 列侯在長安者適子女[①]하소서 事下에 有司가 上衆女名하니 王氏女가 多在[143)]選中者어늘 莽이 恐其與己女爭[144)]하여 卽上言 身無德하고 子材下하니 不宜與衆女並采니이다 太后가 以爲至誠이라하여 乃下詔호대 王氏女는 朕之外家니 其勿采하라 庶民·諸生·郎吏以上이 守闕上書하고 及公卿大夫가 咸言 安漢公盛勳堂堂이 如此하니 今當立后하여 奈何廢公女리오 願得公女爲天下母하노이다

① 適子女 : 適, 讀曰嫡, 謂妻所生也.
適은 '嫡(적)'으로 읽으니, 妻의 소생을 말한다.

왕망은 지위가 높아지고 권력이 커지자 딸을 황제의 배필로 삼아 황후가 되게 하여 자신의 권력을 공고히 하고자 다음과 같이 아뢰었다.

"長秋宮(皇后)이 아직 세워지지 않았으니, 五經을 상고해 아내를 맞이하는 禮를 제정하여 열두 여인에게 장가드는 원칙을 바로 세움으로써 후사를 널리 두되, 殷나라와 周나라의 후예 및 周公·孔子의 적통 후손과 長安에 있는 列侯의 적통 자녀 중에서 널리 선발하소서."

이 사안이 하달되자 有司가 뭇 여인들의 이름을 올렸는데 王氏의 여인들이 선발 대상에 많이 들어갔다. 왕망은 자기의 딸과 경쟁할까 두려워하여 곧바로 다음과 같이 上言하였다.

---

140) 長秋宮 : 顔師古에 따르면, 秋는 수확하여 완성하는 때이며 長은 恒久의 의미이므로 이를 가지고 皇后宮의 이름으로 삼은 것이다. 여기에서는 황후를 가리킨다. 《前漢書 卷19上 百官公卿表》

141) 正十二女之義 : 何休에 따르면 "오로지 천자만이 열두 여인에게 장가든다.〔唯天子娶十二女〕"라고 하였으며, 蔡邕의 《獨斷》에 따르면 "천자가 열두 여인에게 장가드는 것은 하나라 때의 제도이다.〔天子取十二夏制也〕"라고 하였다. 《春秋公羊傳注疏 成公 10年 何休注》《獨斷 卷上》

142) 二王……子世 : 明나라 때 嚴衍에 따르면, 二王後는 殷나라와 周나라의 후예이며, 周公孔子世는 주공과 공자의 후대 嫡子로 이어져 내려온 사람이다. 《資治通鑑補 卷36 漢紀28》

143) 多在 : 대전본에는 '在多'로 되어 있다. 통행본 《전한서》에는 '多在'로 되어 있다.

144) 爭 : 대전본에는 '事'로 되어 있다. 통행본 《전한서》에는 '爭'으로 되어 있다.

"제 자신은 덕이 없고 제 여식은 자질이 못났으니 뭇 여인들과 함께 선발해서는 안 됩니다."

태후는 이를 지극히 진실하다고 여겨 이에 다음과 같이 조서를 내렸다.

"왕씨의 여인은 짐의 친정이니 선발하지 말라."

庶民·諸生과 郎吏 이상의 관리들이 대궐 문 앞에 버티고서 上書를 하고, 公卿大夫에 이르러서는 모두 다음과 같이 말하였다.

"安漢公의 위대한 勳業이 이처럼 성대한데, 지금 황후를 세울 때에 어떻게 안한공의 딸을 내버려둘 수 있습니까. 안한공의 딸이 천하의 국모가 되기를 원합니다."

莽이 **遣長史**[145]**以下**하여 **分部曉止**[146]**而上書者**가 **愈甚**이어늘 **太后**가 **不得已**하여 **聽采莽女**하신대 **莽**이 **復自白宜博選衆女**니이다 **公卿**이 **爭不宜采諸女**하여 **以貳正統**이라하여늘 **莽女**가 **遂立爲后**하다 **厥**[147]**後**에 **又采伊尹·周公稱號**하여 **加莽爲宰衡**[148]하여 **位上公**하다

왕망이 長史 이하의 관리들을 파견하여 여러 곳으로 나누어 보내 그만두라고 曉諭하였으나, 상서를 하는 자가 갈수록 많아지자 태후가 마지못하여 왕망의 딸을 선발하도록 허락하였다. 왕망이 다시 직접 아뢰었다.

"뭇 여인들을 널리 선발해야 합니다."

공경들이 다음과 같이 쟁집하였다.

"뭇 여인들을 선발하여 嫡統을 어지럽혀서는 안 됩니다."

왕망의 딸이 마침내 황후로 책립되었다. 그 후에 또 伊尹과 周公의 칭호를 따 왕망에게 '宰衡'이라는 칭호를 더하고 上公의 지위를 주었다.

---

145) 長史 : 掾史들의 우두머리로서, 三公과 將軍府에 모두 이 직책을 두었다. 연사는 屬官의 범칭으로, 掾은 正職을 史는 副職을 가리킨다.《漢書辭典 長史, 掾史》

146) 止 : 대전본에는 '正'으로 되어 있으나 오자이다.

147) 厥 : 대전본·사고본에는 없다.

148) 又采……宰衡 : 伊尹의 이름은 阿衡이고 周公의 벼슬은 冢宰였다. '宰衡'은 이 두 가지에서 한 자씩을 따온 것이다.《史記 卷3 殷本紀》《資治通鑑補 卷36 漢紀28》

17-9-나(按)

臣은 按 莽이 旣顓國柄하고 又求爲后父則其尊이 莫與匹矣라 然委蛇(이)曲折하여 備極姦僞之態하여 若不得已而後受焉하니 自是身爲宰衡하고 女配宸極하여 朝廷・宮省之權이 一出於己하니 於奪國也에 何有리오 其後에 曹操가 將簒漢에 亦殺伏后而立其女[149]하고 隋楊堅[150]이 以后父而取後周之天下[151]하니 大抵類此하니이다

---

149) 曹操……其女 : 建安 원년(196)에 曹操가 獻帝를 맞이하고 許昌으로 천도한 이후에 천자를 끼고 제후들을 호령하여 막강한 권세를 휘둘렀다. 그리하여 황제를 시종하고 호위하는 사람들까지도 모두 조조의 사람들로 채워졌다. 조조는 일찍이 건안 5년(200)에도 자신을 죽이려고 했던 董承을 주살하였으며, 동승의 딸인 헌제의 貴人이 당시 임신 중이었는데도 죽인 바가 있었다. 伏皇后가 이를 두려워하여 부친 伏完에게 조조를 도모하라는 편지를 보냈으나 복완은 감히 손을 쓰지 못했다. 그런데 건안 19년(214) 11월에 이르러 이 일이 누설되자 조조는 華歆을 시켜 복황후를 체포하게 한 뒤 유폐시켜 죽게 하고 복황후가 낳은 두 명의 황자도 독살하였다. 그리고 이듬해 정월에 자신의 딸이자 헌제의 귀인으로 있던 曹節을 황후로 세웠다.《資治通鑑 卷62 漢紀54 獻帝, 卷63 漢紀55 獻帝, 卷67 漢紀59 獻帝》《後漢書 卷10 獻帝伏皇后紀, 獻穆曹皇后紀》

150) 楊堅 : 541~604. 재위 581~604. 隋나라 초대 황제 文帝로 묘호는 高祖이다. 弘農 華陰 사람으로 동한 때의 학자 楊震의 후손이며 隋國公 楊忠의 아들이다. 北周 때 부친의 작위를 계승하여 수국공이 되었으며 딸이 북주 宣帝의 황후가 되었다. 太建 12년(580)에 선제의 아들인 靜帝가 즉위하자 輔政이 되어 국정을 장악하였다. 이듬해에 정제로부터 선양을 받아 수나라를 건국하였다. 開皇 7년(587)에 後梁을 멸망시키고 2년 뒤에는 陳나라를 멸망시켜 천하를 통일하였다. 開皇律令을 제정하여 제도를 정비하였으며, 과거제를 실시하고 九品中正制를 폐지하여 귀족을 억제하고 중앙집권을 강화하였다. 의심이 많아 태자 楊勇을 폐하고 둘째 아들 楊廣을 태자로 삼았다가 仁壽 4년(604)에 병이 심해졌을 때 양광에게 살해되었다.

151) 隋楊……天下 : 楊堅의 장녀 楊麗華는 北周 宣帝 宇文贇(빈)의 황후로 선제가 동궁이었을 때 양견에 의해 황태자비가 되었다. 太建 12년(580)에 양견은 선제가 죽기 전에 고명을 받았으며, 선제가 죽자 함께 고명을 받은 劉昉이 遺詔를 고쳐 양견이 總知中外兵馬事가 되게 하였다. 朱皇后의 소생인 태자 宇文衍(靜帝)이 즉위하고 나서 주황후는 帝太后로 楊皇后는 황태후로 높여졌으며, 양견은 假黃鉞・左大丞相이 되어 백관이 그에게 명령을 들었다. 같은 해 12월에는 양견을 相國으로 삼아 백관을 통솔하게 하고 그 작위를 올려 隋王으로 삼았다. 이에 開府儀同大將軍 庾季才 등이 양견에게 제위에 오를 것을 권하였으며, 정제도 조서를 내려 別宮에 거처하고 수왕에게 황제의 자리를 선양하였다. 마침내 양견은 臨光殿에서 즉위하여 隋나라를 건국하고 연호를 開皇으로 고쳤다.《周書 卷9 宣帝楊皇后傳》《隋書 卷1 高祖紀》《資治通鑑 卷174 陳紀8 宣帝 下之上, 卷175 陳紀9 宣帝 下之下》

【臣按】 왕망이 나라의 대권을 독차지하고 또 황후의 부친이 되기를 구하였으니, 그 존귀함은 필적할 자가 없었습니다. 그러나 이리저리 온갖 수단을 다하여 간사하고 가식적인 행태를 갖가지로 다하여 부득이한 것처럼 한 후에야 받아들였습니다. 이로부터 자신은 宰衡이 되고 딸은 황제의 배필이 되어 조정과 궁중의 권력이 모두 자기에게서 나왔으니 나라를 찬탈하는 데에 있어 무슨 어려움이 있었겠습니까.

그 후에 曹操가 漢나라를 찬탈하려고 할 때에도 伏皇后를 죽이고 제 딸을 황후로 세웠으며, 隋나라 楊堅이 황후의 부친으로서 後周(北周)의 천하를 차지하였으니 대체로 이와 유사합니다.

17-10-가[152)]

是歲에 **莽**이 **奏起明堂・辟雍・靈臺**[153)]하고 **爲學者築舍萬區**하고 **徵天下通一藝以上皆詣公車**[154)]하여 **網羅天下異能之士**하니 **至者**가 **前後千數**러라

이해(4)에 왕망이 상주하여 明堂・辟雍・靈臺를 세우고 학생들을 위하여 學舍 1만 칸을 지었으며 천하에 經書 하나 이상에 통달한 사람들을 徵召하여 모두 公車로 나아가게 하여서 천하의 뛰어난 재능을 가진 인재들을 망라하니, 모여든 사람들이 전후로 하여 천으로 헤아렸다.

17-10-나(按)

臣은 **按 莽**이 **將簒漢**이라 **故爲此**하여 **以要譽於天下之士**하니 **非眞有意育材致賢**하여 **爲漢**[155)]**家計也**니이다

---

152) 관련 내용이 《前漢書》 卷99上 〈王莽傳〉, 《資治通鑑》 卷36 〈漢紀28 平帝 下〉 元始 4년(4) 기사에 보인다.

153) 明堂辟雍靈臺 : 明堂은 천자가 政教를 밝히는 곳으로 朝會・祭祀・教學 등의 의식이 거행되었다. 辟雍은 천자가 세우는 太學으로 교화가 펴지는 것을 상징하고자 물이 벽옹의 둘레를 감싸는 형태로 지어졌다. 靈臺는 氣象을 관측하는 곳이다. 《漢書辭典 明堂, 辟雍, 靈臺》

154) 公車 : 官署 이름이다. 漢나라 때 衛尉의 屬官으로 公車司馬令(公車令)을 두었는데 황궁의 外門인 司馬門의 경비와 궁중의 야간 순찰을 담당하였다. 臣民들이 上書를 하거나 조정으로부터 徵召를 받으면 모두 공거에서 응접하였다. 《漢書辭典 公車, 司馬門》

【臣按】 왕망이 장차 한나라를 찬탈하려고 했기 때문에 이러한 일을 벌여 천하의 인재들에게 명예를 구한 것이니, 진심으로 인재를 육성하고 현인을 초치하여 漢나라를 위해 계책을 낼 뜻이 있던 것은 아니었습니다.

17-11-가[156]

群臣이 **奏言 宰衡**이 **位宜在諸侯王上**이니이다 **詔曰 可**라 **其議九錫**[157]**之法**하라 하시니 **遂加九命之錫**① 하다

① 遂加九命之錫 : 九錫者, 車馬・衣服・樂則(악칙)[158]・朱戶・納陛・虎[159]賁・鈇鉞・弓矢・秬鬯(거창)[160].

---

155) 漢 : 대전본・사고본에는 '國'으로 되어 있다.

156) 관련 내용이 《前漢書》 卷99上 〈王莽傳〉, 《資治通鑑》 卷36 〈漢紀28 平帝 下〉 元始 4년(4) 기사에 보인다. 원시 4년에 신하들은 왕망의 공이 크니 그 지위를 승격시켜야 한다고 상주하자, 九錫의 법을 의논하라는 조서가 내려졌다. 마침내 이듬해 5월에 왕망이 구석을 받았다.

157) 九錫 : 구석의 항목은 문헌에 따라 차이가 있는데 본서의 원주에 나열된 항목들은 《禮緯》 〈含文嘉〉와 楊士勛의 《春秋穀梁傳疏》에 근거한 것이다. 楊永俊에 따르면 九錫禮는 西周시대의 九命 제도에서 기원하였는데 春秋五霸 이후 大臣에게 구명을 내리는 제도는 사라지고 西漢 말에 구석례로 바뀌었다. 또한 구석례는 왕망의 托古改制에서 비롯된 산물이다. 《楊永俊, 王莽禪漢九錫禮考釋, 學海 2006年 4期, 江蘇省社會科學院, 204~205쪽》

158) 則 : 대전본에는 '垂'로, 사고본에는 '懸'으로 되어 있다.

159) 虎 : 대전본에는 '武'로 되어 있다.

160) 車馬……秬鬯 : 이때 왕망이 받은 九錫은 다음과 같다. 첫 번째는 車馬로, 鸞路와 乘馬・천자의 깃발인 龍旂九旒・皮弁과 素積・戎路(戎車)와 乘馬가 포함되었다. 두 번째는 衣服으로, 緂韍(여불)・袞冕 등의 衣裳, 옥으로 장식한 도검인 瑒琫瑒珌(창봉창필), 하늘에 제사를 지낼 때 신는 신발인 句履를 함께 받았다. 세 번째는 虎賁으로, 궁궐과 황제의 호위를 전담하는 이들을 가리키는데 이때 호분 300명을 둔 것 이외에도 家令과 家丞을 각각 1명씩 두었으며 宗官・祝官・卜官・史官도 모두 嗇夫를 두어 왕망을 보좌하도록 하였다. 네 번째 樂則은 樂懸이라고도 하며 鐘이나 磬처럼 틀에 걸어놓고 연주하는 악기들을 가리킨다. 그러나 왕망은 이때 악칙 대신 命珪로서 圭瓚 2개와 九命青玉珪 2개를 받았다. 다섯 번째는 納陛로, 顔師古가 인용한 孟康의 주석에 따르면 '殿의 基壇 중간 안쪽을 깎아 들어가 계단을 만들어서 계단이 기단 바깥으로 노출되지 않게 하는 것〔鑿殿基際爲陛 不使露也〕'이다. 여섯 번째는 朱戶로, 옛날 제왕이 제후나 공신에게 내렸던 주홍색 대문이다. 일곱 번째는 弓矢

九錫은 車馬・衣服・樂則・朱戶・納陛・虎賁・鈇鉞・弓矢・秬鬯이다.

신하들이 다음과 같이 상주하였다.
"宰衡은 지위가 제후왕의 위에 있어야 합니다."
이에 다음과 같이 조서를 내렸다.
"옳다. 九錫의 법을 의논하라."
마침내 왕망에게 구석이 더해졌다.

17-11-나(按)

臣은 按 九錫者는 天子之禮也라 齊桓[161]・晉文이 有功於周室호대 所錫者가 二三而已어늘 今莽이 備之하니 是乃居攝卽眞之漸也라 其後에 人臣將簒者가 必先加此하니 蓋皆用莽故事云이니이다

【臣按】 九錫은 천자의 예입니다. 齊 桓公과 晉 文公이 周室에 공이 있었으나 그들에게 내려진 것은 그중에서 두셋뿐이었는데 지금 왕망은 모두 구비하였으니 이것이 바로 섭정으로 있다가 진짜 천자로 즉위하려는 조짐입니다. 그 후에 신하로서 찬탈을 하려는 사람은 반드시 먼저 본인에게 구석이 더해지게 하였으니, 이는 모두 왕망의 고사를 따른 것입니다.

17-12-가1[162]

莽이 先所白遣風俗使者[163]八人이 還하여 詐爲郡國造歌謠頌功德하니 凡三

로, 彤弓 1개와 彤矢 1백 개, 盧弓 1개와 盧矢 1천 개다. 여덟 번째는 鈇鉞로, 왼쪽에 세우는 朱鉞과 오른쪽에 세우는 金戚 하나씩이다. 아홉 번째는 秬鬯으로, 검은 기장과 鬱金香으로 만든 술이다.《劉曉燕 외, 中國古代政治制度中九錫禮的歷史考察, 山東社會科學 2011年 10期, 山東省社會科學界聯合會, 112~113쪽》

161) 桓 : 대전본에는 '威'로 되어 있으나, 宋 欽宗 趙桓을 피휘한 것이다.

162) 관련 내용이《前漢書》卷99〈王莽傳〉,《資治通鑑》卷36〈漢紀28 平帝 下〉元始 5년(5) 기사에 보인다. 원시 5년에 泉陵侯 劉慶은 왕망이 주공처럼 천자의 일을 섭행하게 해야 한다고 상서하고 신하들도 유경의 말에 동조하였다. 이듬해 居攝 원년(6) 3월에 宣帝의 玄孫 劉嬰을 태자로 삼았으며 5월에 태후가 왕망에게 조서를 내려 왕망이 假皇帝를 칭하도록 하였다. 2년 뒤인 始初 원년(8) 11월에 국호를 新으로 바꾸고 정식 황제로 등극하였다.

萬言이러라 泉陵侯劉慶이 言 周成王이 幼小하여 稱孺子[164)]하시고 周公이 居攝이러시니 今帝가 富於春秋하시니 宜令安漢公行天子事이니이다 平帝가 崩①커시늘 莽이 選宣帝玄孫中最幼子嬰하니 年二歲라 託以卜相最吉이라하더라 是月에 前輝光[165)]謝囂가 奏 武功[166)]長孟通이 浚井이라가 得白石有丹書하니 文曰 告安漢公莽이 爲皇帝라하니 符命[167)]之起가 自此始하다

① 平帝崩 : 莽酖[168)]之也.[169)]
왕망이 독살한 것이다.

왕망이 앞서 아뢰어 파견했던 風俗使者 여덟 사람이 돌아와 거짓으로 郡國들이 노래를 만들어 왕망의 공덕을 칭송하고 있다고 하니, 그 노래가 총 3만 자였다. 泉陵侯 劉慶이 말하였다.

“周 成王은 나이가 어려 孺子로 칭하고 周公이 섭정 자리에 있었습니다. 지금 황제께서는 춘추가 어리시니 安漢公으로 하여금 천자의 일을 행하게 해야 합니다.”

平帝가 붕어하자 왕망이 宣帝의 玄孫 가운데 가장 어린 아들인 劉嬰을 선택하

---

163) 風俗使者 : 漢 武帝 때 처음 두었는데 매년 정월과 10월에 여러 國·郡州·鄕邑들을 순행하면서 풍속을 널리 살피고 가요들을 채집하며 관리들의 잘잘못을 규찰하고 인재를 추천하는 일을 담당하였다. 인원은 10명 미만에서 20명 이상에 이르기까지 일정하지 않았는데, 무제부터 成帝 때까지는 官府에서 선발하고 현자들이 추천하였다.《許繼起, 秦漢樂府制度硏究, 揚州大學博士學位論文, 2002, 72~73쪽》

164) 孺子 : 원래는 아직 성년이 되지 않은 사람을 가리키는 말인데, 천자나 제후 등의 후대를 계승한 사람을 일컫기도 하였다.《漢語稱謂大詞典 孺子》

165) 前輝光 : 漢 平帝 元始 4년(4)에 後丞烈과 함께 설치한 郡 이름이다. 전휘광은 長安 이남의 縣들을, 후승렬은 장안 이북의 현들을 관할하였다.《資治通鑑 卷36 漢紀28 平帝 下 胡三省注》

166) 武功 : 현재 陝西省 郿縣 동쪽에 있었던 縣 이름이다.《漢書辭典 武功》

167) 符命 : 하늘이 임금에게 내린 祥瑞를 가리키는데 천명을 얻은 증거로 간주되었다.《漢書辭典 符命》

168) 酖 : 대전본에는 '配'로 되어 있으나 오자이다.

169) 莽酖之也 : 元始 5년(5) 12월에 왕망이 臘日을 구실로 椒酒를 바칠 때 술에 독을 넣었는데 평제가 병이 나 이달에 사망하였다.《資治通鑑 卷36 漢紀28 平帝 下》

였는데 나이가 두 살이었으므로, 점을 쳐보니 유영이 가장 길하다고 둘러대었다.

이달에 前輝光의 謝囂가 아뢰기를, 武功 縣長 孟通이 우물을 파다가 흰 돌을 얻었는데 "안한공 왕망이 황제가 될 것임을 고하노라.〔告安漢公莽爲皇帝〕"라는 丹書가 쓰여 있었다고 하였다. 符命의 출현이 이로부터 시작되었다.

莽이 **使群公以白太后曰 莽**이 **非有它**[170]라 **但欲稱攝以重其權**하여 **鎭**[171]**服天下耳**니이다 **太后**가 **許之**하여 **乃令居攝踐阼**를 **如周公故事**하다 **明年**에 **改元居攝**이라하고 **立嬰爲皇太子**하고 **號曰孺子**라하다 **後**에 **又稱符命**하여 **卽眞天子位**하고 **定有天下之號曰新云**이러라

왕망이 여러 公을 시켜 태후에게 다음과 같이 아뢰게 하였다.

"왕망이 딴마음을 가진 것이 아니라, 그저 '攝(대리)'을 칭함으로써 그 권한을 무겁게 하여 천하를 鎭服시키려고 할 뿐입니다."

태후가 허락하여 마침내 居攝하여 천자의 자리에 오르기를 周公의 고사처럼 하도록 하였다. 이듬해(6)에 居攝으로 改元하고 劉嬰을 세워 황태자로 삼고서 孺子라고 불렀다. 후에 또 符命을 칭탁하여 진짜 천자로 즉위하고 천하를 소유한 칭호를 '新'이라고 정하였다.

17-12-가2[172]

班固가 **贊曰 王莽**이 **始起外戚**하여 **折節力行**하여 **以要名譽**하고 **及其居位輔政**하여 **成·哀之間**에 **勤勞國家**하여 **動見稱述**하니 **豈所謂色取仁而行違**[173]**者邪**아 **莽旣不仁而有佞邪之材**하고 **又乘四父**[174]**歷世之權**하여 **遭漢中微**하여 **國統三絶**[175]**而太后**가 **壽考**하여 **爲之宗主**라 **故得肆其姦慝**하여 **以成簒竊之禍**하고

---

170) 它 : 사고본에는 '他'로 되어 있다. 통행본 《전한서》에는 '它'로 되어 있다.

171) 鎭 : 대전본·사고본에는 '塡'으로 되어 있다. 통행본 《전한서》에도 '塡'으로 되어 있다.

172) 《前漢書》 卷99下 〈王莽傳〉 贊에 보인다. 17-4-가부터 17-12-가1 참조.

173) 色取仁而行違 : 《논어》 〈顔淵〉 제20장에 보인다.

174) 四父 : 17-4-가의 원주 ② '繼四父而輔政' 참조.

175) 國統三絶 : 서한 말의 황제인 成帝·哀帝·平帝에게 후사를 계승할 아들이 없었음을

及其竊位南面하얀 **處非所據**라 **顚覆之勢**가 **險於桀·紂而莽**이 **晏然自以爲黃·虞**가 **復出也**[176)]라하여 **迺始恣睢**(휴)하여 **奮其威詐**하여 **滔天虐民**하여 **窮凶極惡**하여 **毒流諸夏**하며 **亂延蠻貊**하니 **自書傳所載**로 **亂臣賊子無道之人考其禍敗**컨대 **未有如莽之甚者也**니라

班固가 다음과 같이 贊하였다.

"왕망은 처음에 외척에서 일어나 자신을 굽혀 남에게 낮추고 힘써 노력하여 명예를 구하였으며, 높은 자리에 올라 국정을 보좌하기에 이르러서는 成帝와 哀帝 연간에 국가를 위해 부지런히 애써서 번번이 칭송을 받았으니, 어찌 이른바 겉으로는 仁을 취하면서도 행동은 어긋나는 자가 아니겠는가.

왕망이 不仁하면서 佞邪한 재주가 있었을 뿐만 아니라 또 네 諸父가 누대에 걸쳐 이루어놓은 권세에 올라타고서 漢나라 중엽의 쇠미한 때를 만나 나라의 大統이 세 번이나 단절되었고 태후(元后)가 장수하여 왕망의 뒷배가 되었다. 그러므로 왕망이 그 간특함을 마음껏 부려 찬탈의 화란을 이룰 수 있었으며, 帝位를 찬탈하여 군림하게 되어서는 차지해서는 안 될 자리를 차지했기 때문에 新나라가 패망하는 형세는 桀王과 紂王 때보다도 위태로웠다. 그러나 왕망은 편안하게 스스로, 黃帝와 舜임금의 시대가 다시 도래했다고 생각하였다. 이에 비로소 거리낄 것이 없어져서 그 위세와 기만을 떨어 백성들을 학대함이 하늘에 닿을 듯이 했고, 흉악한 짓을 극도로 저질러 해악이 中華에 퍼지고 禍亂이 夷狄에까지 미쳤으니, 역대 典籍이 기록된 이래 무도한 난신적자들이 일으킨 재앙과 패망을 살펴보면 왕망처럼 심한 경우가 없었다."

17-12-나(按)

臣은 **按 班固所評**이 **可謂盡莽之情狀矣**라 **然嘗論之**컨대 **莽之姦僞**가 **固足以欺天罔人**이나 **然使成帝不任**[177)]**外戚以政而元后**가 **不私外家以權則莽雖挾材任數**나 **方陳力**

말한다.

176) 晏然……出也 : 新나라 地皇 3년(22) 2월에 왕망이 내린 글에서 "나는 神明聖祖인 黃帝와 舜임금의 후예로서 천명을 받아 地皇 4년에 이르면 15년째가 된다.〔予以神明聖祖黃虞遺統受命 至于地皇四年爲十五年〕"라는 내용이 보인다.《前漢書 卷99下 王莽傳》

奔走之不暇니 何惡之能爲리오 故莽之至此者는 成帝・元后之罪也라 雖然이나 豈獨莽哉리오 前而田恒[178]과 後而操[179]・懿[180]가 姦則姦矣어니와 使人主能謹[181]履霜之戒而不失馭臣之柄則皆當時之能臣也라 嗚呼라 有天下者가 其可不防其漸이리잇고

【臣按】 반고의 평이 왕망의 진실을 다 설명하였다고 할 수 있습니다. 그러나 논해보건대, 왕망의 간사함과 기만이 진실로 하늘을 속이고 사람들을 속이기에는 충분했으나 만약 成帝가 외척에게 정권을 맡기지 않고 元后가 親庭에 사사로이 권력을 주지 않았더라면, 왕망이 비록 재주를 가지고 술수를 부렸다 할지라도 능력을 펼쳐 동분서주하기에 급급했을 것이니, 어찌 악을 저지를 수 있었겠습니까. 그러므로 왕망이 이렇게까지 할 수 있었던 것은 성제와 원후의 죄입니다.

비록 그렇지만 어찌 왕망만 이러했겠습니까. 전대에는 田恒이, 후대에는 曹操와 司馬懿가 간사하기는 했지만, 만약 임금이 작은 조짐이 보일 때 경계하지 않으면 어찌해볼 수 없는 형국에 이를 것이라는 경계를 삼가서 신하들을 제어하는 권력을 잃지 않을 수 있었더라면, 그들은 모두 당시의 能臣이었을 것입니다. 아, 천하를 소유한 임금이 그 조짐을 막지 않아서야 되겠습니까.

以上은 論姦雄竊國之術하니라

이상은 간웅이 나라를 훔치는 방법을 논하였다.

臣은 按 古今簒臣이 多矣而獨載此四人者는 以其姦謀詭計가 最巧且密故也라 若曹操之簒漢則因討賊而顓兵柄하고 司馬懿之簒魏則因受遺而盜國柄이러니 其後에 劉裕[182]之簒晉也가 似操하고 楊堅[183]之簒周也가 似懿하니 是數人者가 皆以虎狼[184]之

177) 任 : 사고본에는 '假'로 되어 있다.

178) 恒 : 대전본・사고본에는 '常'으로 되어 있다. 대전본의 경우, 宋代의 피휘이다.

179) 操 : 17-2-나(按)의 주석 '操' 참조.

180) 懿 : 17-2-나(按)의 주석 '懿' 참조.

181) 謹 : 사고본에는 '愼'으로 되어 있다.

182) 劉裕 : 363~422. 재위 420~422. 南朝 宋나라의 초대 황제로 시호는 武帝이며 묘호는 高祖이다. 자는 德輿로 彭城 사람이다. 晉 安帝 義熙 원년(405)에 진나라를 찬탈한 桓玄을 격퇴하고 주살하였으며 안제를 복위시켰다. 이 공으로 豫章郡公에 봉해지고 의희 4년

暴로 劫取神器하니 其情狀이 爲易知而此四人者는 其狡가 如兎하고 其媚가 如狐하고 其陰中人이 如鬼蜮(역)하고 其居膏肓(황)[185]之間이 如二竪[186]子[187]하여 能使人主로 陰授以國而不知하니 其情狀이 爲難察이라 臣이 故略其易知者而著其難察者하여 欲有天下者로 開卷瞭然하여 如見九鼎而識魑魅罔兩之形[188]하여 圖之於未然하며 杜之於未兆하면 庶乎竊國之姦이 不得而逞矣라 嗚呼艱哉인저

【臣按】 고금의 찬탈했던 신하들은 많았으나 유독 이 네 사람을 수록한 것은, 그들의 간사한 꾀와 속임수가 가장 교묘하고도 치밀했기 때문입니다. 曹操가 漢나라를 찬

---

(408)에 侍中 車騎將軍 開府儀同三司 兼 錄尙書事가 되었다. 의희 12년(416)에 相國이 되고 九錫을 받아 제후보다 지위가 높아졌다. 정권을 잡는 동안 호족의 토지 겸병을 억제하고 형벌을 가볍게 하는 등의 조치로 크게 민심을 얻었다. 마침내 恭帝 元熙 2년(420) 6월에 선양을 받아 송나라를 건국하였다.

183) 楊堅 : 17-9-나 주석 '楊堅' 참조.

184) 狼 : 대전본·사고본에는 '豹'로 되어 있다.

185) 肓 : 대전본에는 '育'으로 되어 있으나, 오자이다.

186) 竪 : 대전본에는 '孺'로, 사고본에는 '豎'로 되어 있다.

187) 其居……竪子 : 二竪子는, 晉 景公이 앓던 병이 경공의 꿈에서 두 더벅머리 아이로 化한 것을 말한다. 경공이 병을 앓게 된 것은 기원전 581년에 厲鬼가 경공을 비난하고 위협하는 꿈을 꾸고 난 이후였다. 경공은 발병 2년 전인 기원전 583년(晉 景公 17)에 참언을 믿고 趙同·趙括 등 趙氏 일족을 주살하였는데 이 여귀는 趙氏의 先祖였다. 이에 경공은 병이 위중해져 秦나라에 사람을 보내 의원을 보내달라고 청하자 秦 桓公이 의원 緩을 보내주었다. 완이 미처 晉나라에 도착하기 전에 경공의 꿈에서 두 더벅머리 아이가 나타났다. 그중 한 아이가 "저 사람(緩)은 뛰어난 의원인데 우리를 해칠까 두렵다. 어디로 도망갈까?"라고 묻자, 다른 아이가 "肓의 위쪽과 膏의 아래쪽에 있으면 우리를 어떻게 하겠는가."라고 답하였다. 肓은 심장의 아랫부분을, 膏는 횡격막의 윗부분을 말한다. 의원이 도착하여 경공에게 "병은 치료할 수 없습니다. 병이 肓의 위쪽과 膏의 아래쪽에 있어 뜸을 놓아도 안 되고 침을 놓아도 닿지 않으며 약도 듣지 않으므로 치료할 수 없습니다."라고 말하였다. 결국 경공은 그해 6월에 죽었다. 《春秋左氏傳 成公 10年》《春秋左氏傳注疏 成公 10年 杜預注》《春秋經傳集解 成公 10年 林堯叟注》

188) 如見……之形 : 九鼎은 夏나라 때 禹王이 九州의 牧伯들에게 바치게 한 쇠붙이로 주조한 鼎을 가리킨다. 두예에 따르면 魑는 짐승 형상의 山神이며, 魅는 괴물을, 罔兩은 물귀신을 가리킨다. 《춘추좌씨전》에 따르면, 우왕이 이 九鼎에 만물의 모습을 새겨 넣어 백성들에게 귀신의 간사한 정상을 알게 하자 이매망량을 만나지 않았다고 한다. 《春秋左氏傳 宣公 3年》《春秋左氏傳注疏 成公 10年 杜預注》

탈했던 것으로 말하면 도적들을 토벌한 것을 이용하여 병권을 전단하였으며, 司馬懿가 魏나라를 찬탈했던 것으로 말하면 遺詔를 받은 것을 이용하여 나라의 정권을 훔쳤던 것입니다. 그 후에 劉裕가 晉나라를 찬탈했던 것은 조조와 흡사했고 楊堅이 後周를 찬탈했던 것은 사마의와 흡사하였는데, 이 몇몇 사람들은 모두 범이나 豺狼과 같은 포악함을 가지고 神器(帝位)를 겁박하여 빼앗았으니 그 정상은 알기 쉽습니다. 그러나 이 네 사람은 그 교활함이 토끼와 같고 아첨하는 것이 여우와 같으며, 남몰래 다른 사람을 해치는 것이 물여우와 같고 膏肓에 드는 것이 두 豎子와 같아서 임금으로 하여금 암암리에 나라를 넘겨주면서도 모르게 할 수 있었으니 그 정상은 잘 살피기 어렵습니다.

신이 이 때문에 알기 쉬운 경우를 생략하고 살피기 어려운 경우를 드러내어 천하를 소유한 임금으로 하여금 이 책을 보면, 마치 九鼎을 보면 魑魅罔兩의 모습을 아는 것처럼 환히 알게 하고자 하였습니다. 일이 일어나기 전에 대비하고 조짐이 생기기 전에 막는다면 아마도 나라를 훔치는 간사함이 제멋대로 발휘되지 못할 것입니다. 아, 어렵습니다.

大學衍義 卷18

格物致知之要(二) 사물의 원리를 깊이 연구하여 知性의 힘을 극대화하는 핵심적인 방법들 (2)

辨人材 人材를 구별하는 방법들

憸邪罔上之情【姦臣】 奸邪한 자들이 임금을 속인 정상【간신】

18-1-가[1)]

秦二世[2)]立하여 **以趙高[3)]爲郎中令[①4)]**하여 **常侍中用事**러니 **二世燕居**에 **召高謂曰 人之居世間**이 **猶騁六驥過決隙也**라 **吾欲悉[5)]耳目之所好**하며 **窮心志之所樂**하여 **以終吾年壽**하노니 **可乎**아 **高**가 **曰 此**가 **賢主之所能行而昏亂主之所禁也**라 **夫沙丘[6)]之謀[7)]**에 **諸公子及大臣**이 **皆疑焉而諸公子**가 **盡帝兄**이요 **大臣**이

---

1) 《史記》 卷87 〈李斯列傳〉, 《資治通鑑》 卷7 〈秦紀2 二世皇帝上〉 원년(기원전 209) 여름 4월 조에 보인다.

2) 秦二世 : 기원전 230~기원전 207(재위 기원전 210~기원전 207). 秦 始皇의 公子로 이름은 胡亥이다. 始皇 사후에 승상 李斯와 환관 趙高에 의해 황제로 옹립되었다. 秦 二世 3년(기원전 207) 8월에 劉邦이 군대를 이끌고 關中으로 들어오자 당시 승상이었던 조고의 압박을 받고 자살하였다.

3) 趙高 : ?~기원전 207. 본래 秦나라 종실의 후손이라고도 하고 趙나라 종실의 후손이라고도 한다. 秦나라 궁궐에 들어와 환관이 되어 中車府令에 임명되었다. 秦 始皇 사후 丞相 李斯와 함께 시황의 遺詔를 위조하여 시황의 公子 胡亥를 二世 황제로 옹립하고 스스로 郎中令이 되었다. 정권을 전횡하였으며 가혹한 정치를 행하였다. 二世 2년(기원전 208)에 이사를 모함하여 죽이고 승상이 되었다. 二世 3년에 이세를 자살시키고 시황의 장자였던 扶蘇의 아들 子嬰을 옹립하였으나 얼마 뒤에 자영에게 피살되었다.

4) 郎中令 : 관명으로 九卿 중 하나이다. 궁궐의 門戶와 궁궐 안의 侍衛를 관장하였다.

5) 悉 : 사고본에는 '恣'로 되어 있다.

6) 丘 : 사고본에는 '邱'로 되어 있다.

又先帝之所置也라 今陛下가 初立에 此皆怏怏不服하니 恐爲變하노니 陛下가 安得爲此樂乎시리오

① 以趙高爲郎中令 : 高, 宦者.
趙高는 환관이다.

秦 二世가 즉위하여 趙高를 郎中令으로 임명하였다. 그리하여 조고가 늘 궁중에서 이세를 모시며 대권을 장악하였는데, 이세가 한가로이 거처할 때 조고를 불러 말하였다.

"사람이 세상에 사는 시간은 여섯 마리의 준마가 끄는 수레를 타고서 벌어진 틈 앞을 지나가는 것처럼 빠르다. 나는 눈과 귀가 좋아하는 것을 모두 누리고 마음이 즐거워하는 것을 다하여 내 天壽를 마치고 싶다. 그럴 수 있겠느냐?"

조고가 대답하였다.

"이것은 현명한 군주나 행할 수 있는 것이며 어리석고 무도한 군주는 금하는 것입니다. 저 沙丘의 일에 대해 여러 공자와 대신이 모두 의심하고 있는데, 여러 공자는 모두 폐하의 형들이고 대신은 또 先帝께서 임명한 사람들입니다. 지금 폐하께서 갓 즉위한 이때 이들이 모두 앙앙불락하며 심복하지 않고 있으니 변란을 일으킬까 두렵습니다. 폐하께서 어떻게 이런 즐거운 일을 행할 수 있겠습니까."

二世曰 爲之奈何오 高가 曰 嚴法而刻刑하여 令有罪者로 相坐誅至收族하고 滅大臣而遠骨肉하고 貧者를 富之하며 賤者를 貴之하고 盡除去先帝之舊臣하고 更置陛下所親信者하시면 如此則害除而姦謀가 塞이라 陛下가 安枕肆意寵樂

7) 沙丘之謀 : 趙高와 李斯가 함께 모의하여 公子 胡亥를 황제로 옹립하고 태자 扶蘇를 자살시킨 政變을 이른다. '沙丘'는 巨鹿郡 邑名으로, 지금의 河北省 廣宗縣 서북쪽에 있었다. 秦 始皇이 즉위 37년(기원전 210) 巡狩 도중에 병이 나서 갑자기 세상을 떠난 곳이다. 시황은 사구에 이르러 위독해지자, 변경에 나가 있던 태자 扶蘇로 하여금 수도 咸陽으로 돌아와 자신의 장례를 치르도록 하라는 내용의 遺詔를 부소에게 전하라고 한 뒤 붕어하였다. 그러나 이 遺詔를 받은 환관 조고는 승상 李斯와 함께 시황제를 호종했던 18번째 공자 호해를 설득하여 제위를 찬탈할 음모를 꾸몄다. 그리하여 시황의 죽음을 비밀에 부치고 遺詔를 위조하여 호해를 태자로 삼고 부소에게는 자결하라는 조서를 내렸다. 부소가 위조된 조서를 받고 즉시 자결하자 조고 등은 함양에 돌아온 뒤 發喪하고 호해를 二世 황제로 옹립하였다.

矣시리이다

二世가 말하였다.

"어떻게 해야겠느냐?"

趙高가 대답하였다.

"법을 엄히 적용하고 형벌을 혹독하게 하여 죄를 지은 자들을 연좌시켜 죽이고 그들의 종족까지 모두 잡아들여 멸족시키며, 대신들을 없애고 골육을 멀리하십시오. 가난한 자를 부유하게 하고 천한 자를 귀하게 만들며, 先帝의 옛 신하들을 모두 제거하고 폐하께서 친근히 여기고 신임하는 자들로 다시 임명하십시오. 이렇게 하면 해악이 제거되고 간사한 모의가 끊길 것이니, 폐하께서는 베개를 편히 하고서 뜻하시는 대로 영광과 즐거움을 맘껏 누릴 수 있게 될 것입니다."

二世然之하여 **乃更爲法律**하여 **群臣·諸公子有罪**에 **輒下高令鞫**[8]**治之**하여 **殺大臣蒙毅**[9]**等**하며 **公子十二人**이 **僇死咸陽市**하고 **財物**을 **入縣官**하니 **法令誅罰**이 **日益刻深**이라 **群臣人人**이 **自危**하여 **欲畔者衆**이러라 **於是**에 **楚戍卒陳勝·吳廣等**이 **作亂**하여 **起於山東**[10]하니 **傑俊**이 **相立爲侯王**하여 **叛秦**하다

二世가 옳다고 여겨 이에 다시 법률을 고쳐서 신하들과 공자들이 죄를 지으면

---

8) 鞫 : 사고본에는 '鞠'으로 되어 있다.

9) 蒙毅 : ?~기원전 210. 秦나라 장수 蒙恬(?~기원전 240)의 아우이다. 始皇 때 上卿에까지 이르렀다. 일찍이 황제의 車馬를 관장하는 中車府令이었던 趙高가 중죄를 짓자 법에 의거하여 조고의 작위를 몰수하고 사형을 언도한 적이 있다. 조고는 가까스로 시황제의 사면을 받아 관작이 회복되었으나 이를 계기로 몽의에게 원한을 품고 胡亥가 즉위하자 몽의를 참소하여 죽였다. 《史記 卷88 蒙恬列傳》

10) 楚戍……山東 : 중국 역사상 최초의 대규모 농민 반란으로, 陳勝과 吳廣의 난으로 불린다. 진승은 字가 涉으로 지금의 하남성 登封市인 陽城 사람이며, 오광은 字가 叔으로 지금의 하남성 太康縣인 陽夏 사람이다. 秦 二世 원년(기원전 209) 7월에 진승과 오광은 다른 900명과 함께 지금의 北京市 密雲縣 서남쪽에 있는 漁陽의 戍卒로 징발되어 가는 도중 폭우로 인해 정해진 기일에 목적지에 도달할 수 없게 되자 이 戍卒들을 이끌고 지금의 안휘성 宿縣 남쪽의 蘄(기)縣에서 봉기하였다. 당시 秦나라 법률에 의하면 기일을 어긴 경우 참수형을 당하기 때문이었다. 이를 기폭제로 하여 사방에서 반란군이 일어났고, 기원전 207년에 진나라는 이들 반란군 중 하나인 項羽와 劉邦에 의해 멸망하였다.

곧바로 趙高에게 넘겨 국문하고 치죄하도록 하였다. 그리하여 대신 蒙毅 등을 죽이고 공자 12명이 咸陽의 저자에서 처형을 당하도록 하였으며 그들의 재산을 몰수하여 조정에 귀속시켰다. 법령과 주벌이 날이 갈수록 더욱 가혹해지자 여러 신하들은 저마다 스스로 위태롭게 여겨 반란을 일으키려는 자들이 많아졌다. 그리하여 楚의 戍卒 陳勝과 吳廣 등이 난을 일으켜 山東에서 起兵하자, 준걸들이 저마다 侯王으로 즉위하여 秦나라에 반기를 들었다.

18-1-나(按)

臣은 按 姦臣之將盜有其國也에 必先以荒昏淫樂으로 蠱其君之心術然後에 己之志가 得行하나니 趙高之於二世에 欲有以蠱之久矣라 一聞恣耳目・窮心志之問하고 卽深贊之曰 此가 明主之所能行而昏主之所禁也라하니 夫兢兢業業하여 無遊無逸者는 堯・舜之行也[11]요 荒湛于色하며 淫酗于酒者는 桀・紂之行也[12]니 高言이 悖道하여 反易昏明하니 本不難照라

【臣按】 간신이 그 나라를 훔쳐 갖고자 할 때에는 반드시 먼저 방탕함과 荒淫으로 그 군주의 마음을 유혹한 뒤에 자신의 뜻을 행할 수 있는 법입니다. 趙高는 二世의 마음을 유혹하고자 한 지가 오래되었기에 "눈과 귀가 좋아하는 것을 모두 누리고 마음이 즐거워하는 것을 다할 수 있겠느냐?"라는 이세의 질문을 듣자마자 곧 깊이 찬탄하며 "이것은 현명한 군주나 행할 수 있는 것이며 어리석은 군주는 금하는 것입니다."라고 하였습니다. 저 삼가고 두려워하여 방종하지도 않고 안일함에 빠지지도 않는 것은 요임금과 순임금의 행실이고, 황음하여 여색에 빠지며 술에 빠지는 것은 桀王과 紂王의 행실입니다. 조고의 말은 도에 어긋나서 어리석음과 현명함을 전도시켰으니 본래 살피기 어렵지 않은 것이었습니다.

---

11) 兢兢……行也 : 《서경》〈虞書 大禹謨〉에 "안일함에 방종하지 마시고 즐거움에 빠지지 마소서.〔罔遊于逸 罔淫于樂〕", 〈虞書 皐陶謨〉에 "안일함과 욕심으로 제후들을 가르치지 말아서 삼가고 두려워하소서.〔無敎逸欲有邦 兢兢業業〕", 〈周書 無逸〉에 "아, 군자는 안일하지 않음을 처소로 삼습니다.〔嗚呼 君子所其無逸〕"라는 내용이 보인다.

12) 荒湛……行也 : 《서경》〈夏書 五子之歌〉에 "안으로 여색에 빠진다.〔內作色荒〕", 〈周書 無逸〉에 "은나라 왕 受(紂王)가 정신없이 빠졌던 것과 같이 술에 빠지지 마소서.〔無若殷王受之迷亂 酗于酒德哉〕"라는 내용이 보인다.

蓋高之心에 欲二世로 盡除先朝舊人而專政於己라 故因其問而極言勸誘之하니 夫深刑峻法하여 翦滅大臣·宗室은 高之所自便也요 安枕肆意於淫樂은 此가 二世之所喜聞也니 中其主之所喜하여 以伸己之所便이라 故高言이 一進에 如石投水[13]하여 卒之刑戮이 蕃[14]而怨畔이 起하여 二世之身이 且岌岌然猶燕巢幕[15]하니 安枕之樂이 果何在哉오

이것은 趙高의 마음에 二世로 하여금 先帝의 옛 신하들을 모두 제거하고 정사를 오로지 자신에게만 맡기도록 하려는 것이었습니다. 이 때문에 이세의 질문에 극구 권유한 것입니다.

형벌을 혹독하게 하고 법을 엄하게 하여 대신과 종실을 없애는 것은 조고가 자신을 이롭게 하는 것이었고, 베개를 편히 하고서 뜻하는 대로 맘껏 즐긴다는 이 말은 이세가 듣기 좋아할 말이었으니, 자신의 군주가 좋아하는 것에 맞추어서 자신에게 이로운 것을 편 것이었습니다. 그러므로 조고의 말이 진언되자마자 마치 돌을 물에 던진 것과 같이 모두 받아들였던 것입니다. 그리하여 끝내는 刑戮이 많아지고 원망과 배반이 일어나서 이세의 몸이 위태롭기가 마치 장막 위에 지은 제비 둥지와 같게 되었으니, 베개를 편히 하는 즐거움이 과연 어디에 있습니까.

二世가 既以此敗亡하니 世之人이 遂以高言으로 爲鉤吻·烏喙[16]必殺人之物호대 然佞邪之臣이 以此蠱其君하고 昏亂之主가 以此覆其國者가 相踵也하니 是明知其爲鉤

13) 如石投水 : 돌을 물에 던지면 물이 모두 받아들이는 것처럼 거스름이 없는 것을 이른다. 삼국시대 魏나라 李康의 〈運命論〉에 "장량이 황석공의 비결을 받아 《삼략》의 설을 외워 군웅에게 유세하였으나 그 말을 마치 물을 돌에 뿌리는 것처럼 아무도 받아들이지 않았는데, 한 고조를 만나게 되자 그 말을 마치 돌을 물에 던진 것처럼 모두 받아들여 거스르는 것이 없었다.〔張良受黃石之符 誦三略之說 以遊於群雄 其言也 如以水投石 莫之受也 及其遭漢祖 其言也 如以石投水 莫之逆也〕"라는 내용이 보인다.

14) 蕃 : 사고본에는 '繁'으로 되어 있다.

15) 燕巢幕 : 매우 위험한 상황을 이른다. 《春秋左氏傳》 襄公 29년(기원전 544)에 "夫子(孫林父)가 이곳에 있는 것은 마치 제비가 장막 위에 둥지를 튼 것과 같습니다.〔夫子之在此也 猶燕之巢於幕上〕"라는 내용이 보인다.

16) 鉤吻·烏喙 : 모두 독초의 이름이다. '鉤吻'은 斷腸草, 野葛 등으로도 불리며, 그 잎이 칡의 잎과 비슷한데 맹독을 지니고 있다. '烏喙'는 草烏頭, 土附子 등으로도 불리며, 그 뿌리가 덩어리 형태인데 맹독을 지니고 있다.

吻·烏喙必殺人之物而甘心嗜之不厭也라 嗚呼悲夫로소이다

이세가 이미 이것으로 패망하자 세상 사람들은 마침내 조고의 말을 반드시 사람을 죽이는 鉤吻과 烏喙로 여기게 되었습니다. 그런데도 아첨하는 신하나 간사한 신하가 이것으로 그 군주를 유혹하고 어리석고 무도한 군주가 이것으로 그 나라를 망하게 하는 경우가 계속 이어졌습니다. 이는 그것이 반드시 사람을 죽이는 구문과 오훼임을 분명히 알면서도 기꺼이 마음속으로 이를 좋아하고 싫증내지 않은 것이니, 아, 안타까운 일입니다!

18-2-가[17)]

李斯[18)]가 數欲請諫이어늘 二世가 不許而責問斯曰 彼賢人之有天下에 專用天下適己而已矣니 吾欲肆志廣欲하여 長享天下而無害하노니 爲之奈何오 李斯子由가 爲三川守[19)]하여 群盜가 略地過去에 莫能禁이어늘 使者가 覆案三川相屬하고 誚讓斯호대 居三公[20)]位하여 如何令盜如此오한대

李斯가 여러 번 간언을 하고자 하였지만 二世는 허락하지 않고 이사를 문책하였다.

"저 현명하다는 군주들은 천하를 다스림에 천하를 오로지 자신의 뜻에 맞게 할 뿐이다. 나는 내 뜻대로 욕심을 넓혀 천하를 오래도록 향유하면서도 해로움이 없

17) 《史記》 卷87 〈李斯列傳〉, 《資治通鑑》 卷8 〈秦紀3 二世皇帝下〉 2년(기원전 208) 겨울 10월조에 보인다.

18) 李斯 : ?~기원전 208. 楚나라 上蔡 사람이다. 荀子에게 帝王學을 배웠다. 진나라에 들어가 처음에는 呂不韋의 舍人이 되었다가 뒤에 秦 始皇에게 유세하여 客卿이 되었다. 關東 6國의 군신을 이간질하여 진나라의 통일에 크게 기여하였다. 통일 후에는 丞相이 되어 焚書를 단행하고 車軌·문자·도량형을 통일시켰다. 진 시황 사후 趙高와 함께 시황의 遺詔를 위조하여 시황의 장자인 扶蘇를 자살시키고 公子 胡亥를 二世 황제로 옹립하였다. 뒤에 조고의 모함을 받아 秦 二世 2년(기원전 208)에 咸陽의 저자에서 腰斬을 당하였다.

19) 三川守 : 三川郡의 郡守로, 三川은 지금의 하남성 洛陽市 동북쪽에 있었다. 秦나라는 지방행정 단위로 郡과 縣을 두었는데, 郡의 행정 장관을 守, 부관을 丞이라 불렀다. 《王力, 古代漢語3, 北京:中華書局, 2004, 880쪽》

20) 三公 : 진나라 때에는 정무를 관장하는 丞相, 軍事를 관장하는 太尉, 감찰을 관장하는 御史大夫를 삼공으로 삼았다. 이때 이사는 승상의 지위에 있었다.

기를 바라노라. 어떻게 하면 되겠는가?"

이사의 아들 李由가 三川守로 있으면서 도적떼가 토지를 침략하고 지나가는데도 막지 못하였는데, 이세의 使者가 삼천군과 서로 연계가 되었는지를 조사하고 이사를 질책하기를 "삼공의 자리에 있으면서 어떻게 도적떼가 이처럼 날뛰게 하는가?"라고 하였다.

李斯가 **恐懼重爵祿**하여 **不知所裁**하여 **乃阿二世意欲求容**하여 **以書對曰 夫賢主者**는 **必能行督責之術者也**니 **督責之則臣不敢不竭能**하여 **以徇其主矣**라 **申子**[21]가 **曰 有天下而不恣睢**①를 **命之曰 以天下爲桎梏**[22]**者**라하니 **無他焉**이라 **不能督責**하고 **顧以其身**으로 **勞於天下之民**을 **若堯・禹然**이라 **故**[23]**謂之桎梏也**라

① 有天下而不恣睢 : 恣, 縱也. 睢, 仰目貌.
'恣'는 '제멋대로'라는 뜻이다. '睢'는 눈을 치켜뜨는 모습이다.

李斯는 두렵기도 하고 작록을 중히 여겨서 어찌해야 할지 알지 못하였다. 이에 二世의 뜻에 아첨하여 환심을 사고자 글을 올려 다음과 같이 대답하였다.

"무릇 현명한 군주는 반드시 신하들의 잘못을 살피고 처벌하는 방법을 제대로 사용합니다. 제대로 잘못을 살피고 처벌하면 신하들은 감히 능력을 다하여 그 군주의 뜻에 따르지 않을 수 없게 됩니다. 申子가 말하기를 '천하를 소유하고서도 제 마음대로 눈을 부릅뜨지 못하는 자를 일러 「천하를 족쇄와 수갑으로 삼은 자」라고 한다.'라고 하였습니다. 이것은 다른 이유가 없습니다. 잘못을 살피고 처벌

21) 申子 : 申不害(?~기원전 341)를 가리킨다. 전국시대 鄭나라 사람이다. 韓 昭侯 8년(기원전 355)에 韓나라의 재상으로 발탁되어 이후 그가 죽을 때까지 15년 동안 재상으로 있으면서 안으로는 政教를 닦고 밖으로는 제후들에게 대응하여 부국강병을 이루었다. 黃老學에 기반을 두고 신하를 부리는 '術'을 강조하여 신하들의 생살여탈권을 가진 전제 군주를 주장하였다. 저술에 《申子》가 있으나 일실되었다.

22) 桎梏 : '桎'은 발에 채우는 족쇄이고 '梏'은 손에 채우는 수갑이다. 《주역》 〈蒙卦 初六〉에 "사람을 형벌하여 몽매한 질곡을 벗겨줌이 이롭다.〔利用刑人 用說桎梏〕"라는 내용이 보인다. 여기에서는 속박되는 것을 이른다.

23) 然故 : 대전본에는 雙行小字로 되어 있다.

하지 못하고서 도리어 천하의 백성들을 위해 자기 자신을 수고롭게 하기를 요임금과 우임금처럼 하기 때문에 '족쇄와 수갑'이라고 한 것입니다.

夫不能修申韓之術[24]·行督責之道하여 **專以天下自適**하고 **而徒務苦形勞神**하여 **以身徇百姓則是**는 **黔首之役**이니 **非畜天下者也**라 **商君[25]之法**에 **刑棄[26]灰於道者**하니 **夫棄灰**는 **薄罪也而被刑**은 **重罰也[27]**라 **唯明主**가 **爲能深督**

---

24) 申韓之術 : 申不害(?~기원전 341)와 韓非(?~기원전 233)가 주장한 제왕의 통치술을 이른다. '신불해'는 위 '申子' 주 참조. '韓非'는 전국시대 말기 韓나라의 여러 公子 중 한 사람이다. 李斯와 함께 荀子를 스승으로 섬겼다. 韓王에게 법을 분명히 밝힐 것을 강조하였으나 받아들여지지 않자 자신이 지은 《孤憤》·《五蠹》 등을 들고 秦나라에 들어가 秦 始皇에게 중시를 받았다. 뒤에 이사의 모함을 받아 옥에 갇혔다가 자살하였다. 그의 학술은 商鞅·申不害·愼到의 설을 두루 채용하여 法·術·勢의 겸용을 주장하였으며 중앙집권과 전제 군주를 찬성하였다. 농업과 전쟁을 중시하고 상업과 학문을 경시하였으며, 是古非今에 반대하였다. 저술에 《韓非子》가 있다.

25) 商君 : 商鞅(?~기원전 338)을 가리킨다. 전국시대 衛나라 왕의 후손으로, 公孫鞅 또는 衛鞅이라고도 불린다. 젊어서부터 刑名學을 좋아하였다. 秦나라에 가서 처음에는 左庶長이 되어 變法을 시행하고 分封制와 世襲制를 없앴다. 호적, 軍功爵位, 토지제도, 행정구획, 稅收, 도량형 등 전반에 걸쳐 엄격한 법을 제정하여 시행하였다. 기원전 341년에 魏나라 장수 公子卬을 포로로 잡고 魏軍을 대파하였다. 이 공으로 商에 봉해져 이후 商君으로 불리게 되었다. 10년 동안 진나라 재상으로 있으면서 부국강병을 이루었다. 기원전 338년에 秦 孝公이 죽고 秦 惠王이 즉위하자 같은 해에 公子虔 등에 의해 모반한다는 무고를 받았다. 체포령이 떨어지자 변경 지역까지 달아났으나 자신이 만든 법에 의거하면 증명서 없이는 客舍에 머물 수 없었기 때문에 다시 자신의 고국인 魏나라로 달아났다. 그러나 진나라를 두려워한 위나라에서 진나라의 범죄자를 받아들일 수 없다고 하여 그를 진나라로 돌려보내자, 다시 자신의 封地인 商邑으로 달아났다. 상읍에서 휘하 군대를 출동시켜 북쪽의 鄭縣을 공격하였으나 秦나라 군대의 공격을 받고 鄭縣 黽(민)池에서 전사하였다. 그의 시신은 함양으로 보내져 車裂刑에 처해지고 그의 종족은 멸족되었다.

26) 棄 : 대전본에는 '禁'으로 되어 있다.

27) 商君……罰也 : 商鞅의 법에 따르면 길에 재를 내다버리는 자에게 얼굴에 刺字하는 黥刑을 내렸다고 한다. 경형은 대체로 노역으로 4년 동안 성을 쌓는 刑인 城旦刑과 함께 시행하였다. 棄灰罪와 관련하여 《韓非子》에 子貢과 공자의 대화가 실려 있다. 자공이 殷나라의 법에 길에 재를 내다버리는 자에게 형벌을 내리는 것은 너무 심한 것이 아니냐고 하자, 공자가 "재를 큰 길에 버리면 반드시 사람들에게 날아들고 사람들에게 날아들면 사람들이 반드시

輕罪하나니 **夫罪輕**도 **且督深**이온 **況有重罪乎**아 **故民不敢犯也**니이다

申子와 韓子의 術을 익히며 잘못을 살피고 처벌하는 도를 행하지 못하여 천하를 오로지 자신의 뜻에 맞게 하지 못하고, 공연히 육신을 괴롭게 하고 정신을 수고롭게 하여 자기 자신을 백성을 위해 힘쓰도록 한다면, 이것은 백성들의 일꾼이니 천하를 다스리는 제왕이 아닙니다.

商君의 법에 따르면 길에 불씨가 남아 있는 재를 내다버리는 사람에게는 형벌을 내렸습니다. 저 재를 내다버리는 것은 가벼운 죄인데 肉刑을 받는 것은 무거운 벌이니, 오직 현명한 군주만이 가벼운 죄에 심한 처벌을 내릴 수 있습니다. 죄가 가벼워도 처벌을 심하게 하는데 더구나 무거운 죄는 무슨 말할 것이 있겠습니까. 그러므로 백성들이 감히 죄를 범하지 못하는 것입니다.

且夫節儉[28]**仁義之人**이 **立於朝則荒肆之樂**이 **輟矣**요 **諫說論理之人**이 **間於側**①**則流漫之志**가 **詘矣**요 **烈士死節之行**이 **顯於世則淫康之虞**가 **廢矣**②라 **故明主**는 **能外此三者而獨操主術**하여 **以制聽從之臣**이라 **故身尊而勢**[29]**重也**니이다

① 間於側：間，去聲，厠[30]也.
'間'은 거성이니, '참여하다'라는 뜻이다.

② 顯於……廢矣：虞，與娛同.
'虞'는 '娛(즐기다)'와 같다.

분노하게 될 것이다. 분노하면 다투게 되니, 다투면 반드시 삼족이 서로 해치는 데에까지 이르게 된다. 이것은 삼족을 해치는 도이니 비록 형벌한다 하더라도 괜찮다. 그리고 벌을 무겁게 하는 것은 사람들이 싫어하는 것이고, 재를 버리지 않는 것은 사람들이 쉽게 여기는 것이다. 사람들에게 하기 쉬운 것을 하여 싫어하는 것을 당하지 않게 하는 이것이 바로 백성을 다스리는 방법이다.〔夫棄灰於街必掩人 掩人 人必怒 怒則鬪 鬪必三族相殘也 此殘三族之道也 雖刑之可也 且夫重罰者 人之所惡也 而無棄灰 人之所易也 使人行之所易 而無離所惡 此治之道〕"라고 대답한 내용이 보인다.《繆文遠, 戰國制度通考, 巴蜀書社, 1998, 276~277쪽》《韓非子 卷9 內儲說上七術》

28) 節儉 : 대전본・사고본에는 '儉節'로 되어 있다.

29) 勢 : 대전본에는 '執'으로 되어 있으나, 오자이다.

30) 厠 : 대전본에는 '則'으로 되어 있으나, 오자이다.

또한 저 절약하고 검소하며 어질고 의로운 사람이 조정에 벼슬하게 되면 황음과 방종의 즐거움이 중단되고, 간언하고 이치를 말하는 사람이 옆에서 간여하면 방탕한 뜻이 꺾이게 되며, 죽음으로 절개를 지키는 열사의 행실이 세상에 드러나면 향락에 빠지는 즐거움은 사라지게 됩니다. 그러므로 현명한 군주는 능히 이 세 종류의 사람을 멀리하고 홀로 군주의 통치술을 잡고서 말을 잘 듣는 신하를 제어할 수 있기 때문에 몸이 존귀해지고 권세가 막중하게 되는 것입니다."

書奏에 **二世悅**하여 **於是**에 **行督責益嚴**하여 **稅民深者**를 **爲良吏**라하고 **殺人衆者**를 **爲忠臣**[31]이라하니 **刑者**가 **相半於道而死人**이 **日積於市**[32]라 **二世曰 若此**면 **可謂能督責矣**라하더라

李斯의 글이 奏達되자 二世가 기뻐하였다. 이에 잘못을 살피고 처벌하는 것을 더욱 엄하게 시행하여 백성들에게 세금을 많이 받아내는 자를 훌륭한 관리라 하고 많은 사람들을 처형한 자를 충신이라고 하니, 형벌을 받은 자가 길에 다니는 사람의 반이 되었고 처형당한 시체가 날로 저자에 쌓였다. 이세가 말하기를 "이와 같다면 제대로 잘못을 살피고 처벌하였다고 말할 수 있을 것이다."라고 하였다.

18-2-나(按)

臣은 按 二世之問李斯는 卽前之所以問趙高者也[33]而斯所進說이 更甚於高하여 排堯·禹而進申·商하니 於是에 督責之法이 行而人無容足之地矣라 擧天下之人無所容足而爲人君者가 欲偃然自肆於上하니 有是理哉아 臣은 謂斯·高之言이 皆斲喪秦室之斧斤이니[34] 後世人主가 不可以不察이니이다

【臣按】二世가 李斯에게 물은 것은 바로 전에 趙高에게 물었던 것입니다. 그러나 이사가 진달한 것은 조고보다 더욱 심하여 堯임금과 禹임금을 배척하고 申不害와 商鞅을 높이 평가하였습니다. 그리하여 잘못을 살피고 처벌하는 법이 시행

31) 殺人衆者爲忠臣 : 대전본·사고본에는 이 7자가 없다.
32) 市 : 대전본·사고본에는 이 뒤에 '殺人衆者爲忠臣' 7자가 있다.
33) 前之……者也 : 18-1-가 참조.
34) 이니 : 509본에는 '이라'로 되어 있다.

되자 사람들은 두려움에 발을 딛고 설 곳도 없게 되었습니다. 온 천하 사람들은 발을 딛고 설 곳도 없는데 군주는 위에서 편안히 제멋대로 하고자 하니, 이런 이치가 있습니까. 신은 생각건대 이사와 조고의 말은 모두 秦나라를 베는 도끼였으니, 후세의 군주는 알지 않으면 안 됩니다.

18-3-가[35)]

趙高가 所殺及報私怨이 衆多라 恐大臣이 奏事에 毁之하여 乃說二世曰 天子所以貴者는 但以聞聲이요 群臣이 莫得見其面이라 故號曰朕[36)]이라하나니 且陛下가 富於春秋하시니 未必盡通諸事라 今坐朝廷하사 譴擧가 有不當者則見短於大臣이니 非所以示神明於天下也라 且陛下가 深拱禁中하사 與臣及侍中習法者로 待事하여 事來에 有以揆之니 如此면 則大臣이 不敢奏疑事하고 天下가 稱聖主矣리이다 二世가 用其計하여 乃不坐朝廷見大臣하고 居禁中하여 事皆決於高하더라

趙高는 죽이거나 개인적인 원한으로 보복한 사람이 매우 많았기 때문에 大臣들이 정사를 주달할 때 이것으로 자신을 헐뜯을까 두려워했다. 이에 二世에게 다음과 같이 말하였다.

"천자가 존귀한 까닭은 단지 그 음성만을 들을 수 있을 뿐 신하들이 그 얼굴을 볼 수 없기 때문에 '朕'이라고 호칭하는 것입니다. 그리고 폐하께서는 춘추가 한창이시니 여러 정사에 반드시 모두 다 능통할 수는 없습니다. 지금 조정에 앉아 신하들을 견책하시거나 등용하시는 것이 마땅하지 않은 점이 있으면 대신들에게 약점을 보이는 것이니, 이는 천하에 신성함과 영명함을 보여주는 방법이 아닙니다. 그리고 폐하께서는 궁궐 깊숙한 곳에서 팔짱을 끼고 신이나 궁중에서 모시는

35)《史記》 권87 〈李斯列傳〉, 《資治通鑑》 권8 〈秦紀3 二世皇帝下〉 2년(기원전 208) 가을 8월조에 보인다.

36) 天子……曰朕 : '朕'은 秦 始皇이 재위 26년(기원전 221)에 천하를 통일한 뒤 조서를 내려, '나'라는 의미로 귀천에 상관없이 통용했던 호칭을 제왕의 자칭에만 쓸 수 있도록 한 호칭이다. 본래 어떤 일이 발생하기 전의 '조짐'이라는 뜻을 가지고 있어 볼 수도 없고 들을 수도 없기 때문에 조고가 견강부회하여 이렇게 말한 것이다.《史記 卷6 秦始皇本紀》

近侍 중에 법을 잘 아는 자들을 통해 정사를 기다렸다가 안건이 오면 헤아려야 할 것입니다. 이렇게 하면 대신들은 감히 의심스러운 일을 아뢰지 못할 것이고 천하 사람들은 聖主라고 칭송할 것입니다.”

이세가 그 계책을 채택하였다. 이에 조정에 앉아 대신들을 만나지 않고 궁궐 깊숙한 곳에 머물러서 정사가 모두 조고에게서 결정되었다.

18-3-나(按)

臣은 按 自昔忠臣이 欲其君之賢且明者는 必勸之以躬攬萬機[37)]하며 日臨群臣하여 如太陽之燭萬物하여 輝光所發이 無所不被然後에 己得以輸其忠誠而措天下於安하고 自昔姦臣이 欲其君之愚且闇者는 必勸之以深居宮省하여 託耳目於左右之便嬖而下情之隱伏과 政令之得失을 一無所睹[38)]然後에 己得以肆其姦慝而擠天下於亡하나니 忠臣・姦臣之分을 亦觀於是而已矣니이다

【臣按】 예로부터 자신의 군주가 어질고 밝아지기를 바랐던 충신들은 반드시 군주에게 친히 萬機를 살피고 날마다 신하들을 만날 것을 권하였습니다. 그리하여 태양이 만물을 비추는 것과 같이 그 빛을 받지 않은 것이 없게 된 뒤에야 자신이 충성을 바쳐서 천하를 편안한 곳에 둘 수 있었습니다. 예로부터 자신의 군주가 어리석고 어두워지기를 바랐던 간신들은 반드시 군주에게 궁궐 깊숙한 곳에 머물기를 권하였습니다. 그리하여 군주가 귀와 눈을 좌우의 총애하는 小臣들에게 의탁하여 아랫사람들의 감추어진 실정과 政令의 잘잘못을 아무것도 알지 못하게 된 뒤에야 자신이 그 간사함을 마음대로 부려 천하를 멸망으로 몰아넣을 수 있었습니다. 충신과 간신의 구분을 또한 여기에서 볼 수 있을 뿐입니다.

18-4-가[39)]

高가 聞丞相斯가 以爲言[40)]하고 乃見斯曰 關東群盜가 多어늘 今上이 急益發

37) 機 : 사고본에는 '幾'로 되어 있다.

38) 睹 : 대전본・사고본에는 '覩'로 되어 있다.

39) 《史記》 卷87 〈李斯列傳〉, 《資治通鑑》 卷8 〈秦紀3 二世皇帝下〉 2년(기원전 208) 가을 8월조에 보인다.

繇하여 治阿房宮[41)]하고 聚狗馬無用之物하시나니 臣이 欲諫호대 爲位賤이라 此眞君侯[42)]之事니 君何不諫고 斯가 曰 吾欲言之久矣로되 上이 不坐朝居深宮이라 欲見無間①(한)이로라 高가 曰 君誠能諫인댄 請爲君候上間하여 語君호리라

① 欲見無間 : 間, 音閑,[43)] 謂無事時也.
'間'은 음이 '한'이니, 일이 없을 때를 말한다.

趙高는 丞相 李斯가 國事를 진언하고자 한다는 말을 듣고 이에 이사를 만나 말하였다.

"關東에 도적떼가 들끓고 있는데 지금 황상께서는 부역을 점점 더 많이 징발하도록 다그쳐서 아방궁을 짓고 개나 말 등 쓸데없는 것들을 모으시니, 신이 간언을 드리고자 해도 지위가 미천하기 때문에 그러지 못합니다. 이것은 참으로 君侯의 일인데, 승상께서는 어찌 간언을 드리지 않습니까?"

이사가 대답하였다.

"내가 이를 말씀드리려고 한 지는 오래되었습니다. 그러나 황상께서 조정에 나와 앉지 않으시고 깊숙한 궁궐에만 머무시기 때문에 뵙고자 해도 그럴 기회가 없습니다."

조고가 말하였다.

"승상께서 참으로 간언을 하겠다면, 제가 승상을 위해 황상이 한가할 때를 기다

---

40) 丞相斯以爲言 : 秦 二世가 趙高의 계책을 받아들여 조회에 나와 직접 정사를 보지 않고 궁궐 깊숙한 곳에만 머무는 것에 대해 李斯가 불만을 토로한 것을 이른다. 18-3-가 참조.

41) 阿房宮 : 秦나라 궁전 이름으로, 秦 始皇 35년(기원전 212)에 渭水 남쪽 上林苑 안에 지었다. 正殿인 阿房을 먼저 지었는데, 동서로 500步, 남북으로 50丈 규모여서 위에는 만 명이 앉을 수 있었고 아래에는 5丈의 깃발을 세울 수 있었다고 한다. 진나라가 망할 때까지도 완성되지 않았기 때문에 정식 명칭이 없어 정전의 이름을 따서 아방궁이라고 부르게 되었다. 진나라가 망할 때 項羽에 의해 불타 없어지고 현재는 높은 基壇만 남아 있다. 《史記 卷6 秦始皇本紀》

42) 君侯 : 秦나라 때 列侯로서 丞相이 된 자를 이른다. 당시에는 승상을 '君'이라고 불렀는데, 여기에 열후까지 더한 것이기 때문에 '군후'라고 겸칭한 것이다. 漢나라 이후로는 達官이나 貴人을 모두 君侯라고 불렀다. 李斯가 通侯이자 승상이었기 때문에 이렇게 칭한 것이다. 《陔餘叢考 卷36 君侯》

43) 閑 : 사고본에는 '間'으로 되어 있다.

렸다가 승상께 알려드리겠습니다."

於是에 **趙高**가 **待**[44] **二世方燕樂 · 婦女居前**하여 **使人告斯**호대 **上**이 **方間**(한)하시니 **可奏事**라하여늘 **丞相**이 **至宮門上謁**하여 **如是者**가 **三**한대 **二世**가 **怒曰 吾**가 **常多間**(한)**日**이로되 **丞相**이 **不來**러니 **吾方**[45]**燕私**어늘 **丞相**이 **輒來請事**하니 **丞相**이 **豈少我哉**①아

① 豈少我哉 : 少我, 謂以我年少而相輕也.
'少我'는 내가 나이 어리다 하여 경시한다는 말이다.

이에 趙高는 二世가 막 연회를 베풀고 즐기거나 미녀들이 앞에 있을 때를 기다렸다가 사람을 보내 李斯에게 알리기를 "황상께서 지금 한가하시니 정사를 아뢰셔도 됩니다."라고 하였다. 丞相 이사가 궁궐 문에 이르러 뵙기를 청하여 이렇게 하기를 세 번 하자, 이세가 노하여 말하였다.

"내가 늘 한가한 날이 많았는데도 승상이 오지 않더니, 내가 막 연회를 베풀거나 쉬고 있으면 승상이 그때마다 와서 정사를 아뢰려고 하니, 승상이 어찌 나를 얕잡아 보아서가 아니겠는가."

趙高가 **因曰 沙丘**[46]**之謀**[47]에 **丞相**이 **與焉**이러니 **今陛下**가 **立爲帝而丞相**이 **貴不益**하니 **此其意欲望裂地而王矣**요 **且丞相男李由**가 **爲三川守**[48]러니 **楚盜陳勝**[49]**等**이 **皆丞相傍縣子**라 **過三川**에 **城守不肯擊**이라하여늘 **高**가 **聞其文書相往來**하고 **且丞相**이 **居外**하여 **權重於陛下**하니이다

조고가 이를 기화로 말하였다.

"沙丘의 일에 승상이 참여하였는데, 지금 폐하는 즉위하여 황제가 되셨지만 승

44) 待 : 대전본에는 '侍'로 되어 있다.
45) 方 : 사고본에는 '乃'로 되어 있다.
46) 丘 : 사고본에는 '邱'로 되어 있다.
47) 沙丘之謀 : 18-1-가 '沙丘之謀' 주 참조.
48) 三川守 : 18-2-가 '三川守' 주 참조.
49) 楚盜陳勝 : 18-1-가 '楚戍……山東' 주 참조.

상은 지위가 더 높아지지 않았으니, 이는 그의 생각에 땅을 나누어 받아 왕이 되기를 바라는 것입니다. 그리고 승상의 아들 李由가 三川守로 있었는데, 楚의 도적 陳勝 등이 모두 승상의 옆 고을 사람들이었기 때문에 이들이 삼천군을 지나갈 때 성을 지키기만 하고 공격하려고 하지 않았다고 합니다. 저는 그들 사이에 글이 서로 오갔다고 들었습니다. 또 승상은 밖에 머물러 있어서 권세가 폐하보다 큽니다."

二世가 以爲然하여 乃使人案驗三川守與盜通狀하니 李斯가 聞之러니 是時에 二世가 在甘泉[50)]하여 方作觳抵(각저)[51)]·優俳之觀[①]이라 斯가 不得見하여 因上書言高가 有邪佚[52)]之志·危反之行하니 陛下가 不圖하시면 臣이 恐其爲變하노이다 二世가 信高라 恐斯가 殺之하여 乃私告高한대 高가 曰 丞相所患者가 獨高라 高가 死면 丞相이 卽欲爲田恒[53)]所爲[54)]니이다

① 方作觳抵優俳之觀 : 觳, 音角.
'觳'은 음이 '각'이다.

二世가 이를 옳게 여겨서 이에 사람을 보내 三川守가 도적떼와 내통한 정황을

---

50) 甘泉 : 산 이름으로 지금의 섬서성 淳化縣 서북쪽에 있었다. 秦 二世가 이 산 위에 林光宮을 지었는데, 漢代에 甘泉宮으로 이름을 고쳤다.

51) 觳抵 : 角抵라고도 한다. '角'은 재주를 겨룬다는 뜻이고 '抵'는 서로 부딪친다는 뜻으로, '각저'는 기예를 겨루는 일종의 놀이이다. 전국시대 때 講武의 禮를 증설하여 이를 놀이로 삼아 서로 과시하는 데 사용한 것을 秦나라에 와서 이름을 고친 것이다. 둘씩 짝을 지어 힘을 겨루고 기예와 활쏘기 등을 겨룬다. 相撲 또는 爭交라고도 한다.《史記 卷6 秦始皇本紀 裴駰集解》

52) 佚 : 사고본에는 '泆'로 되어 있다.

53) 恒 : 대전본·사고본에는 '常'으로 되어 있다. 漢 文帝 劉恒의 휘를 피하여《史記》에서 '田常'으로 고쳐 불렀기 때문에 이후 '전상'으로 통용되었다.

54) 田恒所爲 : 춘추시대 齊나라의 대신인 田恒이 제나라 임금을 죽이고 국정을 전횡한 일을 이른다. 전항은 陳恒 또는 田常이라고도 한다. 춘추시대 齊나라 사람으로, 齊 簡公의 재상이 되어 위로는 임금과 신하들의 신임을 얻고 아래로는 백성들의 마음을 얻자 간공 4년(기원전 481)에 간공을 시해하고 간공의 아우 平公을 옹립하였다. 그 후 스스로 재상이 되어 國政을 전횡하였다. 증손인 田和(?~기원전 384) 대에 이르러 齊 康公을 내쫓고 姜氏를 대신하여 정식으로 제나라의 제후가 되었다.

角觝圖(王圻, 《三才圖會》)

조사하게 하였다. 李斯가 이 소식을 들었는데, 이때 이세가 甘泉에서 한창 轂抵와 演戲를 구경하고 있었기 때문에 이사가 만나 뵐 수가 없었다. 그리하여 이사가 글을 올려 말하였다.

"조고가 간사하게 분수를 넘는 뜻과 위태롭게 반역하는 행실이 있으니, 폐하께서 도모하지 않으시면 신은 그가 변란을 일으킬까 두렵습니다."

이세는 조고를 신임하였기 때문에 이사가 조고를 죽일까 두려웠다. 이에 은밀히 조고에게 이를 알리자, 조고가 말하였다.

"승상이 문제로 여기는 것은 오직 저 한 사람뿐입니다. 제가 죽으면 승상이 곧바로 田常이 했던 짓을 하고자 할 것입니다."

於是에 二世가 以斯로 屬郎中令[55]高하여 案治斯與子由謀反狀한대 榜[56]掠千餘라 不勝痛하여 自誣服하고 斯가 從獄中上書어늘 高가 使吏棄去不奏曰 囚가 安得上書리오 高가 使其客十餘輩로 詐爲御史·謁者[57]·侍中[58]하여 更往覆訊斯한대 斯가 以實對어늘 輒復榜[59]之러니 後에 二世가 使人驗斯한대 斯가 不敢更言하여 辭服하니 奏當[60]上이어늘 二世가 喜曰 微趙君이런들 幾爲丞相所

55) 郎中令 : 18-1-가 '郎中令' 주 참조.

56) 榜 : 사고본에는 '搒'으로 되어 있다.

57) 者 : 대전본에는 없다.

58) 御史謁者侍中 : 모두 관직 이름이다. 御史는 內廷의 圖籍과 秘書 및 감찰과 탄핵을 관장하였다. 謁者는 황제의 行禮 때 儐相이 되어 왕의 명을 전하는 일을 담당하였다. 侍中은 加官의 하나로 황제를 시종하였다.

59) 榜 : 사고본에는 '搒'으로 되어 있다.

60) 奏當 : 안건의 심의가 끝나 獄案이 정해지면 그 죄에 해당하는 형벌을 아뢰는 것을 이른다. 《資治通鑑 卷8 秦紀3 二世皇帝下 胡三省註》

賣랏다하더라 **二年**에 **具斯五刑**[61)]하여 **腰斬**[62)]**咸陽市**하다 **斯**가 **已死**에 **二世**가 **拜高爲中丞相**[63)]하고 **事無大小**히 **輒決於高**하더라

이에 二世가 李斯를 郎中令 趙高에게 넘겨 이사와 이사의 아들 李由가 모반한 정황을 조사하여 다스리게 하였다. 매질과 고문이 천여 차례 이어지자 이사는 고통을 이기지 못하여 거짓으로 자복하였다.

이사가 옥중에서 글을 올리자 조고가 獄吏에게 이를 폐기시키고 아뢰지 못하게 하였다. 그리고 말하기를 "죄수가 어찌 글을 올릴 수 있겠는가!"라고 하였다. 조고가 자신의 식객 10여 명을 거짓으로 御史·謁者·侍中을 삼아서 번갈아 찾아가 이사를 심문하게 하자 이사가 사실대로 대답하였는데, 그러면 그때마다 다시 고문하였다.

뒤에 이세가 사람을 보내 이사를 조사하였는데, 이사가 감히 말을 바꾸지 못하고 죄를 인정하자 이세에게 해당 죄에 대한 판결을 아뢰었다. 이세가 기뻐하며 "趙君이 아니었으면 하마터면 승상에게 속을 뻔했다."라고 하였다.

2년(기원전 208)에 이사에게 五刑을 모두 적용하여 咸陽의 저자에서 腰斬하였다. 이사가 죽은 뒤에 이세가 조고를 中丞相에 임명하고, 크고 작은 일을 막론하고 모두 조고에게 결정하도록 하였다.

---

61) 五刑 : 시대마다 다르다. 《周禮》〈秋官 司刑〉에 따르면 얼굴이나 이마에 먹으로 글자를 새겨 넣는 墨刑(또는 黥刑), 코를 베는 劓刑, 생식기를 제거하는 宮刑(또는 腐刑), 좌우의 발꿈치를 베는 刖刑, 살았을 때 죽이는 殺刑 또는 죽인 뒤 그 시신을 욕보이는 戮刑을 이른다. 墨刑과 劓刑은 肉刑 중에서 비교적 가벼운 형벌로, 秦나라 법률에 늘 다른 형벌과 동시에 시행하였다. 殺刑은 大辟이라고도 하는데, 경중이 있어 무거운 경우에는 腰斬하였고 가벼운 경우에는 목을 베었다. 戮刑 역시 경중에 따라 膊(박), 焚, 辜, 肆의 네 가지 방식이 있었다. 膊은 사형한 뒤에 그 가슴을 쪼개는 것으로 가장 무거운 戮尸刑이다. 磔(책)刑이라고도 한다. 焚은 사형한 뒤에 그 시체를 불태우는 것이다. 辜는 사형한 뒤에 매장하지 않고 들에 내놓아 말라비틀어지도록 하는 것이다. 肆는 사형한 뒤에 시신을 3일 동안 저자에 진열하는 것으로, 漢나라에서는 棄市라고 하였다. 戮刑 중 가장 가벼운 형벌이다. 이 밖에 戮刑으로 梟首나 鞭尸가 있으며, 戮刑을 사형하기 전에 시행하는 生戮도 있었다. 《錢玄, 三禮通論, 南京:南京師範大學出版社, 1996, 414~421쪽》

62) 腰斬 : 《史記》 권68 〈商君列傳〉에 따르면 "죄인을 은닉하고 고발하지 않은 자를 요참형에 처했다.〔不告姦者腰斬〕"고 하였다. 대체로 요참은 모두 벌거벗겨 伏砧한 상태로 시행하였다.

63) 中丞相 : 환관으로서 승상이 된 것을 이른다. 《資治通鑑 卷8 秦紀3 二世皇帝下 胡三省註》

18-4-나(按)

臣은 按 此는 趙高가 誘斯而陷之也라 斯之姦詐가 豈下於高者리오마는 且墮高術中而不悟하니 況二世之庸闇이 何怪其玩弄於股掌間을 如嬰兒[64]乎아 高之所忌者가 斯也라 斯가 死則高之爲田恒[65]也가 不難矣어늘 高가 乃反而言之하니 吁可畏哉인저 斯가 死而高가 代之하고 且創爲中丞相之名하여 內而宮禁・外而軍國이 無不在其掌握中者하니 二世之未[66]爲齊簡公은 直須時耳니이다

【臣按】 이것은 趙高가 李斯를 꾀어 함정에 빠트린 것입니다. 이사의 간사함이 어찌 조고보다 덜했겠습니까. 그런데도 조고의 술책에 걸려들면서도 깨닫지 못했습니다. 더구나 용렬하고 어두운 二世가 허벅지와 손바닥 사이에서 놀아나는 갓난아이처럼 당한 것이 어찌 이상하겠습니까.

조고가 꺼린 사람은 이사였습니다. 이사가 죽으면 조고가 田常이 되는 것은 어렵지 않았는데도 조고가 반대로 이사를 지칭하여 말하였으니, 아, 두렵습니다. 이사가 죽자 조고가 이사를 대신하고 또 처음으로 中丞相이라는 관명을 만들어서 안으로는 궁궐과 밖으로는 軍國이 그의 수중에 있지 않은 것이 없었으니, 이세가 아직 齊 簡公이 되지 않은 것은 단지 시간이 필요했을 뿐입니다.

18-5-가[67]

趙高가 欲爲亂호대 恐群臣不聽하여 乃先設驗하여 持鹿獻於二世曰 馬也니이다

---

64) 玩弄……嬰兒 : 갓난아이처럼 다루기 쉽다는 말이다. 《後漢書》 卷104 〈袁紹列傳〉 조에 冀州牧 韓馥(?~191)이 荀諶의 말을 듣고 冀州를 袁紹(?~202)에게 넘겨주려 하자, 韓馥의 長史 耿武, 別駕 閔純, 騎都尉 沮授가 한복에게 "袁紹의 곤경에 처한 고립무원의 군대가 우리가 숨 쉬는 것만 올려다보고 있으니, 비유하면 허벅지와 손바닥에 있는 갓난아이를 그 빨던 젖을 끊으면 곧바로 굶겨 죽일 수 있는 것과 같습니다.〔袁紹孤客窮軍 仰我鼻息 譬如嬰兒在股掌之上 絶其哺乳 立可餓殺〕"라고 하여 원소에게 기주를 넘기지 말 것을 권유하는 내용이 보인다. 《資治通鑑》 卷60 〈漢紀52 獻帝 乙〉에도 이 내용이 初平 2년(191) 7월 조에 보인다.

65) 恒 : 대전본・사고본에는 '常'으로 되어 있다. 漢 文帝 劉恒의 휘를 피하여 《史記》에서 '田常'으로 고쳐 불렀기 때문에 이후 '전상'으로 통용되었다.

66) 未 : 대전본에는 '末'로 되어 있다.

67) 《史記》 권6 〈秦始皇本紀〉 8월 기해 조, 《資治通鑑》 卷8 〈秦紀3 二世皇帝 下〉 3년(기원전

二世가 **笑曰 丞相**이 **誤邪**[68)]아 **謂鹿爲馬**로다 **問左右**하니 **或嘿**[69)] · **或言馬**하여 **以阿順高**하고 **或言鹿**이어늘 **高**가 **因陰中諸言鹿者**하니 **後**에 **群臣**이 **皆畏高**하더라

趙高가 난을 일으키고자 하였으나 신하들이 자신을 따르지 않을 것을 우려하였다. 이에 먼저 시험할 요량으로 사슴을 끌고 가서 二世에게 바치며 "말입니다."라고 하였다. 이세가 웃으며 "승상이 잘못 알았다. 사슴을 말이라고 하다니."라고 하였다. 그리고 좌우 신하들에게 묻자, 어떤 사람은 대답하지 않고 어떤 사람은 말이라고 대답하여 조고에게 아첨하고 부화하였다. 어떤 사람이 사슴이라고 말하였는데, 조고가 이를 기화로 사슴이라고 말한 사람들을 암암리에 해치자 그 후에는 신하들이 모두 조고를 두려워하였다.

18-5-나(按)

臣은 按 此高가 將爲簒奪之事라 故以此嘗試群臣而卜其從已與否也니 鹿·馬는 易辨之物而群下가 不敢言則其爲亂也를 孰禦리오 事勢가 至此하니 縱二世가 覺之라도 亦無能爲矣라 聖人이 有言 不曰如之何如之何者는 吾末如之何也[70)]矣[71)]라하시니 故有國者가 必防其漸이니이다

【臣按】 이것은 趙高가 앞으로 찬탈의 변란을 일으키고자 했기 때문에 이것으로 신하들을 시험하여 그들이 자신을 따르는지의 여부를 추측한 것입니다. 사슴과 말은 쉽게 구분되는 것인데도 신하들이 감히 말을 하지 못하였으니, 그가 난을 일으키는 것을 누가 막겠습니까. 일의 형세가 이 지경에까지 이르렀으니, 설령 二世가 알아차렸다 하더라도 어찌할 수 없었을 것입니다. 聖人이 말하기를 "'어떻게 하지, 어떻게 하지.'라고 하지 않는 자는 나도 어떻게 도와줄 방법이 없다."라고

---

207) 가을 7월 조에 보인다.

68) 邪 : 사고본에는 '耶'로 되어 있다.

69) 嘿 : 사고본에는 '默'으로 되어 있다.

70) 也 : 사고본에는 이 뒤에 '已'가 있다.

71) 不曰……也矣 : 《論語》〈衛靈公〉 제15장에 보인다. 朱熹는 이에 대해 集註에서 "如之何如之何는 익숙히 생각하고 살펴서 대처한다는 말이다. 이렇게 숙고하지 않고 함부로 행동한다면 비록 성인이라도 어찌할 수가 없는 것이다.〔如之何如之何者 熟思而審處之辭也 不如是而妄行 雖聖人亦無如之何矣〕"라고 하였다.

하였습니다. 그러므로 나라를 소유한 임금은 반드시 그 조짐을 방비해야 합니다.

18-6-가[72]

高가 **前數言關東盜**가 **無能爲**라하더니 **及項羽**가 **虜秦將王離等鉅鹿下而章邯等**이 **數却**①[73]하고 **燕・趙・齊・楚・韓・魏皆立爲王**[74]하고 **自關以東**이 **大抵盡畔秦吏・應諸侯**하니 **諸侯**가 **咸率其衆西鄕**하고 **沛公**이 **已屠武關**②[75]이어늘

72)《史記》卷6〈秦始皇本紀〉,《資治通鑑》卷8〈秦紀3 二世皇帝 下〉3년(기원전 207) 가을 7월, 8월, 9월,《資治通鑑》卷9〈漢紀1 高帝 上之上〉원년(기원전 206) 겨울 10월, 12월 조에 보인다.

73) 項羽……數却 : 王離는 秦나라의 名將으로 王翦의 손자이자 王賁의 아들이다. 始皇 때 戰功으로 武城侯에 봉해졌다. 일찍이 蒙恬(?~기원전 210)의 裨將으로 있다가 二世가 몽염을 賜死시킨 뒤에 그 병권을 이어받았다. 章邯(?~기원전 205)은 秦나라의 上將軍이다. 이세 원년(기원전 209)에 陳勝(기원전 190~기원전 208)의 반란군을 맞아 싸워 격퇴시키고 이어서 黃河를 건너 趙나라를 공격하여 지금의 하북성 平鄕縣에 있던 鉅鹿을 포위하였는데, 楚나라 宋義의 副將인 項羽(기원전 232~기원전 202)가 송의를 죽이고 조나라를 구하기 위해 군사를 끌고 와서 장감의 군대와 9번 싸워 9번을 이겼다. 항우가 甬道를 막고 군량을 끊자 왕리는 포로가 되고 장감은 투항하였다. 장감은 뒤에 항우를 따라 關中에 들어가 雍王에 봉해졌으나 漢 高帝 2년(기원전 205) 6월에 劉邦의 군대와 싸우다가 지키던 성이 함락되자 자살하였다.

74) 燕趙……爲王 : 秦나라가 6국을 멸망시키자 6국의 잔여 세력은 끊임없이 反秦 활동을 벌였는데, 陳勝과 吳廣이 大澤鄕에서 봉기하자 6국의 잔여 세력 역시 부흥 운동을 전개하였다. 진승의 部將이었던 武臣(?~기원전 208)은 진승의 명을 받고 趙나라 지역을 공격하여 秦 二世 원년(기원전 209) 8월에 邯鄲을 점령하고 趙나라의 왕이 되었다. 무신의 휘하 장수였던 韓廣(?~기원전 206)은 무신의 명을 받고 연나라 지역을 공격하였다가 그 지역의 옛 귀족들과 호걸들의 권유로 燕나라 왕이 되었다. 齊나라 왕의 후손이자 그 지역의 토호였던 田儋(?~기원전 208)은 진승과 오광의 봉기 소식을 듣고 호걸 자제들을 설득하여 스스로 齊나라 왕이 되었다. 魏나라의 공자였던 魏咎(?~기원전 208)는 진승의 명을 받고 魏나라 지역을 공격했던 周市에 의해 위나라의 왕으로 옹립되었다. 楚 懷王의 손자인 熊心(?~기원전 206)은 范增의 권유를 따른 項梁(?~기원전 208)에 의해 초나라 왕으로 옹립되었다. 韓나라의 왕족이었던 韓成(?~기원전 206)은 張良(?~기원전 186)의 권유를 따른 項梁에 의해 韓나라 왕으로 옹립되었다. 진승과 오광의 난은 18-1-가 '楚戍……山東' 주 참조.

75) 沛公已屠武關 : 秦 二世 3년(기원전 207) 8월의 일이다. 武關은 춘추시대의 少習關으로, 전

高가 **恐二世**가 **怒誅及其身**하여 **乃謝病不朝見**하고 **使其壻咸陽令閻樂等**으로 **引兵入望夷宮**하고 **高**가 **入告曰 山東群盜兵**이 **大至**라하여[76] **因劫二世令自殺**[77]하고 **引璽而佩之**하니[78] **左右百官**이 **莫從**이어늘 **乃召子嬰立之**[79]한대 **子嬰**이 **卽位**하여 **以計殺高**하고 **夷三族**[80]하다 **嬰**이 **立三月**에 **沛公兵**이 **從武關入**이어늘 **嬰**이 **降**[81]이러니 **項羽**가 **至**하여 **殺之**하니 **秦**이 **亡**[82]하다

국시대에 와서 바꾼 명칭이다. 지금의 섬서성 商南縣 서북쪽에 있었다. 楚나라 지역에서 秦나라로 가기 위해서는 반드시 지나가야 하는 관문으로 진나라 남쪽의 요새이다. 무관에서 長安까지 490리였는데, 대부분 산길이며 藍田에 이르러서야 비로소 평탄한 길이 나와 예로부터 험한 요새로 알려졌다. 동쪽의 函谷關, 북쪽의 蕭關, 서쪽의 散關과 함께 진나라의 네 요새로 불렸다. 沛公 劉邦은 수만 군사를 끌고 무관을 공격하여 도륙하였다.

76) 라하여 : 509본에는 '라하니'로 되어 있다.

77) 因劫二世令自殺 : 望夷宮의 변란이라고도 한다. 二世는 날마다 사냥을 즐기며 上林園에 行人이 들어오면 쏘아 죽이곤 하였는데, 조고는 이를 이용해 천자가 무고한 사람들을 죽이는 것은 上帝가 금하는 것이어서 장차 재앙을 내릴 것이니 궁궐에서 멀리 나가 있어 이를 피하라고 설득하였다. 이세가 지금의 섬서성 涇陽縣 蔣劉鄕에 있는 망이궁에 나가 거하자, 조고는 이세 3년 8월에 거짓으로 도적이 있다는 핑계를 대고 사위인 咸陽令 閻樂에게 吏卒 천여 명을 이끌고 망이궁에 들어가도록 하고 동생인 郎中令 趙成(?~기원전 207)에게는 안에서 내응하도록 하였다. 염락은 이세에게 당신이 교만 방자하여 무도한 살인을 일삼음으로 인해 천하가 모두 배반하였으니 자진을 하라고 하였다. 이세는 처음에는 조고를 볼 수 있게 해달라고 청하고, 다음에는 한 郡의 왕이 되기를, 萬戶侯가 되기를, 처자와 함께 평민이 되기를 빌었으나 모두 거절당하자 자살하였다. 이에 조고는 이세의 형의 아들인 子嬰(?~기원전 206, 재위 46일)을 옹립하고 이세를 평민의 신분으로 장례하였다.

78) 하니 : 509본에는 '하고'로 되어 있다.

79) 召子嬰立之 : 趙高는 二世를 자살시킨 뒤에 여러 대신과 公子들을 모두 불러 이세를 죽인 정황을 고하였다. 그리고 始皇帝는 천하의 왕이 되었기 때문에 '帝'를 칭하였으나 지금은 6國이 다시 자립한 데다 秦나라의 국토도 줄어들었으니 헛된 이름으로 '帝'를 칭할 수 없고 '王'을 칭해야 한다고 하여 子嬰을 秦王으로 옹립하였다.

80) 以計殺高夷三族 : 조고는 秦 二世 3년에 이세를 자살시키고 子嬰을 秦王으로 옹립한 뒤, 동년 9월에 자영에게 재계한 뒤 廟見하고 옥새를 받도록 하였는데, 자영은 조고가 이 틈을 타서 자신을 죽이고자 한다는 것을 알고 조고가 직접 찾아오도록 하기 위해 병을 칭탁하고 묘현을 하지 않았다. 조고가 자영에게 묘현을 하도록 채근하기 위해 오자 자영은 조고를 齋宮에서 척살하고 삼족을 멸하였다.

81) 嬰立……嬰降 : 漢 高帝 원년(기원전 206) 겨울 10월의 일이다. 趙高는 秦 二世를 자살시킨

① 章邯等數却 : 邯, 亦秦將.
章邯은 王離 등과 마찬가지로 秦나라 장수이다.
② 沛公已屠武關 : 漢高帝時以沛公起兵[83].
漢 高帝는 당시 沛公으로서 군사를 일으켰다.

趙高는 關東의 도적이 무슨 난을 일으킬 리 없다고 자주 말했었다. 그런데 項羽가 秦나라 장수 王離 등을 鉅鹿에서 포로로 잡고 章邯 등이 여러 번 퇴각하며, 燕나라・趙나라・齊나라・楚나라・韓나라・魏나라가 모두 왕으로 자립하고 關東이 대체로 모두 진나라 관리들을 배반하고 제후들에게 호응함에, 제후들이 모두 자신의 군사를 이끌고 서쪽으로 향하고 沛公이 이미 武關을 도륙하는 데에까지 이르자, 조고는 二世가 노하여 죽이는 것이 자신에게까지 미칠까 두려워서 이에 병을 핑계로 조현하지 않았다.

그리고 사위인 咸陽令 閻樂 등으로 하여금 군사를 끌고 望夷宮에 들어가도록 하고서 조고 자신은 들어가 고하기를 "산동의 도적떼가 일으킨 군사가 대거 몰려왔습니다."라고 하여 이를 이용해 이세를 겁박하여 자살하게 하고 옥새를 가져와서 자신이 찼다. 그러나 좌우의 백관 중에 따르는 사람이 없자 이에 子嬰을 불러 秦王으로 옹립하였다. 자영이 즉위하여 계책을 써서 조고를 죽이고 삼족을 멸하였다.

자영이 즉위한 지 3개월이 되었을 때 패공의 군사가 무관으로 들어오자 자영이 항복했는데, 항우가 이르러 자영을 죽이니, 진나라가 멸망하였다.

뒤 沛公 劉邦에게 사신을 보내 유방을 關中의 왕으로 삼겠다는 약속을 하였으나, 유방은 이를 거짓이라고 여겨 무관으로 진격하였다. 그리고 張良의 계책을 써서 酈生・陸賈로 하여금 秦나라 장수를 큰 이익으로 설득하게 한 뒤에 몰래 습격하여 마침내 무관을 격파하였다. 유방이 지금의 섬서성 西安市 동남쪽의 霸上에 이르자, 秦王 子嬰은 送葬의 禮를 취하여 白馬가 끄는 素車를 타고서 항복한다는 의미로 목에 밧줄을 매고 나와 황제의 옥새와 符節을 바쳤다.

82) 項羽至殺之秦亡 : 漢 高帝 원년 겨울 12월의 일이다. 항우는 관중에 들어와 子嬰을 죽이고 진나라의 궁실을 불태웠다.

83) 漢高……起兵 : 秦 二世 원년(기원전 209) 9월에 劉邦(기원전 256~기원전 195)이 蕭何・曹參 등의 천거를 받아 자신의 출신지인 沛縣(지금의 강소성 沛縣)을 기반으로 秦에 반기를 들고 沛公이라 칭한 것을 이른다. 원래는 농민 출신으로 일찍이 泗水亭長을 지냈던 유방은 이때 군사 3천 명을 모아 陳勝과 吳廣의 봉기에 호응하였다.

18-6-나(按)

臣은 按 趙高之工爲諛說를 二世가 必以爲愛己也라 孰知其睥睨璽韍하여 欲取而代己哉리오 斯・高之事는 具著遷史하니 臣이 今剟取其略하여 欲人主가 知姦邪情狀之若此而二世가 信之하여 其禍敗若彼하노니 庶爲永鑑乎인저 高는 本閹人이어늘 臣이 今不列于內臣之篇而叙於姦臣之首者는 以其姦凶桀黠이 不可以閹臣視之故也라 恭・顯[84]之屬이 放此하니이다

【臣按】 趙高가 자신에게 아첨하는 데 뛰어난 것을 二世는 필시 자신을 사랑하는 것이라고 여겼을 것입니다. 그러나 그가 옥새를 엿보아서 이를 빼앗고 자신을 대신하려 한다는 것을 어찌 알았겠습니까. 李斯와 조고의 일은 모두 《史記》에 나타나 있습니다. 신이 이제 그 대략을 발췌하여 그 간사한 정상이 이와 같은데도 이세가 이를 믿어 그 재앙과 패망이 이와 같았다는 것을 군주로 하여금 알게 하고자 하오니, 부디 길이 귀감으로 삼으소서.

조고는 출신이 환관인데도 신이 이제 內臣 편에 넣지 않고 간신 편의 첫머리에 이를 기술한 것은, 그의 간악함과 교활함이 환관으로 볼 수 없기 때문입니다. 弘恭과 石顯의 부류도 이와 같습니다.

18-7-가[85]

漢中書令[86]弘恭[87]과 僕射(야)石顯①[88]이 自宣帝時로 久典樞機②하여 明習文

84) 恭・顯 : 18-7-가 참조.

85) 《資治通鑑》 卷28 〈漢紀20 元帝 上〉 初元 2년(기원전 47) 1월 조에 보인다.

86) 中書令 : 中書謁者令의 줄인 말이다. 胡三省의 주에 따르면 漢나라는 秦나라 때 설치하였던 尙書令을 계승하였는데 漢 武帝 때 환관을 쓰면서 中書謁者令으로 변경한 것이다. 尙書의 일을 주관하고 詔令을 알리는 일을 관장하였다. 《資治通鑑 卷28 漢紀20 元帝 上 胡三省註》

87) 弘恭 : ?~기원전 47. 지금의 안휘성 濉溪縣인 沛 사람이다. 젊었을 때 범법하여 궁형을 받고 궁중에서 일하는 中黃門이 되었다. 얼마 뒤 中尙書에 뽑혔는데, 宣帝 때 황권을 강화하기 위하여 환관을 임용하면서 中書令에 임명되었다. 법조문에 밝아 오랫동안 정사를 전횡하였다. 元帝 때 蕭望之 등을 무고로 죽였다. 病死하였다. 열전이 《漢書》 卷93 〈佞幸傳〉에 보인다.

88) 石顯 : ?~기원전 32. 漢 元帝 때의 佞臣이다. 자는 君房이며 지금의 산동성 章丘縣 서쪽에 있던 濟南 사람이다. 젊었을 때 범법하여 궁형을 받고 환관이 되었다. 宣帝 때 中書僕射가

法이러니 **元帝**[89]가 **卽位**에 **多疾**하사 **以顯**이 **久典事**하고 **中人**이 **無外黨**이요 **精專可信任**이라하사 **遂委以政**하여 **事無小大**히 **因顯白決**하니 **貴幸**이 **傾朝**하여 **百僚**가 **皆敬事顯**하더라 **顯**이 **爲人巧慧習事**하고 **能探得人主微指**하고 **內深賊**하여 **持詭辯以中傷人**③하여 **忤恨睚**眦(애자)④에 **輒被以危**灋(법)⑤[90]하더라

① 漢中……石顯：二人皆宦者．中書令・僕射，在漢皆宦官之職．
弘恭과 石顯 두 사람은 모두 환관이다. 中書令과 僕射는 모두 漢나라 때 환관의 관직이다.

② 久典樞機：樞謂戶之轉者，機謂弩之牙，皆物之要處，故以喩政[91]事之機要焉．
'樞'는 여닫이문이 돌아가도록 하는 지도리이고, '機'는 쇠뇌의 발사 장치이니, 모두 물건의 중요한 곳이다. 그러므로 이것을 가지고 정사의 機務를 비유하였다.

③ 持詭辯以中傷人：詭辯，姦詭不正之辯．
'詭辯'은 '간사하게 속이는 부정한 언변'이라는 뜻이다.

④ 忤恨睚眦：忤恨，違忤而怨恨．睚眦，怒目相視貌，怨之小者也．
'忤恨'은 자신을 거역하는 것에 원한을 갖는 것이다. '睚眦'는 성난 눈으로 보는 모습이니, '작은 원망'이라는 뜻이다.

⑤ 被以危灋：被，加也．

되었으며 元帝 때 中書令에 임명되자 私黨을 짓고 권력을 전횡하였다. 교활하고 음험하여 늘 궤변으로 사람들을 해쳤다. 蕭望之・京房・賈捐之・張猛 등의 대신들을 무고로 죽이고, 周堪・劉更生 등을 파면시켰다. 成帝가 즉위한 뒤 파직되어 고향으로 돌아가게 되자 울분으로 음식을 먹지 않다가 도중에 病死하였다. 열전이 《漢書》 卷93 〈佞幸傳〉에 보인다.

89) 元帝 : 대전본・사고본에는 이 뒤에 '初'가 있다. 元帝(기원전 74~기원전 33, 재위 기원전 49~기원전 33)는 西漢의 제11대 임금 劉奭이다. 漢 宣帝 劉詢(기원전 91~기원전 49)과 적처 許平君 사이에 장자로 태어나 宣帝 地節 3년(기원전 67) 4월에 태자가 되고, 黃龍 원년(기원전 49)에 16세의 나이로 즉위하였다. 유순하고 유학을 좋아하여 태자로 있을 때 선제에게 유생을 등용할 것을 건의하기도 하였다. 즉위한 뒤 蕭望之・貢禹 등을 등용하여 승상으로 삼았으나, 許氏・史氏 등의 외척과 弘恭・石顯 등의 환관을 중용하여 재위하는 동안 혼란한 정국이 계속되었다. 부역이 번다하고 무거웠으며 변경은 불안하였다.

90) 灋 : '法'자의 古文이다. 《說文解字》에 따르면 형법을 의미한다. '水'는 법률이 평평한 물처럼 공평한 것을 뜻하며, '廌'(치)는 정직하지 못한 쪽을 들이받는 神獸인 해태를 뜻하며, '去'는 정직하지 않은 자로 하여금 떠나가게 하는 것을 뜻한다. 지금의 法자는 灋자를 생략한 것이다.

91) 政 : 대전본에는 '故'로 되어 있다.

'被'는 '가하다'는 뜻이다.

漢나라 中書令 弘恭과 中書僕射 石顯은 宣帝 때부터 오랫동안 政事의 機務를 맡아 법조문에 밝고 숙달하였다. 元帝가 즉위하여 질병이 많자, 석현이 오랫동안 일을 맡았고 환관은 妻族이나 외척도 없으며 精純하고 전일하니 믿고 맡길 만하다고 하여 마침내 정사를 맡겨 크고 작은 일 할 것 없이 석현의 上奏를 통해 결정하였다. 이에 석현의 존귀함과 원제의 총애가 온 조정에 으뜸이 되어 백관이 모두 석현을 공경히 섬겼다.

석현이란 자는 영악하고 일에 능숙하였으며 능히 군주의 의중을 살펴 알았다. 또한 속마음이 음험하고 악독하여 궤변으로 사람들을 해쳐서 자신을 거역하거나 거슬려서 원한을 산 사람들에게 번번이 가혹한 법을 적용하였다.

18-7-나(按)

臣은 按 自昔小人이 將竊權寵에 必先窺伺主意而迎合之하나니 蓋人主好惡가 不同하고 喜怒를 難必이니 非潛觀密測하여 得其指志[92]則無以爲容悅取媚之地라 故薛公이 事齊王에 王有愛姬七이라 未知所立하여 薛公이 獻七珥호대 美其一하고 明日에 視美珥所在하여 請立以爲夫人한대 王이 從之[93]하고 申不害가 相韓昭侯에 昭侯가 謀之以事할새 申子가 未知侯之所欲也하여 則使同列二人으로 先陳其計하여 微視昭侯所悅而言之한대 昭侯가 大悅[94]하니 姦臣事君에 多合少忤者는 以其能覘上意所在故也라 石顯之見

92) 志 : 사고본에는 '意'로 되어 있다.

93) 薛公事……從之 : 관련 내용이 《戰國策》〈齊策3〉에 보인다. '齊나라 왕'은 춘추전국시대 齊威王(기원전 378~기원전 320, 재위 기원전 356~기원전 320)의 아들 宣王(기원전 350~기원전 301, 재위 기원전 319~기원전 301)을 이른다. '薛公'은 孟嘗君 田文(?~기원전 279)의 아버지 田嬰(?~?)을 이른다. 제나라 威王의 아들이자 宣王의 異母弟이다. 위왕 16년(기원전 341)에 田忌·孫臏과 함께 魏나라를 쳐서 馬陵에서 위나라 군대를 대파하고 위나라의 태자 申을 사로잡고 장군 龐涓을 죽인 마릉의 전투에 참여하여 공을 세웠다. 처음에는 팽성에 봉해졌으나 뒤에 설에 봉해져 설공으로 불리게 되었다. 선왕 9년(기원전 311)에 재상으로 발탁된 뒤 제나라의 재정을 관장하며 이후 11년 동안 권력을 전횡하고 부를 쌓았다.

94) 申不……大悅 : 관련 내용이 《戰國策》〈韓策1〉에 보인다. 기원전 354년에 魏나라가 趙나라의 수도인 邯鄲을 포위했을 때 韓 昭侯(?~기원전 333, 재위 기원전 362~기원전 333)가

信[95]於漢元이 蓋用此術이니이다

【臣按】 예로부터 소인이 권력과 총애를 훔칠 때에는 반드시 먼저 군주의 뜻을 엿보아 이에 영합하는 법입니다. 이것은 군주마다 좋아하는 것과 싫어하는 것이 다르고 기뻐할지 노여워할지 자신할 수 없으니, 남몰래 살피고 추측하여 군주가 가리키는 뜻을 알지 않으면 군주의 환심을 사고 비위를 맞출 거리로 삼을 것이 없기 때문입니다.

그러므로 薛公은 齊나라 왕을 섬길 때 왕이 愛姬가 일곱 명이어서 누구를 夫人으로 세울 것인지 알 수 없자 7쌍의 귀고리를 바치되 그중 한 쌍을 아름답게 하고서 다음날 그 아름다운 귀고리가 있는 곳을 살펴서 왕에게 그 여자를 부인으로 세울 것을 청하였는데 왕이 설공의 말을 따랐습니다. 申不害는 韓 昭侯의 재상으로 있으면서 소후가 일을 도모할 때 소후가 원하는 바를 알 수 없자 같은 반열에 있는 두 사람에게 먼저 그들의 계책을 진달하게 하여 소후가 기뻐하는 쪽을 가만히 살펴 말하니 소후가 매우 기뻐하였습니다.

간신이 군주를 섬길 때 군주의 뜻에 맞는 것이 많고 거슬리는 것이 적은 것은 그가 윗사람의 뜻이 어디에 있는가를 엿보는 데 능했기 때문입니다. 石顯이 漢 元帝에게 신뢰를 받았던 것은 대체로 이 방법을 썼기 때문입니다.

18-8-가[96]

時에 **外屬侍中史高**[97]와 **太子太傅蕭望之**[98]와 **少傅周堪**[99]이 **皆受宣帝遺詔**하여

申不害(?~기원전 341)에게 위나라와 조나라 중 어느 나라를 돕는 것이 좋을지에 대해 묻자, 신불해는 나라의 흥망에 관련된 것이어서 깊이 생각해보고 대답하겠다고 하였다. 그리고 남몰래 韓나라의 대신인 趙卓과 韓晁를 찾아가 신하 된 자는 충성을 다할 뿐 어찌 자신이 진달한 말이 모두 채택되기를 바라겠느냐고 하였다. 두 사람이 조정에 나아가 조나라와 위나라의 전쟁에 대해 각각 다른 의견을 피력하자, 신불해는 왕이 어느 주장에 대해 기뻐하는가를 살폈다가 그 주장을 진달하였다. 소후는 신불해의 대답에 매우 기뻐하며 신불해를 재상으로 삼았다. '신불해'는 18-2-가 '申子' 주 참조.

95) 信 : 사고본에는 '用'으로 되어 있다.

96) 《資治通鑑》 卷28 〈漢紀20 元帝 上〉 初元 2년(기원전 47) 1월 조에 보인다.

97) 史高 : ?~기원전 42. 漢 宣帝(기원전 91~기원전 49, 재위 기원전 74~기원전 49)의 조모 史良娣의 형제인 史恭(?~기원전 117)의 장자이다. 선제 때 樂陵侯에 봉해졌다. 선제의 임종 때 蕭望之・周堪과 함께 顧命을 받았으며 大司馬・車騎將軍으로 尙書의 일을 관장하였

輔政이러니 望之·堪이 以師傅舊恩으로 數宴見하여 言治亂·陳王事하더니 望之가 建白[100)]宗室明經有行·散騎[101)]諫大夫劉更生[102)]하여 爲給事中①하여 與侍中金敞으로 竝拾遺左右②하여 四人同心謀議하여 勸導上以古誼하여 多所欲[103)]匡正하니 上이 甚鄕納之하시니 史高는 充位而已③라 由此로 與望之有隙하더니 石顯이 亦[104)]與高相表裏하여 常獨持故事하고 不從望之等하더라

다. 기원전 43년에 致仕하고 다음 해에 세상을 떠났다. 시호는 安이다.

98) 蕭望之 : ?~기원전 47. 漢나라의 건국 공신인 蕭何의 6세손이다. 漢 元帝(기원전 74~기원전 33, 재위 기원전 49~기원전 33)가 태자였을 때 太子太傅가 되어 유가의 경전을 가르쳤다. 宣帝 甘露 3년(기원전 51)에 長安 未央宮 북쪽에 있는 황실 도서관인 石渠閣에서 선제의 조령에 따라 여러 儒者들과 함께 五經의 同異를 논하였는데, 이때의 논의가 《石渠議奏》이다. 左馮翊, 大鴻臚, 御史大夫 등을 역임하였다. 기원전 49년 12월에 元帝가 즉위한 뒤 매우 중시받았으나, 뒤에 환관인 弘恭과 石顯 등의 무고를 받고 하옥되자 자살하였다.

99) 周堪 : ?~기원전 40. 夏侯勝에게 《今文尙書》를 전수받았다. 漢 宣帝 때 石渠閣 회의에 참석하고 太子少傅를 역임하였다. 宣帝의 임종 때 顧命을 받고 元帝가 즉위한 뒤 논의를 관장하는 光祿大夫가 되었다. 일찍이 會稽郡의 鄭朋과 大司農史 李宮이 金馬門에서 待詔하였는데, 鄭朋의 행실이 바르지 않다 하여 이궁만을 黃門郎으로 추천한 일로 인해 정붕의 원한을 사게 되었다. 정붕은 환관인 홍공·석현과 결탁하고 元帝에게 글을 올려 주감이 劉更生·蕭望之 등과 붕당을 짓고 권력을 전횡한다고 무고하여 廢庶人이 되었으나, 기원전 47년에 소망지가 홍공 등의 무고를 받고 자살하자 원제에 의해 다시 光祿勳에 임명되었다. 그 뒤로도 계속된 홍공 등의 참소를 받고 河東 太守로 좌천되었다가 다시 논의를 관장하는 光祿大夫에 임명되었다. 말을 못하는 병을 앓는 상황에서 세상을 떠났다. 《資治通鑑 卷29 漢紀21 元帝下 永光 4年》

100) 建白 : 대전본에는 '選白', 사고본에는 '白選'으로 되어 있다.

101) 散騎 : 加官名이다. 황제의 거마를 隨從하였다. '加官'은 아래 '給事中爲加官' 주 참조.

102) 劉更生 : ?~기원전 6. 뒤에 劉向으로 개명하였다. 자는 子政이다. 漢나라의 종실로서 漢 高帝 劉邦의 異母弟인 劉交의 후손이다. 經學家, 目錄學家, 文學家로 유명하다. 漢 宣帝 때 諫大夫가 되었으며 元帝 때에는 宗正을 역임하였다. 환관인 홍공과 석현을 반대하여 감옥에 갇히고 庶人이 되기도 하였다. 뒤에 成帝가 즉위한 뒤 다시 임용되어 光祿大夫가 되었고 이때 유향으로 개명하였다. 일찍이 성제의 명을 받고 궁중 도서관의 도서들을 교감하여 중국 최초의 도서 목록인 《別錄》을 지었다. 저서로 《新序》·《說苑》·《列女傳》·《戰國策》 등이 전한다.

103) 所欲 : 대전본에는 '欲所'로 되어 있다.

104) 亦 : 사고본에는 '又'로 되어 있다.

① 爲給事中 : 漢制, 給事中爲加官[105]. 朝臣加[106]此, 則入朝內朝, 故曰給事中, 非今兩省官比也[107].
'給事中'은 漢나라 제도에 加官이었다. 朝臣이 이 관직에 임명되면 內朝에 들어가 조현하기 때문에 '급사중'이라고 한 것이며 지금의 두 省官에 비견되는 것은 아니다.

② 竝拾遺左右 : 拾遺, 謂人君言行或有遺失, 則收拾而正救之也, 故後世以爲諫官之名[108].
'拾遺'는 임금이 언행에 혹여 놓치거나 잘못한 것이 있으면 이를 수습하여 바로잡는다는 뜻이기 때문에 후세에는 이를 간관의 명칭으로 삼았다.

③ 充位而已 : 言但備位, 無所建明.
단지 자리만 채우고 있을 뿐 의견을 낸 바가 없는 것을 말한다.

당시 외척이었던 侍中 史高와 太子太傅 蕭望之와 太子少傅 周堪이 모두 宣帝의 遺詔를 받아 정사를 보필하였는데, 소망지와 주감이 사부라는 옛 은혜로 元帝가 한가히 거처할 때면 자주 알현하여 국가의 治亂과 王者의 일에 대해 진언하곤 하였다.

소망지가 건의하여 종실로서 경학에 정통하고 훌륭한 행실이 있는 散騎・諫大夫인 劉更生을 給事中에 임명하여 侍中 金敞과 더불어 임금의 좌우에서 그 언행

---

105) 給事中爲加官 : '給事中'은 秦代에 처음 설치한 加官이다. 漢나라에서 이를 계승하여 大夫・博士・議郞 등의 관직에 加官으로 사용하였다. 급사중의 가관을 가진 관원은 正職의 고하에 상관없이 모두 황제의 고문 역할을 하여 매일 조회에 참여하였다. '加官'은 본래의 관직 외에 더하는 겸직으로, 일종의 虛銜이다. 《漢書》 卷19 〈百官公卿表〉에 따르면 侍中, 左曹, 右曹, 諸吏, 散騎, 中常侍 등이 모두 가관이다.

106) 加 : 대전본・사고본에는 '如'로 되어 있다.

107) 非今兩省官比也 : '今'은 宋나라를 가리킨다. '兩省'은 中書省과 門下省을 가리킨다. 송나라는 당나라의 제도를 계승하여 給事中의 관직을 두어 문하성에 소속시켰는데, 이때 급사중은 실직이 아닌 官階名으로서 寄祿官이었다. 당나라의 급사중은 크게 세 가지의 권한이 있었다. 첫째는 황제의 詔勅에 반박하고 돌려보낼 수 있는 封駁權, 둘째는 부분적인 사법권, 셋째는 인사 임명에 대한 심리권이다. 송나라 때에는 神宗 元豐(1078~1085) 연간에 문하성에 급사중 4명을 두어 六房을 나누어 다스리도록 하였는데, 정사의 잘못이나 인사 임명에 대해 상주하고 바로잡는 일을 담당하였다.

108) 拾遺……之名 : '拾遺'는 唐 武則天 垂拱 원년(685)에 관직으로 설치하여, 좌습유는 門下省에, 우습유는 中書省에 소속시켜 간언을 담당하도록 하였는데, 大事는 조정에서 의론하고 小事는 封事를 올렸다.

에 잘못한 것이 있으면 이를 수습하여 바로잡도록 하였다. 소망지・주감・유갱생・김창 네 사람이 한마음으로 모의하여 원제에게 古誼를 들어 권하고 인도하여 바로잡고자 하는 바가 많았는데, 원제가 매우 믿고 이 의견들을 가납하였다.

史高는 자리만 채우고 있었기 때문에 이로 이해 소망지와 틈이 생겼는데, 石顯이 또 사고와 표리가 되어 늘 혼자서만 前例에 따를 것을 주장하고 소망지 등의 의견을 따르지 않았다.

18-8-나(按)

臣은 按 小人이 欲擠君子인댄 必固結有力者하여 以爲黨援然後에 君子가 不得以自容하나니 史高는 外屬尊重而與望之有隙이라 故石顯이 與高相表裏하여 以排之하니 望之之見絀(출)也가 宜矣로소이다

【臣按】 소인이 군자를 밀어내고자 할 때에는 반드시 힘이 있는 자들과 단단히 결탁하여 자신의 黨與로 만들며, 그런 뒤에 군자가 몸을 둘 곳이 없게 됩니다. 史高는 외척으로 존귀한 신분이었는데도 蕭望之와 틈이 생겼기 때문에 石顯이 사고와 표리가 되어서 소망지를 배척한 것입니다. 소망지가 밀려난 것은 당연하였습니다.

18-9-가[109]

望之가 疾恭・顯擅權하여 建白宜罷中書宦[110]官[111]이라한대 由[112]是로 大與恭・顯忤러니 恭・顯이 奏 望之・堪・更生이 朋黨相稱擧하여 欲以專擅權勢하여 爲臣不忠하고 誣上不道하니 請謁者[113]召致廷尉한대 時에 上이 初卽位라

109)《資治通鑑》卷28〈漢紀20 元帝 上〉初元 2년(기원전 47) 1월 조에 보인다. 이때 元帝(기원전 74~기원전 33, 재위 기원전 49~기원전 33)는 28세였다.

110) 宦 : 대전본에는 '官'으로 되어 있으나, 오자이다.

111) 建白宜罷中書宦官 : 소망지는, 중서령이라는 관직은 정사를 행하는 근본이며 국가의 樞機이기 때문에 공명정대해야 한다는 것, 중서령은 본래 士人으로 충원했던 것을 武帝가 환관을 쓰면서부터 시작되었으니 옛 제도가 아니라는 것을 들어 이 관직에 있는 환관을 파직해야 한다고 건의하였다. '中書令'은 18-7-가 '中書令弘恭' 주 참조.

112) 由 : 사고본에는 '繇'로 되어 있다.

不省召致廷尉爲下獄하여 **可其奏**하시다

蕭望之가 弘恭과 石顯이 권력을 전횡하는 것을 미워하여 中書令에 환관을 임명하는 제도를 폐지해야 한다고 건의하였는데, 이로 인해 홍공·석현과 크게 틀어지게 되었다.

홍공과 석현이 아뢰기를 "蕭望之·周堪·劉更生이 붕당을 지어 서로 칭찬하고 천거해서 권세를 천단하고자 합니다. 신하로서 不忠하고 폐하를 속여 不道하니 謁者에게 명하여 이들을 불러서 廷尉에게 보내소서."라고 하였는데, 그 당시 元帝는 갓 즉위한 터여서 '불러서 廷尉에게 보낸다.'는 것이 하옥하라는 뜻임을 알지 못하고 그 上奏를 윤허하였다.

後에 **上**이 **召堪·更生**하신대 **曰 繫獄**이니이다 **上**이 **大驚曰 非但廷尉問邪**[114]아 **以責恭·顯**한대 **皆叩頭謝**어늘 **上曰 令出視事**하라 **恭·顯**이 **因使史高言 上**이 **新卽位**하여 **未以德化**로 **聞於天下而先驗師傅**①하시고 **旣下九卿·大夫獄**하시니 **宜因決免**[115]이니이다 **於是**에 **赦望之罪**[116]하고 **及堪·更生**을 **皆免爲庶人**하다

① 先驗師傅 : 驗, 謂考驗其罪也[117].
'驗'은 그 죄를 심문하여 검증하는 것을 말한다.

뒤에 元帝가 周堪과 劉更生을 불렀는데, "옥에 갇혀 있습니다."라고 하자 원제가 크게 놀라 "단지 廷尉가 물어보는 것이 아니었느냐?"라고 하였다. 이것으로 弘恭과 石顯을 질책하자, 홍공과 석현이 모두 머리를 조아리고 사죄하였다. 원제가

---

113) 謁者 : 18-4-가 '御史·謁者·侍中' 주 참조.

114) 邪 : 사고본에는 '耶'로 되어 있다.

115) 旣下……決免 : 대신이 이미 하옥되었으면 설사 죄가 없다 할지라도 復官시키면 황제의 처리가 부당하다는 것을 표명하는 것이기 때문에 황제의 권위를 위해서는 모두 면직시키고 復官시켜서는 안 된다는 말이다. '下九卿·大夫獄'은 대신을 하옥한다는 의미로, 여기에서는 소망지·유갱생·주감 등을 하옥한 것을 가리킨다.

116) 赦望之罪 : 元帝는 조서를 내려, 前將軍 소망지가 원제의 太子太傅로 있은 8년 동안 큰 죄과가 없으나 지금은 오래되고 기억도 쇠퇴하였으니 그 죄는 사면하되 前將軍·光祿勳의 印綬는 거두어들이도록 하였다.

117) 其罪也 : 사고본에는 이 3자가 없다.

"그들을 풀어주고 공무를 보게 하라."라고 하였다.

홍공과 석현이 이를 기화로 史高를 시켜 다음과 같이 아뢰도록 하였다.

"폐하께서 갓 즉위하여 아직 덕으로 교화함이 천하에 펼쳐지지 않았는데, 먼저 사부를 심문하여 그 죄를 검증하시고 이미 九卿과 대부를 하옥하셨으니, 의당 이어서 이들을 면직시켜야 할 것입니다."

그리하여 소망지의 죄를 사면하고, 주감・유갱생과 함께 모두 폐하여 서인으로 삼았다.

18-9-나(按)

臣은 按 先朝名臣歐陽脩가 有言 自古小人이 讒害忠良에 其識이 不遠하여 欲廣陷良善[118]則不過指爲朋黨하고 欲搖動大臣則必須誣以專權하나니 其故는 何也오 夫去一善人而衆善人이 尙在則未爲小人之利요 欲盡去之則善人이 少過라 難爲一二求瑕니 惟指以爲朋黨則可一時盡逐이요 至如大臣이 已被知遇而蒙信任者則不可以他事로 動搖라 惟有專權이 是人主之所惡라 故須此說이 方可傾之[119]라하니

【臣按】 先代의 명신 歐陽脩가 이런 말을 하였습니다.

"예로부터 소인이 충성스럽고 선량한 사람을 참소하여 해칠 때에는 그 식견이 짧아서, 선량한 사람들을 광범위하게 함정에 빠트리고자 하면 붕당이라고 지목하는 데 불과하고, 대신을 흔들어 제거하고자 하면 반드시 권력을 전횡한다는 것으로 무고하였습니다. 그 이유는 무엇이겠습니까?

무릇 한 명의 善人을 제거해도 여러 선인들이 여전히 남아 있다면 소인의 이익이 되지 못하고, 모두 제거하고자 하면 선인은 허물이 적어서 일일이 흠을 찾기도 어렵기 때문입니다. 오직 붕당을 짓는다고 지목해야만 단번에 모두 내쫓을 수 있습니다. 그리고 대신과 같은 경우는 이미 知遇를 입어서 신임을 받고 있는 사람들이니 다른 일로는 흔들어 제거할 수 없습니다. 오직 권력을 전횡한다는 것만은 군주가 싫어하는 것이기 때문에 반드시 이 말이라야 비로소 제거할 수 있습니다."

---

118) 善 : 대전본에는 '害'로 되어 있으나, 오자이다.

119) 自古……傾之 : 《宋史》 卷319 〈歐陽脩列傳〉, 《宋名臣奏議》 卷76 〈百官門 朋黨 上仁宗論小人欲害忠賢必指爲朋黨〉 등에 보인다.

臣이 觀恭・顯이 奏望之等에 一則曰朋黨이라하고 二則曰擅權이라하니 以其實考之컨대 望之等이 同心謀國하여 古誼正君하니 安有朋黨・擅權之事而恭・顯・史高가 交相朋比하여 專執政機하니 是乃所謂朋黨・擅權者라 恭・顯等이 有其實而誣望之等以此名하니 姦邪小人의 貿亂黑白이 大抵如此라 史稱顯이 內深賊・持詭辯以中傷人[120]이 謂此類也라 而元帝가 懵然曾不之察하여 其請召致廷尉則許之하시고 旣知其無罪而出之矣라가 及請免爲庶人에 又許之하시니 由君德不明이라 故小人이 得以售其計하니 吁可嘆[121]哉로소이다

신이 보건대 弘恭과 石顯은 蕭望之 등의 죄를 아뢸 때 첫 번째는 '붕당'이라 하고 두 번째는 '권력을 전횡한다'고 하였습니다. 그 실정을 가지고 살펴보면 소망지 등이 한마음으로 나라를 위해 모의하여 古誼를 들어 군주를 바로잡았으니 어찌 붕당을 짓고 권력을 전횡하는 일이 있었겠습니까. 그러나 홍공・석현・史高는 서로 붕당을 짓고 결탁하여 政機를 독차지하였으니, 이것이 바로 이른바 '붕당'이며 '권력을 전횡한다'는 것이었습니다. 홍공과 석현 등이 이 죄명에 맞는 실정을 자신들이 갖고 있으면서 도리어 소망지 등을 이 죄명으로 무고하였으니, 간사한 소인이 흑백을 뒤바꾼 것이 대개 이와 같습니다.

史官이 "석현은 속마음이 음험하고 악독하여 궤변으로 사람들을 해쳤다."라고 한 것은 바로 이런 것을 말합니다. 그런데도 元帝는 어리석게도 이를 살피지 못하여 '불러서 廷尉에게 보내는 것'을 청하자 허락하였고, 그들이 죄가 없다는 것을 안 뒤에 풀어주었다가 면직시켜 庶人으로 만들도록 청하자 또 허락하였습니다. 군주의 덕이 밝지 못하기 때문에 소인이 그 계책을 실현시킬 수 있었던 것이니, 아, 참으로 안타깝습니다!

18-10-가[122]

四月에 詔賜蕭望之爵關內侯・給事中[123]하여 朝朔望하고 復徵堪・更生하여

120) 顯內……傷人 : 18-7-가 참조.

121) 嘆 : 대전본・사고본에는 '歎'으로 되어 있다.

122) 《資治通鑑》 권28 〈漢紀20 元帝 上〉 初元 2년(기원전 47) 4월과 7월 조에 보인다.

123) 詔賜……事中 : '關內侯'는 爵位名이다. 秦・漢 때 20等 軍功爵 중 第19級으로, 徹侯의 바로 다음 작위이다. 식읍이 京畿에 있기 때문에 이름을 관내후라고 하였다. '給事中'은 加官이

欲以爲諫大夫[124)]러니 恭・顯이 白하여 皆以爲中郎[125)]하다

4월에 조서로 蕭望之에게 關內侯・給事中의 관작을 내려서 초하루와 보름에 조회하도록 하였다. 다시 周堪과 劉更生을 불러 諫大夫에 임명하고자 하였는데, 弘恭과 石顯이 아뢰어서 모두 中郎에 임명하였다.

上이 器重望之不已하사 欲倚以爲相하니 恭・顯及許・史子弟[126)]가 皆側目於望之等[①]하더라 更生이 乃使其外親上變事[127)]하여 言 地動이 殆爲恭等[128)]이라 宜退恭・顯하여 以章蔽善之罰하시고 進望之等하여 以通賢者之路하소서 書奏에 恭・顯이 疑更生所爲하여 白請考姦詐하니 辭果服이어늘 遂逮更生繫獄하여 免爲庶人하다

다. 이 관함이 덧붙은 경우에는 지위의 고하를 막론하고 임금의 자문에 응할 수 있었기 때문에 다음에 나오는 구절처럼 초하루와 보름에 조회한 것이다. 18-8-가 '給事中爲加官' 주 참조.

124) 諫大夫 : 관직명이다. 정사를 의론하는 데 참여하였으며 정원이 없어 수십 명에 이르기도 하였다.

125) 復徵……中郎 : 漢 元帝 初元 2년(기원전 47) 7월의 일이다. '中郎'은 관직명이다. 郎官의 하나로, 宿衛를 담당하였다.

126) 許史子弟 : 漢나라 제11대 임금 宣帝(기원전 91~기원전 49, 재위 기원전 74~기원전 49)의 황후 許氏 집안의 자제와 선제의 조모 史良娣 집안의 史氏 자제를 이른다. 元帝(기원전 74~기원전 33, 재위 기원전 49~기원전 33)의 아버지인 선제는 霍光(?~기원전 68)과 上官桀(기원전 140~기원전 80) 일족의 권력을 견제하기 위하여 허씨 일가 3명과 사씨 일가 4명, 선제의 생모 王氏의 집안사람 2명을 侯로 봉하였으며, 이들의 자제인 許延壽, 史高, 王接을 모두 大司馬・車騎將軍에 임명하였다.

127) 上變事 : 漢나라 제도에 臣民이 非常의 사태를 고하고자 할 때에는 尙書의 상주를 통하지 않고 곧바로 황제에게 기밀 奏章을 올릴 수 있었는데, 바로 이것을 '상변사', 또는 '上封事'라고 하였다.

128) 地動殆爲恭等 : '地動'은 漢 元帝 2년(기원전 47) 2월 28일 무오일에 지금의 감숙성 臨洮縣인 隴西郡에서 큰 지진이 일어나 성곽과 가옥이 무너지고 많은 사상자가 발생한 것과, 동년 7월 기유일에 다시 또 지진이 발생한 것을 이른다. 이 소에 따르면 홍공이 소망지 등의 안건을 판결한 지 석 달 만에 지진이 일어났으며, 홍공이 병을 칭탁하고 관직에서 물러났다가 다시 復官하자 눈이 내린 사실을 통해 홍공 때문에 지진이 일어났다는 것이다.《資治通鑑 卷28 漢紀20 元帝 上》《漢書 卷36 楚元王傳 向》

① 恭・顯……之等 : 許氏・史氏皆外戚也.
許氏와 史氏는 모두 외척이다.

元帝가 蕭望之를 계속해서 매우 중시하여 그를 의지하여 승상으로 삼으려 하자, 弘恭・石顯과 외척인 許氏・史氏의 자제들이 모두 소망지 등을 질시하였다. 劉更生이 이에 자신의 외갓집 사람을 시켜 다음과 같이 변고를 고하게 하였다.
"지진이 일어난 것은 아마도 홍공 등 때문인 듯합니다. 의당 홍공과 석현을 내쳐서 賢者를 가린 벌을 밝게 드러내시고 소망지 등을 등용하여 賢者의 길을 여소서."
글이 상주되자 홍공과 석현은 유갱생이 한 것이라고 의심하여 원제에게 아뢰어 그 간사한 정상을 조사하도록 청하였는데, 供招에서 자신들의 예측대로 자복하자 마침내 유갱생을 체포하여 옥에 가두고 면직시켜 庶人으로 만들었다.

會望之子伋이 **亦上書訟望之前事**[129)]한대 **事下**에 **有司**가 **復奏望之教子上書**하여 **失大臣體**하니 **不敬**[130)]이라 **請逮捕**어늘 **恭・顯等**이 **知望之素高節不詘辱**하고 **建白 望之**가 **前幸得不坐**하여 **復賜爵邑**이어시늘 **不悔過服罪**하고 **教子上書**하여 **歸非於上**하니 **自以託師傅**라 **終必不坐**라하나니 **非頗屈望之於牢獄**하여 **塞其怏怏心則聖朝**가 **無以施恩厚**니이다

마침 소망지의 아들 蕭伋 역시 글을 올려 소망지의 예전 일에 대해 억울함을 호소하였는데, 안건이 회부되자 담당 관리가 다음과 같이 覆奏하였다.
"蕭望之가 아들을 시켜 글을 올리게 해서 대신의 체모를 잃어버렸으니 不敬합니다. 체포하소서."
弘恭과 石顯 등은 소망지가 평소에 절조를 중시하여 굴욕을 받지 않을 것임을 알고 다음과 같이 아뢰었다.
"소망지가 전에 요행으로 죄에 걸리지 않아 폐하께서 다시 官爵과 식읍을 내려주셨는데도 잘못을 뉘우치며 죄를 인정하지 않고 아들에게 글을 올리도록 하여 폐하에게 그 잘못을 돌렸으니, 자신이 폐하의 사부라는 것을 믿고 어찌되었든 반

129) 望之前事 : 소망지가 이전에 석현의 무고로 인해 옥에 갇혔던 일을 이른다. 18-9-가 참조.
130) 不敬 : 漢代 罪名의 하나이다.

드시 죄에 걸리지 않을 것이라고 생각한 것입니다. 소망지를 옥에 가두어서 굴욕을 상당히 받게 하여 그 앙앙불락 원망하는 마음을 막지 않는다면 聖朝에서 후한 은택을 베풀 길이 없을 것입니다."

上이 **曰 蕭太傅**가 **素剛**하니 **安肯就吏**리오 **顯等**이 **曰 人命**이 **至重**하고 **望之所坐**는 **語言薄罪**라 **必無所憂**니이다 **上**이 **乃可其奏**하신대 **顯**이 **封詔以付謁者**[131)]하여 **令召望之**하고 **急發執金吾**[132)]**車騎**하여 **圍其第**①러니 **使者**가 **至**하여 **召望之**한대 **望之**가 **飮鴆**(짐)**自殺**하니 **天子**가 **聞之**하시고 **驚拊手曰 曩固疑其不就牢獄**이러니 **果然殺吾賢傅**로다 **太官**이 **方上晝食**②이러니 **上**이 **卻食涕泣**하시고 **召顯等**하여 **責問以議不詳**하신대 **皆免冠**[133)]**謝良久然後**에 **已**하다

① 急發……其第：執金吾，掌兵官也.
'執金吾'는 군사를 관장하는 관직이다.

② 太官方上晝食：太官，主御膳.
'太官'은 임금의 음식을 주관한다.

元帝가 말하였다.

"蕭太傅가 평소 강직하니 어찌 獄吏에게 나아가 심문을 받으려고 하겠는가?"

石顯 등이 대답하였다.

"사람의 목숨은 지극히 중하고 蕭望之가 저촉한 죄는 말로 인한 작은 죄입니다. 반드시 폐하께서 우려하시는 일은 일어나지 않을 것입니다."

원제가 이에 그 상주를 윤허하자, 석현이 조서를 밀봉하여 謁者에게 보내 소망지를 부르도록 하고, 급히 執金吾의 기병을 출동시켜 소망지의 집을 포위하였다.

---

131) 謁者：18-4-가 '御史·謁者·侍中' 주 참조.

132) 執金吾：관직명이다. 주로 담당하는 일은, 첫째 京師를 순찰하는 것, 둘째 황제의 出行 때 前導가 되는 것, 셋째 禁衛軍의 北軍을 통솔하는 것이었다. '金吾'는《漢書》顔師古의 주에서는, 새의 이름으로 상서롭지 못한 일을 피하는 것을 의미하다고 보았다. 집금오는 천자가 출행할 때 앞에서 非常의 일을 막는 역할을 담당하기 때문에 이런 이름이 붙었다고 한다. 그러나 晉나라 崔豹의《古今注》에서는 '金吾'를 양쪽 끝을 황금으로 도금한 구리 재질의 곤봉으로 보았다.

133) 免冠：사죄한다는 의미이다. 18-11-가 '免冠頓首' 주 참조.

사신이 도착하여 소망지를 부르자, 소망지가 鴆毒을 마시고 자살하였다. 천자가 이 소식을 듣고 놀라 손뼉을 치며 말하였다.

"내 일찍이 참으로 그가 감옥에 가지 않을 것임을 의심하였는데, 우려했던 대로 내 어진 사부를 죽였구나!"

太官이 마침 점심 식사를 올렸는데, 원제가 식사를 물리치고 눈물을 흘렸다. 그리고 석현 등을 불러서 논의가 면밀하지 못하였다고 문책하자, 석현 등이 모두 관모를 벗고 한참을 사죄한 뒤에야 그만두었다.

18-10-나(按)

臣은 按 姦邪之臣이 類多權術・足智數하니 惟其立心之不正이라 故不以爲善而以爲惡하며 不以爲忠而以爲欺하나니 以恭・顯觀之컨대 彼知蕭望之之高節不撓가 非能忍辱者也라 故致之於獄하니 是欲激之使自殺也而望之가 果自殺하고 彼知元帝之易於欺罔也라 故始以召致廷尉爲辭而實則繫獄하고 後以少屈牢獄爲辭而實則迫其自殺하니

【臣按】 간사한 신하는 대체로 권모술수가 많고 속셈이 밝습니다. 오직 그 마음 먹는 것이 바르지 않기 때문에 이것으로 善을 행하지 않고 惡을 행하며, 충성을 하지 않고 속이는 짓을 하는 것입니다. 弘恭과 石顯의 일을 가지고 보면, 저들은 절조를 중시하여 꺾이지 않을 蕭望之가 능히 굴욕을 견뎌낼 사람이 아님을 알았기 때문에 그를 옥에 가두도록 한 것입니다. 이것은 소망지를 격발시켜 자살하게 하려는 것이었는데, 소망지는 과연 자살하였습니다. 또 저들은 元帝를 속이기가 쉽다는 것을 알았습니다. 이 때문에 처음에는 불러서 廷尉에게 보내라는 것으로 말을 만들었지만 실제로는 옥에 가두는 것이었고, 뒤에는 옥에 가두어 조금 굴욕을 주라고 둘러댔지만 실제로는 그가 자살하도록 압박한 것이었습니다.

使顯所事가 纔中主라도 亦未必敢爾로되 惟其料元帝之闇懦가 必不能我治也라 是以爲之而帝果不能治하니 揣度之工・計慮之巧가 無一不然者하니 使用[134]此心於爲忠爲善이면 其益이 可勝旣邪[135]아 故曰 小人이 挾材以爲惡하면 惡亦無不至[136]라하니 司

134) 用 : 대전본에는 '同'으로 되어 있다.
135) 邪 : 사고본에는 '耶'로 되어 있다.

馬光之言이 信矣라

石顯이 꾸민 일들은 중등의 자질을 가진 군주만 되었어도 필시 감히 그렇게 하지는 못했을 것입니다. 오직 어리석고 나약한 元帝가 필시 자신을 治罪하지 못할 것임을 예상하였기 때문에 이런 짓을 한 것이었는데, 원제는 과연 그들을 치죄하지 못하였습니다. 뛰어난 예상과 탁월한 계산대로 되지 않은 것이 없었으니, 만일 이 마음을 충성을 다하고 善을 행하는 일에 썼더라면 그 유익함이 이루 다할 수 있었겠습니까. 그러므로 "소인이 재주를 가지고 악을 행하면 악을 또한 행하지 못하는 것이 없다."라고 하였으니, 司馬光의 이 말이 참으로 옳습니다.

夫擅殺師傅는 罪之大者也요 免冠權謝는 禮之微者也라 以微禮而塞大罪어늘 帝亦不能復有所問하시고 徒卻食涕泣而已하시니 顯이 於是時에 雖外爲震懼謝罪之形而中實笑且侮也가 必矣라 故爲人君者가 無乾健離明之德[137]而區區於婦人之仁이면 其不爲姦臣之所玩者가 幾希니이다

제멋대로 황제의 사부를 죽인 것은 죄 중에서도 큰 것이고, 관모를 벗고 임시변통으로 사죄하는 것은 禮 중에서도 작은 것입니다. 작은 예를 가지고 큰 죄를 막았는데도 元帝가 또한 더 이상 문책을 하지 못하고 다만 음식을 물리치고 눈물을 흘릴 뿐이었으니, 石顯은 이 당시에 비록 겉으로는 두려워 떨며 사죄하는 모습을 지었지만 속으로는 실로 비웃으며 업신여겼을 것이 틀림없습니다. 그러므로 임금이 된 자가 굳세고 밝은 덕은 없이 부인들의 작은 은혜에 얽매인다면 아마도 간신에게 놀아나지 않을 자가 거의 드물 것입니다.

---

136) 小人……不至 : 《資治通鑑》 卷1 〈周紀1 威烈王〉 23년(기원전 403) 조 司馬光(1019~1086)의 史評에 "군자는 재주를 가지고 선을 행하고 소인은 재주를 가지고 악을 행한다. 재주를 가지고 선을 행하면 선을 행하지 못할 것이 없고, 재주를 가지고 악을 행하면 악을 또한 행하지 못할 것이 없다.〔君子挾才以爲善 小人挾才以爲惡 挾才以爲善者 善無不至矣 挾才以爲惡者 惡亦無不至矣〕"라는 내용이 보인다.

137) 乾健離明之德 : 임금의 굳세고 밝은 덕을 이른다. 《주역》 〈大有卦〉 卦辭의 朱熹 本義에 "乾은 굳세고 離는 밝으며 尊位에 거하고 하늘에 응하니, 형통할 도가 있는 것이다. 점치는 자가 이러한 덕이 있으면 크게 선하여 형통할 것이다.〔乾健離明 居尊應天 有亨之道 占者有其德 則大善而亨也〕"라는 내용이 보인다.

18-11-가[138]

東郡[139]京房[140]이 上疏屢言災異하여 有驗하니 天子가 說之하사 數召見房하더시니 時에 石顯이 顓[141]權①이라

① 時石顯顓權 : 是時弘恭已死, 顯代爲中書令.[142]
이때 弘恭은 이미 죽고 石顯이 이어서 중서령으로 있었다.

東郡의 京房이 소를 올려 자주 災異를 예언하였는데 잘 들어맞자 元帝가 기뻐하여 경방을 자주 召見하였다. 이 당시 石顯이 권력을 전횡하고 있었다.

房이 嘗宴見에 問上曰 幽·厲[143]之君이 何以危며 所任者가 何人也니잇고 上曰

---

138)《資治通鑑》卷29〈漢紀21 元帝 下〉建昭 2년(기원전 37) 6월 조에 보인다.

139) 郡 : 사고본에는 '都'로 되어 있다.

140) 京房 : 기원전 77~기원전 37. 本姓은 李이고 字는 君明이며 지금의 하남성 淸豐 서남쪽에 있던 東郡 頓丘 사람이다. 漢 元帝 때 魏郡 太守를 역임하였다. 焦延壽에게 易學을 배웠는데, 특히 災異의 예측에 뛰어나 京氏易學을 창시하였다. 石顯 등이 권력을 전횡한다는 탄핵 상소를 올린 일로 인해 석현과 五鹿充宗의 미움을 받아 魏郡 太守로 좌천되었다가 한 달여 만에 무고를 받아 하옥되어 죽었다.《京氏易傳》이 전한다.《漢書》권75에 列傳이 있다. 이 京房 이전에 楊何에게서 역학을 전수받아 梁丘賀(?~?)에게 전수한 다른 京房이 있다.

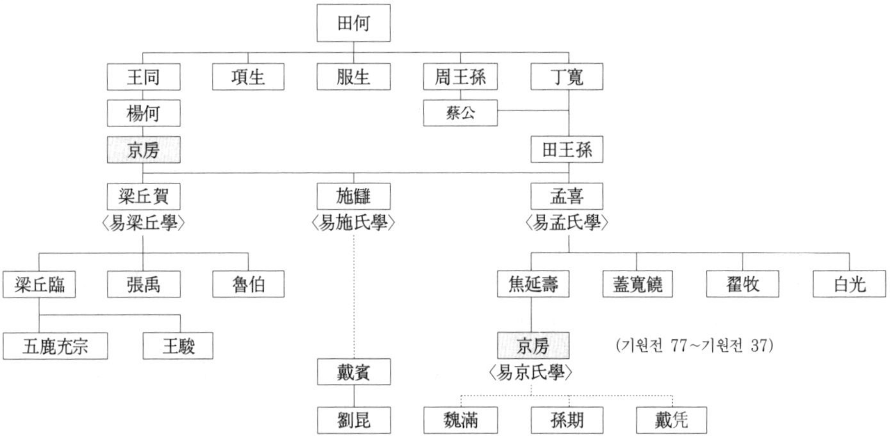

141) 顓 : 사고본에는 '專'으로 되어 있다.

142) 是時……書令 : 弘恭이 죽고 石顯이 중서령이 된 것은 漢 元帝 初元 2년(기원전 47)의 일이다.

君不明而所任者가 巧佞이니라 房이 曰 知其巧佞而用之邪[144)]잇가 將以爲賢也잇가 上曰 賢之니라 房이 曰 然則今何以知其不賢也니잇고 上曰 以其時亂而君危로 知之니라 房이 曰 若是인대 任賢必治・任不肖必亂은 必然之道也어늘 幽・厲가 何不覺悟而更求賢이며 曷爲卒任不肖以至於是니잇고 上曰 臨亂之君이 各賢其臣하니 令[145)]皆覺悟면 天下에 安得危亡之君이리오 房이 曰 齊桓公・秦二世가 亦嘗聞此君而非笑之언마는 然이나 則任豎刁(수조)[146)]・趙高[147)]하여 政日益亂하고 盜賊滿山하니 何不以幽・厲卜之而覺悟乎잇고 上曰 唯有道者야 能以往知來耳니라

京房이 한번은 한가한 시간에 알현했을 때 元帝에게 여쭈었다.

"幽王과 厲王은 무엇 때문에 위태롭게 되었으며 등용한 자들은 어떤 사람들이

---

143) 幽厲 : 西周의 12번째 왕인 幽王(기원전 795~기원전 771, 재위 기원전 782~기원전 771)과 10번째 왕인 厲王(?~기원전 828, 재위 기원전 878~기원전 841)을 이른다. 厲王은 탐욕스러운 데다 학정을 일삼고 끊임없이 주변 민족과 전쟁을 벌였다. 결국 國人의 폭동이 일어나자 周나라의 변경 지역인 彘(체)로 달아나 그곳에서 죽었다. 여왕이 彘로 달아난 14년간은 주나라 최초의 공화정으로 불린다. 幽王은 褒姒를 총애하여 申后와 신후가 낳은 태자 宜臼를 폐하고 포사가 낳은 伯服을 태자로 세웠다. 이에 신후의 아버지 申侯는 기원전 771년에 犬戎과 연합하여 주나라에 쳐들어와 주나라의 수도인 鎬京을 파괴하고 유왕을 죽인 뒤 태자 의구를 왕으로 옹립하였다. 바로 周 平王이다. 평왕이 동쪽 洛邑으로 천도하였기 때문에 이때부터 東周라고 부른다.

144) 邪 : 사고본에는 '耶'로 되어 있다.

145) 令 : 대전본에는 '今'으로 되어 있다.

146) 豎刁 : 춘추시대 五霸 중 첫 번째 霸者였던 齊 桓公(?~기원전 643, 재위 기원전 685~기원전 643)의 환관인 寺人 貂를 이른다. 豎貂라고도 한다. 환공의 환심을 사기 위하여 스스로 거세하고 궁에 들어가 환공에게 총애를 받았다. 환공이 위독해지자 수조는 음식을 주지 않아 환공을 굶어죽게 하였다. 환공이 죽은 뒤에는 요리사였던 寵臣 易牙와 함께 내란을 일으켜 관리들을 죽이고 서자인 公子 無詭를 임금으로 옹립하였다. 태자인 公子 昭(훗날의 齊孝公)는 宋나라로 망명하였다. 뒤에 공자 소가 宋 襄公의 도움으로 기원전 642년에 송나라 군대를 대동하고 제나라로 들어오자 병권을 쥐고 있었던 역아가 나가서 이를 맞아 싸웠는데, 노신 高傒가 이 틈을 타고 궁에 군사를 매복시킨 뒤 수조를 불러들여 살해하였다. 무궤 역시 즉위한 지 3개월 만에 피살되고 역아는 魯나라로 망명하였다.

147) 趙高 : 18-1-가 '趙高' 주 참조.

었습니까?"

원제가 말하였다.

"군주가 밝지 못했기 때문이며 등용한 자들은 아첨에 뛰어난 자들이었다."

경방이 말하였다.

"아첨에 뛰어났다는 것을 알면서도 그들을 기용한 것입니까? 아니면 어질다고 생각해서였습니까?"

원제가 말하였다.

"어질다고 여겼기 때문이다."

경방이 말하였다.

"그렇다면 지금은 무엇으로 그들이 어질지 않다는 것을 아십니까?"

원제가 말하였다.

"그 시대가 어지럽고 그 군주가 위태로웠던 것으로 이를 안다."

경방이 말하였다.

"이와 같다면 어진 사람을 등용하면 반드시 治世가 되고 不肖한 자를 등용하면 반드시 亂世가 된다는 것은 필연적인 이치입니다. 그런데도 유왕과 여왕은 어찌하여 이를 깨닫지 못하고 다시 어진 사람을 구하지 않았습니까? 어찌하여 끝내 불초한 자를 등용하여 이런 지경에까지 이르도록 만들었습니까?"

원제가 말하였다.

"어지러운 세상의 군주는 저마다 자기 신하를 어질다고 여긴다. 가령 그들이 모두 이를 깨달았다면 천하에 어찌 위태로운 군주나 망하는 군주가 있겠는가?"

경방이 말하였다.

"齊 桓公과 秦 二世 역시 일찍이 이 군주들의 일을 듣고 비웃었을 것입니다. 그런데도 豎刁와 趙高를 등용하여 정사는 날이 갈수록 더욱 어지러워지고 도적은 산에 넘쳤습니다. 어찌하여 유왕과 여왕의 일로 이를 헤아려서 깨닫지 못했습니까?"

원제가 말하였다.

"오직 才德을 지닌 자만이 지난 일을 가지고 앞으로 올 일을 알 수 있기 때문이다."

房이 因免冠頓首[148]曰 春秋에 紀二百四十二年災異[149]하여 以示萬世之君하시니 今陛下가 卽位以來로 日月이 失明하며 星辰이 逆行하며 山崩泉湧하며 地震石隕하며 夏霜冬雷하며 春凋秋榮하며 隕霜不殺[150]하며 水旱螟蟲[151]하며 民人이 饑疫하며 盜賊을 不禁하며 刑人[152]이 滿市하여 春秋所紀災異盡備하니 陛下가 視今爲治邪잇가 亂邪잇가 上曰 亦極亂耳니라

京房이 이에 관모를 벗고 머리를 조아린 뒤 말하였다.

"《춘추》에서는 242년 동안의 災異를 기록하여 만대의 후세 군주에게 보여주고 있습니다. 지금 폐하께서 즉위하신 이래 해와 달이 밝은 빛을 잃고 星辰이 거꾸로 운행하며, 산이 무너지고 샘이 용솟음치며, 지진이 나고 운석이 떨어지며, 여름에 서리가 내리고 겨울에 우레가 치며, 봄에 초목이 시들고 가을에 꽃이 피며, 서리가 내리는데도 풀이 죽지 않으며, 홍수와 가뭄이 발생하고 명충이 생기며, 백성들이 굶주리고 역병에 걸리며, 도적을 막지 못하고 肉刑을 받은 자들이 저자에 넘쳐납니다. 그리하여 《춘추》에 기록된 재이가 모두 다 발생하였으니, 폐하께서 보시기에 지금은 치세입니까? 난세입니까?"

元帝가 말하였다.

---

148) 免冠頓首 : 관모를 벗고 머리를 조아린다는 뜻으로 일반적으로 황제에게 용서를 구할 때 하는 행동이다. 여기에서는 極諫을 하기 위해 미리 용서를 구한 것이다.

149) 春秋……災異 : 공자가 찬술한 《춘추》는 魯 隱公 원년(기원전 722)부터 魯 哀公 14년(기원전 481)까지 모두 242년 동안의 역사를 기록하고 있는데, 日食이나 지진 등 天變災異에 대한 기록이 많이 보인다.

150) 隕霜不殺 : 草妖의 일종이다. 《春秋穀梁傳》 僖公 33년(기원전 627) 조에 "서리가 내리는데도 풀이 죽지 않았다.〔隕霜不殺草〕"라는 구절이 있는데, 이에 대한 晉 范寧의 集解에 "《경방역전》에 이르기를 '군주가 신하에게 권한을 빌려주면 서리가 내려도 풀을 죽이지 못한다.' 라고 하였다.〔京房易傳曰 君假與臣權 隕霜不殺草〕"라는 내용이 보인다.

151) 螟蟲 : 蟲災의 일종이다. 《春秋左氏傳》 隱公 5년(기원전 718) 孔穎達의 正義에 舍人의 말을 인용하여 "싹의 속을 파먹는 벌레에 '螟'이라는 이름을 붙인 것은 깜깜하여 알기 어려움을 말한 것이다.〔食苗心者名螟 言冥冥然難知也〕"라고 하고, 또 李巡의 말을 인용하여 "벼의 속을 파먹는 벌레를 '螟'이라고 한 것은, 그 간사함을 깜깜하여 알기 어려움을 말한 것이다.〔食禾心爲螟 言其姦冥冥難知也〕"라는 내용이 보인다.

152) 刑人 : 18-4-가 '五刑' 주 참조.

"또한 지극한 난세일 뿐이다."

房이 曰 今所任用者가 誰歟잇고 上曰 然이나 幸其愈於彼①요 又以爲不在此人也라하노라 房이 曰 前世之君이 亦皆然矣니 臣恐後之視今이 猶今之視前也일까하노이다 上이 良久曰 今爲亂者가 誰哉오 房이 曰 明主가 宜自知之니이다 上曰 不知也로라 如知인댄 何故用之리오 房이 曰 上最所信任與圖事帷幄之中하여 進退天下之士者가 是矣니이다 房이 指謂石顯이러니 上亦知之하시고 曰 已諭로라 房이 罷出이러니 後에 上이 亦不能退顯也러라[153] 顯及五鹿充宗②[154]이 皆疾房欲遠之하여 建言宜以房爲郡守[155]라한대 帝가 於是에 以房爲魏郡[156]이러니 去月餘에 坐事徵下獄하여 棄市[157]하다

① 幸其愈於彼 : 愈, 猶勝也.
'愈'는 '勝(낫다)'과 같다.

② 顯及五鹿充宗 : 五鹿姓, 充宗名[158], 顯之黨也.

---

153) 러라 : 509본에는 '러니'로 되어 있다.

154) 五鹿充宗 : 서한의 저명한 유학자이다. 漢 元帝(기원전 74~기원전 33) 때 石顯의 힘으로 尙書令이 되었으며 九卿의 하나인 少府에까지 올랐다. 漢 成帝(기원전 51~기원전 7, 재위 기원전 31~기원전 7)가 즉위한 뒤 석현이 권력을 잃자 그도 따라서 玄菟 太守로 좌천되었다. 《齊論語》와 《梁丘易》을 전수받았으며, 그가 지은 《略說》 3편이 《漢書》 〈藝文志〉에 수록되어 있다.

155) 郡守 : 縣 이상의 행정 단위인 郡의 행정 장관을 이른다. 漢代에는 太守라고 하였다.

156) 魏郡 : 治所는 鄴城이다. 지금의 하북성 臨漳縣 서남쪽에 있었다.

157) 坐事徵下獄棄市 : 京房에게는 제자이자 사위였던 張博이란 자가 있었는데, 장박은 漢 元帝의 아우인 懷陽王 劉欽(?~기원전 27)의 외삼촌으로, 간사하고 품행이 방정하지 못한 사람이었다. 경방은 황제를 알현하고 나오면 황제와 나눈 대화를 장박에게 얘기하곤 하였는데, 漢나라 제도에 따르면 궁궐의 일을 외부에 누설하는 것은 대역부도에 해당하는 죄였다. 장박이 유흠에게 잘 보이고자 경방이 얘기한 궁궐의 일을 모두 기록하여 유흠에게 보내자, 石顯이 이를 알고서 "경방과 장박이 통모하여 정사를 비방하고 천자에게 그 죄를 돌리며 제후왕을 연루시켜 죄를 짓게 하였다.〔房與張博通謀 非謗政治 歸惡天子 詿誤諸侯王〕"라고 고하였다. 이 일로 인해 경방은 하옥되어 棄市刑에 처해졌다. '기시형'은 사형 중에서는 비교적 가벼운 형으로 저자에서 죽이는데, 사람들과 함께 그를 버린다는 의미를 갖고 있다. 漢 景帝 2년(기원전 155) 2월에, 5대의 수레에 말을 메어 죄인의 머리와 사지를 찢어서 죽이는 이전의 磔刑을 기시형으로 바꾸었다. 18-4-가 '五刑' 주 참조. 《漢書 卷5 景帝紀》

'五鹿'은 성이고 '充宗'은 이름이니, 오록충종은 石顯의 당여이다.

京房이 말하였다.

"지금 임용된 자들은 어떤 사람들입니까?"

元帝가 말하였다.

"그러나 다행히도 그때보다는 낫다. 또 재이의 책임은 이들에게 있지 않다고 생각한다."

경방이 말하였다.

"전대의 군주들도 모두 그렇게 생각하였습니다. 신은 후세에서 지금을 보는 것이 지금 전대를 보는 것과 같을까 두렵습니다."

원제가 한참 있다가 말하였다.

"지금 어지럽게 하는 자가 누구인가?"

경방이 말하였다.

"밝으신 폐하께서 의당 스스로 아실 것입니다."

원제가 말하였다.

"모르겠다. 알았다면 어찌 그들을 등용했겠는가?"

경방이 말하였다.

"폐하께서 가장 신임하는 사람으로 폐하의 측근에서 함께 일을 도모하여 천하의 선비들을 등용시키고 물러나게 하는 자, 바로 그자입니다."

경방이 가리킨 자는 石顯이었는데, 원제 역시 이를 알고 말하였다.

"이미 알겠노라."

경방이 알현을 마치고 나갔는데, 후에 원제가 역시 석현을 내치지 못하였다.

석현과 五鹿充宗이 모두 경방을 미워하여 그를 멀리 떼어놓고자 경방을 군수로 삼아야 한다고 건의하였다. 원제가 이에 경방을 魏郡 太守로 삼았다. 경방이 떠나고 한 달쯤 뒤에 일에 연루되어 불러서 하옥하고 棄市刑에 처하였다.

18-11-나(按)

臣은 按 京房之言於元帝者가 可謂深切著明矣라 上曰已諭則是知顯之爲姦也而卒

158) 充宗名 : 사고본에는 '名充宗'으로 되어 있다. 대전본에는 '充名宗'으로 되어 있으나, 오류이다.

不能去者는 蓋權倖之臣이 始則媚君以徼寵하고 終則劫君以固位하나니 方其始也에 人主之知가 未深이라 阿意容悅을 無所不至하여 苟幸入明夷之左腹[159]則鍵閉之謀가 日工하며 依憑之黨이 日盛하여 中外大權이 旣出其手則猶伏社之鼠不可熏也[160]며 穴墉之狐不可灌也[161]요 又[162]如[163]在肓①之疾이 藥之不能達[164]이며 傅②咽之瘿(영)이 近而不可割也라 惟明智之君이 攻之有漸하며 去之有方하면 庶幾其可어니와 不然則容養亦亡이요 決裂亦亡이라

① 肓 : 音荒.
'肓'은 음이 '황'이다.
② 傅 : 音附.
'傅'는 음이 '부'이다.

【臣按】 京房이 元帝에게 말한 것은 매우 절실하고도 분명하다고 이를 만합니

159) 入明夷之左腹 : 부정한 방법으로 군주의 밝음을 손상시켜 그 마음을 얻은 것을 이른다. '明夷'는 《주역》의 괘 이름으로, 밝은 태양이 땅속으로 들어가면 그 밝음이 손상된다는 뜻이다. 어리석은 군주 아래에서 賢者가 고초를 겪거나 뜻을 얻지 못한 것을 비유한다. '左腹'은 《주역》 〈明夷卦 六四〉에 "왼쪽 배로 들어가 밝음을 상할 마음을 얻어서 문정에 나오는 것이다.〔入于左腹 獲明夷之心 于出門庭〕"라는 구절에서 온 것이다. 程頤의 傳에 따르면, '왼쪽 배로 들어간다.'는 것은 隱僻한 길로 군주의 마음에 깊이 들어가 그 마음을 얻은 것을 이르며, '문정에 나온다.'는 것은 군주의 신임을 얻은 뒤에 밖에 행하는 것으로, 간사한 신하가 어리석은 군주를 섬길 때 반드시 먼저 그 마음을 미혹시킨 뒤에 밖에서 행하는 것을 이른다.

160) 伏社……熏也 : 권세에 빌붙어 악행을 저지르는 소인을 제거하지 못하는 것을 비유한다. 《晏子春秋》 〈內篇 問上9〉에 "토지신을 모시는 사당인 社는 나무를 묶고 그 위에 진흙을 발라서 만드는데, 이를 이용해 쥐가 이곳에 가서 산다. 불을 피우면 사당의 나무가 탈까 두렵고 물을 부으면 사당의 진흙이 무너질까 두려우니, 이 쥐를 죽이지 못하는 이유는 바로 사당 때문이다.〔夫社 束木而塗之 鼠因往託焉 熏之則恐燒其木 灌之則恐敗其塗 此鼠所以不可得殺者 以社故也〕"라는 내용이 보인다.

161) 穴墉……灌也 : 이 역시 권세에 빌붙어 악행을 저지르는 소인을 제거하지 못하는 것을 이른다. '社鼠'와 함께 '城狐社鼠'라고 한다.

162) 又 : 사고본에는 없다.

163) 如 : 사고본에는 이 뒤에 '是'가 있다.

164) 在肓……能達 : 肓은 심장의 아랫부분을, 膏는 횡격막의 윗부분을 말한다. 상황이 심각하여 돌이킬 방법이 없는 것을 비유한다. 17-12-나(按) '其居……竪子' 주 참조.

다. 원제가 '이미 알겠다.'고 하였으니, 이것은 石顯이 간악한 짓을 한다는 것을 안 것입니다. 그런데도 끝내 그를 제거하지 못했던 것은 다음과 같은 이유 때문이었습니다.

권세가 있고 총애를 받는 신하는 처음에는 군주에게 아첨하여 총애를 구하고, 종국에는 군주를 겁박하여 지위를 공고히 하는 법입니다. 처음에는 군주가 자신을 알아줌이 깊지 않기 때문에 군주의 뜻에 영합하여 환심을 사는 짓을 하지 못하는 바가 없습니다. 그리하여 만약 요행히 부정한 방법으로 군주의 밝음을 손상시켜 그 마음을 깊이 얻게 되면 이를 공고히 하려는 계략이 날로 교묘해지고 이에 빌붙는 무리가 날로 많아지게 됩니다. 그리하여 조정 안팎의 대권이 그의 손에서 나오게 되면, 이것은 마치 토지신을 모시는 사당에 숨어 사는 쥐를 불을 피워 제거할 수 없고, 성벽에 굴을 파고 사는 여우를 물을 부어 제거할 수 없는 것과 같이 됩니다. 또 膏肓에 든 병을 약으로는 치료하지 못하는 것과 같게 되며, 목구멍에 난 혹을 가까워서 떼어낼 수 없는 것과 같게 됩니다.

오직 현명하고 지혜로운 군주가 점진적으로 다스리고 방법을 강구하여 제거한다면 거의 가능하겠지만, 그렇지 않다면 그대로 놓아두어도 죽고 찢고 잘라내도 죽을 것입니다.

夫元帝가 知顯之姦而卒不之去者는 非不欲去라 不能去也니 其所以不能去는 何也오 發車騎以圍大臣之第則其權이 可以擅興矣[165]요 殺蕭望之[166]・殺張猛[167]・殺賈捐之[168]則其權이 可以[169]擅戮矣요 以外屬則史高가 爲之黨[170]하고 以中謁者[171]

165) 發車……興矣 : 18-10-가 참조.

166) 殺蕭望之 : 18-10-가 참조.

167) 殺張猛 : 張猛(?~기원전 40)은 張騫의 손자이자 周堪(?~기원전 40)의 문인이다. 원제가 장맹을 光祿大夫・給事中에 임명하고 매우 신임하자 석현은 이를 미워하여 史高 등과 함께 장맹의 잘못을 자주 참소하였다. 뒤에 주감이 죽자 석현은 장맹을 무고로 참소하여 자살하게 만들었다. 주감은 18-8-가 '周堪' 주 참조. 《資治通鑑 卷29 漢紀21 元帝 下 永光 4年》

168) 殺賈捐之 : 賈捐之(?~기원전 43)는 서한의 저명한 정치가이자 문학가이다. 자는 君房이며 洛陽 사람이다. 賈誼의 증손이다. 漢 元帝가 즉위한 뒤 待詔로서 종종 원제를 알현하여 득실을 논하였는데 원제에게 채택되는 경우가 많았다. 당시 中書令이었던 石顯의 잘못을 수차례 언급함으로 인해 관직을 얻지 못하고 원제를 만나는 기회도 점점 줄어들자 벗이었던 長安令 楊興과 상대방을 원제에게 추천하기로 약속하였다. 가연지는 양흥을 京兆尹으로

則牢梁[172]이 爲之黨하고 以外廷小人則五鹿充宗等이 爲之黨하니 權勢가 隆而黨援이 衆이라 是其所以不能去也니 故聖人이 贊易에 於姤[173]之彖辭[174]에 曰 勿用取女[175]라하시니 蓋以[176]陰之方萌則抑之制之而不使至於不能去也라 嗚呼微哉로소이다

저 元帝가 石顯의 간악함을 알면서도 끝내 제거하지 않은 것은 제거하고 싶지 않아서가 아니라 제거할 수 없어서였습니다. 석현을 제거할 수 없었던 이유는 무엇이겠습니까?

車騎를 출동시켜 대신의 집을 포위하였으니 그 권세가 마음대로 군사를 일으킬 수 있었던 것이며, 蕭望之를 죽이고 張猛을 죽이고 賈捐之를 죽였으니 그 권세가 마음대로 대신을 죽일 수 있었던 것입니다. 외척으로는 史高가 그의 당여였고, 中謁者로는 牢梁이 그의 당여였으며, 조정의 소인으로는 五鹿充宗 등이 그의 당여였습니다. 권세가 성하고 그를 돕는 무리가 많았으니 이것이 원제가 그를 제거할 수 없었던 이유입니다.

이 때문에 聖人이 《주역》을 해석할 때 姤卦의 彖辭에 이르기를 "여자를 취하지 말아야 한다.〔勿用取女〕"라고 했던 것입니다. 이것은 陰이 막 싹을 틔웠을 때 이를 억누르고 제재하여 이후 제거할 수 없을 정도까지 이르지 않도록 하라는 것입

천거하고 양홍은 가연지를 尙書令으로 추천하였는데, 中書令 石顯이 이를 알고 원제에게 보고하였다. 이 일로 가연지는 欺君罔上과 大逆不道 죄로 하옥되어 棄市刑에 처해졌다.《漢書 卷64 賈捐之列傳》

169) 以 : 사고본에는 없다.

170) 以外……之黨 : 18-8-가 참조.

171) 中謁者 : 관직명이다. 환관으로 충임된 謁者로, 少府에 속한다. 황제에게 상주하는 일을 관장하였다.

172) 牢梁 : 漢 元帝 때 中書僕射(야)가 되었다. 中書令 石顯, 少府 五鹿充宗과 붕당을 짓고 권력을 전횡하였다. 成帝가 즉위한 뒤 석현이 권력을 잃자 그도 함께 파직되었다. 18-12-가 참조.

173) 姤 : 대전본에는 '遇'로 되어 있으나, 오자이다.

174) 彖辭 : 저본 · 대전본 · 509본 · 512본에는 '初六'으로 되어 있으나, 사고본에 근거하여 바로잡았다. 통행본 《주역》에도 '彖辭'로 되어 있다.

175) 於姤……取女 : 《주역》〈姤卦 卦辭〉에 "姤는 여자가 건장함이니, 여자를 취하지 말아야 한다.〔姤 女壯 勿用取女〕"라고 하였는데, 이에 대한 彖傳에 "여자를 취하지 말라고 한 것은 더불어 장구히 할 수 없기 때문이다.〔勿用取女 不可與長也〕"라는 내용이 보인다.

176) 以 : 대전본 · 사고본에는 '於'로 되어 있다.

니다. 아, 참으로 알기 어렵습니다!

18-12-가[177)]

石顯이 **威權日盛**하니 **公卿以下**가 **畏顯**하여 **重足一迹**[178)]하더라 **顯**이 **與中書僕射牢梁**[179)] · **少府五鹿充宗**[180)]으로 **結爲黨友**하니 **諸附倚者**가 **皆得寵位**라 **顯**이 **自知擅權**하여 **事柄**이 **在掌握**하니 **恐天子**가 **一旦**[181)]에 **納用左右以間**[182)]**己**하여 **乃時歸誠取一信以爲驗**하더니

石顯의 위세와 권력이 날로 강성해지자 公卿 이하의 사람들이 석현을 두려워하여 숨도 크게 쉬지 못할 정도였다. 석현이 中書僕射 牢梁, 少府 五鹿充宗과 붕당을 짓자 이에 빌붙는 자들이 모두 현달한 지위를 얻었다. 석현은 자신이 권력을 전횡한다는 것을 알았다. 그리하여 권력이 자신의 수중에 있으니 元帝가 하루아침에 자신을 헐뜯는 近臣들의 말을 받아들일까 두려워하였다. 이에 때때로 충성을 나타내어 실제 일을 들어서 이를 무고의 증거로 삼았다.

顯이 **嘗使至諸官有所徵**①할새 **顯**이 **先自白**호대 **恐後漏盡宮門閉**하노니 **請使詔吏開門**하노이다 **上**이 **許之**한대 **顯**이 **故投夜還**하여 **稱詔開門入**이러니 **後**에 **果有上書告顯**이 **顓命矯詔開宮門**이라하여늘 **天子**가 **聞**하시고 **笑以其書示顯**하신대 **顯**이 **因泣曰 陛下**가 **過私小臣**하사 **屬任以事**하시니 **群下**가 **無不嫉妬欲陷害臣者**라 **事類如此**하니 **唯獨明主**가 **知之**시니이다 **愚臣**이 **微賤**하여 **誠不能以一軀**로 **稱快萬衆**이라 **臣**이 **願歸樞機職**하고 **受後宮掃除之役**이면 **死**[183)]**無所恨**이니 **唯陛下**는

---

177)《資治通鑑》卷29〈漢紀21 元帝 下〉建昭 2년(기원전 37) 6월 조에 보인다.

178) 迹 : 사고본에는 '跡'으로 되어 있다.

179) 中書僕射牢梁 : '中書僕射'는 관직명으로 中書令의 副職이다. '牢梁'은 18-11-나 '以中……之黨' 주 참조.

180) 五鹿充宗 : 18-11-가 '五鹿充宗' 주 참조.

181) 旦 : 저본 · 512본에는 '朝'로 되어 있으나, 조선 태조 李旦의 避諱이므로 바로잡았다.

182) 間 : 대전본에는 '聞'으로 되어 있으나, 오자이다.

183) 死 : 대전본에는 '使'로 되어 있다.

哀憐財幸하사 以此全活小臣하소서 天子가 以爲然而憐之하여 數勞勉顯하시고 加厚賞賜하시니 賞賜及賂遺貲[184)]가 一萬萬이러라

① 使至諸官有所徵 : 言奉[185)]使往諸官司, 徵召而取發也.
使命을 받들고 여러 관사에 가서 징집하여 출동시키는 것을 이른다.

石顯은 일찍이 사명을 받들고 여러 관사에 가서 사람들을 징발할 때, 먼저 스스로 元帝에게 다음과 같이 아뢰었다.

"나중에 시간이 다 되어 궁문이 닫힐까 두려우니, 詔命을 받든 관리에게는 문을 열어주도록 하소서."

원제가 이를 허락하자, 석현은 일부러 밤이 될 때까지 기다렸다가 돌아와서 조명을 칭하여 궁문을 열게 한 뒤에 들어왔다. 뒤에 과연 글을 올려 석현이 제멋대로 조명을 빙자하여 궁문을 열게 하였다고 고하는 자가 있자, 원제가 이를 듣고 웃으면서 그 글을 석현에게 보여주었다. 석현이 이에 눈물을 흘리며 말하였다.

"폐하께서 소신을 과분할 정도로 총애하시어 일을 맡기시니 신하들이 신을 질투하여 모함하고 해치고자 하지 않는 자가 없습니다. 저들이 고하는 일들이 대개 이와 같으니, 오직 밝으신 폐하만은 아실 것입니다. 어리석은 신은 미천하여 진실로 한 몸을 가지고 수많은 사람들의 비위를 다 맞추어 기쁘게 할 수 없습니다. 신은 바라건대 이 중요한 직책을 돌려드리고 후궁에서 청소하는 일을 맡을 수 있다면 죽어도 여한이 없을 것입니다. 바라건대 폐하께서는 불쌍히 여기고 결단을 내리시어 이것으로 소신을 온전히 살게 해주소서."

원제가 옳다고 생각하고 불쌍히 여겨 석현을 누차 위로하고 독려하였다. 그리고 후한 상을 내려주니, 원제가 내려준 상과 관리들이 뇌물로 바친 재물이 셀 수 없을 정도였다.

18-12-나(按)

臣은 按 顯之姦慝을 夫人而知之로되 獨元帝가 未之知爾라 恐一朝敗露而無所自容也하여 於是에 設爲此謀하여 以固上意而塞人言하니 其亦巧也已矣로소이다 昔有仕于州

184) 貲 : 대전본에는 '訾'로 되어 있으나, 오자이다.
185) 奉 : 대전본에는 '奏'로 되어 있다.

郡而爭貢[186]擧[187]者가 甲有過에 乙輒白之하더니 居一日에 甲이 墨其臂하여 若嘗文身者어늘 乙이 喜하여 遽以白長吏[188]한대 長吏가 呼而驗之하니 無有也라 於是에 甲이 訴曰 凡乙之見誣가 類若此라한대 自是로 乙之言이 不復入而甲이 被薦矣라 此가 閭巷相擠之小數而顯이 用之以誑其君이어늘 元帝가 莫之察也하니 吁可嘆[189]哉로소이다

【臣按】石顯의 간특함을 사람들은 다 아는데도 오직 元帝만이 알지 못했기 때문에 석현은 하루아침에 들통이 나서 자신이 용납될 곳이 없을까 두려워했습니다. 이에 이러한 계략을 꾸며서 원제의 마음을 공고히 하고 사람들의 의론을 막았으니, 또한 너무도 교묘합니다.

옛날에 州郡에서 벼슬하며 貢擧를 다투는 자들이 있었는데, 甲이 잘못을 하면 乙이 그때마다 이를 고자질하곤 하였습니다. 하루는 갑이 자신의 팔에 먹물을 들여 마치 문신을 한 것처럼 하였습니다. 을이 기뻐하며 대번에 이를 長吏에게 고하자, 長吏가 불러서 살펴보았는데 문신이 없었습니다. 이에 갑이 호소하기를 "을에게 무고를 당하는 것이 대개 이렇습니다."라고 하였습니다. 이때부터 을의 말은 더 이상 받아들여지지 않았고 갑이 천거되었습니다.

이것은 閭巷에서 서로 상대방을 밀어내는 작은 술수입니다. 그런데 석현이 이 방법을 써서 자신의 군주를 속였는데도 원제가 이를 알아차리지 못하였으니, 아, 개탄스럽습니다!

18-13-가[190]

初에 顯이 聞衆人이 匈匈言已殺前將軍蕭望之[191]하고 恐天下學士가 訕己하여

186) 貢 : 대전본・사고본에는 '覓'으로 되어 있다.

187) 貢擧 : 옛날 지방에서 중앙 조정에 인재를 천거하는 것을 이른다. 18-13-나(按) '直言極諫' 참조.

188) 長吏 : 漢나라 때 州縣 長官의 보좌관인 丞과 尉를 이른다. 녹봉은 四百石에서 二百石까지이다. 少吏는 百石 아래인 斗食과 佐史를 이른다. 《漢書 卷19 百官公卿表》

189) 嘆 : 대전본・사고본에는 '歎'으로 되어 있다.

190) 《資治通鑑》 卷29 〈漢紀21 元帝 下〉 建昭 2년(기원전 37) 6월 조에 보인다.

191) 前將軍蕭望之 : '前將軍'은 武官名으로, 後將軍・左將軍・右將軍과 함께 四將軍의 하나이다. 일반적으로 출정하는 것 외에 조정의 관직을 겸임하였고, 諸吏・散騎・給事中 등의 加官을 더해 朝官으로서 조정의 논의에 참여하여 국가의 대사를 결정할 수 있었다. 蕭望之는

以諫大夫貢禹[192)]가 **明經著節者**[193)]라하여 **乃使人致意**하여 **深自結納**하고 **因薦禹天子**하여 **歷位九卿**[194)]하고 **禮事之甚**[195)]**備**하니 **議者**가 **於是**에 **或稱顯以爲不妬譖望之**[196)]**矣**라하니 **顯之設變詐以自解免・取信人主**가 **皆此類也**러라

처음에 石顯은 사람들이 자신이 前將軍 蕭望之를 죽였다고 격앙되게 말한다는 얘기를 듣고 천하의 學士들이 자신을 비방할까 두려웠다. 그리하여 諫大夫 貢禹가 경학에 달통하고 절조로 알려진 자라고 하여, 이에 사람을 보내 안부를 물음으로써 스스로 그와 깊이 교분을 맺었다. 이어서 공우를 元帝에게 추천하여 三公九卿의 자리에 오르게 하고 禮를 다 갖추어 지극히 섬겼다. 이에 의론하는 자들 중에는 석현을 칭송하여, 석현이 소망지를 질투하여 참소한 것이 아니었다고 말하는 자도 있었다. 석현이 거짓을 꾸며내어 스스로 혐의를 벗고 군주의 신임을 얻은 것이 모두 이와 같았다.

18-13-나(按)

臣은 **按 顯之此擧**가 **又以文己過而揜衆言**이라 **後**에 **王**[197)]**鳳**[198)]이 **旣殺王章**[199)]에 **杜**

元帝(재위 기원전 49~기원전 33)가 갓 즉위했을 때 전장군에 임명되었다. 《漢書 卷36 楚元王傳》

192) 諫大夫貢禹 : 貢禹(기원전 127~기원전 44)는 자가 少翁으로 지금의 산동성 諸城인 琅邪 사람이다. 당시에 경학에 달통하고 절개가 높은 것으로 유명하였다. 원제가 이를 듣고 諫大夫에 임명하였으며, 뒤에 光祿大夫, 長信少府, 御史大夫 등을 역임하였다. 《漢書》 卷72에 열전이 있다. '諫大夫'는 18-10-가 '諫大夫' 주 참조.

193) 者 : 대전본・사고본에는 없다.

194) 歷位九卿 : '九卿'은 중앙조정의 아홉 개 중요한 관원과 관서를 이른다. 종묘 의례와 占卜祭祀 등을 담당하는 太常(秦代의 奉常), 황제의 侍從武官長인 郎中令 또는 光祿勳(漢 武帝 이후), 각 궁문의 守衛를 담당하는 衛尉, 황제의 수레와 말을 관장하는 太僕, 형벌과 獄訟을 담당하는 최고 사법관인 廷尉, 外夷나 藩國의 來朝를 관장하는 典客, 황족 종실의 사무와 종실의 범죄를 관장하는 宗正, 국가의 穀帛租賦를 관장하는 治粟內史 또는 大司農(漢 武帝 이후), 전국의 山海池澤의 세를 받아 황제의 私用에 공급하는 일을 담당하는 少府를 가리킨다. 여기에서는 貢禹가 三公의 하나인 御史大夫와 九卿의 하나인 少府에 임명된 것을 이른다. 《陰法魯・許樹安, 中國古代文化史(3), 北京:北京大學出版社, 2005, 263~264쪽》

195) 甚 : 대전본에는 '其'로 되어 있으나, 오자이다.

196) 妬譖望之 : 石顯이 蕭望之를 무고하여 자살하게 한 일은 18-10-가 참조.

欽[200)]이 亦敎之以擧直言極諫[201)]하고 竝見郞・從官하여 展盡其意하여 使天下로 知不

197) 王 : 대전본에는 '玉'으로 되어 있으나, 오자이다.

198) 王鳳 : ?~기원전 22. 孝元皇后 王政君의 오빠이다. 아버지 王禁이 죽은 뒤 그 작위를 이어받아 陽平侯가 되고 成帝가 즉위한 뒤 大司馬大將軍・領尙書事 등을 역임하였다. 다른 세 형제, 즉 王音, 王商, 王根과 함께 요직을 차지하고 권력을 장악하였다. 일찍이 병이 났을 때 조카인 王莽이 허리띠를 풀지 않고 지극 정성으로 간병하자 크게 감동을 받고 누이인 왕정군에게 자신이 죽은 뒤 왕망을 잘 돌보아줄 것을 부탁하여 왕망 정권의 기반을 마련해 주었다.

199) 王章 : ?~기원전 24. 자는 仲卿이며 지금의 산동성 泰安 남쪽의 泰山郡 鉅平 사람이다. 젊었을 때 솜이불도 없을 정도로 집이 가난하였다. 원제 때 左曹中郞將이 되었으며 成帝 때 諫大夫가 되어 直諫하는 것으로 이름이 났다. 王鳳이 권력을 전횡하자 京兆尹이었던 왕장은 소를 올려 자신을 천거해준 왕봉을 멀리할 것을 간하였다. 성제가 왕장의 상소에 감동하여 왕봉을 파직시키려고 하자, 이를 안 왕봉이 杜欽의 계책을 써서 소를 올려 사죄하고 사직을 청하였다. 그 말이 매우 구슬프고 태후 역시 울면서 단식하자, 성제는 차마 왕봉을 파직하지 못하고 다시 일을 보도록 하고 도리어 왕장의 상소 내용을 꼬투리 잡아 尙書로 하여금 경조윤 왕장을 탄핵하게 하였다. 왕장은 이 일로 大逆罪로 하옥되어 죽었다. 《한서》 권76에 列傳이 있다. 《漢書 卷76 王章列傳, 卷98 元后傳》《資治通鑑 卷30 成帝 上之上 陽朔 元年》

200) 杜欽 : ?~?. 자는 子夏로 杜延年(?~기원전 52)의 아들이다. 어려서부터 경서를 좋아하여 재능으로 京師에 알려졌으나 한쪽 눈이 보이지 않아 관리가 되려고 하지 않았다. 王鳳이 자신을 도와줄 인재를 구할 때 왕봉의 아버지 王禁이 두흠의 형인 杜緩과 교분이 있어 두흠이 재능이 있다는 것을 알았기 때문에 그를 추천하여 武庫令으로 삼았다. 왕장이 죽은 뒤 사람들이 왕봉을 비난하자 왕봉을 두둔하여, 왕장이 실은 죄가 있어 죽은 것인데도 천하 사람들이 이를 모르고 그가 말한 것 때문에 죽었다고 비난한다고 하였다. 그리고 왕봉을 위해 계책을 내어, 왕장의 일로 직간한 사람을 천거하고 현직 近衛 郞官과 왕봉의 屬官들로 하여금 직언을 하도록 함으로써 왕봉이 상소 때문에 죽은 것이 아님을 밝히도록 하였다. 수를 모두 누리고 죽었다. 《資治通鑑 卷30 成帝 上之上 陽朔 元年》

201) 直言極諫 : 漢代에 인재를 추천하는 名目의 하나이다. 漢代의 인재 등용 방법은 크게 察擧와 徵辟으로 구분할 수 있다. '찰거'는 또 '薦擧'라고도 한다. 三公九卿과 지방의 郡國守相 등 고위 관원을 등용하는 방법으로, 才德이 뛰어난 평민이나 하급 관리를 조정에 천거하였다. 일정한 시기가 없었고, 일식이나 지진 등 자연재해가 발생했을 때 황제가 조정의 백관과 지방 군국에 詔令을 내려 인재를 천거하도록 하였다. 이때 찰거의 名目은 매우 많아, 예를 들면 賢良方正, 賢良問學, 孝悌力田, 孝廉, 直言極諫 등으로 천거하였다. 이렇게 천거된 사람은 먼저 1년의 수습 기간을 거친 뒤에 능력을 인정받으면 정식으로 관직을 얻었는데, 만일 이 사람이 직임을 감당하지 못하면 추천을 한 사람도 함께 처벌을 받았다. '징벽'은 황제

以言罪下[202]라하니 姦邪之臣巧於緣飾이 大抵如此라 賊莽[203]이 宗之하여 遂以竊國하니 然則顯之用志가 豈淺淺哉리잇고

【臣按】 石顯의 이 행동은 또 이것으로 자신의 잘못을 꾸며서 여러 사람들의 말을 가린 것이었습니다. 후에 王鳳이 王章을 죽인 뒤에 杜欽 역시 왕봉으로 하여금 왕장의 일에 대해 直言하고 極諫한 사람들을 천거하게 하고, 아울러 郎官과 屬官들을 불러 그 의미를 명백하게 설명함으로써 천하 사람들로 하여금 왕장이 말 때문에 죄를 받아 하옥되었던 것이 아님을 알게 하라고 하였습니다. 간사한 신하가 잘못을 꾸미는 데 뛰어난 것이 대체로 이와 같습니다. 역적 王莽이 이를 본받아서 마침내 나라를 훔쳤으니, 그렇다면 石顯의 마음 씀씀이가 어찌 얕은 것이었겠습니까.

18-14-가[204]

吳主[205]孫休[206]가 卽位①에 左將軍張布[207]가 與丞相濮(복)陽興[208]으로 皆貴寵

가 인재를 초빙하여 관리에 임명하는 것을 이른다. 대체로 덕망이 높고 학식 넓으며 세상에 이름이 알려진 사람들을 부르는데, 예를 들면 夏侯勝을 禮에 뛰어나다고 하여 博士로 부른 것이나, 疏廣을 《춘추》에 뛰어나다고 하여 박사로 부른 것이 이러한 경우이다. 중앙이나 지방 관부에서는 또 자체적으로 屬吏를 불러 임명할 수 있었다. 《陰法魯·許樹安, 中國古代文化史(3), 北京:北京大學出版社, 2005, 324~326쪽》

202) 王鳳……罪下 : 자세한 내용이 《漢書》 卷60 〈杜周傳 欽〉에 보인다.

203) 賊莽 : 漢나라의 정권을 찬탈하고 新나라를 건국한 王莽(기원전 45~23, 재위 8~23)을 가리킨다. 왕망의 자는 巨君이며, 산동성 濟南 章丘 사람이다. 孝元皇后 王政君의 조카이다. 공손하고 검소하며 賢者에게 禮로 대하고 자신을 낮추어 朝野에 명망이 높았다. 당시 혼란한 정국을 보고 古禮를 회복한다는 기치 아래 새로운 왕조를 건립하여 개혁을 추진하였다. 이것을 '王莽改制'라고 한다. 地皇 4년(23)에 훗날의 更始帝 劉玄(?~25, 재위 23~25)의 군대가 長安으로 쳐들어왔을 때 亂軍의 손에 죽었다.

204) 《資治通鑑》 卷78 〈魏紀10 元帝 下〉 景元 3년(262) 8월 조에 보인다.

205) 吳主 : 《資治通鑑綱目》 〈凡例〉에 따르면 천자가 없는데 제후들이 모두 王이나 帝를 칭할 때, 즉 無統之君일 경우에는, 漢나라 이전에는 '某王', 이후에는 '某主', 소국이면 '某主某' 또는 '某王某' 또는 '某公某'라고 칭한다.

206) 孫休 : 235~264(재위 258~264). 삼국시대 吳나라의 제3대 임금으로, 孫權의 여섯 번째 아들이다. 자는 子烈이다. 28세 때 琅琊王에 봉해졌으며, 太平 3년(258) 9월 26일 政變을 일으켜 제2대 임금 孫亮(243~260, 재위 252~258)을 會稽王으로 폐위한 孫綝(231~258)에

用事하여 以佞巧로 更相表裏하더니 吳主가 喜讀書라 欲與祭酒[209]韋昭[210]・博士盛冲[211]으로 講論이어늘 布가 以昭・冲이 切直하니 恐其入侍에 陰言己過하여 固諫止之한대 吳主가 曰 孤之涉學群書가 略徧하니 但欲與昭等講習舊聞이라 亦何所損이리오 君이 特恐昭等이 道臣下姦慝하여 故不欲令入이어니와 如此之事는 孤가 已自備之[212]니 不須昭等然後에 乃解也니라 布가 皇恐陳謝하고 且言恐妨政事라한대 吳主가 曰 政[213]務・學業이 其流가 各異나 不相妨也라호대 然

의해 황제로 옹립되었다. 즉위한 뒤 손침을 丞相으로 삼았으나 모든 권력이 그에게 집중되자 곧 손침을 제거하였다. 재위 기간 중 五經博士를 설립하고 韋昭(204~273)를 初代 博士祭酒로 임명하였다.

207) 張布 : ?~264. 삼국시대 吳나라의 장군이다. 孫休가 즉위한 뒤 長水校尉에서 輔義將軍으로 승진하고 永康侯에 봉해졌다. 이어서 左將軍에 임명되었다. 승상 손침이 권력을 전횡하자 손휴의 명을 받아 손침을 주살하였다. 손휴가 죽은 뒤 濮陽興과 함께 손휴의 아들을 폐하고 孫皓(242~284)를 황제로 옹립하였으나 손호가 주색에 빠지고 폭정을 하자 원망하고 후회하는 말을 하였다가 이를 안 손호에 의해 주살되었다.

208) 濮陽興 : ?~264. 삼국시대 吳나라의 대신이다. 자는 子元이며 지금의 하남성 陳留 사람이다. 會稽 大守로 있을 때 잠시 회계에 살았던 孫休를 후하게 예우한 인연으로 뒤에 손휴가 즉위한 뒤 太常衛將軍, 平軍國事에 임명되고 外黃侯에 봉해졌다. 얼마 뒤 승상이 되었다. 손휴가 죽은 뒤 張布와 함께 孫皓를 옹립하였으나 얼마 뒤 萬彧의 무고를 받고 廣州로 유배되어 가는 도중 손호가 보낸 자객에 의해 피살되었다.

209) 祭酒 : 漢・魏 이후의 관직명으로, 여기에서는 五經博士의 우두머리인 博士祭酒를 이른다.

210) 韋昭 : 204~273. 삼국시대 저명한 史學家이다. 史書에서는 晉 武帝 司馬炎(236~290, 재위 265~290)의 부친인 司馬昭(211~265)를 휘하여 韋曜라고도 한다. 자는 弘嗣이며 지금의 강소성 丹陽인 吳郡 雲陽 사람이다. 젊어서부터 학문을 좋아하고 글을 잘 지었으며 丞相掾, 西安令, 尙書郎, 太子中庶子, 黃門侍郎, 太史令 등을 역임하였다. 孫休가 즉위한 뒤 太學博士 제도를 만들 때 博士祭酒로 임명되어 國子學을 관장하였다. 264년에 손휴가 죽고 孫皓가 즉위한 뒤 高陵亭侯에 봉해지고 中書僕射, 侍中, 領左國史에 임명되었다. 뒤에 손호가 대신들로 하여금 조정에서 서로의 약점을 말하고 비방하라고 하였으나 이를 어기고 경전의 구절을 말하여 황제의 명에 거역했다 하여 하옥된 뒤 피살되었다. 저술에 《吳書》・《漢書音義》・《國語注》・《官職訓》・《三吳郡國志》 등이 있다. 열전이 《三國志》 〈吳志〉에 있다.

211) 盛冲 : ?~?. 삼국시대 吳나라 사람이다. 일찍이 孫休를 가르쳤던 인연으로 손휴가 즉위한 뒤 博士에 임명되었다.

212) 之 : 사고본에는 '知'로 되어 있다.

213) 政 : 저본・대전본・509본・512본에는 '王'으로 되어 있으나, 사고본에 근거하여 수정하

吳主가 恐布疑懼하여 卒如布意하여 廢講業하고 不復使昭等入하다

① 吳主孫休卽位 : 休, 權之子.
'休'는 孫權(182~252)의 아들이다.

吳主 孫休가 즉위하자 左將軍 張布가 丞相 濮陽興과 함께 모두 현귀한 신분으로 총애를 받아 권력을 휘둘러서 교묘한 말재주로 결탁하여 서로 안과 밖이 되었다.

오주가 독서를 좋아하였기 때문에 博士祭酒 韋昭, 博士 盛冲과 함께 강론을 하고자 하였는데, 장포는 위소와 성충이 切直하여 그들이 입시했을 때 은연중 자신의 잘못을 말할까 두려웠다. 그리하여 한사코 간하여 만류하자, 오주가 말하였다.

"내가 여러 책들을 배운 것이 대강 두루 본 것이니 다만 위소 등과 옛날 배운 것들을 강습하고자 하는 것뿐이다. 또한 무슨 문제가 되겠는가. 그대는 단지 위소 등이 신하의 간특함을 말할까 두려워 이 때문에 강석에 들어가지 못하도록 한 것뿐이겠지만, 이런 일은 내가 이미 별도로 대책을 마련해두었으니 굳이 위소 등을 기다린 뒤에 알 수 있는 것은 아니다."

장포가 황공하여 사죄를 하고 또 정사에 방해될까 두렵다고 하자, 오주가 말하였다.

"정무와 학업은 표면적으로는 각기 다르지만 서로 방해가 되지는 않는다."

그러나 오주는 장포가 의구심을 가질까 두려워하여 결국 장포의 뜻대로 강론하려던 것을 그만두고 더 이상 위소 등을 들어오지 못하도록 하였다.

18-14-나(按)

臣은 按 賈誼가 有曰 帝入太學하여 承師問道則德智長而治道가 得[214]이라하고 董仲舒가

였다.

214) 賈誼……道得 : 賈誼(기원전 200~기원전 168)는 漢代의 저명한 政論家이자 문학가이다. 漢 文帝 때 博士, 太中大夫가 되었는데, 대신 周勃과 灌嬰의 배척을 받아 長沙王 太傅로 좌천되었다. 이 때문에 賈長沙 또는 賈太傅라고도 칭한다. 3년 뒤에 長安으로 돌아와 梁懷王의 太傅가 되었으나 양회왕이 낙마하여 죽자 이를 몹시 자책하다가 33세의 나이로 죽었다. 대표적인 작품으로 〈過秦論〉·〈弔屈原賦〉·〈鵩鳥賦〉 등이 있다. 본문의 내용은 가의가 문제에게 정사를 논하고 새로운 제도를 건립할 것을 건의하는 상소에 보이는 것으로, 앞뒤 글은 다음과 같다.

亦曰 彊勉學問則聞見博而智益明[215]이라하니 夫使人主로 德日長而智日明이 此가 天下國家之福而臣子之大願也라 故忠臣之心은 惟欲其君之務學하나니 傅說(열)之告高宗[216]이 是也요 姦臣之心은 惟恐其君之好學하나니 張布之沮吳主가 是也라

"《學禮》에 이르기를 '황제가 東學에 들어가 親者를 높이고 仁을 귀히 여기면 親疏에 차례가 있게 되어 은혜가 고루 펴지게 되며, 황제가 南學에 들어가 연장자를 높이고 信을 귀히 여기면 長幼에 차별이 있게 되어 백성들이 서로 속이지 않게 되며, 황제가 西學에 들어가 賢者를 높이고 덕을 귀히 여기면 총명하고 지혜로운 이들이 지위에 있게 되어 공을 세운 자들이 누락되지 않게 되며, 황제가 北學에 들어가 지위가 높은 이들을 높이고 작위를 존중하면 貴賤에 차등이 있게 되어 아랫사람들이 분수를 넘지 않게 되며, 황제가 太學에 들어가 스승을 받들어 治國의 道를 묻고 물러가 익힌 뒤 太傅에게 시험을 보아 태부가 법도에 맞지 않는 것에 벌을 내리고 그 미치지 못한 부분을 바로잡아주면 덕과 지혜가 자라고 치국의 도도 알게 됩니다. 이 다섯 가지 학문이 위에서 이루어지고 나면 백관과 백성들이 아래에서 감화되어 화목하게 될 것입니다.'라고 하였습니다.〔學禮曰 帝入東學 上親而貴仁 則親疏有序而恩相及矣 帝入南學 上齒而貴信 則長幼有差而民不誣矣 帝入西學 上賢而貴德 則聖智在位而功不遺矣 帝入北學 上貴而尊爵 則貴賤有等而下不踰矣 帝入太學 承師問道 退習而考於太傅 太傅罰其不則而匡其不及 則德智長而治道得矣 此五學者旣成於上 則百姓黎民化輯於下矣〕"《漢書 卷48 賈誼傳》

215) 董仲……益明 : 董仲舒(기원전 179~기원전 104)는 漢代의 저명한 사상가이자 정치가이다. 젊어서 《춘추》를 공부하였으며 漢 景帝 때 박사가 되었다. 武帝 建元 원년(기원전 140)에 江都易王 劉非(기원전 168~기원전 128)의 國相에 임명되었으며 元朔 5년(기원전 124)에 膠西王 劉端(기원전 165~기원전 107)의 國相에 임명되자 병을 핑계로 사직하고 돌아가 저서에 몰두하다가 병으로 세상을 떠났다. 본문의 내용은 漢 武帝가 즉위한 뒤 賢良으로 천거된 동중서가 무제의 策問에 대답한 글 중에 보이는 것으로, 앞뒤의 글은 다음과 같다. "학문에 힘쓰면 견문이 넓어져서 지혜가 더욱 밝아지고, 힘써 도를 행하면 덕이 날로 높아져서 크게 공을 이루게 되니, 이것은 모두 즉시 이르게 할 수 있으며 곧바로 효과를 거둘 수 있는 것입니다.〔彊勉學問 則聞見博而知益明 彊勉行道 則德日起而大有功 此皆可使還至而立有效者也〕"《漢書 卷56 董仲舒傳》

216) 傅說之告高宗 : 傅說(?~?)은 商나라 때의 저명한 賢臣이다. 지금의 산서성 平陸의 虞나라 사람으로, 傅巖이라는 들에서 성을 쌓는 일을 했는데, 商 高宗이 꿈에서 그를 보고 그림을 그려 찾아서 재상으로 삼았다고 한다. '傅說之告高宗'은 부열이 고종에게 학문을 논한 《서경》〈說命 下〉의 "왕이시여! 사람을 견문이 많은 자를 구하는 것은 이 일을 세우기 위해서입니다. 옛 가르침을 배워야 얻음이 있을 것이니, 일을 옛것을 본받지 않고서 능히 장구하게 하는 것은 제가 들은 바가 아닙니다.〔王 人求多聞 時惟建事 學于古訓 乃有獲 事不師古 以克永世 匪說攸聞〕" 이하의 내용을 가리킨다.

【臣按】賈誼는 "황제가 태학에 들어가 스승을 받들어 治國의 道를 물으면 덕과 지혜가 자라나 治國의 도를 알게 된다."라고 하였고, 董仲舒 역시 "학문에 힘쓰면 견문이 넓어져서 지혜가 더욱 밝아진다."라고 하였습니다.

군주로 하여금 덕이 날로 자라나고 지혜가 날로 밝아지도록 하는 것은 바로 천하와 국가의 복이며 신하의 큰 바람입니다. 그러므로 충신의 마음은 오직 자신의 임금이 학문에 힘쓰기를 바라는 법이니 傅說이 高宗에게 학문을 권한 것이 바로 이것이며, 간신의 마음은 오직 자신의 임금이 학문을 좋아할까 두려워하는 법이니 張布가 吳主 孫休의 강론을 저지한 것이 이것입니다.

或見仇士良[217]이 教其徒하여 毋使人主로 親近儒生하고 則以爲此術이 自士良始②而不知三國之世에 已有如張布者矣니 憸邪用心不謀而合이 大抵若[218]此라 然[219]後之姦臣이 又有反其機而用之者하여 經帷[220]를 雖設而所引이 多巧佞之徒요 儒臣을 雖接而所陳이 多蔽蒙之說이라 與布異術而心則同하니 人主가 皆不可以不察也니이다

① 此術自士良始 : 士良事見後[221].
仇士良의 일은 뒤에 보인다.

어떤 사람은 仇士良이 자신의 무리에게 군주로 하여금 유생을 친근히 하지 못하도록 가르친 것을 보고 이러한 술책이 구사량에게서 시작되었다고 합니다. 그

217) 仇士良 : 781~843. 唐나라 때의 환관이다. 順宗 때 환관으로 훗날의 憲宗인 태자를 섬겼다. 헌종이 즉위(805)한 뒤 內給事가 되었으며 이후 조정의 여러 요직을 두루 역임하였다. 文宗 大和 9년(835)에 甘露之變을 일으켜 李訓·王涯·賈餗·舒元輿 등 네 재상을 죽였는데, 이 변란은 문종이 환관들에게 빼앗긴 황권을 되찾고자 환관의 우두머리인 구사량을 左金吾廳 후원의 석류나무에 甘露의 길조가 있는지 확인하라는 핑계로 이곳에 불러서 죽이려다가 장막이 바람에 날리는 바람에 매복 군사가 발각되어 도리어 환관들에 의해 조정의 중신들과 1천여 명이 연루되어 죽은 사건이다. 구사량은 이를 계기로 더욱 무소불위의 권력을 행사하였으며 楚國公에 봉해졌다. 840년에 문종이 죽자 武宗을 옹립하면서 태자였던 陳王 李成美와 문종의 아우였던 安王 李溶, 문종의 후궁인 楊賢妃를 죽였다. 병으로 사직한 뒤 얼마 안 되어 죽었으며 사후에 楊州大都督에 추증되었다.

218) 若 : 사고본에는 '如'로 되어 있다.

219) 然 : 사고본에는 '若'으로 되어 있다.

220) 帷 : 사고본에는 '幃'로 되어 있다.

221) 士良事見後 : 자세한 내용이 20-15-가에 보인다.

러나 삼국시대에 이미 장포와 같은 자가 있었다는 것을 몰랐으니, 그 간악하게 마음을 쓴 것은 서로 약속이나 한 듯 합치한 것이 대개 이와 같습니다.

그러나 후세의 간신들 중에는 또 그 기회를 반대로 이용하는 자도 생겨나서, 경연을 비록 열었더라도 여기에 부른 사람은 대부분 교묘한 말재주로 아첨하는 무리였고, 儒臣을 비록 접견하였더라도 이들이 진달한 것은 대부분 군주의 이목을 가리는 말들이었습니다. 장포와 방법은 달랐으나 마음 씀씀이는 같았으니, 군주가 모두 알지 않으면 안 됩니다.

18-15-가[222)]

晉侍中·尙書令·車騎將軍賈充[223)]이 **自文帝**[224)]**時**로 **寵任用事**[①]러니 **武帝**[225)]가

222)《資治通鑑》卷79〈晉紀1 武帝 上之上〉泰始 7년(271) 5월, 7월, 11월 조에 보인다.

223) 賈充 : 217~282. 삼국시대 魏晉 교체기 때의 重臣이다. 자는 公閭이며 지금의 산서성 襄汾 동북쪽에 있었던 平陽 襄陵 사람이다. 曹魏의 건국을 도왔던 賈逵(174~228)의 아들이며 西晉의 개국 공신이다. 魏나라 제4대 임금 高貴鄕公 曹髦(241~260, 재위 254~260)가 당시 재상이었던 司馬昭를 공격하자 군사를 이끌고 이를 맞아 싸웠는데, 敗色이 짙을 무렵 향후의 행동을 묻는 太子舍人 成濟에게 사마소가 오늘을 위해 자신들을 길러주었으니 무엇을 의심할 것이 있느냐고 대답하여 성제를 독려하였다. 이에 성제가 고귀향공을 시해하였다. 뒤에 두 딸을 司馬炎(236~290)의 아우인 司馬攸와 차자인 司馬衷에게 출가시켜 사마씨와 인척을 맺으면서 더욱 현달한 지위를 갖게 되었다. 晉나라가 건국된 뒤 車騎將軍, 散騎常侍, 尙書僕射에 보임되었으며, 司空, 太尉 등의 요직을 두루 역임하였다. 魯郡公에 봉해졌다. 사후에 太宰로 추증되었으며 시호는 '武'이다. 열전이《晉書》권40에 있다.

224) 文帝 : 司馬昭(211~265)로, 삼국시대 曹魏의 權臣이다. 자는 子上이며 지금의 하남성 溫縣인 河內 溫縣 사람이다. 西晉의 개국 황제인 武帝 司馬炎의 아버지이다. 魏 明帝 景初 2년(238)에 新城鄕侯에 봉해졌으며, 高貴鄕公 曹髦 때에는 형인 司馬師를 이어서 大將軍이 되어 國政을 천단하였다. 魏 元帝 景元 4년(263)에 鍾會·鄧艾·諸葛緖와 함께 蜀을 멸망시키고 晉公에 봉해지고, 咸熙 원년(264)에 晉王에 加封되었으며, 이듬해에 病死하였다. 그가 죽고 몇 달 뒤에 아들 司馬炎이 西晉을 개국하고 文帝로 追諡하였다. 廟號는 太祖이다.

225) 武帝 : 司馬炎(236~290, 재위 265~290)으로, 西晉의 개국 황제이다. 자는 安世이며 지금의 하남성 溫縣인 河內 溫縣 사람이다. 司馬懿(179~251)의 손자이자 司馬昭의 적장자이다. 시호는 武皇帝이며, 묘호는 世祖이다. 265년에 아버지인 사마소의 작위를 이어받아 晉王이 된 몇 달 뒤 魏 元帝 曹奐(246~302, 재위 260~265)을 압박하여 선위를 받아 晉나라를 건국하고 수도를 洛陽으로 정하였다. 280년에 吳나라를 멸망시켜 전국을 통일하고 太康之治를 이루었다. 290년에 病死하였다.

爲太子에 充이 頗有力②이라 故益有寵於帝러라 充이 爲人이 巧諂하여 與太尉[226] 荀顗(의)[227]와 侍中[228]荀勗(욱)[229]과 中書監[230]馮紞(담)[231]으로 相爲黨友하니 朝野가 惡之하더라

① 自文……用事 : 文帝, 魏宰相司馬昭也. 封晉王, 後追謚爲帝. 賈充爲昭弑魏帝髦, 以成晉簒.
'文帝'는 魏나라의 재상 司馬昭이다. 晉王에 봉해졌으며, 사후에 文帝로 追謚되었다. 賈充이 사마소를 위하여 魏나라 황제 曹髦를 시해하여 晉나라의 찬탈을 이루어 주었다.

② 武帝……有力 : 武帝, 司馬昭之子, 簒魏爲天子.
'武帝'는 사마소의 아들이다. 魏나라를 찬탈하여 천자가 되었다.

晉나라의 侍中・尙書令・車騎將軍 賈充이 文帝 때부터 총애를 받아 중용되어 권력을 휘둘렀는데, 武帝가 태자로 있을 때 가충이 공로가 컸기 때문에 무제에게 더욱 총애를 받았다.

---

226) 太尉 : 관직명이다. 삼국시대 때 兵獄을 관장하였으며 大司馬, 大將軍, 司徒, 司空과 함께 五府로 불렸다. 위진남북조시대에는 諸公의 하나로 대신의 虛銜이었다. 반드시 다른 實職을 겸해야 실권이 있었다.

227) 荀顗 : ?~274. 西晉의 개국 공신이다. 자는 景倩이며 지금의 하남성 許昌市인 潁川 潁陰 사람이다. 후한 말의 저명한 정치가이자 전략가로 曹操를 도운 荀彧(163~212)의 여섯 번째 아들이다. 太尉, 侍中 등을 역임하고 臨淮郡公에 봉해졌다. 열전이 《晉書》 권39에 있다.

228) 侍中 : 관직명이다. 후한 獻帝 이후 덕망이 높고 학식이 많은 儒者로 충임되었다. 晉나라에 와서 門下省의 장관이 되어 주로 간쟁을 담당하고 황제의 자문에 응하였다.

229) 荀勗 : ?~289. 西晉의 개국 공신이자 音律學家, 文學家, 藏書家이다. 자는 公曾이며 지금의 하남성 許昌市인 潁川 潁陰 사람이다. 荀彧의 숙부이자 후한 말의 경학가인 荀爽(128~190)의 증손자이다. 대장군 司馬昭의 記室이 되어 자주 계책을 진달하여 깊은 신임을 얻었다. 晉나라가 건국된 뒤 濟北郡侯에 봉해졌으며, 中書監, 加侍中, 領著作에 임명되었다. 사후에 司徒에 추증되었으며 시호는 '成'이다. '侍中'은 관직명으로 후한 獻帝 이후 덕망이 높고 학식이 많은 儒者로 충임되었다. 晉나라에 와서 門下省의 장관이 되어 주로 간쟁을 담당하고 황제의 자문에 응하였다. 열전이 《晉書》 卷39에 있다.

230) 中書監 : 관직명이다. 위진남북조시대의 재상에 해당한다.

231) 馮紞 : ?~286. 西晉의 奸臣이다. 자는 少胄이며 지금의 하북성 冀縣인 安平 사람이다. 魏郡 太守, 步兵校尉, 越騎校尉, 左衛將軍, 御史中丞, 侍中, 散騎常侍 등의 관직을 역임하였다. 病死하였다. 열전이 《晉書》 卷39에 있다.

가충이 사람들 사이에서 일을 처리할 때 아첨에 능하여 太尉 荀顗·侍中 荀勗·中書監 馮紞과 당여가 되자 朝野가 미워하였다.

泰始中에 **帝**가 **問侍中裵**[232)]**楷**[233)]**以方今得失**한대 **對曰 陛下**가 **受命**에 **四海**가 **承風**호대 **所以未比德於堯·舜者**는 **但以賈充之徒**가 **尚在朝爾**라 **宜引天下賢人**하사 **共弘政道**니 **不宜示人以私**니이다 **侍中任愷**[234)]**·庾純**[235)]이 **皆與充不協**이러니 **充**이 **欲解其近職**하여 **乃薦愷忠貞**하니 **宜在東宮**이라한대 **帝**가 **以愷爲太子少傅而侍中**은 **如故**러라

泰始 연간(265~274)에 武帝가 시중 裵楷에게 時政의 문제점을 묻자 배해가 다음과 같이 대답하였다.

“폐하께서 천명을 받으시자 사해가 감화되었지만 덕이 堯임금과 舜임금에 비견되지 못하는 것은 단지 賈充의 무리가 아직 조정에 있기 때문입니다. 의당 천하의 賢人을 초빙하여 그들과 함께 정사의 公道를 널리 펴셔야 할 것이니, 私道를 사람들에게 보여주어서는 안 될 것입니다.”

---

232) 裵 : 대전본·사고본에는 ‘裴’로 되어 있다.

233) 裵楷 : 237~291. 魏晉 교체기의 대신이자 名士이다. 자는 叔則이며 지금의 산서성 聞喜縣인 河東 聞喜 사람이다. 西晉의 개국 공신인 裴秀(224~271)의 사촌 동생이다. 처음 鍾會의 천거로 司馬昭에게 발탁되어 相國掾이 되었으며 이후 賈充 등과 함께 《晉律》을 제정하였다. 吏部郎, 散騎常侍, 河內 太守, 右軍將軍, 侍中, 太子少師 등을 두루 역임하였다. 시호는 ‘元’이다. 《老子》와 《易經》에 뛰어났다. 열전이 《晉書》 권35에 있다.

234) 任愷 : 223~284. 자는 元褒이며 지금의 산동성 博興縣 동남쪽에 있던 安樂 博昌 사람이다. 魏 明帝 曹叡의 딸 齊國長公主를 아내로 맞이하였으며, 中書侍郎, 員外散騎常侍를 역임하였다. 晉나라가 건립된 뒤 門下省 侍中에 임명되고 昌國縣侯에 봉해졌다. 근면과 신중함으로 朝野의 칭송을 받았으나 寵臣 賈充과 반목하며 험난한 벼슬 생활을 하다가 울분으로 죽었다. 시호는 ‘元’이다. 열전이 《晉書》 卷45에 있다.

235) 庾純 : ?~?. 자는 謀甫이며 潁川 鄢陵 사람이다. 박학다식하고 道義가 있어 당시 儒宗으로 칭송되었다. 黃門侍郎, 中郎令, 河南尹 등을 역임하였다. 賈充의 전횡을 보다 못해 “천하가 흉흉한 것은 바로 당신 한 사람 때문입니다.〔天下凶凶 由爾一人〕”라고 하였다가 中護軍 羊琇(236~282)와 侍中 王濟의 도움으로 화를 면했다. 가충이 노하여 사직을 청하자 유순 역시 두려움에 표문을 올려 사죄하고 면직되었다. 후에 少府에 임명되었다. 열전이 《晉書》 卷50에 있다.

侍中 任愷와 庾純이 모두 가충과 화목하지 못하였는데, 가충이 무제를 가까이 모시는 그들의 직임을 벗기고자 마침내 임개가 충성스럽고 곧으니 동궁을 보필하기에 알맞다고 추천하였다. 무제가 임개를 太子少傅로 삼았으나 시중의 직책은 그대로 맡도록 하였다.

會樹機能이 **亂秦・雍**[236]하니 **帝**가 **以爲憂**어시늘 **愷**가 **曰 宜得威望重臣有智**

236) 樹機能亂秦雍 : '樹機能'은 禿髮樹機能(?~280)으로, 西晉 시기 禿髮鮮卑의 수령이다. 胡族과 漢族이 뒤섞여 사는 秦州에 큰 가뭄이 든 데다 晉나라에서 秦州 刺史로 파견한 胡烈이 폭정을 행하자 수기능은 泰始 6년(270)에 부족민을 이끌고 일어나 호열을 죽이고, 이어서 氐・羌・匈奴 등 다른 胡族과 연합하여 晉나라와 전쟁을 벌였다. 호열에 뒤이어 秦州 刺史로 파견된 牽弘・楊欣을 죽이고 涼州 등을 점령하여 한동안 위세가 천하를 진동시켰으나, 晉 武帝 咸寧 3년(277) 12월에 晉나라 장군 馬隆에게 패하여 피살되었다. '秦州'는 지금의 감숙성 동부이며 '雍州'는 지금의 섬서성 일대이다.

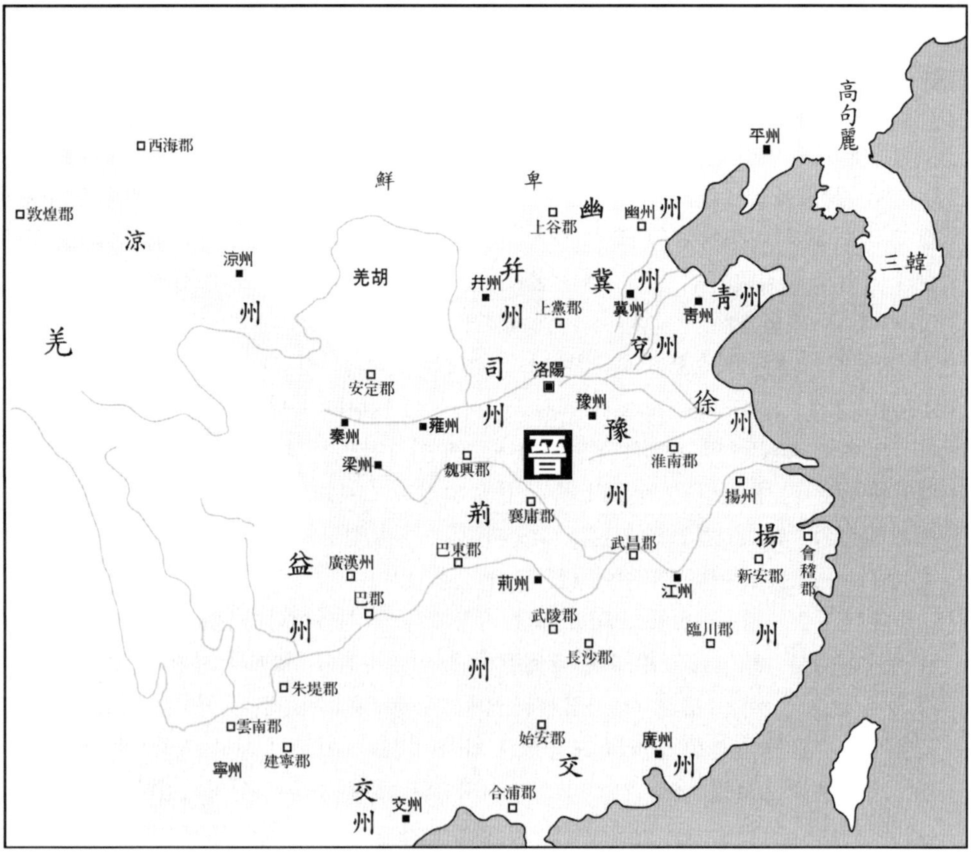

略者하여 以鎭撫니이다 帝가 曰 誰可者오 愷가 因薦充하고 純이 亦稱之한대 遂以充으로 都督秦涼二州軍事[237)]하다 充將之任할새 公卿이 餞於夕陽亭[238)]이러니 充이 私問計於荀勗한대 勗이 曰 是行이 辭之實難이라 獨有結婚太子라야 可不辭而留矣리니 勗이 請言之호리라 因謂馮紞曰 賈公이 遠去면 吾輩가 失勢矣라 太子[239)]가 婚尙未定하니 何不勸帝納賈公之女乎오 紞이 亦然之하더라

그때 禿髮樹機能이 秦州와 雍州를 어지럽혔는데, 武帝가 이를 근심하자 任愷가 아뢰었다.

"의당 위엄과 명망이 있는 重臣으로 지략이 있는 자를 찾아 이 지역들을 진무하게 해야 할 것입니다."

무제가 말하였다.

"누가 좋겠는가?"

임개가 이로 인해 賈充을 추천하고 庾純 역시 가충을 거론하자, 마침내 가충을 都督秦涼二州軍事로 삼았다.

가충이 장차 부임지로 떠나려 할 때 공경대신들이 夕陽亭에서 전별연을 베풀었다. 가충이 은밀히 荀勗에게 계책을 묻자 순욱이 말하였다.

"이번 걸음은 사임하기가 실로 어렵습니다. 오직 태자와 혼인을 맺는 것만이 사양하지 않고서도 京師에 남을 수 있는 방법입니다. 제가 말씀드려보겠습니다."

이어 馮紞에게 말하였다.

"賈公께서 멀리 떠나시면 우리들이 세력을 잃게 됩니다. 태자가 아직 혼사가 정해지지 않았으니 폐하에게 가공의 여식을 맞아들이라고 권해보시면 어떻겠습니까?"

풍담 역시 옳게 여겼다.

初에 帝가 將納衛瓘(관)[240)]女①하여 爲太子妃러니 充妻郭槐가 賂楊后[241)]左右하여

237) 以充……軍事 : 晉 武帝 泰始 7년(271) 7월 20일 계유일의 일이다.

238) 充將……陽亭 : 진 무제 태시 7년(271) 11월의 일이다. '夕陽亭'은 洛陽城 서쪽에 있었다.

239) 太子 : 진 무제의 아들 司馬衷(263~306, 재위 290~307)을 가리킨다. 西晉 제2대 황제인 惠帝이다.

240) 衛瓘 : 220~291. 西晉의 重臣으로 書法家이다. 자는 伯玉이며 지금의 산서성 夏縣 북쪽

使后說帝하여 求納其女하고 荀顗(의)等이 皆稱充女[242)]가 絶美하고 且有才德이라한대 帝가 遂從之하사 留充復居舊任[243)]하시다

① 帝將納衛瓘女 : 瓘, 晉三公.
'衛瓘'은 晉나라의 三公이다.

당초에 武帝는 衛瓘의 여식을 맞이하여 태자비로 삼고자 하였는데, 賈充의 처 郭槐가 楊황후의 주위 사람들에게 뇌물을 써서 양황후로 하여금 무제를 설득하여 자신의 여식을 태자비로 맞아줄 것을 청하였다. 그리고 荀顗 등이 모두 가충의 여식이 절세미인일 뿐 아니라 재주와 덕이 있다고 칭찬하자, 무제가 마침내 이를 따라 가충을 그대로 경사에 남게 하고 다시 본래의 관직에 있도록 하였다.

18-15-나(按)

臣은 按 賈充이 自司馬昭相魏時①로 輔成簒弑之事하니 在晉室則爲元功이나 其實은 天下之大賊也라 用事日久하니 姦邪小人如荀勗[244)]輩가 朋而翼之하여 惟恐[245)]充이 一

에 있던 河東 安邑 사람이다. 삼국시대 魏나라에서 尙書郎, 廷尉卿을 역임하였다. 鍾會(225~264)·鄧艾(197~264)와 伐蜀 전쟁에 참여하였고, 蜀漢이 멸망(263)한 뒤에는 종회의 반란을 평정하고 이어서 등애 부자를 살해하였다. 京師에 돌아온 뒤 督徐州諸軍事·鎭東將軍에 임명되고 菑陽侯에 봉해졌다. 서진 건립 후 青州 刺史, 幽州 刺史, 征東大將軍, 尙書令, 侍中, 司空, 太子少傅 등을 역임하였다. 晉 惠帝(259~307, 재위 290~307)가 즉위한 뒤 賈皇后와 대립하여 결국 조서를 위조한 가황후에게 살해되었다.

241) 楊后 : 晉 武帝 司馬炎의 황후 楊豔(양염, 238~274)이다. 자는 瓊芝이며 지금의 섬서성 華陰縣인 弘農 華陰 사람이다. 시호는 武元皇后이다.

242) 充女 : 賈南風(257~300)이다. 賈充의 딸로, 晉 惠帝 司馬衷의 황후가 되었다. 어릴 때의 이름은 旹(시)이며 지금의 산서성 襄汾 동북쪽의 平陽 襄陵 사람이다. 혜제가 즉위한 뒤 권력을 전횡하여 西晉 시기 八王之亂을 촉발하는 계기를 만들었다. 뒤에 晉 武帝 司馬炎의 삼촌인 趙王 司馬倫(?~301)에게 피살되었다.

243) 留充復居舊任 : 이때 마침 京師에 큰 눈이 내려 평지에 두 자나 쌓이자 군대가 출발을 할 수 없었는데, 얼마 뒤에 태자의 혼인이 있게 되자 가충은 마침내 서쪽으로 길을 떠나지 않았다. 이에 武帝가 賈充에게 조서를 내려 본래의 관직에 있도록 한 것이다. 《晉書 卷40 賈充列傳》

244) 勗 : 대전본에는 '勉'으로 되어 있으나, 宋代의 피휘이다.

245) 恐 : 대전본에는 없다.

出外而失其所恃也라 故秦・涼之行에 且赴鎭矣而荀勗[246]이 爲晝結婚之謀하고 且力稱充女之才德하니 於是에 充遂留而婚以成하니 帝가 嘗謂其五不可矣②[247]나 然內則楊后가 受郭槐之賂하여 以主之하고 外則荀勗[248]諸人이 更相從臾하여 以助之하니 雖帝가 初心之明이나 至此에 亦眩惑不能自決矣라 蓋姦臣이 用事에 未有不內結宮闈하며 外交群小而後에 能遂其所欲者라 妃立而晉室之亂[249]이 萌하니 先儒邵雍이 以爲禍在夕陽亭之一語而不在石勒長嘯上東門[250]之時[251]라하니 豈不然哉리오

---

246) 勗 : 대전본에는 '勉'으로 되어 있으나, 宋代의 피휘이다.

247) 帝嘗……可矣 : 晉 武帝는 일찍이 다음과 같이 말한 적이 있다. "위공의 여식은 다섯 가지 가한 점이 있고, 가공의 여식은 다섯 가지 불가한 점이 있다. 위씨 집안의 후손은 어질고 자녀가 많으며, 본인은 아름답고 키가 크고 피부가 희다. 가씨 집안의 후손은 투기하고 자녀가 적으며, 본인은 못생기고 키가 작고 피부가 까맣다.〔衛公女有五可 賈公女有五不可 衛氏種賢而多子 美而長白 賈氏種妬而少子 醜而短黑〕"《資治通鑑 卷79 晉紀1 武帝 上之上 泰始 7年》

248) 勗 : 대전본에는 '勉'으로 되어 있으나, 宋代의 피휘이다.

249) 晉室之亂 : 晉 惠帝(259~307, 재위 290~307) 元康 원년(291)부터 光熙 원년(306)까지 16년 동안 지속된 '八王之亂'을 가리킨다. 290년에 武帝가 죽고 혜제가 즉위한 뒤 태후의 아버지 楊駿(?~291)이 太傅로서 권력을 전횡하자, 291년 3월에 賈황후(257~300)는 조서를 위조하여 都督荊州軍事 楚王 司馬瑋(271~291)에게 入京하도록 하여 양준과 그 당여 및 일족 수천 명을 죽이고 楊태후를 폐위하였다. 양준을 뒤이어 汝南王 司馬亮(?~291)과 太保 王瓘이 권력을 잡자, 가황후는 다시 사마위로 하여금 이들을 살해하도록 하고, 이어서 '조서를 위조하여〔矯詔〕' 제멋대로 大臣을 죽였다는 명분으로 사마위를 죽였다. 또 태자 司馬遹(사마휼, 278~300)이 자신의 소생이 아니라고 하여 살해하였다. 혜제 永康 원년(300) 4월에 宿衛禁兵을 관장하던 趙王 司馬倫(?~301, 재위 301. 1~301. 4)이 군사를 일으켜 가황후 및 張華・裴頠(의)・賈謐(밀) 등을 살해하고 스스로 相國이 되었다가 이듬해에 혜제를 폐위하고 스스로 황제가 되었다. 사마륜은 齊王 司馬冏(사마경, ?~302) 등에게 패하자 혜제를 복위시키고 황제의 자리에서 물러났으나 곧 賜死되고 뒤이어 사마경이 대권을 쥐게 되었다. 그러나 사마경은 다시 長沙王 司馬乂(277~304)에게, 사마예는 東海王 司馬越(?~311)에게 피살되었다. 사마월은 또 태자를 폐위하고 스스로 皇太弟가 된 成都王 司馬穎(사마영, 279~306)과 혼란을 틈타 대권을 쥔 河間王 司馬顒(사마옹, ?~306)을 죽이고 이어서 혜제를 독살한 뒤 武帝의 25번째 아들을 옹립하였다. 바로 西晉 제3대 황제 懷帝(284~313, 재위 307~311)이다. 이 八王의 난으로 인해 西晉은 급속히 와해되어 316년에 멸망하고, 317년에 南京을 도읍으로 정한 東晉이 시작되었다.

250) 石勒長嘯上東門 : 石勒(274~333, 재위 319~333)은 5胡 16國 시대 後趙를 건립한 後趙明帝이다. 初名은 石匐(배), 자는 世龍이다. 羯族이며 지금의 산서성 楡社縣인 上黨 武鄕 사람이다. 처음에는 前趙의 개국 황제 劉淵(?~310, 재위 304~310) 아래로 들어갔으나 319년

① 賈充……魏時 : 昭, 魏三公. 充, 昭之黨.
司馬昭는 魏나라의 三公이었다. 賈充은 사마소의 당여이다.

② 帝嘗……可矣 : 見後后德篇[252].
뒤의 后德篇에 보인다.

【臣按】 賈充은 司馬昭가 魏나라의 재상으로 있을 때부터 魏나라의 황제를 시해하고 나라를 찬탈하는 일을 도와 이루어주었으니, 晉나라에 있어서는 元勳이지만 사실은 천하의 큰 도적입니다. 권력을 전횡한 세월이 오래되다 보니 荀勗의 무리와 같은 간사한 소인들이 그 당여가 되어 도와서 오직 가충이 한 번 지방으로 나가면 의지할 곳을 잃게 될까만을 두려워하였습니다. 이 때문에 가충이 秦州·涼州로 곧 부임하러 떠나려 하자 순욱이 태자와의 혼인을 맺어줄 모략을 꾸미는 동시에 가충의 여식이 재주와 덕이 있다고 힘주어 칭찬하였던 것입니다. 그리하여 가충은 마침내 경사에 남게 되었고 그의 여식과 태자는 혼인이 이루어졌습니다.

武帝는 일찍이 賈充의 여식에게 태자비로 불가한 점 다섯 가지가 있다고 하였습니다. 그러나 안으로는 楊황후가 郭槐의 뇌물을 받고서 가충의 여식을 태자비로 세우자고 주장하고, 밖으로는 荀勗 등 여러 사람들이 번갈아가며 부추겨서 이 주장을 도우니, 비록 무제가 애초의 마음은 밝았다 할지라도 이러한 상황에 이르

에 前趙 昭文帝 劉曜(?~329, 재위 318~329)와 결별하고 자립하여 趙王을 칭하였다. 329년에 前趙를 멸망시키고 북쪽으로 冀·幷·幽·司·豫·兗·青·徐·雍·秦 등 10州를 점령하며 16국 중에서 가장 강성한 국가로 만들었다. '長嘯上東門'은 석륵이 14세 때 고향 사람을 따라 洛陽에 와서 18개의 성문이 있는 낙양성의 동문 세 곳 중 가장 북쪽에 있는 上東門에서 장사할 때 이 문에 기대고서 긴 휘파람을 불던 것을 이른다. 당시 지나가던 西晉의 尙書左僕射 王衍(256~311)이 우연히 이를 보고 "이 胡人 아이는 내가 보니 그 소리에 비범한 뜻이 있어 보인다. 장차 천하의 우환이 될 것이다.〔胡雛 吾觀其聲視有奇志 恐將爲天下之患〕"라고 하여 사람을 보내 붙잡게 하였으나 석륵은 이미 그곳을 떠난 뒤였다고 한다. 《晉書 卷104 載記4 石勒 上》

251) 禍在……之時 : 북송의 儒者 邵雍(1011~1077)의 〈觀西晉〉이라는 칠언율시 마지막 구절 "재앙은 석양정의 한마디에 있었으니, 상동문의 휘파람 소리 아득하도다.〔禍在夕陽亭一句 上東門嘯浪悠悠〕"에서 나온 말이다. 《宋文鑑 卷25 七言律詩 觀西晉》

252) 后德篇 : 자세하지 않다. 내용으로 볼 때 《대학연의》 권36~37 〈齊家之要〉 '重妃匹' 조에 있어야 할 듯하나 관련 내용이 보이지 않고, 권43 〈齊家之要〉 '敎戚屬' 조에 賈황후가 태자비로 있을 때와 황후로 있을 때의 악행에 대한 언급은 보이나 '五不可'에 대한 언급은 보이지 않는다.

자 무제 역시 현혹되어 스스로 결단하지 못하게 되었던 것입니다.

간신이 권력을 전횡할 때 안으로는 后妃와 결탁하고 밖으로는 여러 소인들과 결탁하지 않음이 없은 뒤에야 마침내 그가 바라던 것을 이룰 수 있게 됩니다. 가충의 여식이 태자비가 되면서 晉나라의 혼란이 싹트게 되었으니, 先儒 邵雍이 "진나라의 재앙은 夕陽亭의 한마디에 있었고, 石勒이 上東門에서 긴 휘파람을 불 때에 있지 않았다."라고 한 것이 어찌 옳은 말이 아니겠습니까.

18-16-가[253)]

賈充이 **與任愷**로 **皆爲帝所寵任**이러니 **充**이 **欲專名勢而忌愷**하여 **乃**[254)]**薦愷爲吏部尙書**하니 **愷**가 **侍覲轉希**라 **充**이 **因與荀勗等**으로 **承間共譖之**하니 **愷**가 **因是得罪**하여 **廢於家**하다

賈充이 侍中 任愷와 더불어 모두 武帝에게 총애를 받아 중용되었는데, 가충이 명성과 권세를 독차지하고자 하여 임개를 미워하였다. 이에 임개를 추천하여 吏部 尙書가 되게 하자, 임개가 무제를 모시고 뵐 기회가 갈수록 적어졌다. 가충이 이를 기화로 삼아 荀勗 등과 틈을 타서 함께 임개를 참소하자, 임개가 이로 인해 죄를 얻어 파면되어서 집에 있게 되었다.

18-16-나(按)

臣은 按 小人之害君子가 其情狀이 非一이라 當庸闇之主則顯擠之하나니 恭·顯之於蕭望之[255)]가 是也요 當材明之主則陰排之하나니 賈充之於任愷가 是也라 晉武가 雖未得爲賢君이나 然非庸闇者比요 又愷亦爲帝寵任而充이 欲傾之則亦難矣라 故前稱其忠正이 宜在東宮[256)]이라하니 是欲奪其侍中之職하여 使不得在左右也라 計旣不行이어늘 又薦之爲吏部尙書하니 天官[257)]之任이 重矣나 然職在銓衡[258)]하니 非若侍中之近密

253)《資治通鑑》卷79〈晉紀1 武帝 上之上〉泰始 8년(272) 7월 조에 보인다.
254) 乃 : 사고본에는 '力'으로 되어 있다.
255) 恭·顯之於蕭望之 : 18-10-가 참조.
256) 前稱……東宮 : 18-15-가 참조.
257) 天官 : 吏部의 장관인 吏部 尙書를 이른다.
258) 職在銓衡 : 吏部 尙書가 관리의 선발을 관장한 것을 이른다.

也라 其計가 旣行에 遂以事擠之而斥廢焉하니 其亦可謂巧也已로소이다

【臣按】 소인이 군자를 해치는 것은 그 情狀이 똑같지 않습니다. 용렬하고 우매한 군주를 만나면 드러내놓고 밀어내니 弘恭과 石顯이 蕭望之를 밀어낸 것이 바로 이런 경우이고, 유능하고 명철한 군주를 만나면 암암리에 배척하니 賈充이 任愷를 배척한 것이 바로 이런 경우입니다.

晉 武帝는 비록 賢君이라고 할 수는 없지만 용렬하고 우매한 군주에 비견될 사람은 아니었으며 또 임개 역시 무제에게 총애를 받아 중용되고 있었으니, 가충이 임개를 넘어뜨리고자 한다면 또한 어려운 것이었습니다. 이 때문에 전에는 임개가 충성스럽고 곧으니 동궁을 보필하기에 적합하다고 칭찬하였던 것입니다. 이것은 임개의 侍中 직책을 빼앗아서 무제 가까이에 있을 수 없도록 하기 위한 것이었습니다. 계책이 실패하자 또 임개를 추천하여 吏部 尙書가 되게 하였습니다. 天官의 직임이 중하기는 하나 직책이 銓衡에 있으니 시중과 같이 황제를 가까이서 모시는 직책은 아니기 때문이었습니다. 그 계책이 성공하자 마침내 일을 가지고 임개를 밀어내어 폐출시켰으니, 또한 참으로 교묘하다고 하겠습니다.

昔에 趙堯가 欲奪周昌御史大夫之位則勸高帝爲趙王如意하여 擇貴彊[259]相而因薦昌[260]하고 公孫弘[261]이 嫉董仲舒하여 欲黜之于外則言於武帝하여 使爲膠西相[262]하니

259) 彊 : 대전본 · 사고본에는 '彊'으로 되어 있다.

260) 趙堯……薦昌 : 趙堯(?~?)는 前漢의 관리로, 젊어서 御史大夫 周昌(?~기원전 192)의 下屬인 符璽御史였다. 漢 高帝 12년(기원전 195)에 고제가 戚姬의 아들 劉如意(?~기원전 194)를 趙王에 봉하고서 자신이 죽은 뒤 10살밖에 안 된 유여의가 온전히 생명을 부지할까 걱정하는 것을 보고, 呂后와 태자와 여러 신하들이 모두 공경하고 어려워하는 주창을 趙王의 相으로 삼도록 권하였다. 고제는 이 의견을 따라 주창을 조왕의 相으로 삼은 뒤 조요를 어사대부에 임명하였다. '相'은 官名으로, 漢나라 때 諸侯王이 관할하는 郡國의 실제 執政者이다. 그 지위는 郡 太守에 비견된다. 《史記 卷96 張丞相列傳 周昌》《漢書 卷42 周昌傳》

261) 弘 : 대전본 · 사고본에는 '洪'으로 되어 있으나, 北宋 太祖의 아버지 趙弘殷과 淸 高宗 弘曆의 피휘이다.

262) 公孫……西相 : 公孫弘(기원전 200~기원전 121)은 漢 武帝(기원전 156~기원전 87, 재위 기원전 141~기원전 87) 때 御史大夫, 丞相을 역임한 大臣이다. 자신과 틈이 벌어진 사람에게 겉으로는 관대하게 대하고 친하게 지냈으나 나중에는 그들의 약점을 잡아서 반드시 보복하였다. 董仲舒(기원전 179~기원전 104)가 공손홍을 아첨한다고 여기자 공손홍은 동중서를 미워하였는데, 膠西王 劉端(기원전 165~기원전 107)이 교만한 데다 자주 법을 범

蓋高帝・孝武가 皆明君也而周昌・仲舒之賢이 亦見知於二帝하니 使二人誣之以罪而顯擠之면 未必見從이라 惟其陽借薦譽之名而陰施排擯之術이라 故雖二帝之明이라도 有弗察焉하니 此가 賈充之計가 所以得行於晉武也니이다

옛날에 趙堯는 周昌의 御史大夫 지위를 빼앗고자 漢 高帝에게 趙王 劉如意를 위해 신분이 높고 성정이 강한 相을 택하도록 권하고 이어서 주창을 추천하였으며, 公孫弘은 董仲舒를 질투하여 지방으로 쫓아내고자 漢 武帝에게 아뢰어 동중서를 膠西王의 相이 되도록 하였습니다.

高帝와 武帝는 모두 현명한 군주였으며 주창과 동중서의 현명함 또한 두 황제에게 인정을 받았으니, 만일 두 사람을 죄로 무고하여 드러내놓고 밀어낸다면 황제가 자신들의 말을 들어주리라 장담할 수 없었습니다. 이에 겉으로는 이들을 추천하고 칭송한다는 이름을 빌리고 속으로는 이들을 배척하고 밀어내는 수법을 쓸 수밖에 없었던 것입니다. 이 때문에 비록 두 황제의 현명함으로도 이를 자세히 살피지 못했던 것입니다. 이것이 바로 가충의 계책이 晉 武帝에게 통할 수 있었던 이유입니다.

18-17-가[263)]

梁武帝時에 中領軍[264)]朱异(이)[265)]가 文華敏給하고 曲營世譽하여 得幸於

하며 相이나 二千石 정도의 고위 관리들을 죽이는 일이 빈번하다는 것을 알고 무제 元朔 5년(기원전 124)에 동중서를 교서왕의 相으로 추천하였다. 동중서는 병을 핑계로 사직하였다. '董仲舒'는 18-14-나 '董仲……益明' 주 참조. 《資治通鑑 卷19 漢紀11 武帝 元朔 5年》

263) 《資治通鑑》 권158 〈梁紀13 武帝13〉 大同 5년(539) 1월 조에 보인다.

264) 中領軍 : 武官名이다. 남조 宋・齊・梁・陳에서는 禁軍을 統領하였다.

265) 朱异 : 483~549. 南朝 梁나라의 權臣이다. 자는 彦和이며 吳郡 錢唐 사람으로, 五經과 文史百家에 두루 능통하였다. 21세 때 지금의 南京인 수도 建康으로 가서 尙書令 沈約(441~513)의 눈에 들어 추천을 받고 규정상 25세에야 벼슬할 수 있었던 격례를 깨고 揚州議曹從事史에 특별히 임명되었다. 이후 30여 년 동안 太學博士, 中書郎, 散騎常侍, 右衛將軍, 侍中 등 요직을 두루 역임하였다. 梁 武帝 太淸 2年(548)에 河南王 侯景(503~552)이 주이를 토벌한다는 명분으로 기병하여 궁성을 포위하고 황태자 역시 주이를 배척하자 두려움과 분노로 병을 얻어 죽었다. 사후에 尙書右僕射에 추증되었다. '侯景'은 18-19-가 '侯景' 주석 참조. 《南史 卷62 朱异列傳》

上이러라[266] 异가 善伺候人主意爲阿諛하여 用事三十年에 廣納貨賂하고 欺罔視聽하니 遠近이 莫不忿疾하며 園宅・玩好・飮膳・聲色이 窮一時之盛하고 每休下[267]에 車馬가 塡門이러라

梁 武帝 때 中領軍 朱异가 文才가 있고 명민하며 세상의 명예를 다방면으로 추구하여 무제에게 총애를 받았다. 주이가 군주의 뜻을 잘 살펴 비위를 맞추고 아첨해서 권력을 전횡한 지 30년 동안 널리 뇌물을 받으며 무제의 이목을 속이니, 멀고 가까운 사람을 막론하고 주이에 대해 분노하고 미워하지 않는 자가 없었다. 또한 주이는 정원과 주택・玩好物・음식・음악과 여색에 있어 당시에 가장 좋은 것들을 향유하였고 매번 휴가를 갈 때면 거마가 그의 집 문을 가득 메웠다.

18-17-나(按)

臣은 按 此는 梁史臣이 形容朱异之語也라 文華敏給則人主가 悅之矣요 曲營世譽則衆論이 悅之矣요 又能伺候上意而爲阿諛[268]하니 此가 恩寵之所以益固也라 惟明主之觀人也는 不以文華而以德行하며 不以虛譽而以功實하며 不以承迎己意爲善而以規弼己過爲忠하나니 如此則雖百朱异나 不能惑矣라

【臣按】 이것은 梁史를 쓴 사관이 朱异를 설명한 말입니다. 文才가 있고 명민했으니 군주가 기뻐했을 것이요, 세상의 명예를 다방면으로 추구했으니 사람들의 의론이 기뻐했을 것입니다. 게다가 또 능히 군주의 뜻을 잘 살펴 비위를 맞추고 아첨하였으니, 이것이 바로 은총이 더욱 굳건하게 된 이유입니다.

오직 현명한 군주만이 인재를 살필 때 그 사람의 재주를 보지 않고 덕행을 보며, 그 사람의 虛名을 보지 않고 實績을 보며, 자신의 뜻에 영합하는 것을 훌륭하게 여기지 않고 자신의 허물을 바로잡아주는 것을 충성으로 여깁니다. 이와 같이 한다면 비록 백 명의 주이가 있다 한들 미혹시킬 수 없을 것입니다.

---

266) 이러라 : 509본에는 '이러니'로 되어 있다.

267) 下 : 사고본에는 '暇'로 되어 있다.

268) 梁史……阿諛 : '文華敏給', '曲營世譽', '伺候人主意' 등의 어구가 《南史》 卷62 〈朱异列傳〉에도 보인다. 다만 '文華敏給'의 '給'이 《南史》에는 '洽'으로 되어 있다.

夫入則睢盱(휴우)於前하여 卑伏如鼠하고 出則橫恣於外하여 貪噬如虎하니 此가 姦臣之常態也라 故朱异가 旣以阿諛로 得幸於上이요 則以威福으로 取賂於下矣어늘 人主가 不察하여 但見柔而可喜하니 又豈知其情態之眞也哉리잇고

무릇 조정에 들어가면 군주 앞에서 우러러보아 생쥐처럼 납작 엎드리고, 조정에서 나오면 밖에서 제멋대로 행동하여 범처럼 탐욕스러우니, 이것이 간신의 본 모습입니다. 이 때문에 朱异가 이미 비위를 맞추고 아첨하는 것으로 군주에게 총애를 얻고 나서는 상과 벌을 주는 권한을 가지고 아랫사람들에게 뇌물을 취했던 것입니다. 그런데도 군주가 이를 살피지 못하고 단지 그 유순하여 기뻐할 만한 점만을 보았으니, 또 어떻게 그 참된 情狀을 알았겠습니까.

18-18-가[269)]

太子侍讀徐摛[270)]가 見上에 應對가 明敏하니 寵遇日隆이어늘 朱异가 不悅하여 乘間白上호대 摛가 年老愛泉石하여 意在一郡自養이라한대 上이 謂摛가 眞欲之라하여 遂出爲新安[271)]太守하다

太子侍讀 徐摛가 梁 武帝를 알현할 때 응대하는 것이 명민하자 무제의 총애와 대우가 날로 융성해졌다. 朱异가 이를 기뻐하지 않아서 기회를 보아 무제에게 아뢰기를 "서리가 연로하고 山水를 좋아하여 그 뜻이 自奉할 정도의 작은 고을을 맡는 데 있습니다."라고 하였다. 무제는 서리가 참으로 이것을 원한다고 생각하여, 마침내 서리로 하여금 나가서 新安 太守가 되게 하였다.

---

269)《資治通鑑》卷155〈梁紀11 武帝11〉中大通 3년(531) 5월 27일 병신일 조에 보인다.

270) 徐摛 : 474~551. 남조 梁나라의 문학가로 宮體詩의 대표적인 인물이다. 자는 士秀이며 또 다른 자는 士纘이다. 지금의 산동성 郯城 북쪽에 있었던 東海 郯 사람이다. 처음에는 晉安王 蕭綱(503~551, 재위 549~551)의 侍讀이었으며 소강이 태자가 된 뒤에는 太子左衛率이 되었다. 侯景(503~552)이 반란을 일으켰을 때 서리만이 홀로 簡文帝 蕭綱을 모셨다. 551년에 간문제가 유폐되어 알현할 수 없게 되자 병이 나서 죽었다. 사후에 侍中太子詹事에 추증되었으며 시호는 '貞'이다. '侯景'은 18-19-가 '侯景' 주 참조.《梁書 卷30 徐摛列傳》《南史 卷62 徐摛列傳》

271) 新安 : 郡 이름이다. 治所는 지금의 절강성 淳安縣 서쪽에 있었다.

18-18-나(按)

臣은 按 婦欲顓其夫라 故入宮者가 必見妬하고 臣欲顓其君이라 故入朝者가 必見嫉하나니 使婦之用心이 如樛木[272]・如螽斯[273]則不肯專其夫矣요 臣之用心이 如秦誓之一介[274]臣이 其心休休然[275]如有容[276]則不肯專其君矣라

【臣按】 부인은 자기 남편을 독차지하고자 하기 때문에 입궁하는 여인이 반드시 질투를 받게 되며, 신하는 자기 임금을 독차지하고자 하기 때문에 조정에 들어오는 자가 반드시 질투를 받게 됩니다. 만일 부인의 마음 씀이 〈樛木〉 시와 같고

272) 樛木 : 《시경》 〈周南〉의 편명으로 시는 다음과 같다. "남쪽에 가지가 아래로 드리워진 나무가 있으니 칡덩굴이 감겨 있도다. 즐거운 군자여 복록으로 편안히 하도다. 남쪽에 가지가 아래로 드리워진 나무가 있으니 칡덩굴이 덮여 있도다. 즐거운 군자여 복록이 도와주도다. 남쪽에 가지가 아래로 드리워진 나무가 있으니 칡덩굴이 얽혀 있도다. 즐거운 군자여 복록이 이루어주도다.〔南有樛木 葛藟纍之 樂只君子 福履綏之 南有樛木 葛藟荒之 樂只君子 福履將之 南有樛木 葛藟縈之 樂只君子 福履成之〕" 毛序에 〈樛木〉은 "후비의 은덕이 아래에 미침을 읊은 것으로, 은덕이 아랫사람들에게 미치고 질투하는 마음이 없음을 말한 것이다.〔后妃逮下也 言能逮下而無嫉妬之心焉〕"라고 하였다. 이 시에서 '군자'는 후비를 가리킨다.

273) 螽斯 : 《시경》 〈周南〉의 편명으로 시는 다음과 같다. "메뚜기의 깃이 화목하게 모였으니 너의 자손이 번성함이 당연하도다. 메뚜기의 깃이 떼 지어 나니 너의 자손이 계속됨이 당연하도다. 메뚜기의 깃이 모였으니 너의 자손이 번성함이 당연하도다.〔螽斯羽詵詵兮 宜爾子孫振振兮 螽斯羽薨薨兮 宜爾子孫繩繩兮 螽斯羽揖揖兮 宜爾子孫蟄蟄兮〕" 毛序에 〈螽斯〉는 "후비의 자손이 많음을 읊은 것이니, 메뚜기와 같이 투기하지 않으면 자손이 많을 것임을 말한 것이다.〔后妃子孫衆多也 言若螽斯不妬忌 則子孫衆多也〕"라고 하였다.

274) 介 : 사고본에는 '个'로 되어 있다.

275) 然 : 사고본에는 '焉'으로 되어 있다.

276) 秦誓……有容 : 《서경》 〈周書 秦誓〉 제6장에 "곰곰이 내 생각해보니, 만일 한 신하가 정성스럽고 한결같은 모습으로 다른 재주가 없으나 그 마음이 곱고 고와 용납함이 있는 듯하여, 남이 가지고 있는 재주를 자신이 소유한 것처럼 여기며, 남의 훌륭하고 통명함을 마음속에 좋아하되 입에서 나오는 것보다도 더 좋아한다면, 이는 남을 포용하는 것이다. 나의 자손과 백성을 보호할 것이니, 또한 이로움이 있음을 주장할 것이다.〔昧昧我思之 如有一介臣 斷斷猗無他技 其心休休焉 其如有容 人之有技 若己有之 人之彦聖 其心好之 不啻如自其口出 是能容之 以保我子孫黎民 亦職有利哉〕"라는 내용이 보인다. '秦誓'는 《서경》의 마지막 편명으로, 춘추시대 秦 穆公(기원전 682~기원전 621, 재위 기원전 659~기원전 621)이 사람들에게 맹세하는 내용이다. 〈書序〉에 따르면 진 목공이 鄭나라를 정벌했다가 晉 襄公에게 崤山에서 패전하고 돌아와 지은 것이다.

〈螽斯〉 시와 같다면 자기 남편을 독차지하고자 하지 않을 것이고, 신하의 마음 씀이 〈秦誓〉의 한 신하와 같이 그 마음이 곱고 고와 용납함이 있으면 자기 임금을 독차지하고자 하지 않을 것입니다.

方是時에 异가 以姦諛得幸於帝하여 惟恐才能之出己右者가 得進而分其寵이라 故雖區區一徐摛라도 且不見容而必以計去之하니 然其言曰 摛가 年老愛泉石하여 欲求一郡自養이라하니 使帝以异言而質之摛則其姦罔이 立見矣로되 然异가 敢於爲此者는 蓋揣帝之意가 惟己是信하니 必不加質問故也라 後之姦臣이 顓國擅政에 不欲人主它有親任者가 大率以術去之하나니 如异者가 蓋其一也니이다

이 당시 朱异가 간사함과 아첨으로 武帝에게 총애를 얻어서 오직 재주가 자신보다 나은 자가 등용되어 그 총애를 나누어가지게 될까만을 두려워하였습니다. 그러므로 비록 대단치 않은 일개 徐摛라 할지라도 용납하지 못하고 한사코 계책을 써서 제거했던 것입니다. 그러나 그 말로는 "서리가 연로하고 山水를 좋아하여 그 뜻이 自奉할 정도의 작은 고을을 맡는 데 있습니다."라고 하였습니다.

만일 무제가 주이의 말을 가지고 서리에게 물어보았다면 주이가 간사하게 속인 것이 바로 드러났을 것입니다. 그런데도 주이가 이런 짓을 하는 데 과감할 수 있었던 것은, 무제의 뜻이 자기 말만 믿으니 필시 캐묻지는 않을 것이라고 추측했기 때문입니다. 후세의 간신이 국정을 전횡할 때 군주에게 달리 친근히 하고 신임하는 자가 생기는 것을 바라지 않는 경우 대체로 술수를 써서 제거하였으니, 주이 같이 하는 것은 그 가운데 한 방법입니다.

18-19-가[277)]

東魏侯景[278)]이 與高澄[279)]有隙①하여 內不自安하여 據河南叛[280)]하고 請擧十三

277)《資治通鑑》卷160 〈梁紀16 武帝16〉 太淸 원년(547) 1월・3월 조, 卷161 〈梁紀17 武帝17〉 太淸 2년(548) 2월・8월 조, 卷162 〈梁紀18 武帝18〉 太淸 3년(549) 1월 조에 보인다.

278) 侯景 : 503~552. 자는 萬景이며 지금의 내몽고 固陽縣 남쪽에 있던 北魏(386~534) 懷朔鎭 사람이다. 羯族이다. 말을 타고 활 쏘는 것에 뛰어났다. 북위 말기 權臣 爾朱榮(493~530)을 섬겨 軍功으로 定州 刺史가 되었다. 북위의 高歡(496~547)이 학정을 일삼던 爾朱氏를 몰살하고 節閔帝를 폐한 뒤 孝武帝를 옹립하였다가 효무제가 고환을 토벌하려

州內附[281)]어늘 上이 召群臣廷議하니 皆謂非宜러라

① 與高澄有隙 : 澄, 高歡之子, 世專魏政.
'高澄'은 高歡의 아들이다. 고환의 대를 이어 東魏의 國政을 전횡하였다.

東魏의 侯景이 高澄과 사이가 벌어져 스스로 마음이 편안하지 못하였다. 그리하여 河南을 거점으로 반란을 일으키고 13개 州를 넘겨주는 조건으로 梁나라에 歸附할 것을 청하였다. 梁 武帝가 신하들을 불러 조정에서 의론하였는데 모두들 마땅하지 않다고 하였다.

다 실패하고 서쪽 長安으로 달아나자 534년에 다시 孝靜帝(524~552, 재위 534~550)를 옹립하고 東魏(534~550) 시대를 열었는데, 후경은 이러한 고환에게 군사를 이끌고 투항하였다. 고환이 죽은 뒤 고환의 장자인 高澄과 불화하여 다시 梁 武帝(464~549, 재위 502~549)에게 투항하여 河南王에 봉해졌다. 무제 太淸 2년(548)에 반란을 일으켜 수도 建業을 포위하고 臺城을 함락시켰다. 무제를 餓死시키고 簡文帝(503~551, 재위 549~551)를 옹립하였다가 얼마 뒤에 폐하고 다시 豫章王 蕭棟(?~552)을 옹립하였다. 간문제 大寶 2년(551)에 간문제를 죽이고 소동을 폐한 뒤 스스로 왕이 되어 국호를 漢이라 하고 연호를 太始로 고쳤다. 王僧辯(?~555) 등에게 토벌당하여 달아났다가 피살되었다.

279) 高澄 : 521~549. 자는 子惠이며 高歡의 장자로 북위의 懷朔鎭에서 태어났다. 547년에 고환이 죽자, 고환을 대신하여 大丞相・都督中外諸軍・錄尙書事・大行臺・渤海王이 되었다. 東魏의 孝靜帝가 자신을 죽이려고 모의했다는 것을 알고 효정제를 유폐시킨 뒤 동위의 舊臣들을 죽이고 선위를 받으려고 모의했다가 선위 전날 膳奴에게 피살되었다. 아우 高洋(529~559)이 北齊(550~577)를 건립하고 文襄帝로 追諡하였다.

280) 據河南叛 : 梁 武帝 太淸 원년(547) 1월 13일 신해일의 일이다.

281) 請擧十三州內附 : 양 무제 태청 원년(547) 2월 13일 경진일의 일이다. 《자치통감》에는 3월 경진일로 되어 있으나, 3월에는 경진일이 없을 뿐 아니라 《梁書》 권3 〈武帝本紀 下〉에 "2월……경진일에 東魏의 司徒 후경이 豫章・廣・潁・洛・陽・西揚・東荊・北荊・襄・東豫・南兗・西兗・齊 등 13개 주를 가지고 내부할 것을 청하였다.〔二月……庚辰 魏司徒侯景求以豫章廣潁洛陽西揚東荊北荊襄東豫南兗西兗齊等十三州內屬〕"라는 구절에 근거하면 2월 경진일로 보아야 한다. 다만 13개 주의 명칭이 《자치통감》에는 豫・廣・郢・荊・襄・兗・南兗・濟・東豫・洛・陽・北荊・北揚으로 되어 있고, 《梁書》 권56 〈侯景列傳〉에는 후경이 行臺郎中 丁和를 무제에게 보내 항복을 청하면서 河南의 牧伯이자 大州의 수장인 豫州刺史 高成, 廣州刺史 暴顯, 潁州刺史 司馬世雲, 荊州刺史 郎椿, 襄州刺史 李密, 兗州刺史 邢子才, 南兗州刺史 石長宣, 濟州刺史 許季良, 東豫州刺史 丘元征, 洛州刺史 可朱渾願, 揚州刺史 樂恂, 北荊州刺史 梅季昌, 北揚州刺史 元神和 등과 남몰래 결탁하여 기회를 보아 東魏에 반란을 일으키자고 모의하였다고 말하고 있어, 구체적인 명칭에 있어서는 차이를 보이고 있다.

是歲正月乙卯에 上이 夢中原牧守[282)]가 皆以地來降하고 旦[283)]에 見朱异告之한대 异가 曰 此가 宇內混一之兆也라하더니 及景使가 至하여 稱景定計가 以正月乙卯라한대 上이 愈神之하나 然意猶未決하여 嘗獨言我國家가 如金甌하여 無一傷缺[284)]하니 今忽受景地가 詎是事宜며 脫致紛紜이면 悔之何及이리오 朱异가 揣知上意하고 對曰 聖明이 御極에 南北이 歸仰호대 正以事無機會라 難達其心이러니 今侯景이 分魏土之半以來하니 自非天誘其衷・人贊其謀면 何以至此리오 若拒而不納이면 恐絶後來之望일까하노이다 上이 乃定議納景하다

이해 정월 을묘일(17일)에 武帝가 중원의 州牧과 郡守가 모두 땅을 들고 와서 항복하는 꿈을 꾸고서 아침에 朱异를 소견하고 꿈 얘기를 하자 주이가 말하였다.

"이것은 사해 안이 통일될 징조입니다."

후경의 使者가 이르러 후경이 계획에 정한 날짜가 정월 을묘일이라고 말하자, 무제가 더욱 신기하게 여겼다. 그러나 속으로는 여전히 결단을 내리지 못하여 한 번은 혼잣말로 이렇게 말하였다.

"우리나라가 金甌와도 같아서 조금도 손상되거나 흠결된 부분이 없다. 그런데 지금 갑자기 후경의 땅을 받는다면 어찌 이 일이 마땅하겠는가. 만일 혼란을 불러오기라도 한다면 그때 가서 후회한들 어찌 미칠 수 있겠는가."

주이가 무제의 의중을 미루어 짐작하고 대답하였다.

"황상께서 즉위하시자 남북이 귀부하고자 우러러보지만 바로 그런 기회를 가질 일이 없기 때문에 그 마음을 표달하기 어려웠습니다. 그런데 이제 후경이 東魏 국토의 반이나 되는 땅을 가지고 오겠다 하니, 이것은 본래 하늘이 그 마음을 인도하고 사람들이 그 計謀에 찬성한 것이 아니라면 어떻게 이렇게 될 수 있겠습니까. 만약 거절하고 받아들이지 않는다면 후에 귀부하러 올 자들의 희망을 끊을까 두렵습니다."

무제가 마침내 후경을 받아들이는 것으로 논의를 정하였다.

---

282) 牧守 : 州郡의 장관을 이른다. 州의 장관은 '牧', 郡의 장관은 '守'라고 한다.

283) 旦 : 저본・512본에는 '朝'로 되어 있으나, 조선 태조 李旦의 피휘이므로 바로잡았다.

284) 如金甌無一傷缺 : 흠이 없는 무쇠 주발처럼 완전하고 결점이 없다는 뜻으로, 국력이 강하여 외침을 받은 적이 없음을 비유한다. '金甌無缺'이라는 성어가 있다.

東魏高澄이 數遣書求復通好하고 許正陽侯淵明[285]還①이러니 淵明이 亦遣人奉啓어늘 上이 得啓流涕하고 與朝官議之한대 朱异가 又言 靜寇息民이 和實爲便이니이다 司農卿[286]傅岐[287]가 曰 高澄이 何事須和리오 必是設間이라 故命正陽遣使하여 欲令侯景自疑니 景意不安이면 必圖禍亂하리니 若許通好인댄 正墮其計中이니이다 异가 固執宜和라하고 上이 亦厭用兵하여 乃從异言[288]하다

① 許正陽侯淵明還 : 淵明, 宗室子, 以戰敗陷魏.
'蕭淵明'은 梁나라 종실의 자손이다. 전쟁에서 패배하여 東魏에 억류되었었다.

東魏의 高澄이 자주 편지를 보내 다시 통교하여 우호관계를 맺자고 청하고 正陽侯 蕭淵明의 귀국을 허락하였는데 소연명 역시 사람을 보내 상주문을 올리자, 梁 武帝가 상주문을 받고 눈물을 흘리며 조정의 관원들과 논의하였다. 朱异가 또 말하였다.

"도적을 잠잠하게 하고 백성을 쉬게 하는 것은 화친이 실로 유리합니다."

司農卿 傅岐가 말하였다.

"고징이 무슨 일로 화친이 필요하겠습니까. 필시 이간책을 쓰는 것입니다. 그러므로 정양후에게 使者를 보내도록 명하여 侯景으로 하여금 스스로 의심이 들게 하고자 한 것이니, 후경이 불안해한다면 후경은 반드시 화란을 도모할 것입니다.

---

285) 正陽侯淵明 : 梁 武帝 蕭衍의 조카 蕭淵明(?~556)을 이른다. 자는 靖通이며, 무제의 長兄인 長沙王 蕭懿의 아들로 貞陽侯에 봉해졌다. 무제 太淸 원년(547) 11월에 都督이 되어 군대를 끌고 북벌을 나갔다가 패하여 포로가 되었다. 北齊(550~577)가 강성해지면서 555년에 소연명을 梁나라 황제로 세워 남쪽으로 돌려보내자 양나라 장수 王僧辯(?~555)이 맞이하여 황제로 옹립하였다. 얼마 후에 陳霸先(503~559)이 왕승변을 죽이고 소연명을 내쫓아 太傅·建安王으로 삼았다. 이듬해에 北齊에서 소연명을 불렀으나 등창이 나서 죽었다. 북제에서 사후에 閔皇帝로 追謚하였다.

286) 司農卿 : 관직명이다. 양 무제 天監 7년(508)에 大司農을 사농경으로 바꾸고 太常卿·宗正卿과 함께 春卿이라 칭하였다. 농사와 곡물 저장을 관장하였다.

287) 傅岐 : ?~549. 남조 梁나라의 관리로 지금의 寧夏自治區 靈武인 北地郡 靈州 사람이다. 자는 景平이다. 양 무제 태청 원년(547)에 太僕, 司農卿을 역임하였다. 侯景의 난 때 후경에 의해 南豐侯에 봉해졌으나 거절하고 병든 몸으로 宮城의 포위를 뚫고 나가 자택에서 죽었다.

288) 東魏……异言 : 梁 武帝 太淸 2년(548) 2월 조에 보인다.

만일 저들과 왕래하며 우호관계 맺는 것을 허락하신다면 바로 그의 계략에 빠지는 것입니다."

주이가 한사코 화친을 해야 한다고 고집하고 무제 역시 전쟁 일으키는 것을 싫어해서 무제는 마침내 주이의 말을 따랐다.

景이 **以金三百兩餉异**어늘 **异**가 **受金不爲通啓**라 **景**이 **於是**에 **始爲反計**[289]러니 **鄱**(파)**陽王範**이 **密以啓聞**한대 **上**이 **以邊事**로 **專委朱异**하여 **動靜**을 **皆關之**하니 **异**가 **以爲必無此理**라하여 **自是範啓**를 **异**가 **不復爲通**[290]하더라 **景**이 **反於壽陽**하여 **以誅异及少府卿**[291]**徐**[292]**驎**[293] · **太子右衛率**[294]**陸驗**[295] · **制局監**[296]**周石**

289) 景以……反計 : 양 무제 太淸 2년(548) 2월 조에 보인다. 양 무제가 朱异의 말을 따라 蕭淵明에게 東魏와 화친하겠다는 내용으로 편지를 써서 동위에서 보낸 사신 夏侯僧辯에게 주었는데, 하후승변이 돌아가는 길에 壽陽을 들렀다가 侯景에게 억류되어 모두 자복하였다. 후경은 이에 스스로 소연명에게 답장을 써서 보내고 무제에게는 화친을 반대하는 내용의 계문을 올렸다. 또한 별도로 주이에게는 금 3백 냥과 함께 편지를 보냈는데, 주이는 이 금만 받고 무제에게 올리는 계문은 전하지 않았다.

290) 鄱陽……爲通 : 양 무제 태청 2년(548) 8월 조에 보인다. 蕭範(498~549)은 양 무제 蕭衍의 異母弟 蕭恢의 아들로, 자는 世儀이며 지금의 산동성 臨沂市 蘭陵縣인 蘭陵 사람이다. 아버지 소회가 죽은 뒤 작위를 이어받아 鄱陽王에 봉해졌다. 太子洗馬로 벼슬을 시작하여 秘書郞, 黃門郞, 衛尉卿, 益州刺史, 安北將軍, 南豫州刺史 등을 역임하였다. 侯景의 난 때 臺城이 함락되자 나가서 東關을 지키며 北魏에 원군을 요청하고 두 아들을 인질로 보냈으나 북위에서는 끝내 원군을 보내주지 않았다. 이에 군대를 끌고 湓城으로 갔는데, 尋陽王 蕭大心이 소범을 미워하여 곡물을 구매하지 못하도록 막는 바람에 많은 사람들이 굶어죽었고 소범 역시 등창이 나서 죽었다.

291) 少府卿 : '卿'은 대전본 · 사고본에는 없다. '少府卿'은 관직명이다. 양 무제 天監 7년(508)에 少府를 고친 것으로, 太府卿 · 太僕卿과 함께 夏三卿으로 칭한다. 관부의 수공업을 관장하였다.

292) 徐 : 저본 · 대전본 · 509본 · 512본 · 사고본에는 모두 '朱'로 되어 있으나, 인명의 오류이므로 《梁書》 卷56 〈侯景列傳〉과 《자치통감》에 근거하여 바로잡았다.

293) 徐驎 : ?~548. 남조 梁나라 吳郡 吳縣 사람이다. 朱异의 추천으로 벼슬길에 올라 陸驗과 함께 번갈아가며 少府丞 · 太市令을 역임하였다. 虐政으로 상인들에게 원망을 받았으며 주이 · 陸驗과 함께 三蠹로 불렸다. 평소 邵陵王 蕭綸(?~551)의 미움을 받았는데, 후경의 난이 일어나자 소륜에게 피살되었다. 《南史 卷77 陸驗列傳 徐驎》

294) 太子右衛率 : 관직명이다. 동궁의 屬官으로, 崇榮 · 永吉 · 崇和 · 細射 등 4營의 衛士를 통

珍[297]으로 **爲名**하니 **异等**이 **皆以姦佞**으로 **蔽主弄權**하여 **爲時人所疾**이라 **故景**이 **託以興兵**[298]하다 **及景**이 **濟江圍臺城**에 **朝野**가 **共尤朱异**하니 **异**가 **慙憤發疾卒**이어늘 **上**이 **痛惜之**하여 **特贈尙書右僕射**(야)[①299]하다

① 朝野……僕射 : 時, 太淸三年正月也. 三月城陷. 五月武帝殂, 簡文立, 爲景所簒.
때는 梁 武帝 太淸 3년(549) 정월이다. 3월에 궁성이 함락되었다. 5월에 무제가 붕어하고 簡文帝가 즉위하였는데, 얼마 뒤 皇位를 侯景에게 찬탈당하였다.

侯景이 금 3백 냥을 朱异에게 보냈는데 주이가 금만 받고 후경의 啓文은 梁 武帝에게 전하지 않았다. 후경이 이에 비로소 반란을 일으킬 계획을 세웠다.

鄱陽王 蕭範이 은밀히 후경의 모반에 대해 계문을 올렸는데, 무제가 변경의 문제를 전적으로 주이에게 맡겨서 動靜을 모두 주이의 손을 거치게 하니, 주이는 후경이 필시 모반할 리가 없다고 생각하여 이때부터 소범의 계문을 더 이상 무제에게 전하지 않았다.

侯景이 壽陽에서 반란을 일으켜 朱异와 少府卿 徐驎, 太子右衛率 陸驗, 制局監

솔하여 동궁을 守衛하는 일을 담당하였다.

295) 陸驗 : ?~?. 남조 梁나라 吳郡 吳縣 사람이다. 젊어서 가난하여 장사로 부를 이루고 이 부를 이용해 권신들을 섬겼다. 주이의 추천으로 벼슬길에 올라 少府丞·太市令을 역임하였다. 양 무제를 위해 재물을 다루면서 가혹하게 하여 모든 상인들이 두려워하였다.《南史 卷77 陸驗列傳》

296) 制局監 : 관직명이다. 尙書省 소속의 하급 관리로 주로 寒門 출신이 담당하였다. 병기의 제조를 담당하였다.

297) 周石珍 : ?~552. 建康城 노복 출신으로 대대로 비단 파는 것으로 생업을 삼았다. 開陽令·直閣將軍을 역임하였으며 南豐縣侯에 봉해졌다. 후에 侯景에게 항복하여 후경을 위해 제도와 儀仗을 모두 제정하였다. 후경의 난이 평정된 뒤에 江陵으로 압송되어 腰斬당하였다.《南史 卷77 周石珍列傳》

298) 景反……興兵 : 梁 武帝 太淸 2년(548) 8월 10일의 일이다.

299) 朝野……僕射 : 양 무제 태청 3년(549) 1월의 일이다. 대신이 죽은 뒤 추증하는 것은 後漢 초기에 시작되어 六朝 때 매우 성행하였는데, 다만 尙書官만은 종래 추증하지 않았으나 이때 특례로 상서관을 추증한 것이다. 상서복야는 육조시대 상서령의 副職이기는 하였으나 令이 없는 경우 令과 지위의 고하 차이가 없었으며 복야의 벼슬을 하는 사람이 바로 집정자였다. 令과 복야를 병칭하여 '朝端' 또는 '端右'라고 불렀다. 우복야는 禮制를 관장하였다.

周石珍을 주벌하는 것으로 명분을 삼았다. 주이 등이 모두 간사함과 아첨으로 군주의 이목을 가려서 권력을 쥐고 흔들어 당시 사람들에게 질시의 대상이었기 때문에 후경이 이를 구실로 군사를 일으킨 것이다.

후경이 長江을 건너 臺城을 포위하자 朝野가 모두 주이를 탓하였다. 주이가 부끄러움과 분노로 병이 나서 죽자, 武帝가 매우 애석해하여 특별히 尙書右僕射를 추증하였다.

18-19-나(按)

臣은 按 朱异가 以善伺上意로 爲阿諛取寵倖하여 至謀國大事에 不論是非可否하고 亦惟上意是覘하니 侯景之降에 納之가 非策也어늘 异가 揣[300]帝意在於得中原之土라 故勸而成之하고 正月乙卯之夢을 帝嘗以語异라 异가 旣爲諂語以媚帝矣러니 及景使[301]之來에 果云來降之謀가 決於乙卯라하니 蓋异[302]가 敎之使言하여 以符合上意也어늘 帝가 不察而神之하니 豈天奪其鑑[303]하여 使懵(몽)然[304]若是邪아

【臣按】朱异는 군주의 뜻을 잘 살피는 것으로 비위를 맞추고 아첨해서 총애를 취하였습니다. 그리하여 나라의 대사를 도모할 때 이르러서도 是非와 可否를 따지지 않고 마찬가지로 오직 군주의 뜻만 엿보았습니다.

侯景이 來降할 때 그를 받아들이는 것은 올바른 계책이 아니었지만 주이는 武帝의 뜻이 중원의 영토를 얻는 데에 있다는 것을 미루어 짐작하였기 때문에 후경을 받아들이도록 권하여 무제의 뜻을 이루어주었던 것입니다. 또한 정월 을묘일의 꿈을 무제가 일찍이 주이에게 말한 적이 있었기 때문에 주이가 이미 아첨하는 말을 하여 무제에게 환심을 샀었는데, 후경의 使者가 와서는 과연 내항할

300) 揣 : 대전본에는 '專', 사고본에는 '察'로 되어 있다.

301) 使 : 대전본에는 '侯'로 되어 있으나, 오자이다.

302) 异 : 대전본에는 '景'으로 되어 있으나, 오자이다.

303) 天奪其鑑 : '鑑'은 스스로 자신을 비추어보는 것으로, 여기에서는 길흉을 아는 통찰력을 비유한다. 《春秋左氏傳》 僖公 2년(기원전 658)에 晉나라 卜偃이 "괵나라는 반드시 망할 것이다. 下陽을 잃고도 두려워하지 않고 또 전쟁하여 공을 세웠으니, 이는 하늘이 그의 거울을 빼앗아 그의 죄악을 더하게 한 것이다.〔虢必亡矣 亡下陽不懼 而又有功 是天奪之鑑〕"라는 내용이 보인다.

304) 然 : 대전본·사고본에는 '焉'으로 되어 있다.

계획을 을묘일에 결단하겠다고 하였으니, 이는 주이가 그렇게 말하도록 시켜서 무제의 뜻에 부합하게 한 것이었습니다. 그런데도 무제가 이를 알아차리지 못하고 신기하게 여겼으니, 어찌 하늘이 그 거울을 빼앗아 무제를 이처럼 어리석게 한 것이 아니겠습니까.

夫景之叛魏가 由其與高澄有隙也라 旣納景之降則不當通澄之使를 雖三尺童子[305]라도 猶能知之而异가 復揣帝意가 在於得正陽之還이라 故又勸而成之하니 通澄之和는 是가 趣(촉)景之反也라 异本儒生이니 豈蠢(준)然無識者리오마는 其爲此也는 特欲[306] 富貴耳라 用事三十年에 廣納貨賂하여 田園·第館·姬妾·玩好가 甲於一時[307]하니 惴惴焉惟[308]恐其失이라 故一切惟主意是奉而不暇爲國忠謀어늘 梁武가 甘其佞·樂其詐하여 俟景之逼[309]에 朝野가 皆歸罪异而帝가 獨不知之하여 方且哀憐於旣死之餘而寵贈以非常之典하니 臨亂之君各賢其臣[310]이 殆謂此邪인저

侯景이 東魏를 배반한 것은 高澄과 사이가 벌어진 데서 비롯된 것입니다. 이미 후경의 내항을 받아들이기로 했다면 고징의 使者를 받아들이면 안 된다는 것은 삼척동자라도 오히려 알 수 있는 일입니다. 그런데도 朱异는 다시 武帝의 뜻이 正陽侯의 귀환을 성사시키는 데 있다는 것을 미루어 짐작하였기 때문에 또 무제에게 권하여 무제의 뜻을 이루어주었으니, 고징의 화친을 받아들인 이 일은 후경의 반란을 재촉하는 것이었습니다.

주이는 본래 儒生이니 어찌 아무것도 모르는 무식한 자였겠습니까. 그런데도 그가 이와 같은 행동을 했던 것은 단지 부귀를 바라서일 뿐이었습니다. 권력을 전횡한 30년 동안 널리 뇌물을 받아서 전지와 정원·주택·姬妾·玩好物이 당시에 최고였으니 벌벌 떨며 오직 이를 잃을까 두려워했던 것입니다. 이 때문에 일체를 모두 군주의 뜻만 받들어 나라를 위해 충성스러운 계책을 낼 겨를이 없었던 것입니다.

305) 童子 : 대전본에는 '之童'으로 되어 있다.
306) 欲 : 대전본·사고본에는 이 뒤에 '保'가 있다.
307) 用事……一時 : 18-17-가 참조.
308) 惟 : 대전본·사고본에는 '唯'로 되어 있다.
309) 逼 : 대전본·사고본에는 '禍'로 되어 있다.
310) 臨亂……其臣 : 18-11-가 참조.

그런데도 무제는 그의 아첨을 달콤하게 여기고 그의 속임을 즐거워하여 후경이 닥쳤을 때 朝野가 모두 주이에게 죄를 돌렸는데도 무제는 홀로 이를 알지 못하였습니다. 그리하여 그가 죽은 뒤에 이를 슬퍼하고 안타까워하여 특별히 常禮를 뛰어넘는 은전을 베풀었으니, 어지러운 세상의 군주가 저마다 자기 신하를 어질게 여긴다는 것은 아마도 이를 말할 것입니다.

夫人君이 欲觀其臣之邪正인대 大略有二道焉하니 謀議를 徇國不徇君이 此가 正人也니 反是則邪矣요 處身을 徇義不徇利가 此가 正人也니 反是則邪矣라 异가 爲大臣而導諛黷(독)貨하여 兼有二罪어늘 梁武가 一弗之察하니 其致禍亂也가 宜哉로소이다

무릇 군주가 자기 신하가 간사한지 올바른지를 보고자 한다면 대략 두 가지 방법이 있습니다. 계책 내는 것을 나라를 따르고 군주를 따르지 않는 이런 사람이 올바른 사람이니, 이와 반대로 한다면 간사한 자입니다. 처신을 의를 따르고 이익을 따르지 않는 이런 사람이 올바른 사람이니, 이와 반대로 한다면 간사한 자입니다.

朱异가 대신의 신분으로 무제의 비위를 맞추어서 아첨하고 재물을 탐하여 뇌물을 받아서 두 가지 죄를 모두 가지고 있는데도 무제가 끝내 이를 살피지 못했으니, 화란을 초래했던 것은 당연한 것입니다.

以上은 論憸邪罔上之情하니라

이상은 간신이 임금을 속이는 실상을 논한 것이다.

格物致知之要(二) 사물의 원리를 깊이 연구하여 知性의 힘을 극대화하는 핵심적인 방법들 (2)

辨人材 人材를 구별하는 방법들

憸邪罔上之情【姦臣】 奸邪한 자들이 임금을 속인 정상【간신】

19-1-가1[1)]

初에 **高齊之末**[2)]에 **有魚龍·山車等戲**[3)]하여 **謂之散樂**[4)]이라하더니 **隋高祖**[5)]가 **受**

1)《資治通鑑》卷180〈隋紀4 煬帝 上之上〉大業 2년(606) 12월 조에 보인다.

2) 高齊之末 : '高齊'는 北齊를 이른다.《資治通鑑》에는 '齊溫公之世'로 되어 있는데, 溫公은 북제의 제5대 왕인 高緯(재위 565~577)이다.

3) 魚龍山車等戲 : 魚龍은 百戲 雜耍(사) 중에 물고기나 용으로 변화하는 舍利獸를 이르는데, 어룡희는 사리수 모형을 이용하여 사리수가 물고기, 거북, 고래 등의 형태를 거쳐 黃龍이 되는 과정을 표현하는 百戲의 일종이다.《漢書》〈西域傳〉의 贊에 "주지육림을 가설하여 四夷의 賓客에게 연향을 베풀면서 巴兪都盧·海中碭極·漫衍魚龍·角抵 등의 백희를 공연하여 관람한다."라고 하였으므로 漢代에 이미 형성되어 있었던 듯하다. 山車는 수레 위에 棚閣을 설치하고 채색 비단, 假作物 등을 장식하여 山林의 형상을 만든 일종의 假飾舞臺로, 그 안에 사람을 태우거나 악기를 진열하여 공연을 하기도 한 듯하다.

4) 散樂 : 周代의 民間 樂舞로부터 발전하여 성립한 雜技·武術·幻術·滑稽表演·歌舞戲·參軍戲 등의 曲藝·雜耍와 음악이 결합하여 이루어진 樂舞 雜技 演戲의 총칭이다. 漢代에는 서역의 幻術 등의 요소가 도입되었고, 南北朝 이후에는 百戲와 동의어가 되었다. 隋代의 산악은 규모가 매우 크고 형식이 다양하고 기예가 우수하여 공전의 수준에 도달했다. 唐代에는 唐樂과 함께 일본 등에 전래되기도 하였다.

5) 隋高祖 : 541~604(재위 581~604). 隋나라 개국 황제인 文帝 楊堅이다. 弘農 華陰 사람이다. 東漢의 太尉 楊震의 후손이다. 부친은 西魏의 大司空·柱國·隨國公 楊忠이며, 딸은 北周 宣帝 宇文贇(559~580, 재위 578~579)의 황후 楊麗華이다. 北周 大成 1년(579)에 靜帝 宇文闡(573~581, 재위 579~581) 때 相國에 올랐고 581년에 정제의 선양을 받아 隋

禪에 命牛弘[6)]定樂하여 非正聲者를 悉放遣之[7)]하시다 煬帝[8)]가 以啓民可汗[9)]이

를 건국하였다. 이후 後梁과 南朝 陳을 정벌하여 개황 9년(589)에 천하를 통일하였다. 재위 중에 義倉 설립, 均田制 실시, 五省六部制 정비, 開皇律 제정, 府兵制 개혁, 科擧制 실시, 州縣制 정비 등 국가의 기틀을 마련하였다. 평소 의심이 많아 참언이 잘 통하였고 말년에는 법을 가혹하게 적용하였는데 급기야 개황 20년(600)에 무함을 듣고 태자 楊勇을 폐립하고 차남 楊廣을 태자로 삼았다가 仁壽 4년(604)에 병이 위중해지자 양광에게 살해되었다.

6) 牛弘 : 546~610. 자는 里仁이다. 安定 鶉觚 사람이다. 본성은 裛(읍)이다. 성품이 관대하고 후덕하며 검박했으며 문학에 뛰어나고 율령과 예제에 정통하여 '大雅君子'로 일컬어졌다. 隋 文帝 開皇 1년(581)에 散騎常侍 秘書監에 제수되어 〈請開獻書之路表〉를 올려 도서의 '五厄論'을 제시하고 산일된 문헌 전적의 수집, 보관, 정리에 크게 공헌하였다. 개황 3년(583)에 예부 상서에 제수되었고 개황 6년(586)에 太常卿이 되어 雅樂의 改定과 明堂의 修建을 주도하였다. 이후 吏部 尙書·大將軍 등을 역임하였고 《大業律》의 편찬을 주도하였다. 시호는 憲이다.

7) 隋高……遣之 : 隋나라 鄭譯은 중국 고유의 7聲 12律 84調와 蘇只婆 7調를 결합하여 음률을 정비하여, 이를 바탕으로 雅樂을 정리하였다. 正聲은 이를 말한다. 牛弘은 정성에 의거하여 開皇 6년(586)에 雅樂의 음률을 확정하였다. 隋 文帝 開皇 9년(589)에 陳을 평정하고 國伎·淸商伎·高麗伎·天竺伎·安國伎·龜玆伎·文康伎 등 七部樂을 두었고, 우홍의 건의로 鞞·鐸·巾·拂 등 四舞를 보존하였는데, 우홍은 아악을 정리하면서 宋·齊의 舊樂인 淸商과 七部, 四舞의 樂家를 제외하고는 모두 放遣하였다. 裴蘊은 대업 초에 태상소경이 되었는데, 煬帝에게 건의하여 淸樂·西涼·龜玆·天竺·康國·疏勒·安國·高麗·禮畢 등 九部를 두고 천하의 散樂을 모아 太常寺에 소속시켰다. 《隋書 卷15 音樂志下》

8) 煬帝 : 569~618(재위 604~618). 隋나라 제2대 황제인 煬帝 楊廣이다. 일명 英이고, 小字는 阿摐이다. 시호의 경우 唐나라는 煬帝, 夏王 竇建德은 閔帝로 정하였다. 大興 사람이다. 隋 文帝의 차남이다. 開皇 원년(581)에 晉王에 봉해졌고 개황 8년(588)에 南朝 陳을 평정하고 揚州 總管이 되어 강남을 진무하였다. 聲色을 멀리하고 賢士를 예우하였으며 겸양하고 근신하여 文帝의 환심을 샀고 개황 20년(600)에 태자 楊勇을 모함하여 폐위시키고 태자가 되었다. 仁壽 4년(604)에 문제의 병세가 위중해지자 시해하고 즉위하였다. 즉위 후에 東都 洛陽 천도, 대운하 개착, 大業禮·大業律令 제정 등 치적이 많았으며, 대외적으로는 突厥·吐谷渾·琉求 공략 등 세력 확장에 힘을 쏟았다. 그러나 대규모 토목공사를 빈번히 일으키고 잦은 巡幸과 사치향락, 대고구려 전쟁 실패 등으로 많은 民力을 소모하여 각지의 반란을 야기하였다. 大業 14년(618)에 江都에 巡幸했다가 驍果軍 宇文化及이 兵變을 일으켜 시해되었다.

9) 啓民可汗 : ?~609?(재위 ?~609?). 東突厥의 可汗이다. 본래 突利可汗이라고 하였다. 성은 阿史那이고 이름은 染干이다. 부친은 沙鉢略可汗이다. 일설에는 莫何可汗 處羅侯의 아들이라고 한다. 隋 文帝 開皇 19년(599)에 都藍大可汗과 서돌궐의 達頭可汗의 연합 세력에 패

將來朝①라 欲以富樂으로 誇之어늘 太常少卿裴蘊[10)]이 希指하여 奏括天下周·齊·梁·陳樂家子弟하여 皆爲樂戶하고 六品以下至庶人히 有善樂者를 皆直太常하니 於是에 四方散樂이 大集東京이어늘 閱之於芳華苑積翠池[11)]러니 其後에 悉配太常하고 置博士弟子하여 以相傳授하니 樂工이 至三萬餘人이러라

① 煬帝……來朝 : 啓民可汗, 突厥[12)]之君也.
啓民可汗은 突厥의 군주이다.

배하여 隋에 歸降하였다. 이후 도람대가한이 부하에게 살해되고 달두가 자립하여 步迦可汗이 되어 隋의 북방을 침입하자, 隋軍과 함께 이를 패퇴시켰고 仁壽 원년(601)에 隋의 지원을 받아 북정을 추진하여 漠北을 제압하고 동돌궐 대가한이 되었다. 大業 3년(607)에 楡林으로 남하하여 隋 煬帝를 朝見하였고 대업 5년(609)에는 東都 洛陽으로 가서 煬帝를 조현하였다. 같은 해 죽었다. 일설에는 대업 10년(614)에 죽었다고 한다.

10) 裴蘊 : ?~618. 隋朝의 大臣이다. 河東 聞喜 사람이다. 성품이 明辯하고 爲政의 재간이 있었다. 陳나라에서 直閣將軍·興寧令 등을 지냈다. 부친이 隋에 있었기에 은밀히 내응할 것을 隋 文帝 楊堅에게 청하였고 陳이 멸망한 뒤에 발탁되어 開府儀同三司로 加官되었다. 隋 煬帝가 즉위한 뒤에 太常少卿으로 徵召되었다. 대업 5년에 민부 시랑을 거쳐 어사대부에 제수되고 裴矩·虞世基 등과 朝政에 참여하였다. 양제의 뜻에 따라 법리를 왜곡해서 가감하여 형법을 적용하였고, 楊玄感의 당여를 치죄하여 수만 명을 죽였다. 어사를 백여 명으로 증원하고 이목을 군현에까지 넓혔다. 大業 14년(618) 江都의 兵變 때 右屯衛將軍 宇文化及에게 살해되었다.

11) 芳華苑積翠池 : 芳華苑은 곧 西苑으로, 대업 원년(605) 5월에 東都 洛陽의 궁성 서쪽에 지었다. 둘레가 200리에 달했다. '一池三山'의 배치를 취하여 내부에 둘레가 십여 리나 되는 바다를 만들고 바다 안에는 높이가 백여 자에 이르는 方丈山, 蓬萊山, 瀛洲山 등 假山을 조성하였다. 북쪽으로 龍鱗渠를 연결하여 물을 대었다. 용린거를 따라 16院을 만들고 화려한 殿堂과 樓觀을 짓고 각 院마다 4품 夫人을 두어 주관하게 하였다.

12) 突厥 : 튀르크(Türk)의 음차어로, 匈奴의 일파에서 비롯된 것으로 추정된다. 대대로 金山에 살면서 철을 다루는 데 뛰어났다고 한다. 군장의 씨족은 阿史那氏이다. 6세기 무렵 柔然에 복속하다가 552년에 阿史那土門이 可汗을 칭하고 이어서 유연과 鐵勒 등을 격파하고 독립하였다. 土門의 사후에는 점차 동돌궐과 서돌궐로 분할되었는데, 동돌궐은 大興安嶺에서부터 阿姆河까지, 서돌궐은 阿姆河에서부터 아랄해와 페르시아까지 강역을 확장하였다. 그러나 隋·唐 시기 분열정책으로 점차 동돌궐과 서돌궐의 분열과 경쟁이 심화되어 점차 세력이 약화되었다. 동돌궐은 唐 太宗 貞觀 4년(630)에 당에 복속되었고 唐 高宗 顯慶 4년(658)에는 서돌궐이 멸망하였다.

당초 북제 말엽에 魚龍戱·山車戱 등의 雜戱가 있어 散樂이라고 하였다. 隋 高祖가 선양을 받아 즉위하자 牛弘에게 명하여 雅樂의 음률을 정비하여 正聲이 아닌 散樂의 종사자를 모두 풀어주어 내보내게 하였다.

煬帝는 啓民可汗이 와서 조현하려고 하였기에 풍부한 음악을 그에게 과시하고자 하자, 태상소경 裴蘊이 양제의 뜻에 영합하여 北周·北齊·梁·陳 출신으로 천하의 전문적으로 가무에 종사하는 집안 자제들을 모아서 모두 樂戶로 삼고 6품 이하의 관원으로부터 庶人에 이르기까지 음악에 재주 있는 자를 모두 太常寺에 직숙시킬 것을 주청하였다. 그리하여 천하의 散樂이 모두 東京에 크게 모이자, 양제가 芳華苑 積翠池에서 이를 관람하였다. 그 후에 모두 태상시에 배속하고 박사제자를 설치하여 산악을 전수하니 樂工이 3만여 명에 이르렀다.

西域諸胡가 **多至張掖**[13]**交市**[14]어늘 **帝**가 **使吏部侍郞裴矩**[15]로 **掌之**하니 **矩**가 **知帝好遠略**하여 **諸商胡**[16]**至者**를 **矩**가 **誘訪諸國山川風俗**과 **王及庶人儀形服**

13) 張掖 : 한 무제가 武威郡을 나누어 설치한 군명으로 '張國臂掖(나라의 팔과 겨드랑이를 펼친다.)'에서 유래한 명칭이다. 치소는 현재의 감숙성 장액시 서북에 있는 觻得縣에 있었으며, 관할구역은 감숙성 高臺縣 이동, 弱水 상류, 내몽고 에치나(額濟納) 旗 지역이었다. 일설에는 酒泉에서 분리되어 나왔으며 무위군의 관할구역까지 포괄하고 있었다고 한다.

14) 交市 : 漢·魏 이래로 변경의 군국에는 互市를 두어 이민족과 교역을 하였는데, 隋에 이르러 서북 변경에 交市監을 설치하고 호시의 사무를 관장시켰다. 장관인 교시감은 종8품이었다.

15) 裴矩 : 547~627. 隋唐 시기의 정치가, 외교가, 지리학자이다. 본명은 世矩, 자는 弘大이다. 河東 聞喜 사람이다. 일찍이 北齊, 北周, 隋에서 벼슬하였다. 南朝 陳 정벌에 참가하여 嶺南을 평정하였다. 특히 大業 연간에는 隋 煬帝의 중용을 받아 對西域政策의 입안자이자 집행자 역할을 하며 土谷(욕)渾을 타격하고 突厥을 분열시키는 등 서역 경영에서 활약하였다. 民部侍郞, 內史侍郞, 尙書左丞, 吏部侍郞, 黃門侍郞 등을 역임하고 聞喜縣公에 봉해졌다. 蘇威·宇文述·裴蘊·虞世基 등과 朝政을 장악하여 江都의 兵變 이후 宇文化及, 竇建德 등에 협력하여 존중을 받았다. 武德 4년(621) 唐에 항복하여 高祖, 太宗 연간에 殿中侍御史, 太子左庶子, 太子詹事, 檢校侍中, 民部尙書를 역임하고 安邑縣公에 봉해졌다. 絳州 刺史에 추증되었고 시호는 敬이다.

16) 商胡 : '胡'는 흉노 이전에는 북방 이민족을 지칭하는 명칭으로 범용되다가 흉노제국 등장 이후에는 흉노를 주로 지칭하는 데 사용되었다. 그러나 隋·唐 시기에는 중앙아시아의 소그드(Soghd) 인을 지칭하는 말로 사용되었으며 '商胡'는 주로 중앙아시아의 소그드 상인을

飾하여 撰西域圖記三卷하여 入朝奏之하고 且言諸國이 竝因商人하여 密送誠疑하여 願爲臣妾하나니 若服而撫之면 渾・厥을 可滅①이며 戎・夏를 可壹이라한대 帝가 大悅하여 日引矩至御坐하여 親問西域事어늘 矩가 盛言胡中에 多諸珍寶하고 吐谷渾을 易可幷呑[17]이라한대 帝가 於是에 慨然慕秦皇・漢武之功하여 甘心將通西域하여 四夷經略을 咸以委之하고 以矩로 爲黃門侍郞[18]하여 復使至張掖하여 引致諸胡하여 啗[19]之以利하여 勸令入朝하니 自是로 西域諸胡가 往來相繼하니 所經[20]郡縣이 疲於送迎하여 糜[21]費以萬萬計라 卒令中國으로 疲弊하여 以至於亡하니 皆矩之唱[22]導也[23]러라

① 渾厥可滅 : 謂吐谷渾[24]・突厥二大國也.

의미하였다. 소그드는 중앙아시아의 제라프샨강 유역을 중심으로 하는 소그디아나 지방으로 사마르칸드(Samarkand)・부하라(Bukhara)를 중심으로 한다. 그 원주민인 소그드인은 국제적 상업무역에 종사하면서 河西回廊 연변의 돈황・무위・고창 등은 물론이고, 長安에도 거류지를 형성하고 있었으며 강성한 돌궐에 복속하여 돌궐 가한의 경제적 기반 축적에 협조하여 지위와 영향력을 강화해갔다. 수당 시기에는 돌궐과 소그드 간의 분열을 꾀하기 위해 소그드 인의 중국 내지 집단 거주를 허용하고 서역 여러 나라들과의 교역 및 외교에 일정한 역할을 부여하는 방법이 사용되었기도 하였다.

17) 幷呑 : 대전본에는 雙行小字로 되어 있다.

18) 黃門侍郞 : 黃門은 秦・漢 시기에 宮門을 黃色으로 油漆하였기 때문에 일컬은 것으로, 황문시랑은 士人으로 충임하는 外廷의 직임이지만 宮內에서 供職하였기 때문에 명칭을 삼았다. 黃門郞・夕郞으로 부르기도 하였다. 隋・唐 시기 門下省의 副官으로, 품계는 正4品上이었다. 侍中과 함께 문하성의 제반 업무를 관장하며, 의례의 진행을 돕고 奏文을 검열하여 과실을 바로잡고 상벌 여탈의 논의에 참여하였다. 東臺侍郞・鸞臺侍郞・황문시랑 등으로 개칭을 거듭하다가 唐 玄宗 天寶 元年(742)에 門下侍郞으로 개칭되었다.

19) 啗 : 사고본에는 '啗'으로 되어 있다.

20) 經 : 사고본에는 '過'로 되어 있다.

21) 糜 : 대전본에는 '縻'로 되어 있다.

22) 唱 : 사고본에는 '倡'으로 되어 있다.

23) 西域……導也 : 《資治通鑑》 卷180 〈隋紀4 煬皇帝 上之上〉 大業 3年(607) 10월 조에 보인다.

24) 吐谷渾 : 吐谷渾은 'Tuyuhun'의 음차어로, 중국 고대에 遼東 일대에 거주하던 鮮卑族 慕容部의 일파를 말한다. 西晉 말엽에 慕容部의 單于 慕容涉歸의 庶長子인 吐谷渾이 部民을 거느리고 靑海・甘肅 일대로 이동하여 정착하였다. 이후 동서교역의 요지인 靑海道를 장악하고 세력을 키웠다. 6세기에는 동으로 청해, 서로 且末, 북으로 祁連山, 남으로 雲山까지 강역

吐谷渾과 突厥 두 大國을 이른다.

西域 각국의 胡人들이 張掖에 많이 와서 교역하였는데, 煬帝가 吏部 侍郎 裴矩에게 이를 관장하게 하였다. 배구는 양제가 遠方을 경략하기 좋아한다는 것을 알았다. 그리하여 배구가 서역에서 온 상인들을 꾀어 오게 하여 여러 나라의 산천과 풍속, 왕에서부터 서인에 이르기까지의 생김새와 복식을 탐문하여《西域圖記》3권을 찬술하고서 입조하여 이를 아뢰었다. 아울러 서역의 여러 나라가 모두 상인을 통해서 은밀히 정성을 보내와 복속하기를 원하니 만일 이들을 신복시켜 위무한다면 吐谷渾과 突厥을 멸망시키고 西戎과 夏華를 통일할 수 있다고 말하였다. 양제가 크게 기뻐하여 날마다 배구를 불러 御坐 가까이 다가오게 하여 친히 서역의 사정을 묻자, 배구가 서역에는 진귀한 보물들이 많이 있고 토욕혼을 쉽게 병탄할 수 있다고 극구 말하였다. 양제가 이에 꿈에 부풀어 秦 始皇과 漢 武帝의 공적을 동경하여 장차 서역과 개통하기를 원하였다.

이에 四夷의 경략을 모두 배구에게 맡겼다. 그리고 배구를 黃門侍郎으로 임명하여 다시 張掖에 가서 서역 각국의 胡人들을 꾀어 이익으로 그들을 설득하여 입조하도록 권하게 하였다. 이로부터 서역 각국의 胡人들이 끊임없이 왕래하니, 沿路의 군현들이 영접하고 전송하는 일로 피폐해져 소모한 비용이 수없이 많았다. 그리하여 마침내 중국이 피폐해져 망하는 지경에까지 이르게 만들었으니, 이 모두는 배구가 창도한 것이다.

19-1-가2[25)]

御史大夫[26)]**裴蘊**[27)]이 **與裴矩・虞世基**[28)]로 **參掌樞密**하여 **善候伺人主微意**하여

을 확장하였다. 隋初에는 선우 夸呂가 可汗을 칭하고 伏俟城을 수도로 삼아 동서교역의 요충인 河西 지역 진출을 도모한 수・당・토번 등과의 경쟁하였다. 그러나 大業 5년(609)에는 隋에 패배하여 黨項部로 달아났고 舊地에는 西海・河源 2군이 설치되었다. 隋末에 점차 세력을 회복하였으나 唐 高宗 龍朔 3년(663)에 吐蕃의 침공을 받아 멸망하고 일부는 당에 귀속되었다.

25)《資治通鑑》卷181〈隋紀5 煬帝 上之下〉大業 5年(609) 11월 병자 조에 보인다.

26) 御史大夫 : 본래 어사대부는 秦의 통일 후에 처음 설치되었는데, 점차 집정관의 일원이 되어 치폐와 개칭을 거듭하였고, 감찰업무는 御史臺의 副官이었던 御史中丞의 소관이 되었다.

所欲罪者則曲法煅成其罪하고 所欲宥者則附從輕典이러니 是後[29]大小之獄을 皆以付蘊하니 蘊이 有[30]機辯하여 言若懸[31]河라 或重或輕이 皆由其口하니 時人이 不能致詰하더라

御史大夫 裴蘊이 裴矩·虞世基와 함께 기밀업무에 참여하여 양제의 속마음을 잘 엿보았다. 그리하여 양제가 죄 주려고 하는 사람에게는 법률을 왜곡하여 그 죄를 날조하고, 용서해주려고 하는 사람에게는 조문이 간략하고 처벌이 느슨한 법률을 적용하였다. 이후로 크고 작은 옥사를 모두 배온에게 맡겼다. 배온은 임기응변과 언변이 있어서 폭포수처럼 말이 거침이 없었기 때문에 죄인의 처벌을 가중시키거나 경감시키는 것이 모두 그의 말에 따랐는데 당시 사람들이 따지지 못하였다.

19-1-가3[32]

初에 內史侍郎[33]薛道衡[34]이 以才學有盛名하여 久當樞要러니 煬帝가 卽位에

隋나라에서는 어사중승을 어사대부로 改名하였다. 職掌은 風化와 法度를 관장하고 조정 관원의 비위와 불법을 추핵하는 일을 전담하였다. 특히 景龍 3년(709) 이후로는 어사가 모든 탄핵 사안을 우선 어사대부에게 보고하여 彈奏의 상주를 허가받았다.

27) 蘊 : 사고본에는 '緼'으로 되어 있으나, 오자이다.

28) 虞世基 : ?~618. 隋代의 姦臣이다. 자는 茂世·懋世이다. 會稽 餘姚 사람이다. 동생인 虞世南과 함께 재능과 학문이 뛰어나 병칭되었다. 박학하고 초서와 예서에 능하였다. 성품이 침착하고 喜怒를 드러내지 않았다. 南朝 陳에서 입사하여 太子中舍人·尙書左丞 등을 역임하였고 隋나라의 통일 후에는 內史省 通直郞을 거쳐 內史舍人이 되었다. 隋 煬帝의 뜻에 영합하여 신임을 얻어 內史侍郎에 제수되어 기밀을 전담하고 朝政에 참여하였다. 권력을 전횡하여 賣官賣獄을 일삼고 뇌물을 공공연히 받아서 재화를 축적하고 사치와 향락을 즐겼기 때문에 世人의 비판을 받았다. 대업 14년(618)에 宇文化及이 일으킨 江都의 兵變 때 주살되었다.

29) 後 : 대전본에는 '侵'로 되어 있다.

30) 有 : 사고본에는 '甚'으로 되어 있다.

31) 懸 : 사고본에는 '縣'으로 되어 있다.

32)《資治通鑑》卷181 〈隋紀5 煬帝 上之下〉 大業 5년(609) 11월 조와 대업 6년(610) 1월 정축에 보인다.

33) 內史侍郎 : 隋初에는 內史侍郎이라고 하였고, 煬帝 大業 12년(616)에 內書侍郎으로 고쳤다.

道衡이 上高祖文皇帝頌한대 上이 覽之不悅曰 道衡이 致美先朝하니 此가 魚藻之義也①라하고 將置之罪러니 會議新令不決이어늘 道衡이 謂朝士曰 向使高熲[35]不死런들 令決當久行②이라하여늘 有人이 奏之하니 帝가 怒하여 付執法者推之한대 裴蘊이 奏호대 道衡이 負材恃舊하여 有無君之心하니 論其罪名컨대 似如隱昧어니와 原其情意컨대 深爲悖逆이로소이다 帝가 曰 公論其逆이 妙體本心이라하고 遂令自盡하니 天下가 寃之하더라

① 魚藻之義也：魚藻，大雅篇名，刺幽王思武王[36].
'魚藻'는 《詩經》 〈大雅〉의 篇名이니, 周 幽王을 풍자하고 周 武王을 그리워하는 내

內史省의 副職으로 본래 內史令을 도와 邦國의 庶務와 朝廷의 大政에 모두 參議하였다. 품계는 正4品下였다. 隋唐 시기에 관사명의 변천에 따라 내사시랑·중서시랑·西臺侍郎·鳳閣侍郎·紫微侍郎 등으로 개칭을 거듭하였다. 唐 太宗 이후에는 중서령을 비워두는 경우가 많았으므로 실질적인 중서성의 장관으로 기능하였고, 同平章事를 더하면 首相이 되었다.

34) 薛道衡 : 540~609. 隋의 개국공신이다. 자는 玄卿이다. 河東 汾陰 사람이다. 문장에 뛰어나 李德林·盧思道와 명성을 나란히 하였다. 謀事에 능하였으나 처세에는 우활하였다. 北齊·北周·隋에서 벼슬하였다. 隋初에 內史舍人이 되어 기밀업무를 담당하였다. 관직이 內史侍郎 開府儀同三司에까지 올랐지만, 文帝 말에 당파를 결성하였다는 탄핵을 받아 嶺南으로 폄척되었다. 당시에 揚州 總管이었던 晉王 楊廣은 설도형의 문학적 재능을 흠모하여 막하에 두고자 하였지만, 설도형은 양광을 싫어하여 따르지 않았다. 煬帝 즉위 후에 사직을 청하였다. 양제는 본래 秘書監에 임용하고자 하였는데 설도형이 올린 〈高祖文皇帝頌〉을 읽고 노하여 司隷大夫로 삼고 나중에 빌미를 잡아 죄에 빠뜨려 죽였다.

35) 高熲 : 541~607. 隋初의 개국공신이자 宰相이다. 자는 昭玄이다. 渤海 蓨 사람이다. 北周 明帝 2년(558)에 齊王 宇文憲의 記室이 되었다. 北齊 정벌에 공을 세워 開府儀同三司에 올랐다. 開皇 元年(581)에 隋가 건국되자, 尙書左僕射 兼納言에 제수되어 약 21년간 재상으로 집정하였다. 북제의 법률을 참고하여 鄭譯·楊素와 형률을 수정하고 大興城를 건설하는 등 공이 컸고 개황 8년(588)에는 元帥長史로 陳을 평정하였다. 太子 楊勇의 폐위를 반대하여 獨孤皇后의 원한을 사고 文帝와의 관계도 소원해져, 결국 上柱國 王世積의 죄에 연루되어 면직되고 작위를 몰수당했다. 隋 煬帝의 즉위 후에 太常卿에 임명되었으나 散樂 수집과 장성 수축 등에 우려를 표명하다가 朝政을 비방하였다는 죄명으로 주살되었다.

36) 魚藻……武王 : '魚藻'는 《시경》 〈小雅 魚藻〉로 원주에서 〈大雅〉의 편명이라고 한 것은 잘못이다. 幽王을 풍자하고 武王을 그리워하는 내용으로 풀이한 것은 毛序를 따른 것으로, 주희의 《詩集傳》에는 "천자가 제후를 연향할 때 제후들이 천자를 찬미한 시이다.〔天子燕諸侯 而諸侯美天子之詩也〕"라고 설명하였다.

용이다.

② 向使高熲不死令決當久行 : 熲者, 文帝賢相, 煬帝殺之.

'高熲'이란 자는 隋 文帝의 賢相으로 煬帝가 그를 죽였다.

당초에 內史侍郞 薛道衡이 재능과 학문으로 명성이 드높아서 오랫동안 樞要職을 맡았다. 煬帝가 즉위하자 설도형이 〈高祖文皇帝頌〉을 올렸는데, 양제가 이를 보고 불쾌해하면서 말하기를

"설도형이 先皇帝를 지극히 찬미하니 여기에는 〈魚藻〉의 뜻이 있다."

라고 하였다. 장차 그를 죄에 걸려들게 하려고 하였다. 마침 새로운 법령을 논의하는데 결정이 나지 않자, 설도형이 조정의 관원들에게 말하기를

"가령 高熲이 죽지 않았다면 새로운 법령이 결정되어 시행된 지 오래일 것이다."

라고 하였다. 어떤 사람이 이를 아뢰자 양제가 노하여 사법 관원에게 회부하여 심문하게 하였다. 裴蘊이 아뢰기를

"설도형이 재주를 자부하고 선황제의 신임을 믿고서 군주를 무시하는 마음을 가졌으니 그의 죄명을 논해보면 죄상이 명확하지 않은 듯하지만 그의 본심을 따져보면 실로 패역을 행한 것입니다."

라고 하였다. 양제가 말하기를

"공이 그를 패역죄로 논죄한 것은 짐의 마음을 매우 잘 이해한 것이다."

라고 하였다. 마침내 설도형에게 自盡하도록 명하니 천하 사람들이 원통하게 여겼다.

帝가 **稱裴矩之能**하여 **謂群臣曰 裴矩**가 **大識朕意**하여 **凡所陳奏**가 **皆朕之成算**이라 **未發之頃**에 **矩**가 **輒以聞**하니 **自非奉國盡心**이면 **孰能若**[37]**是**리오 **是時**에 **矩**가 **與左翊衛大將軍宇文述**[38] **· 內史侍郞虞世基 · 御史大夫裴蘊 · 光祿**

37) 若 : 사고본에는 '如'로 되어 있다.

38) 宇文述 : ?~616. 北周와 隋의 무장이자 재상이다. 本姓은 破野頭인데 宇文氏로 고쳤다. 자는 伯通이다. 北周 代郡 武川 사람이다. 선비족이다. 용맹하고 궁술과 기마에 능했다. 성품이 탐욕스럽고 비루하여 많은 재산을 모았고 뇌물을 좋아하였다. 北周 때 初仕하여 隋 文帝 開皇 초에 右衛大將軍에 제수되었다. 楊廣을 도와 文帝의 태자 楊勇의 폐위에 찬동하였다.

大夫郭衍[39)]으로 皆以諂諛로 有寵이러니 述이 善於供奉하여 容止便辟하니 侍衛者가 皆取則焉하더라 郭衍이 嘗勸帝五日一視朝曰 無效高祖의 空自勞苦하소서 帝가 益以爲忠曰 唯有郭衍이 心與朕同이라하더라

煬帝가 裴矩의 재간을 칭찬하여 신하들에게 말하였다.

"裴矩는 짐의 뜻을 매우 잘 알아서 진언하고 상주하는 것 모두가 짐이 생각했던 것과 같다. 말을 꺼내기도 전에 배구가 그때마다 이를 아뢰니, 본래 나라를 받드는 데 마음을 다하는 자가 아니라면 누가 이처럼 할 수 있겠는가."

이 당시에 배구가 左翊衛大將軍 宇文述, 內史侍郎 虞世基, 御史大夫 裴蘊, 光祿大夫 郭衍과 더불어 모두 아첨으로 총애를 받았다. 우문술은 양제를 모시는 데 능하여 행동거지가 편벽하니, 양제를 시종하고 호위하는 자들이 모두 그를 본받았다.

郭衍은 일찍이 양제에게 5일에 한 번만 조당에 나아가 정무를 볼 것을 권하면서 말하기를 "고조께서 공연히 스스로를 수고롭게 한 것을 본받지 마십시오."라고 하니, 양제가 더욱 그가 충성스럽다고 생각하여 "오직 郭衍만이 짐의 마음과 같다."라고 하였다.

19-1-가4[40)]

帝가 問侍臣盜賊한대 宇文述이 曰 漸少하니이다 帝가 曰 比從來컨대 少幾何오

煬帝 大業 원년(605)에 開府儀同三司·左衛大將軍·許國公이 되었다. 蘇威·裴矩·裴蘊·虞世基 등과 함께 '五貴'로 병칭되며 朝政에 참여하였다. 대업 4년(608) 토욕혼을 정벌하고, 대업 8년(612) 于仲文과 함께 30만 육군을 지휘하여 高句麗 원정에 종군하였는데, 薩水에서 乙支文德에게 대패하여 평민으로 강등되었다가 뒤에 관작이 복구되었다. 양제의 江都 순행에 배행하였다가 병사하였다. 시호는 恭이다.

39) 郭衍 : ?~611. 北周·隋의 무장이자 관료이다. 字는 彦文이다. 太原 介休 사람이다. 용맹하고 騎射에 능하였다. 北周에서 初仕하였고 隋 건국 후에는 文帝의 친애를 받아 行軍總管이 되어 平涼에 주둔하며 돌궐의 침입을 방비하였다. 開皇 4년(584)에 廣通渠의 개착을 주관하였다. 개황 5년(585)에는 瀛州 刺史가 되었다. 뒤에 朔州 總管으로 옮겨 屯田制를 시행하였다. 隋 煬帝가 즉위한 뒤에는 左武衛大將軍, 光祿大夫 등을 역임하였다. 大業 5년(609)에 양제를 호종하여 吐谷渾을 정벌하였다. 眞定侯에 봉해졌다. 대업 7년(611)에 병사하였다. 시호는 襄이다.

對曰 不能什一이니이다 納言蘇威[41)]가 曰 臣非所[42)]司라 不委[43)]多少어니와 但患漸近하노이다 帝曰 何謂也오 威가 曰 他日에 賊이 據長白山이러니 今在汜水[44)]하고 且往日租賦丁役이 今皆何在오 豈非其人이 皆化爲盜乎잇가 比見奏賊을 多不以實하여 遂使失於支計하여 不時翦[45)]除하고 又昔在鴈門에 許罷征遼러니 今復徵發하니 賊何由息이리잇고 帝가 不悅而罷하다

煬帝가 侍臣에게 도적의 정황에 대해 묻자, 宇文述이 말하였다.

"점점 줄어들고 있습니다."

---

40)《資治通鑑》卷183〈隋紀7 煬帝 下〉大業 12년(616) 5월 壬午 조에 보인다.

41) 蘇威 : 534~623. 隋 文帝·煬帝의 재상이다. 자는 無畏이다. 北周 京兆 武功 사람이다. 개황 원년(581)에 太常卿·太子少保에 제수되었다. 高熲과 朝政을 參掌하여 문제를 보좌하였다. 개황 12년(593)에 私黨을 결성하였다는 죄명으로 탄핵을 받아 파면되었다. 이후 복직과 면직을 거듭하다가 大業 원년(605)에 尙書左僕射·上大將軍이 되었다. 대업 3년(607)에 장성의 노역과 고구려 원정의 중단을 청하였으나, 高熲 등이 주살될 때 연루되어 파면되었다. 후에 太常卿·納言으로 朝政에 참여하였고 開府儀同三司에 올랐는데, 宇文述·裴矩·裴蘊·虞世基 등과 더불어 '五貴'로 불렸다. 대업 11년(614)에 반군의 세력이 강성해지자, 양제에게 간언하였으나 받아들여지지 않았고, 어사대부 배구의 탄핵을 받아 면직되었다. 江都의 병변 이후에는 사세의 변화에 따라 宇文化及·李密·王世充 등에게 귀부하였는데 무덕 4년(621)에 秦王 李世民과 唐 高祖 李淵에게 拜見을 청하였으나 거절당했다.

42) 所 : 사고본에는 '職'으로 되어 있다.

43) 委 : 사고본에는 '知'로 되어 있다.

44) 他日……汜水 : 隋 煬帝 大業 6년(610)에 裴矩가 고구려 정벌을 양제에게 권하여 東萊의 海口에서 전함 3백 척을 건조하게 하고, 이보다 앞서서 천하의 병사를 모두 징발하여 涿郡에 집결하도록 하였다. 이후 전쟁 준비에 수십만 명이 동원되어 많은 사상자가 발생하였다. 이에 많은 백성이 群盜가 되었는데, 처음에 鄒平縣의 백성인 王薄은 무리를 모아 長白山을 점거하고 제군과 제북군의 교외에서 노략질을 자행하며 자칭 知世郎이라고 하였다. 장백산은 山東省 濱州 鄒平縣, 齊南 章丘, 淄博 周村區의 交界地에 있는 산이다. 이후 각지에서 반란이 일어나 대업 12년(616)에는 韋城縣의 翟讓이 瓦崗에서 群盜 1만여 명을 모아 봉기하니 같은 고을 사람인 徐世勣과 李密 등이 호응하였다. 후에 이밀이 우두머리가 되어 대업 13년(617)에 형양과 낙구창을 점령하고 낙양을 압박하였다. 汜水는 지금의 河南省 滎陽市에 있는데, 轉運과 군사의 요충으로 虎牢關이 있는 곳으로 유명하다. 漢代에 成皐縣이 설치되었는데, 隋代에 汜水縣으로 고쳤다.

45) 翦 : 사고본에는 '剪'으로 되어 있다.

양제가 말하였다.

"예전에 비하면 얼마나 줄어들었는가?"

우문술이 대답하였다.

"십분의 일도 안 남았습니다."

納言 蘇威가 말하였다.

"신이 맡은 직무가 아니라서 얼마나 되는지 잘 알지 못하지만, 단지 갈수록 가까워지고 있다는 것이 걱정될 뿐입니다."

양제가 말하였다.

"무슨 말인가?"

소위가 대답하였다.

"종전에는 도적이 멀리 長白山을 점거하고 있었는데, 지금은 가까이 汜水에 있습니다. 게다가 전일의 조세와 부역을 담당하던 사람들이 지금 모두 어디에 있습니까? 어찌 그 사람들이 모두 도적으로 변한 것이 아니겠습니까. 근래 보니 賊情에 대한 보고를 대부분 사실대로 알리지 않아서 마침내 대책을 합당하지 않게 함으로써 제때에 도적을 없애지 못하도록 하고 있습니다. 또 지난번에 鴈門에서 요동 정벌의 중단을 허락하셨는데 이제 다시 군사를 징발하니 도적이 어떻게 종식되겠습니까."

양제가 언짢아하며 논의를 그만두었다.

後에 **又問伐高麗事**어늘 **威**가 **欲帝**로 **知天下多盜**하여 **對曰 今茲之役**에 **願不發兵**하고 **但赦群盜**하면 **自可得數十萬**이니 **遣之東征**하면 **彼喜於免罪**하여 **爭務立功**하리니 **高麗**를 **可滅**이니이다 **帝**가 **不豫**[46]러니 **威**가 **出**커늘 **御史大夫裴蘊**[47]이 **曰 此**가 **大不遜**이로소이다 **天下何處**에 **有多許賊**이리오 **帝**가 **曰 老革**이 **多姦**①하여 **以賊脅我**하니 **欲批其口**호대 **且復隱忍**호라 **蘊**이 **知帝意**하고 **遣人**하여 **誣奏威罪**[48]한대 **令案驗**하여 **獄成**에 **除名爲民**하다

---

46) 豫 : 대전본・사고본에는 '懌'으로 되어 있다. '懌'은 朝鮮 中宗의 諱字이다.

47) 蘊 : 사고본에는 '縕'으로 되어 있으나, 오자이다.

48) 蘊知……威罪 : 배온이 河南의 布衣 張行本을 시켜 소위가 대업 9년(613)에 양제를 배종하여 遼東에서 高陽으로 돌아왔을 때 소위가 인재의 선발을 관장하면서 관직의 제수를 남발

① 老革多姦 : 老革, 猶言老兵.
'老革'은 '老兵'이라고 말하는 것과 같다.

후에 양제가 다시 고구려를 정벌하는 일에 대해 묻자 蘇威는 양제로 하여금 천하에 도적이 많다는 것을 알게 하고자 다음과 같이 대답하였다.

"이번 전쟁에는 바라옵건대 군사를 징발하지 말고 다만 도적들을 사면해준다면 저절로 수십만 군사를 얻을 수 있을 것입니다. 그들을 보내 동방을 정벌한다면 그들은 면죄받은 것을 기뻐하여 다투어 공을 세우려고 힘쓸 것이니 고구려를 멸망시킬 수 있습니다."

양제가 기뻐하지 않았다. 소위가 나가자 御史大夫 裴蘊이 말하였다.

"이는 대단히 불손한 말입니다! 천하 어디에 많은 도적이 있겠습니까!"

양제가 말하였다.

"늙은 놈이 간사함이 많아서 도적으로 나를 협박하니 그 주둥이를 쳐버리고 싶지만 잠시 다시 억눌러 참노라."

배온이 양제의 뜻을 알고 사람을 보내 소위의 죄를 무함하여 상주하자, 조사해서 검증하게 하였다. 獄案이 이루어지자 削籍하여 庶人으로 만들었다.

19-1-가5[49]

虞世基가 **以帝惡聞賊盜**라하여 **諸將及郡縣**이 **有告敗求救者**어든 **世基**가 **皆抑損表狀**하여 **不以實聞**하고 **但云 鼠竊狗盜**라 **郡縣**이 **捕逐**하여 **行當殄盡**하리니 **願陛下**는 **勿以介懷**하소서 **帝**가 **良以爲然**하여 **或杖其使者**하여 **以爲妄言**이라하니 **由是盜賊**이 **徧海內**하여 **陷沒州縣**호대 **帝皆弗之知也**러라 **楊義臣**[50]이 **破降河北**

하고 돌궐을 겁내어 경사로 돌아올 것을 청하였다고 탄핵하도록 하였다.

49)《資治通鑑》卷183〈隋紀7 煬帝 下〉大業 12年(616) 10월 조에 보인다.

50) 楊義臣 : ?~617. 隋의 將領이다. 本姓은 尉遲(울지)인데, 隋 文帝에게 '楊氏'로 賜姓되었다. 北周 代郡 사람이다. 鮮卑族이다. 부친은 儀同大將軍 秦興縣公 尉遲崇이다. 隋 文帝 때 陝州刺使에 제수되었다. 수차례 돌궐의 침입을 격퇴하였다. 文帝 仁壽 원년(601)에 朔州 總管에 제수되었다. 煬帝 大業 3년(607)에 宗正卿이 되었다가 太僕卿으로 옮겼다. 이후 양제를 수행하여 여러 차례 吐谷渾·高句麗 정벌에 종군하였다. 대업 12년(616)에 하북의 반군 張金稱·高士達 등을 토벌하여 격파하였다. 그러나 양제의 의심을 사서 입조하여 光祿大夫·

賊數十萬하고 **列狀以聞**이어늘 **帝歎曰 我**가 **初不聞賊**이 **頓如此**러니 **義臣降賊**이 **何多也**오 **世基**가 **對曰 小竊**이 **雖多**나 **未足爲慮**어니와 **義臣**이 **克之**하고 **擁兵不少**하여 **久在閫外**하니 **此最非宜**니이다 **帝曰 卿言**이 **是也**라하고 **遽追義臣**하고 **放散其兵**하니 **賊**이 **由是復盛**하니라

虞世基는 양제가 적도의 상황에 대해 듣기 싫어한다고 여겼다. 여러 장수와 郡縣이 패전을 알리고 구원을 청하는 경우가 있으면 우세기가 모두 표문의 내용을 빼버리거나 줄여서 사실대로 보고하지 않고 다만 다음과 같이 말하였다.

"쥐와 개가 훔치는 정도의 좀도둑들이라서 郡縣이 체포하고 쫓아서 장차 전부 섬멸될 것이니 폐하께서는 개의치 마십시오."

양제가 참으로 이를 옳게 여겨서 어떤 때는 그 使者에게 매를 쳐서 보고 내용을 헛소리라고 하였다. 이로 말미암아 도적이 海內에 두루 퍼져 州縣을 함락시키는데도 양제가 이를 전혀 알지 못하였다.

楊義臣이 하북의 도적 수십만 명을 격파하여 항복시키고 전황을 열거하여 보고하자, 양제가 탄식하며 말하였다.

"내가 애초에 도적이 이처럼 어지럽힌 것을 듣지 못했는데 양의신이 항복시킨 도적이 어찌하여 많은가?"

우세기가 대답하였다.

"좀도둑들이 비록 많기는 하지만 아직 우려할 만한 정도는 아닙니다. 하지만 양의신이 도적들을 물리쳤고 적지 않은 군대를 거느리고서 오래도록 외방에 있으니 이는 매우 온당치 않은 일입니다."

양제가 말하기를 "경의 말이 옳다."라고 하고 대번에 양의신을 불러들이고 그가 거느린 군대를 해산시키니 도적들이 이로 말미암아 다시 많아졌다.

19-1-가6[51)]

煬帝가 **旣幸江都**[52)]하여 **以其子越王侗**으로 **爲東都留守**[①53)]러니 **李密**이 **帥衆逼**

禮部尙書 등을 역임하고 오래지 않아 병사하였다.

51) 《資治通鑑》 卷183 〈隋紀7 煬帝 下〉 大業 12년(616) 7월 壬戌 조와 《資治通鑑》 卷183 〈隋紀7 恭帝〉 義寧 원년(617) 4월 丁未 조에 나온다.

東都②어늘 隋兵이 拒之라가 敗走하니 密이 移檄하여 數帝十罪어늘 越王侗이 遣太常丞元善達[54]하여 間行賊中詣江都하여 奏稱李密이 有衆百萬하여 圍逼東都하니 若陛下가 速還이면 烏合이 必散이요 不然이면 東都가 決沒하리이다 因歔欷嗚咽한대 帝爲之改容이러니 虞世基가 進曰 越王이 年少라 此輩誑之니 若如所言인대 善達이 何緣來至리잇고 帝乃勃然怒曰 善達은 小人으로 敢廷辱我라하고 因使經賊中하여 向東陽催運한대 善達이 遂爲群盜의 所殺하니 是後에 人人이 杜口하여 莫敢以賊聞이러라

① 爲東都留守 : 東都, 洛陽也.
'東都'는 洛陽이다.

② 李密帥衆逼東都 : 李密, 叛臣也.
李密은 叛臣이다.

煬帝가 江都로 행차해서 아들인 越王 楊侗을 東都 留守로 삼았다. 李密이 무리를 거느리고 東都를 핍박하자 수나라 군대가 이를 막다가 패주하였다. 이밀이 격문을 돌려 양제의 열 가지 죄를 일일이 들었다. 이에 월왕 양동이 太常丞 元善達을 파견하여 사잇길로 도적 가운데를 지나 강도에 이르러 다음과 같이 아뢰었다.

"이밀이 무리 백만을 거느리고서 동도를 포위하여 압박하니 만약 폐하께서 속히 돌아오신다면 이밀의 오합지졸은 반드시 흩어질 것입니다. 돌아오시지 않는다면 동도가 반드시 함락될 것입니다."

이어서 흐느껴 울자 양제가 이 때문에 태도를 바꾸었다. 虞世基가 나아가 말하였다.

---

52) 煬帝旣幸江都 : 《資治通鑑》 卷183 〈隋紀7 煬帝 下〉 大業 12년(616) 7월 壬戌(8일) 조 기사에 보인다. 당시에 江都(江蘇 楊州)에서 새로 龍舟를 만들어 東都(洛陽)로 보내자, 우문술의 건의로 甲子日(10일)에 행차하였다.

53) 以其……留守 : 大業 12년(616)에 隋 煬帝가 江都로 행차하면서 越王 楊侗에게 명하여 東都를 留守하되, 光祿大夫 段達·太府卿 元文都·檢校民部尙書 韋津·右武威將軍 皇甫無逸·右司郎 盧楚 등과 留臺의 뒷일을 관장하도록 하였다.

54) 元善達 : 隋 煬帝 때의 太常丞이다. 越王 楊侗의 命을 받아 포위를 뚫고 江都에 가서 구원을 청하였다. 煬帝가 권고를 듣지 않자 극력 간하였으나 받아들여지지 않았다. 결국 東陽郡으로 파견되어 糧草의 운송을 재촉하도록 하였는데, 오래지 않아 群盜에게 피살되었다.

"월왕이 어려서 이러한 무리가 속인 것입니다. 말한 대로라면 원선달이 어디를 통하여 왔겠습니까?"

양제가 이에 발끈 성을 내며 말하였다.

"일개 하급관리인 원선달이 감히 조정에서 나를 모욕하였다."

이로 인하여 적중을 지나 東陽에 가서 양식의 운송을 재촉하도록 하였는데 원선달이 마침내 군도에게 피살되자, 이후로는 사람들이 두려워하여 저마다 입을 다물고 감히 도적의 상황을 보고하지 못하였다.

世基가 **容貌**가 **沈審**하고 **言多合意**하니 **特爲帝所親愛**하여 **朝臣**이 **無與爲比**라 **親黨**이 **憑之**하여 **鬻官賣獄**하고 **賄賂公行**하여 **其門如市**하니 **由是**로 **朝野**가 **共疾怨之**하더라 **內史舍人**[55]**封德彝**[56]가 **託附世基**하여 **密爲指畫**하여 **宣行詔命**에 **諂順帝意**하고 **群臣表奏忤旨者**를 **皆屛而不奏**하고 **鞫**[57]**獄用法**이 **多峻文深詆**요 **論功行賞則抑削就薄**이라 **故世基之寵**이 **日隆而隋政**이 **日壞**하니 **皆德彝所爲也**①러라

55) 內史舍人 : 隋初에 내사사인 8인을 두어 詔誥를 전담하도록 하였다. 품계는 정6품상이었는데, 개황 3년(583)에 종5품상으로 올렸다. 양제 대업 3년(607)에는 정원을 4인으로 줄였다. 이후 省名의 변천에 따라 내서사인·내사사인·중서사인 등으로 개칭되었다. 주로 禁中에서 수직하고 奏文을 올리고 表章의 내용을 상의하여 가부를 결정하는 데 참여하였으며, 尙書 6司의 表章을 분담하기도 하였다. 그리고 황제의 詔勅과 制書 등의 초안을 작성하고 재가를 받아 절차대로 시행되도록 하였다. 이때 제칙의 초안을 작성하여 재가를 받는 일을 전담하는 1인을 知制誥라고 하였고 他官이 겸직하면 兼知制誥라고 하였다. 이외에도 원통한 일이나 지체되는 일은 문하성의 급사중·어사대의 시어사과 함께 사안을 심리하여 판결하였고, 관원의 考課에도 참여하였다.

56) 封德彝 : 568~627. 隋末唐初의 관료이다. 이름은 倫이고, 자는 德彝이다. 觀州 蓨縣 사람이다. 일찍이 楊素의 막료가 되었다. 大業 연간에 內史舍人에 올랐다. 행정에 뛰어나고 법률에 정통하여 內史侍郞 虞世基의 총애를 받았다. 대업 14년(618)에 江都의 兵變이 일어나자 宇文化及에 협력하여 內史令에 제수되었다. 뒤에 唐에 투항하였다. 太宗이 즉위하자 尙書右僕射가 되었고, 刑法에 따른 治國을 주장하였다. 생전에 太宗의 知遇를 입었으나 암암리에 太子 李建成을 보호하였던 사실이 밝혀져 貞觀 17년(643)에 관작을 추탈당하고, 시호가 明에서 繆로 고쳐졌다.

57) 鞫 : 대전본·사고본에는 '鞠'으로 되어 있다.

① 世基……爲也 : 後宇文化及[58]等反弑煬帝, 虞世基・裴蘊[59]亦被殺.
뒤에 宇文化及 등이 반란을 일으켜 煬帝를 시해하였고, 虞世基와 裴蘊도 그에게 살해당했다.

虞世基는 몸가짐이 침착하고 신중하며 말이 양제의 뜻과 부합하는 것이 많자 특별히 양제의 친애를 받아서 朝臣 중에 그와 더불어 견줄 자가 없었다. 그의 私黨이 그를 믿고서 돈을 받고 관직을 팔거나 판결을 멋대로 하고 뇌물이 공공연히 행하여져 그의 집 문 앞은 저자처럼 붐볐다. 이로 말미암아 朝野의 사람들이 모두 그를 미워하고 원망하였다.

內史舍人 封德彝가 우세기에게 붙어서 은밀히 조종하여 詔命을 선포하고 행할 때 양제의 뜻에 아첨하여 맞추고 신하들의 表文과 章奏 중에서 양제의 뜻에 거스르는 것은 모두 막아놓고 아뢰지 않았다. 그리고 옥사를 심리하여 조문을 가혹하게 적용하고 날조하고 훼방하는 것이 많았고 논공행상은 억누르고 깎아내려 야박하게 하였다. 이 때문에 우세기에 대한 총애가 날로 높아졌고 수나라의 정사가 날로 무너졌으니, 이는 모두가 봉덕이가 한 짓이었다.

19-1-나(按)

臣은 按 隋煬이 不道하여 罪浮於紂而蘊・矩・世基諸臣은 則其飛廉[60]・惡來[61]也라

---

58) 宇文化及 : ?~619. 隋末唐初의 대신이다. 代郡 武川 사람이다. 부친은 左翊衛大將軍 宇文述이다. 성격이 간교하고 부친의 권세를 믿고 법도를 따르지 않고 非違를 저질렀다. 양제가 즉위한 뒤 右屯衛將軍에 올랐다. 大業 14년(618) 황제가 江都에 갔을 때 武賁郎將 司馬德勘 등이 그를 수령으로 추대하자, 驍果軍을 거느리고 兵變을 일으켜 양제를 시해하였다. 이후 秦王 楊浩를 옹립하고 大丞相이 되어 섭정하였다. 洛陽으로 출정하여 李密과 싸웠으나 童山에서 李密・徐世勣 등에게 대패하였다. 이후 양호를 독살하고 칭제건원하여 연호를 天壽, 국호를 許라고 하였다. 619년 竇建德에게 사로잡혀 참수되었다.

59) 蘊 : 사고본에는 '縕'으로 되어 있는데 오자이다.

60) 飛廉 : 殷나라 紂王의 총신이다. '蜚廉'이라고도 한다. 《맹자》〈滕文公 下〉 제9장에 따르면 "주공이 무왕을 보필하여 주왕을 주살하고 3년 동안 엄나라를 정벌하여 그 임금을 토죄하고 비렴을 바닷가로 내쫓아 죽였다.〔周公相武王 誅紂 伐奄三年 討其君 驅飛廉於海隅而戮之〕"라고 하였다.

61) 惡來 : 殷나라 紂王의 간신이다. '惡來革'이라고도 하며, 飛廉의 아들이다. 용력이 뛰어난 것으로 이름이 알려졌다. 《史記》〈殷本紀〉에 따르면 "주왕이 또 악래를 임용하였다. 악래는 비

然今考之컨대 蘊等所以眩惑其君者가 初亡它技요 一惟逢迎上意而已라 知帝之耽嗜音樂也則請括天下散樂百戱하여 集于京師하여 樂工이 至三萬餘人하니 於是에 帝之心이 蕩於鄭·衛哇淫之聲而流連酣宴이 無有窮極矣요 知帝之好大喜功也則謂西域諸國이 富於珍寶하니 請招而誘之하여 使入朝覲而渾·厥을 可平이라한대 於是에 帝之心이 慨然欲爲秦皇·漢武之事而中國이 疲弊하여 日趨於亡矣요

【臣按】隋 煬帝가 무도하여 죄가 紂王보다 컸고 裵蘊, 裵矩, 虞世基 등의 신하들은 바로 飛廉·惡來와 같은 간신이었습니다. 그러나 지금 상고해보건대 배온 등이 자신의 군주를 현혹한 방법은 애당초 별다른 기술이 없었고 하나같이 양제의 의중에 영합하였을 뿐입니다.

양제가 음악을 매우 좋아한다는 것을 알아채고는 천하의 散樂과 百戱를 모아 京師에 집결시키도록 청하여 樂工이 3만여 명에 이르렀습니다. 그리하여 양제의 마음이 鄭·衛의 비속하고 음란한 음악에 방탕해져 遊樂에 탐닉하고 酒宴이 끝이 없었습니다.

양제가 공적을 세우길 매우 좋아한다는 것을 알아채고는 '西域의 여러 나라가 진귀한 보화가 많으니 그들을 불러서 꾀어 들어와 朝覲하도록 하면 吐谷渾과 突厥을 평정할 수 있다.'라고 하였습니다. 그리하여 양제의 마음이 꿈에 부풀어 秦始皇帝와 漢 武帝의 사업을 행하고자 하자 中國이 피폐해져 날이 갈수록 망국으로 치달렸습니다.

知帝가 怒薛道衡進頌에 有諷刺之意則組織其罪曰 原其情意하니 實爲悖逆이라한대 帝果悅之曰 公論其逆이 妙[62]體本心이라하니 以其能去已[63]所惡也요 知帝之怠於政事也則勸五日一視朝하여 曰 無效高祖의 空自勞苦라한대 帝果悅之曰 惟有郭衍이 心與我同이라하니 以其能順已所欲也요

薛道衡이 올린 〈高祖文皇帝頌〉에 풍자의 의도가 있다는 데 양제가 노한 것을 알아채고는 그의 죄를 얽어서 말하기를 "그의 본심을 따져보면 실로 패역죄에 해

방과 참소에 능하여 제후들이 이 때문에 더욱 소원해졌다.〔紂又用惡來 惡來善毁讒 諸侯以此益疏〕"라고 하였다.

62) 妙 : 사고본에는 '玅'로 되어 있다.

63) 去已 : 대전본에는 雙行小字로 되어 있다.

당합니다."라고 하였습니다. 양제가 과연 기뻐하며 말하기를 "공이 그를 패역죄로 논죄한 것은 짐의 마음을 매우 잘 이해한 것이다."라고 하였으니, 배온이 자기가 미워하는 사람을 제거할 수 있었기 때문입니다.

양제가 정사에 게을러진 것을 알고는 5일에 한 번 조당에 나아가 정무를 볼 것을 권하여 말하기를 "고조께서 공연히 스스로를 수고롭고 고생스럽게 한 것을 본받지 마십시오."라고 하였습니다. 양제가 과연 이를 기뻐하며 말하기를 '오직 郭衍만이 내 마음과 같다.'라고 하였으니, 곽연이 자신이 하고자 하는 바에 따랐기 때문입니다.

其後盜賊이 四起에 知帝之意가 尤所惡聞則四方表奏를 抑而不達曰 天下何處에 有許多賊이리오하며 曰 鼠竊狗偷라 行且盡殄이라한대 於是에 帝가 惑其言하여 發怒於蘇威하고 致疑於楊義臣하고 切齒於元善達而賊益猖熾하여 不可復制하여 不一二年에 隋遂以亡하니 原諸人之所以爲此者컨대 欲以保有寵祿爾나 而不知國事가 旣敗에 身無處所라 何寵祿之可保邪리오

뒤에 도적이 사방에서 봉기했을 때 양제의 뜻이 특히 도적의 정황에 대해 듣기 싫어한다는 것을 알고는 사방에서 오는 表奏를 눌러두고 줄여서 전하지 않고 말하기를 "천하 어디에 이처럼 많은 도적이 있겠습니까!"라고 하였으며, "쥐와 개가 훔치는 정도의 좀도둑들이라서 장차 전부 섬멸될 것입니다."라고 하였습니다.

이에 양제가 우세기의 말에 현혹되어 蘇威에게 성을 내고 楊義臣에게 의심을 품었고 元善達에게 이를 갈아 도적이 더욱 창궐하여 다시는 제압할 수 없게 되었습니다. 그리하여 한두 해가 못 되어 隋나라가 마침내 이로써 망하였습니다. 간신들이 이를 행한 이유를 따져보면 총애와 봉록을 지키고자 했을 뿐인데, 그러나 나라가 망하고 나면 자신들도 몸 둘 곳이 없어진다는 것을 알지 못하였습니다. 어떻게 총애와 봉록을 지킬 수 있겠습니까?

卽數人而論之컨대 虞世基者는 又姦之首・佞之魁也라 故魏徵[64)65)]이 嘗曰 梁武가 偏

64) 徵 : 대전본에는 '證'으로 되어 있으나, 오자이다.

65) 魏徵 : 580~643. 唐 高祖・太宗 연간의 宰相이자 諫臣이다. 자는 玄成이다. 魏郡 內黃 사람이다. 어렸을 때 빈곤하여 출가하여 道士가 되었다. 隋末에 瓦崗軍에 가담하여 李密을 돕다가 唐에 귀순하였고 다시 竇建德의 포로가 되어 그에게 등용되었다가 다시 唐에 귀부하

信朱异하여 以致臺城之辱하고 隋煬이 偏信虞世基하여 以致江都之禍라하니 夫二君之所以信之者는 由其能適己之欲也라 孰知其所以適己者가 秖[66]以禍己歟리오 昔에 伊尹[67]之告太甲[68]에 曰 有言이 逆于汝心이어든 必求諸道하고 有言이 遜于汝志어든 必求諸非道[69]라하니 蓋忠言至論이 往往逆人主之心하나 然揆之理而得則雖忤意而當從이요 姦言邪說이 往往順人主之志하나 然揆之理而悖則雖合意而當察이니 人主가 知此則揣摩之姦이 不得售而窺伺之計가 無所施矣리이다

몇몇 간신들을 가지고 논해보면 虞世基라는 자는 또 간교한 신하 중의 으뜸이고 아첨하는 신하 중의 우두머리입니다. 그러므로 魏徵이 일찍이 "梁 武帝가 朱异만을 믿다가 臺城의 치욕을 당했고 隋 煬帝가 우세기만 믿다가 江都의 재앙을 당하였다."라고 하였습니다. 저 두 임금이 이들을 신뢰한 이유는 그들이 자신의 욕

였다. 太子洗馬에 임명되어 李建成의 측근이 되었다. 玄武門의 變 이후 唐 太宗의 발탁을 받아 諫議大夫가 되었다. 이후 秘書監·侍中·左光祿大夫 등을 역임하였고 鄭國公에 봉해졌다. 直諫으로 유명하였다. 시호는 文貞이다.

66) 秖 : 대전본·사고본에는 '祗'로 되어 있다.

67) 伊尹 : ?~?. 商初의 賢相이다. 이름은 伊 또는 摯이다. 尹·阿衡·保衡 등의 이칭은 이윤의 관직을 의미한다. 空桑 사람이다. 湯王이 有莘氏의 딸과 결혼할 때 媵臣으로 따라왔다가 발탁되었다. 湯王을 보좌하여 夏를 멸망시키고 商을 건국하는 데 공을 세웠다. 탕왕의 사후에는 外丙·仲壬·太甲·沃丁을 보좌했다. 태갑이 즉위 초에 선왕의 법을 어기고 無道를 자행하자, 桐宮에 유폐시키고 섭정하였다. 후에 태갑이 잘못을 뉘우치고 덕을 닦자 다시 복위시켰다. 일설에는 태갑의 제위를 찬탈하였고 태갑을 桐에 유폐시켰으나 國人의 지지를 받지 못하고 몰래 돌아온 태갑에게 죽임을 당했다고 전해진다. 《서경》의 〈伊訓〉·〈咸有一德〉 등이 이윤의 글로 전한다.

68) 太甲 : ?~?(재위 ?~?). 商의 제4대 왕으로, 姓은 子이며, 이름은 太甲이다. 일명 祖甲이라고도 한다. 王號는 太宗이다. 商의 개국자인 湯王 天乙의 손자이며, 太丁의 아들이다. 《史記》 〈殷本紀〉에 따르면, 탕왕의 태자 태정은 즉위하기 전에 죽었다. 이에 그의 동생인 外丙과 仲壬이 차례로 즉위하였는데, 중임이 죽자 伊尹이 太甲을 옹립하였다. 그러나 즉위 원년에 태갑이 탕왕의 법도를 지키지 않고 덕을 어지럽히자, 이윤이 그를 桐宮으로 내쫓고 3년 동안 섭정하였다. 뒤에 태갑이 자신의 잘못을 뉘우치자 이윤이 다시 복위시켰다. 이후 태갑이 덕치를 행하여 12년간 재위하였는데, 제후들이 심복하고 국가가 평안하게 다스려졌다. 이윤은 이를 기뻐하며 〈太甲訓〉 3편을 짓고, 태갑을 기려서 太宗이라고 칭했다고 한다. 그러나 《竹書紀年》에 태갑 원년에 이윤이 태갑을 桐으로 추방하고 스스로 즉위하였는데, 7년 뒤에 태갑이 돌아와 이윤을 죽이고 즉위하였다고 한다.

69) 有言……非道 : 《서경》 〈太甲 下〉에 보인다.

망에 맞춰줄 수 있었기 때문입니다. 어찌 그들이 자신에게 맞춰주는 것이 자신을 해칠 뿐임을 누가 알았겠습니까.

옛날에 伊尹이 太甲에게 아뢰기를 "어떤 말이 당신의 마음에 거슬리거든 반드시 도리에 맞는지 따져보고, 어떤 말이 당신의 뜻에 순종하거든 반드시 도리에 맞지 않는 것이 아닌지 살펴보아야 합니다."라고 하였습니다. 이는 忠言과 至論이 자주 임금의 마음을 거스르지만 이치에 헤아려보아 부합한다면 비록 자기의 뜻에 거스르더라도 따라야 하고, 姦言과 邪說은 자주 임금의 뜻에 맞지만 이치에 헤아려보아 도리에 어긋난다면 비록 뜻에 부합하더라도 살펴야 합니다. 임금이 이를 알면 임금의 마음을 헤아려 영합하는 간사함이 목적을 성취할 수 없고 임금의 의중을 엿보는 계략이 행해질 곳이 없을 것입니다.

19-2-가[70)]

唐高宗[71)72)]이 **將立武昭儀**[73)]**爲后**①어시늘 **大臣**이 **切諫**하더니 **禮部尙書許敬**

70)《新唐書》 卷223上 〈姦臣列傳 許敬宗〉에 보인다. 永徽 5년(654)에서 영휘 6년(655)의 일이다.

71) 宗 : 대전본에는 '帝'로 되어 있다.

72) 唐高宗 : 628~683(재위 649~683). 唐나라 제3대 황제 李治이다. 소자는 雉奴이다. 자는 爲善이다. 시호는 天皇大聖大弘孝皇帝이다. 長安 사람이다. 唐 太宗의 제9남이며, 모친은 文德順聖皇后 長孫氏이다. 성품이 유약하였다. 貞觀 5년(631) 晉王에 봉해졌다. 정관 17년(643)에 태자 李承乾이 폐위되자, 태자로 책립되었다. 즉위 후에는 貞觀之治의 遺風을 계승하여 태종의 舊臣을 중용하고 정무를 부지런히 수행하여 唐朝의 典章制度를 모두 갖추어 永徽之治를 이루었고, 서돌궐 평정과 고구려 멸망 등 대외 확장에 성과를 거두어 唐代 최대 판도를 이룩하였다. 영휘 6년(655)에 王皇后를 폐하고 武后(則天武后)를 세우고 이에 반대한 褚遂良・長孫無忌 등 고명대신을 축출하였다. 顯慶 5년(660) 병이 심해진 뒤에는 무후에게 정치를 위임하여 실권을 잃었다.

73) 武昭儀 : 624~705. 唐 高宗의 后妃인 則天武后이다. 幷州 文水 사람이다. 시호는 則天大聖皇后이다. 지혜가 많고 문사를 겸했다. 14세에 太宗의 才人이 되었다가 태종의 사후에 感業寺에 출가하여 비구니가 되었다. 高宗 永徽 초에 고종이 다시 입궁시켜 昭儀로 삼았다. 영휘 6년(655)에 황후가 되었고, 顯慶 5년(660)에 고종의 병환이 중해지자 국정을 위임받아 처리했다. 上元 원년(674)에 天后라고 칭했다. 고종의 사후, 中宗이 즉위하자 황태후가 되어 臨朝稱制했다. 중종을 폐위하고 睿宗을 세운 후에 국정을 혼자 처리했다. 天授 원년(690)에 국호를 周로 고치고 聖神皇帝라고 칭제하였다. 재위 동안 정적을 축출하고 酷吏를

宗[74]이 **陰揣帝私**하여 **卽妄言曰 田舍子**가 **賸穫十斛麥**이라도 **尙欲更故婦**어든 **天子**가 **富有四海**하시니 **立一后**를 **謂之不可**는 **何哉**오한대 **帝意遂定**하시다 **王后**가 **廢**②커시늘 **敬宗**이 **請削后家官爵**하고 **廢太子忠而立代王**③한대 **帝得所欲**이라 **故詔**[75]**敬宗**하여 **待詔**[76]**武德殿西闥**이러니 **俄拜侍中**하여 **進中書令**④하다 **敬宗**이 **於立后**에 **有助力**이라 **知后**가 **鉗戾能固位以久己權**하고 **乃陰連后謀**하여 **逐韓瑗·來濟·褚遂良**[77]하고 **殺梁王**⑤**·長孫無忌**[78]**·上官儀**⑥[79]한대 **朝廷**이 **重**

중용하여 밀고를 크게 장려했다. 宗室과 舊臣을 크게 탄압했다. 《氏族志》를 《姓氏錄》으로 바꾸어 5품 이상의 관원을 士流로 편입하고, 殿試와 武擧를 실시하여 인재를 발탁했다. 불교를 진흥시키고 명당을 만들었으며 員外試官을 설치했다. 농업을 중시해 호구를 증가시킴으로써 경제를 발전시켰다. 말년에 병이 위중해지자, 張柬之 등이 중종을 복위시켰다. 사후 고종과 함께 건릉에 합장되었다.

74) 許敬宗 : 592~672. 唐나라의 대신이다. 자는 延族이다. 杭州 新城 사람이다. 부친은 隋代의 禮部侍郎 許善心이다. 隋 煬帝 大業 연간에 秀才로 천거되었다. 얼마 뒤 李密 휘하에서 記室이 되었다. 唐初에는 秦王府 18學士의 한 사람으로 활동했다. 태종 貞觀 연간에 著作郎·中書舍人·修國史·洪州 司馬·給事中·太子右庶子 등을 역임하였다. 高宗 때 禮部 尙書가 되어 李義府 등과 함께 高宗이 武則天을 황후로 세우는 것을 도와 侍中에 발탁되었다. 또 무측천을 도와 褚遂良을 축출하고 長孫無忌와 上官儀 등을 압박해 살해했다. 고종 顯慶 연간에 中書令·右相이 되고, 이의부 등과 함께 조정을 관장했다. 일찍이 監修國史를 지냈다. 高陽郡公에 봉해졌다. 시호는 繆이다.

75) 詔 : 대전본에는 '韶'로 되어 있다.

76) 待詔 : 唐代에 무릇 문장과 경학에 뛰어나거나 醫學·占卜 등에 뛰어난 자를 內廷 別院에서 당직하며 詔命을 기다리도록 하였는데, 미곡을 지급하였다. 唐 玄宗 때에는 翰林院에 翰林待詔를 설치하여 表疏에 대한 批答과 應制 등의 일을 담당하게 하였다.

77) 褚遂良 : 597~659. 당 태종·고종 연간의 재상이다. 자는 登善이다. 杭州 錢塘 사람이다. 부친 褚亮은 秦王 李世民의 文學館 18학사 중 1인이었다. 박학다식하여 文史에 정통했고, 서법에 뛰어나 虞世南, 歐陽詢, 薛稷과 함께 '初唐四大家'로 불린다. 정관 17년(643)에 태자 李承乾이 폐위되자, 長孫無忌와 함께 晉王 李治를 태자로 세울 것을 주장하였다. 정관 18년(644)에 황문시랑이 되어 정사에 참여하였고 정관 22년에 中書令에 올랐다. 遺詔를 받들어 高宗을 옹립하고 정치를 보좌하였다. 永徽 元年(650) 中書譯語人의 토지를 강매했다는 혐의로 탄핵을 받아 同州刺史로 나갔다가 영휘 3년에 이부상서·동중서문하삼품으로 임명되어 재상이 되었고 이듬해 尙書右僕射에 임명되었다. 영휘 6년에는 고종이 王皇后를 폐립하고 武則天을 황후로 삼는 것을 극력 반대하다가 폄척되어 潭州 都督이 되었다. 이후 좌천을 거듭하다가 불우하게 생애를 마쳤다.

足事之하니 威寵[80]熾灼이 當時에 莫與比러라

① 唐高……爲后 : 昭儀[81], 婦官名也. 武氏事見后德篇[82].
'昭儀'는 婦官의 명칭이다. 武氏의 일은 后德篇에 보인다.

② 帝意遂定王后廢 : 王后, 高宗元妃.
'王后'는 高宗의 元妃이다.

③ 立代王 : 代王, 武氏所生, 故敬宗請立爲太子.
代王은 武氏의 소생이기 때문에 許敬宗이 태자로 세울 것을 청한 것이다.

④ 俄拜侍中進中書令 : 侍中・中書, 皆宰相官.
侍中과 中書는 모두 재상의 직임을 맡는 관직이다.

⑤ 殺梁王 : 卽太子忠也. 廢爲梁王, 又殺之.
양왕은 곧 태자 李忠이다. 폐하여 양왕으로 삼고 다시 그를 죽인 것이다.

⑥ 韓瑗……官儀 : 瑗・濟・遂良・無忌, 皆當時賢相, 諫高宗立武后者也. 儀亦近臣, 得罪於武后.

---

78) 長孫無忌 : 594?~659. 唐初의 宰相이자 凌煙閣 24功臣 중의 首長이다. 자는 輔機이다. 唐 河南 洛陽 사람이다. 선조는 鮮卑族 拓跋氏로 北魏의 皇族 출신이다. 누이동생은 태종의 황후인 長孫皇后이다. 617년에 李淵이 太原에서 거병할 때, 智謀가 뛰어나 渭北行軍典簽으로 임명했다. 후에 李世民을 보좌하여 당나라 건립에 큰 공을 세워 開國一等功臣으로 齊國公에 봉해졌다. 高祖 武德 9년(626) 玄武門의 變에 가담하여 太宗 李世民의 즉위에 공을 세웠다. 尙書右僕射・司空・司徒・太子師傅 등을 맡았고 趙國公에 봉해졌다. 貞觀 23년에 褚遂良・房玄齡 등과 함께 고명을 받들어 高宗을 옹립했다. 이후 太尉・同中書門下三品에 올랐다. 이후 고종이 武則天을 황후로 세우는 것을 반대하다가 고종의 노여움을 사고 許敬宗의 무고로 말미암아 黔州로 유배 가다가 자결했다.

79) 上官儀 : 608~664. 자는 遊韶이다. 唐 陝州 陝縣 사람이다. 太宗 貞觀 원년(627) 進士에 급제하고, 弘文館 直學士를 거쳐 秘書郎과 起居郎을 역임했다. 高宗 永徽 초에 秘書少監을 지내고, 西臺侍郎을 거쳐 同東西臺侍郎에 올랐다. 측천무후의 전횡을 억압하려는 고종에게 측천무후의 폐위를 청하는 간언을 올렸다가 측천무후의 미움을 샀다. 麟德 원년(664) 廢太子 李忠과 함께 측천무후를 몰아내려고 하다가 투옥되어 죽었다. 시에 뛰어나 태종의 作詩에 자문하였고 六朝의 화려함을 계승하여 섬세한 기교를 구사한 시풍은 당시 上官體라고 불리면서 크게 유행했다.

80) 寵 : 대전본에는 '儀'로 되어 있다.

81) 昭儀 : 西漢 元帝 때 처음 설치된 後宮嬪御의 封號의 일종이다. 唐代에는 지위가 嬪 중의 한 등급이다. 품계는 정2품으로 9嬪의 우두머리이고 4妃의 다음이었으며, 지위가 재상에 견주었다.

82) 武氏事見后德篇 : 《大學衍義》 卷37 〈齊家之要1 重妃匹 懲廢奪之失〉 37-11-가 참조.

韓瑗・來濟・褚遂良・長孫無忌는 모두 당시의 賢相으로, 高宗에게 武后를 세우는 일에 대해 간언한 자들이다. 上官儀 역시 近臣으로 武后에게 미움을 샀다.

唐 高宗이 장차 武昭儀를 황후로 삼으려 하자 대신들이 극간하였다. 禮部 尙書 許敬宗이 남몰래 고종의 사욕을 헤아려 곧 망령되이 말하였다.

"일개 농부도 보리 열 섬만 수확이 늘어도 오히려 본부인을 바꾸고자 하는데 천자는 부유하기로는 천하를 다 가졌으니 황후 한 사람 세우는 것을 불가하다고 말하는 것은 어째서입니까?"

고종의 뜻이 마침내 정해졌다. 王皇后가 폐위되자, 허경종이 왕황후의 친정 사람들의 관작을 삭탈하고 태자 李忠을 폐위하고 代王을 태자로 세울 것을 청하자 고종이 원하는 바를 얻었기 때문에 허경종에게 조서를 내려 武德殿 西闥에서 待詔하도록 하였는데, 얼마 뒤에 侍中에 임명하고서 中書令으로 승진시켰다.

허경종이 무후를 황후로 세우는 데 도움을 주었기 때문에 무후가 포악하여 권위를 공고히 하여 자신의 권력을 오랫동안 유지시켜줄 수 있다는 것을 알았다. 이에 은밀히 무후와 함께 모의하여 마침내 韓瑗・來濟・褚遂良을 축출하고 梁王・長孫無忌・上官儀를 죽이자 조정의 신료들이 몹시 두려워하며 그를 섬기니, 위세와 총애의 극성함이 당시에 견줄 자가 없었다.

19-2-나(按)

臣은 按 敬宗이 陰揣帝私하여 使其君으로 廢正后하며 易太子하며 殺顧命大臣하여 一擧而夫婦・父子・君臣之綱이 皆絶이어늘 高宗이 悅之하사 命以爲相이러니 其後에 武氏가 得志하여 改唐爲周하고 太宗子孫을 屠翦幾盡하니 禍亂之酷이 古所未聞이니 由高宗이 以色爲悅而敬宗이 逢迎之也라 田舍之語가 鄙陋가 甚矣而高宗이 乃以是로 定議者는 由其合意故也라 意有所偏則姦邪가 得乘之而入하나니 可不戒哉잇가

【臣按】許敬宗이 남몰래 고종의 사욕을 헤아려 高宗이 正后를 폐출하고 태자를 바꾸며 顧命大臣을 죽여서 일거에 夫婦・父子・君臣의 三綱이 모두 끊어지게 하였는데, 高宗이 이를 기뻐하여 명하여 그를 재상으로 삼았습니다. 그 후에 武氏가 뜻을 이루어 국호를 唐에서 周로 바꾸고 太宗의 자손을 도륙하여 거의 다 죽였으니 화란의 참혹함이 예전에는 듣지 못한 바입니다. 高宗이 美色을 기쁨으로 삼자

허경종이 이에 영합한 데에서 비롯된 것입니다. 농부도 수확이 늘면 부인을 바꾼다는 비유는 매우 비루한데도 고종이 마침내 이로써 논의를 결정한 것은 이것이 자신의 뜻에 맞았기 때문입니다. 임금의 생각이 한쪽으로 쏠리게 되면 간사함이 이를 타고 먹혀들 수 있으니 경계하지 않아서야 되겠습니까?

19-3-가[83)]

高宗之爲太子에 **李義府**[84)]가 **爲太子舍人**이러니 **嘗獻承華箴**하니 **末云佞諛有類**요 **邪巧多方**이라 **其萌不絶**하면 **其害必彰**이라하고 **義府**가 **又諂事太子而文致若讜直者**어늘 **太子**가 **表之**한대 **優詔賜帛**하시다

高宗이 태자가 되었을 때 李義府가 太子舍人이 되었다. 일찍이 〈承華箴〉을 바치니 글의 끝부분에 다음과 같이 말하였다.

"아첨하며 영합하는 자에게는 동조자가 있고 간악하며 교묘한 짓에는 방법이 많은지라, 그 싹을 자르지 않으면 그 해가 반드시 커지네."

또 이의부가 태자에게 아첨하여 섬겼지만 겉으로는 충성스럽고 올곧은 사람인 양 꾸미자, 태자가 〈승화잠〉을 표문과 함께 올리자 태종이 優渥한 조서를 내리고 아울러 비단을 하사하였다.

19-3-나(按)

臣은 **按 姦邪小**[85)]**人**이 **其品**이 **非一**이라 **有言行**이 **俱邪者**하며 **有以正言飾邪行者**하니

---

83) 《新唐書》 卷223上 〈姦臣列傳 李義府〉에 보인다.

84) 李義府 : 614~666. 唐 高宗 때의 재상이다. 瀛州 饒陽 사람이다. 성품이 음흉하고 남을 대할 때 유순하면서도 남몰래 해쳐서 '웃음 속에 칼이 있다.〔笑中有刀〕'라고 일컬어졌다. 監察御史, 太子舍人, 中書舍人 등을 역임하였다. 일찍이 고종이 태자일 적에 동궁 속관이 되었는데, 고종에게 영합하여 신임을 얻었다. 고종에게 王皇后를 폐위하고 무측천을 황후로 삼을 것을 건의하여 처음으로 중서시랑 동중서문하삼품에 제수되어 재상으로 朝政에 참여하고 廣平縣男에 봉해졌다. 사당을 결성하고 매관매직을 일삼으며 권력을 휘둘렀다. 후에 중서령에 제수되고 河間郡公에 봉해졌다. 그러나 뇌물을 수수하고 매관매직한 일로 右金吾倉曹參軍 楊行穎의 탄핵을 받아 巂州로 유배되어 실각하여 울분 속에 죽었다. 무측천의 즉위 후에 揚州大都督에 추증되었으나 睿宗 연간에 다시 거두어졌다.

言行이 俱邪者는 其惡을 易見이요 以正言飾邪行者는 其惡을 難知라 義府가 以諂事太子而獻箴之言이 乃近於正하니 此가 姦邪之尤者라 若徒以言取之면 豈不誤哉리오 故聽言觀行[86]者는 聖人垂世之大法也니이다

【臣按】 간사한 小人은 그 종류가 다 같지는 않습니다. 언행이 모두 사악한 자가 있고 바른말로 사악한 행실을 꾸미는 자가 있으니, 말과 행실이 모두 사악한 자는 그 악을 알기 쉽고 바른말로 사악한 행실을 꾸미는 자는 그 악을 알기 어렵습니다. 이의부가 태자에게 아첨으로 섬겼으나 바친 〈承華箴〉의 내용은 도리어 正道에 가까웠으니, 이 사람은 간사한 자 중에서도 특히 심한 자입니다. 만약 말만을 가지고 그를 임용한다면 어찌 잘못되지 않겠습니까? 그러므로 말을 듣고 행실을 살펴보는 것은 聖人이 후세에 남긴 큰 원칙입니다.

19-4-가[87]

唐高宗이 立에 義府가 遷中書舍人[88]이러니 爲長孫無忌所惡하여 奏斥壁州司馬러니 詔未下에 義府가 問計於舍人王德儉하니 德儉者는 許敬宗의 甥이라 多智善揣事하더니 因曰 武昭儀가 方有寵이라 上이 欲立爲后호대 畏宰相議하사 未有以發之하시나니 君能建白하면 是轉禍爲福也라하여늘 義府가 卽叩閤[89]上表하여 請廢后立昭儀한대 帝悅하사 召見與語하사 賜珠一斛하시고 留[90]復侍하다

唐 高宗이 즉위하자 李義府가 中書舍人으로 轉職되었다. 長孫無忌에게 미움을

85) 小 : 사고본에는 '巧'로 되어 있다.

86) 聽言觀行 : 《논어》 〈公冶長〉 제9장에 보인다. 15-5-가 참조.

87) 《新唐書》 卷223上 〈姦臣列傳 李義府〉에 보인다.

88) 中書舍人 : 隋唐 시기에는 省名의 변화에 따라 內史舍人·內書舍人 등으로 개칭되기도 하였다. 唐 高祖 武德 3년(620)에 다시 중서사인으로 환원되었다. 정원은 6명이며 품계는 정5품상이다. 조회를 시종하고 정무 논의에 참여했다. 황제의 조칙 초안을 작성하여 검토하고 황제의 재가를 받아 절차대로 시행하는 일을 맡았다. 또한 6명이 상서 각 부를 담당하여 表章의 상주와 검토를 진행하였다. 조칙의 작성은 현종 이후에 翰林學士가 담당하여 閑職이 되었다.

89) 閤 : 대전본·사고본에는 '閣'으로 되어 있다.

90) 留 : 대전본에는 없다.

받아서 장손무기가 그를 壁州司馬로 폄척하도록 아뢰었다. 조명이 아직 내려지지 않았을 때, 이의부가 舍人 王德儉에게 방법을 물었다. 왕덕검은 許敬宗의 생질로 꾀가 많고 사리파악에 능했다. 물음에 답하였다.

"武昭儀가 한창 총애를 받아서 황상께서 그녀를 세워서 황후로 삼고자 하는데, 재상들의 비판을 두려워하여 아직 이를 거론하지 못하고 계십니다. 君이 건의할 수 있다면 이는 전화위복이 될 것입니다."

이의부가 즉시 閤門을 두드려서 표문을 올려 왕황후를 폐출하고 무소의를 황후로 세우기를 청하자, 고종이 기뻐하여 그를 召見하고서 이야기를 나누고 珍珠 1섬을 하사하고 조정에 머물러두어 다시 입시하도록 하였다.

武后가 已立에 義府與敬宗等이 相推轂하여 濟其姦詐하여 棄骨肉大臣이라 故后가 得肆意하여 攘取威柄하니 天子는 歛袵[91]矣러시다 義府가 貌柔恭하여 與人言에 嬉怡微笑而陰賊褊忌가 著(착)于心①이라 凡忤意者를 皆中傷之하니 時號義府笑中刀라하며 又以柔而害物이라 號曰人猫라하더니 未幾에 拜中書侍郎[92]·同中書門下三品②[93]하다 後에 又主選事하니 無品鑑才요 谿壑之欲이 惟賄是利라 母妻諸子가 賣官市獄하니 門如沸湯하더라

---

91) 袵 : 대전본에는 '衽'으로 되어 있다.

92) 中書侍郎 : 隋唐 시기 中書省의 次官이다. 중서령이 주로 명예직으로 바뀌면서 실질적인 중서성의 장관으로 중서성의 제반 업무를 관장하고, 아울러 기밀에 참여하고 朝政을 의결하는 재상의 지위에 있었다. 省名의 변화에 따라 內史侍郎·內書侍郎·西臺侍郎·鳳閣侍郎·紫微侍郎 등으로 개칭되기도 하였다. 정원은 2명이고 품계는 정4품이었다.

93) 同中書門下三品 : 同東西臺三品·同鳳閣鸞臺三品·同紫微黃門三品이라고도 한다. 唐初에 확립된 제도에는 中書省·門下省·尙書省의 3성의 장관인 中書令·侍中·尙書左僕射·尙書右僕射가 재상이 되었다. 다만 尙書左僕射·尙書右僕射의 경우에는 '平章事'를 더하였다. 그러나 太宗 연간부터는 해당 관직을 함부로 제수하지 않고 他官에게 재상의 직무를 수행하도록 하였는데, 이때 '同中書門下三品'의 명호를 더하였다. 이는 중서성과 문하성의 장관인 중서령과 시중이 3품관이었기 때문으로, 자급이 3품 이하인 자에게는 同中書門下平章事를 더하였다. 貞觀 17년(643)에 太子太保 蕭瑀와 詹事 李靖에게 同中書門下三品을 제수한 것이 시초였으며, 肅宗 乾元(758~760) 연간 이후에 '中書門下平章事'를 통용하여 관함으로 삼으면서 同中書門下三品의 명호가 마침내 폐해졌다.

① 陰賊褊忌著于心 : 著, 直略反, 謂其姦惡根著于心也.

'著'은 '直'과 '略'의 반절이니, 그 간악함이 마음에 뿌리내려 붙어 있음을 이른다.

② 拜中……三品 : 唐宰相名也.

'中書侍郎·同中書門下三品'은 唐나라 때 宰相을 맡는 관직의 명칭이다.

武后가 황후가 되자, 李義府와 許敬宗 등이 서로 협력하여 그 간교한 계략을 이루어 골육과 같은 대신을 축출하였다. 이 때문에 무후가 마음대로 하여 권력을 훔칠 수 있었으니 천자는 고분고분히 넘겨주었다.

이의부가 외양은 유순하고 공손하여 타인과 이야기할 적에 기쁜 낯빛으로 미소를 지었지만 음험하고 잔인하며 속 좁고 시기하는 생각이 마음속에 있었다. 자신의 뜻을 거스르는 자들을 모두 남몰래 해치니 당시 사람들이 이의부를 '笑中刀(웃음 속에 칼이 들었다.)'라고 불렀으며, 또 유순해 보이면서도 남을 해쳤기 때문에 '人猫(사람 고양이)'라고 불렀다. 얼마 안 되어 中書侍郎·同中書門下三品에 임명되었다. 뒤에 또 銓選하는 일을 주관하였는데 인재를 품평하는 재주는 없으면서 채울 수 없는 골짜기같이 깊은 탐욕은 오직 뇌물만을 이익으로 여겼기 때문에, 모친과 처와 자식들이 돈을 받고 관직을 팔거나 처벌을 면하게 해주니 그의 집 문 앞이 물 끓듯 시끌벅적했다.

19-4-나(按)

臣은 按 義府가 以姦言으로 易一身之富貴而賣唐家之社稷하니 吁可畏矣라 史氏가 形容其情態하니 至今猶可想見이로소이다 夫柔媚之人은 天資가 陰險이라 未有不害物者也니 故孔子가 欲見剛者而遠佞人[94)]하시니 蓋剛則果於爲善而佞則忍於爲惡하나니 惟人主가 以孔門之法으로 爲取人之方이면 庶乎免於佞柔之惑矣리이다

【臣按】 李義府가 간사한 말로 일신의 부귀와 맞바꾸어 唐나라의 사직을 팔았으니, 아! 두렵습니다. 史官이 그의 정상을 형용하였으니 지금까지도 상상하여 알 수 있습니다. 저 유순한 태도로 아첨하는 사람은 타고난 자질이 음험하기 때문에 남을 해치지 않은 자가 없습니다. 이 때문에 孔子가 굳센 자를 만나고 아첨하는 자를 멀리하고자 하였으니, 굳세면 선을 행하는 데 용감하고 아첨하면 악을 행하

94) 孔子……佞人 : '見剛者'는 《논어》〈公冶長〉 제10장에 보인다. '遠佞人'은 《논어》〈衛靈公〉 제9장에 보인다.

는 데 잔혹한 법입니다. 생각건대 임금이 孔門의 원칙을 인재를 취하는 방법으로 삼는다면 아첨하고 유순한 데 현혹되는 것을 거의 면할 것입니다.

19-5-가[95]

玄[96]宗[97]時에 **李林甫[98]**가 **爲吏部侍郎**이러니 **時**에 **武惠妃[99]**가 **寵傾後宮**하고 **子**

95) 《新唐書》 卷223上 〈姦臣列傳 李義府〉에 보인다. 이의부는 당시에 황문시랑이 되었다가 이어서 예부상서 동중서문하삼품이 되었다. 《資治通鑑》 卷214 〈唐紀30 玄宗 中之中〉 開元 22년(734) 4월 임진 조에도 관련된 내용이 있다.

96) 玄 : 대전본에는 '元'으로 되어 있으나, 宋代의 피휘이다.

97) 玄宗 : 685~762(재위 712~756). 唐의 제6대 황제 李隆基이다. 明皇으로 일컬어지기도 한다. 洛陽 출신이다. 睿宗의 셋째 아들이다. 예종 景雲 원년(710)에 거병하여 韋皇后와 安樂公主을 제거하고 부친인 예종을 황제로 옹립하였다. 같은 해 태자에 봉해지고, 2년 뒤인 712년 8월 25일에 예종의 양위로 즉위하였다. 太平公主를 숙청하고 姚崇·宋璟·張說·張九齡 등을 재상으로 임용하여 漕運 개량과 屯田 개발 등 내정을 정비하고 밖으로는 東突厥·吐蕃·契丹 등에 대한 방비를 강화하여, 開元 연간의 태평천하를 구가하였다. 때문에 그의 치세는 '開元之治'로 일컬어진다. 그러나 노년에 들어 정치를 등한시하고 楊貴妃에 빠졌고 권신 李林甫·楊國忠 등을 임용하여 국정의 혼란을 야기하였다. 결국 755년 安祿山의 난을 맞아 四川으로 파천하였다. 이듬해 肅宗에게 양위하고 上皇으로 은거하였으며, 장안으로 돌아온 뒤 죽었다.

98) 李林甫 : ?~752. 唐 玄宗 연간의 재상이자 권력가이다. 아명은 哥奴이며, 호는 月堂이다. 陝西 사람이다. 唐 황실의 종친이다. 國子司業·御史中丞·刑部侍郎·吏部侍郎을 역임하고, 禮部尚書·同中書門下三品 등을 지냈다. 19년간 宰相으로 있으면서 황제의 신임을 배경으로 전권을 휘두르며 조정의 기강을 크게 문란하게 하였다. 현종의 뜻에 영합하면서 언로를 막고 인사를 좌지우지하여 유능한 인재를 배척하고 私黨을 요직에 배치하여 자신에게 반대하는 대신들을 모함하여 죽이거나 축출하였다. 특히 天寶 8년(749)에는 변경의 節度使를 이민족 출신의 番將으로 대체하도록 하여 훗날 安史의 亂을 초래하였다. 처신이 음험하고 권모술수에 능해 간신의 전형으로 여겨진다. 겉으로는 감언을 일삼아 친근한 척하지만 뒤로는 중상모략을 일삼아 '口蜜腹劍'이라고 불렸다. 사후에 太尉·揚州大都督에 추증되었으나 楊國忠의 무함을 받아 관작이 추탈되고 剖棺되었다.

99) 武惠妃 : 唐 玄宗의 비. 혜비는 비빈의 칭호로 貴妃라고도 한다. 淑妃·德妃와 더불어 三夫人이라 하였다. 무혜비는 720년대 초반부터 737년 죽을 때까지 현종의 큰 사랑을 받았다. 그녀는 이임보가 출세가도를 달리도록 후견 역할을 했고, 자신이 낳은 맏아들을 황태자로 책립하기 위해 음모를 꾸몄으나 성공하지는 못했다.

壽王이 愛尤盛①하니 林甫가 因中人白妃하여 願護壽王하여 爲萬歲計라한대 妃가 德之러니 會韓休[100]가 薦林甫有宰相才어늘 妃가 陰爲助하여 卽拜黃門侍郞·同中書門下三品하다

① 壽王愛尤盛：壽王, 謂[101]惠妃所生.
壽王은 武惠妃의 소생을 이른다.

唐 玄宗 때 李林甫가 吏部侍郎이 되었다. 당시에 武惠妃가 후궁 중에서 가장 총애를 받았고 아들 壽王이 사랑을 더욱 많이 받았다. 그러자 이임보가 환관을 통해 무혜비에게 고하기를 "壽王을 보호하여 만세 후의 계책을 행하기를 원합니다."라고 하였다. 무혜비가 이를 고맙게 여겼다. 마침 韓休가 재상의 자질이 있다고 이임보를 천거하자 무혜비가 남몰래 도움을 주어 곧 이임보가 황문시랑·동중서문하삼품에 임명되었다.

19-5-나(按)

臣은 按 女子小人이 其類가 同者也라 故外廷姦臣이 多倚宮掖하여 以自固而宮掖이 亦或結交於外廷하여 以自助하나니 此가 林甫所以願自效於惠妃而惠妃之所以薦林甫也니이다

【臣按】 여자와 소인은 그 부류가 같습니다. 그러므로 조정의 간신이 대부분 후궁의 妃嬪에 의지하여 스스로 공고히 하고 궁중의 비빈들 또한 간혹 조정의 간신과 결탁하여 스스로 돕습니다. 이것이 李林甫가 武惠妃에게 스스로 충성을 다하기를 원하고 무혜비가 이임보를 천거한 이유입니다.

---

100) 韓休：673~740. 자는 良士이다. 唐 京兆 長安 사람이다. 韓大敏의 조카이다. 머리가 뾰족해 筆頭公으로 불렸다. 文辭에 뛰어났다. 賢良方正科로 천거되었다. 玄宗이 東宮에 있을 때 對策을 올려 趙冬曦와 함께 乙科에 급제했다. 左補闕, 禮部侍郎, 知制誥, 尙書右丞 등을 역임했다. 開元 21년(733) 黃門侍郎·同中書門下平章事가 되었다. 성품이 매우 강직하여 정치의 득실에 대해서는 말을 아낀 적이 없어 宋璟이 仁者의 勇이라고 탄식하였다. 나중에 工部尙書로 좌천되었다가 太子少師로 옮겼다. 시호는 文忠이다.

101) 謂：대전본·사고본에는 '瑁'로 되어 있다.

19-6-가[102]

皇太子瑛과 鄂王瑤[103]와 光王琚①[104]가 被譖이라 帝欲廢之어시늘 張九齡[105]이 切諫②한대 帝가 不悅이러시니 林甫가 惘然私語中人曰 天子家事를 外人이 何與邪아

① 皇太……王琚 : 三人皆玄[106]宗子.
세 사람은 모두 玄宗의 아들이다.

② 張九齡切諫 : 九齡, 時賢相.
張九齡은 당시의 賢相이다.

황태자 李瑛과 鄂王 李瑤와 光王 李琚가 무함을 받아 현종이 그들을 폐위하고자 하였는데 張九齡이 간절히 간하자 현종이 기뻐하지 않았다. 이임보가 실망스러워 사사로이 환관에게 말하기를 "天子의 집안일을 외부사람이 왜 관여하는가!"라고 하였다.

19-6-나(按)

臣은 按 天子가 以四海爲家하니 凡中外가 孰非家事者며 而大臣은 天子之家老라 凡中外事에 亦無不當與者焉이니 自李勣[107]이 以此言으로 贊高宗廢王后하여 以自結於武

---

102) 《新唐書》 卷223上 〈姦臣列傳 李林甫〉에 보인다.

103) 瑤 : 대전본·사고본에는 '琚'로 되어 있으나, 오자이다.

104) 琚 : 대전본·사고본에는 '瑤'로 되어 있으나, 오자이다.

105) 張九齡 : 673~740. 唐 玄宗 연간의 재상이자, 시인이다. 자는 子壽이고, 일명 '博物'로 불렸다. 당나라 韶州 曲江 사람이다. 진사에 급제했다. 秘書省 校書郎에 올랐다. 唐 玄宗 先天 원년(712) 道侔伊呂科에 급제하여 左拾遺가 되고, 左補闕로 옮겼다. 文才로 재상 張說의 추천을 받아 中書舍人이 되었고 玄宗 開元 21년(733) 中書侍郎을 거쳐 同中書門下平章事에 이르렀다. 賢相이라는 평을 들었다. 성격이 강직하여 李林甫의 시기를 받았는데, 결국 개원 24년(736)에 이임보의 모함을 받아 荊州 長史로 폄척되었다. 安祿山의 후환을 예견하여 경고한 바 있어 그의 사후에 현종이 이를 후회하였다는 일화가 전해진다. 시호는 文獻이다. 문장으로 이름이 났다.

106) 玄 : 대전본에는 '元'으로 되어 있으나, 宋代의 피휘이다.

107) 李勣 : 594~669. 당 고조·태종·고종 때의 명장이자 재상으로, 凌煙閣 24공신 중 1인이다. 원래의 姓名은 徐世勣이다. 자는 懋功이다. 曹州 離狐 사람이다. 唐 高祖 李淵에게 '李

氏로 林甫가 效之하여 又以此言으로 贊明皇廢三[108]子而自結於惠妃①하니 姦臣用心이 欲逢其君之惡而杜絶諫者之言이라 故進斯語하니 自是로 事關宮掖에 人臣이 有議及之者면 人主가 必咈然曰 此가 吾家事爾니 外朝臣이 何與焉이리오하니 於是에 宦[109]官宮妾이 始得以擅其斷制之權而外廷이 無敢爭者라 其開端이 自勣與林甫始하니 蓋萬世之罪人歟인저

① 又以……惠妃 : 事見後齊家篇[110]
현종이 세 황자를 폐립한 일이 뒤의 齊家篇에 보인다.

【臣按】 천자는 천하를 집안으로 삼으니 中外의 일이 무엇인들 집안일이 아니겠으며, 대신은 천자의 家老여서 中外의 일에 또한 관여해선 안 되는 것이 없습니다. 李勣이 집안일이라는 이 말을 가지고 王皇后를 폐위하는 것을 도와서 스스로 武氏에게 결탁한 뒤로, 李林甫가 이를 본받아서 다시 이 말을 가지고 玄宗이 세 아들을 폐위하는 것을 도와 스스로 武惠妃에게 결탁하였으니, 姦臣의 用心이 자신의 임금의 악에 영합하여 간언하는 사람의 말을 막고 끊어버리고자 합니다. 그러므로 이 말을 올렸던 것입니다.

이로부터 후궁의 비빈과 관계된 일에 대해서는 신하가 이를 비판적으로 논하는 자가 있으면 임금이 반드시 발끈 화를 내면서 말하기를 "이는 내 집안일일 뿐이니 조정의 신하가 어찌 관여하는가!"라고 하였습니다. 그리하여 환관과 宮妾이 비로소 그 결단하는 권한을 오로지할 수 있었고 조정의 신하들이 감히 간쟁하는 자가 없게 되었습니다. 그 발단은 이적과 이임보로부터 시작되었으니 이들은 만대의 죄인일 것입니다.

氏'로 賜姓되었다. 처음에는 李密의 瓦崗軍에 종군하였다. 당에 귀순하여 黎陽 總管이 되었다. 秦王 李世民을 따라 竇建德・王世忠・劉黑闥 등을 격파하여 많은 공을 세웠다. 그 후 태종이 즉위한 뒤에 幷州 都督이 되어 돌궐을 격파하고 英國公에 봉해졌다. 이후로 薛延陀, 高句麗 원정에 종군하여 공을 세웠다. 兵部尙書, 太常卿, 太子詹事, 遼東道行軍總管 등을 역임하였으며, 고종 때 尙書左僕射・司空에 임명되었다. 總章 2년(669)에 죽었다. 太尉・揚州大都督에 추증되었다. 시호는 貞武이다.

108) 三 : 사고본에는 '二'로 되어 있으나, 오자이다.

109) 宦 : 사고본에는 '外'로 되어 있으나, 오자이다.

110) 事見後齊家篇 : 《大學衍義》 卷42 〈齊家之要4 定國本 廢奪之失宜監〉에 보인다. 42-11-가 참조.

19-7-가[111)]

開元中에 玄[112)]宗이 在東都하사 欲還長安이어시늘 裴耀卿[113)]等이 建言①호대 農人場圃가 未畢하니 須冬可還이니이다 林甫가 陽蹇獨在後[114)]러니 帝[115)]問故하신대 對曰 臣非疾也라 願奏事하노이다 二都는 本帝王東西宮이니 車駕往幸이 何所待時리오 假令妨農이라도 獨赦所過租賦가 可也니이다 帝가 大悅하사 卽駕而西하시다

① 裴耀卿等建言：耀卿, 亦時宰相.
裴耀卿 또한 당시의 재상이다.

開元 연간(713~741)에 玄宗이 東都(洛陽)에 있어 長安(西都)으로 돌아가고자 하자, 裴耀卿 등이 건의하기를 "농민의 수확이 아직 끝나지 않았으니, 겨울이 되기를 기다려 돌아가는 것이 좋겠습니다."라고 하였다. 李林甫가 절뚝거리는 척하여 홀로 뒤에 남았는데 현종이 까닭을 묻자 대답하였다.

"신은 아픈 것이 아니라, 사안에 대해 아뢰고자 합니다. 동도와 서도는 본래 제왕의 東・西宮이니 제왕의 행차가 어찌 농한기를 기다리겠습니까. 설령 농사에 방해되더라도 오직 경유하는 지역의 조세를 면제해주면 됩니다."

현종이 크게 기뻐하여 즉시 출발하여 서도로 향해 갔다.

---

111)《新唐書》卷223上〈姦臣列傳 李林甫〉에 보인다. 개원 24년(736)에 있었던 일이다.

112) 玄：대전본에는 '元'으로 되어 있으나, 宋代의 避諱이다.

113) 裴耀卿：681~743. 자는 煥之이고, 당나라 絳州 稷山 사람이다. 裴子餘의 동생이다. 童子擧에 합격했고, 國子主簿에 올랐다. 玄宗 開元 초에 長安令이 되었다. 장안에는 옛날부터 관청에서 가격을 살펴 민간에서 물품을 구매하는 配戶和市의 제도가 있었는데, 미리 대금을 지급하여 장사꾼이 농간을 부리는 폐단을 없앴다. 濟州 刺史・宣州 刺史・冀州 刺史를 역임했는데, 모두 惠政을 베풀었다. 개원 20년(732) 京兆尹에 올랐다. 漕運을 확대해 關中의 三輔를 충실하게 하고 창고를 설치해 세금을 납부하게 하며, 수륙으로 길을 바꾸어 전운에 편리를 도모할 것을 건의했는데, 황제가 옳다고 여겼다. 黃門侍郎과 同中書門下平章事를 역임하고 轉運使를 거쳤다. 運糧을 구분해 나눠 3년 만에 곡식 7백만 石을 비축하고 조운에 따른 비용 30만 緡을 절약했다. 侍中에 올랐다. 개원 24년(736) 尙書左丞相으로 치사하고, 趙城侯에 봉해졌다. 玄宗 天寶 연간에 거듭 승진하여 右僕射에 올랐다. 시호는 文獻이다.

114) 後：대전본에는 '帝'로 되어 있다.

115) 帝：대전본에는 '後'로 되어 있다.

19-7-나(按)

臣은 按 天子之行이 千乘萬騎라 其所經歷에 豈無所妨이리오 裴耀卿等請俟農隙이 是也어늘 而林甫가 覘知帝意亟欲還都하고 對同列而言이면 懼[116)]爲其所折하여 於是에 陽蹇在後而獨進迎合之說하니 其所以爲是者는 欲詔玄宗而排耀卿爾어늘 玄宗이 果爲之大悅하시고 耀卿이 亦以是罷去하니 姦人情態가 著在史冊하여 至今猶在人耳目하니 吁可鄙哉로소이다

【臣按】 천자의 행차는 천 대의 수레와 만 필의 말이 수행합니다. 천자가 경유하는 곳에 어찌 농사에 방해되는 것이 없겠습니까. 裴耀卿 등이 농한기를 기다리도록 청한 이유가 바로 이것입니다. 그런데 李林甫가 현종의 뜻은 조속히 환도하고자 한다는 것을 엿보아 알고 동렬의 대신들과 함께 있을 때에 말하면 자신의 의견이 그들에 의해 꺾이게 될까 두려워하여 이에 절뚝거리는 척하며 뒤에 남아 혼자서 영합하는 의견을 올렸습니다.

그가 이렇게 한 이유는 현종에게 아첨하여 배요경을 배척하고자 한 것일 뿐인데 玄宗이 과연 이를 크게 기뻐하였고 배요경이 또한 이 때문에 파면되었습니다. 간사한 자의 情態가 史冊에 실려 있어서 지금까지도 여전히 사람들이 보고 듣고 있으니, 아! 참으로 비열한 사람입니다.

19-8-가[117)]

始에 張九齡이 由文學進①하여 守正持重而林甫爲人이 特以便佞이라 故得大任하여 每妬[118)]九齡하여 陰害之하더니 帝가 欲進朔方節[119)]度使牛仙客[120)]實

116) 懼 : 사고본에는 이 앞에 '又' 1자가 더 있다.
117) 《新唐書》 卷223上 〈姦臣列傳 李林甫〉에 보인다.
118) 妬 : 사고본에는 '嫉'로 되어 있다.
119) 節 : 대전본에는 '卽'으로 되어 있으나, 오자이다.
120) 牛仙客 : 675~742. 唐 涇州 鶉觚 사람이다. 처음에 현의 小吏가 되었다가 軍功으로 洮州司馬로 옮겼다. 玄宗 開元 초에 河西節度判官이 되었다. 나중에 蕭嵩의 천거로 太僕少卿에 올랐다가 涼州 別駕가 되었다. 節度留后事에 오르고 얼마 뒤 소숭을 이어 하서절도사가 되었다. 개원 24년(736) 朔方 總督을 대리했다. 상황에 따라 財用을 절약해 창고가 가득 찼다. 工部 尙書·同中書門下三品을 맡았다. 재상이 되자 제 몸만 잘 지키려는 마음에 일마다 찬성만 했다. 豳國公에 봉해졌고, 시호는 貞簡이다.

封이어시늘 九齡이 謂林甫호대 封賞은 待名臣大功하니 邊將이 一上最에 豈[121]可遽議②리오 要與公固爭하노라 林甫가 然許러니 及進見하얀 九齡이 極論而林甫가 抑默하고 退又漏其言하여늘 仙客이 明日에 見帝하여 泣且辭한대 帝가 滋欲賞仙客이어시늘 九齡이 持不可러니 林甫가 爲人言호대 天子用人이 何不可者리오 帝聞하시고 善林甫不專也러시다 由是로 益疏薄九齡이러시니 俄與耀卿으로 俱罷政事하다

① 始張九齡由文學進 : 九齡, 當時賢相.
張九齡은 당시의 賢相이다.

② 最豈可遽議 : 最, 謂功伐也.
'最'는 '공훈'을 이른다.

처음에 張九齡이 文學을 통해 벼슬에 나아가 공정하고 신중하였고, 李林甫는 사람됨이 특히 아첨하고 영합하는 것으로 처신할 뿐이었다. 그러므로 중임을 얻고서는 매양 장구령을 시기하여 그를 음해하였다. 현종이 朔方節度使 牛仙客에게 實封을 더해주고자 하였는데, 장구령이 이임보에게 말하였다.

"實封을 상으로 주는 것은 큰 공적을 세운 名臣에게 주어야 하니 邊將이 한 번 상등의 고과를 받은 것에 대하여 어찌 대번에 논의할 수 있겠습니까? 공과 함께 완강히 쟁론하고자 합니다."

이임보가 응락하였다. 나아가 알현할 때에 미쳐서는 장구령은 극력 쟁론하였으나 이임보는 머리를 숙인 채로 침묵하였고 물러 나와서는 또 장구령의 말을 흘리자, 우선객이 다음날 현종을 알현하여 울면서 사직하였다. 이에 현종이 더욱 우선객에게 상을 주고자 하였는데 장구령이 불가하다는 의견을 견지하였다. 이임보가 다른 사람에게 말하였다.

"천자가 인재를 임용하는 것이 어찌 불가할 것이 있겠는가."

현종이 듣고 이임보가 자기 뜻을 고집하지 않는 것을 가상하게 여겼다. 이로 말미암아 현종이 더욱 장구령을 소원하게 대우하였는데 얼마 안 되어 배요경과 더불어 모두 재상의 직임에서 파면하였다.

---

121) 豈 : 대전본에는 없다.

19-8-나(按)

臣은 按 汲黯[122]이 嘗與公孫弘[123]으로 約共爭事하여 至上前而弘[124]이 背之어늘 黯이 斥其懷詐面諛하니 林甫之背九齡이 亦猶弘[125]之背黯也라 故黯・九齡이 坐是廢斥而弘[126]與林甫가 皆得志而柄任焉하니 其曰 天子用人何不可者가 亦猶前所謂天子家事外人何與니 凡皆導人主以自專而勿卹人言也라 夫用人得失은 治亂所關이라 不幸[127]而失이어든 大臣이 所當正救니 而謂惟其所用이요 卽無不可則前古帝王이 何不每事自用而乃置諫爭輔弼之臣하여 以自繩約邪리오 自昔小人이 順承其主則曰 天子所爲가 何所不可리오하며 激怒其主則曰 貴爲天子하여 不得自由라하니 凡若是者는 皆伐國之戈矛而迷主之酖毒也라 故林甫之言이 入而九齡이 罷하고 九齡이 罷而治亂이 分하니 其效를 蓋可覩矣로소이다

【臣按】汲黯이 일찍이 公孫弘과 더불어 함께 사안을 간쟁하기로 약속하고서 무

122) 汲黯 : 대전본에는 雙行小字로 되어 있다. 기원전 ?~기원전 112?. 자는 長孺다. 西漢 濮陽 사람이다. 景帝 연간에 蔭補로 太子洗馬가 되었다. 武帝 때 謁者, 東海 太守, 主爵都尉 등을 역임하였다. 충간을 좋아하고 廷諍을 거침없이 제기했다. 무제는 그를 '社稷之臣'이라고 칭찬했다. 또 흉노와의 화친을 주장하고 전쟁은 반대했다. 승상 張湯과 御史大夫 公孫弘 등을 佞巧之徒로 비난했다. 또 黃老之道와 無爲之治를 주장하며 武帝에게 간했으나 받아들여지지 않았다. 일에 연루되어 면직되었다가 다시 淮陽 太守가 되었는데 재직 중에 죽었다.

123) 公孫弘 : 기원전 200~기원전 121. 자는 季 또는 次卿이다. 西漢 菑川 薛縣 사람이다. 일찍이 薛縣의 獄吏가 되었으나 죄를 범하여 면직되었다. 40세가 넘어 胡毋生에게 《春秋公羊傳》을 전수받았다. 武帝 建元 원년(기원전 140)에 賢良에 추천되어 博士가 되었으나 匈奴에 사신으로 다녀와 복명한 것이 무제의 노여움을 사 관직에서 물러났다. 다시 元光 5년(기원전 130) 賢良對策으로 박사가 되었고 左內史가 되었다. 元朔 3년(기원전 126)에 御史大夫가 되었고 元朔 5년(기원전 124)에 丞相이 되었다. 평소 무제의 뜻을 살펴 의사를 표현하고 실마리를 진술하여 무제가 스스로 결정하도록 하였으며 의견이 다른 사람과도 논쟁을 벌이지 않았다. 그리하여 급암 등과 어떤 사안을 함께 건의하기로 하고서도 약속을 저버리고 황제의 뜻에 따라 급암의 비판을 받았다. 또 남을 시기하고 의심이 많아 主父偃을 죽이고 董仲舒를 쫓아내기도 하였다. 元狩 1년(기원전 122)에 淮南王과 衡山王이 반란을 일으키자, 사직을 청하였으나 유임되었다. 이듬해 병사하였다.

124) 弘 : 대전본에는 '洪'으로 되어 있으나, 宋代의 피휘이다.

125) 弘 : 대전본에는 '洪'으로 되어 있으나, 宋代의 피휘이다.

126) 弘 : 대전본에는 '洪'으로 되어 있으나, 宋代의 피휘이다.

127) 幸 : 사고본에는 '得'으로 되어 있다.

제의 앞에 나아갔는데 공손홍이 약속을 어기자 급암은 공손홍이 속이려는 마음을 품고서 겉으로는 아첨하는 것을 배척하였습니다. 李林甫가 張九齡과의 약속을 어긴 것이 또한 공손홍이 급암과의 약속을 어긴 것과 같습니다. 이 때문에 급암과 장구령은 이로 인하여 파출되어 물러났고, 공손홍과 이임보는 모두 뜻을 얻어 요직을 맡게 되었습니다. 이임보가 "천자가 인재를 임용하는 데 안될 것이 어찌 있겠습니까."라고 말한 것은 또한 그가 과거에 이른바 "천자의 집안일에 외부사람이 왜 관여하는가."라고 말한 것과 같으니 모두 임금이 자기 멋대로 하고 남의 말을 돌아보지 말도록 인도한 것입니다.

무릇 인재를 임용하는 데 잘하고 잘못하는 것은 나라의 治亂과 관계됩니다. 불행히도 잘못하게 되면 대신이 올바르게 바로잡아야 할 것입니다. 그런데도 "군주가 마음대로 등용하는 것이고 곧 불가한 것이 없다."라고 말하였으니, 고대의 聖王들이 어찌하여 매사를 자신의 뜻대로 하지 않고 마침내 간쟁하고 보필하는 신하를 두어 스스로 검속하였겠습니까?

예로부터 소인이 자신의 군주를 순종하여 받들 때에는 "천자가 행하는 데 안될 것이 뭐 있겠는가."라고 하였으며, 자기 군주의 화를 돋울 때에는 "존귀하기로는 천자가 되어 자기 마음대로 하지 못한다."라고 하였습니다. 무릇 이와 같은 자는 모두 나라를 해치는 무기이자 임금을 미혹시키는 독입니다. 그러므로 이임보의 말이 받아들여지자 장구령이 파직되었고 장구령이 파직되자 치란이 이에 갈리게 되었으니 그 증험을 볼 수 있을 것입니다.

19-9-가[128)]

張九齡이 **罷**에 **林甫**가 **進兼中書令**하고 **帝**가 **卒用其言**하사 **殺三子**①하시니 **天下**가 **冤之**하더라 **大理卿徐嶠**[129)]가 **妄言 大理獄**에 **殺氣盛**하여 **鳥**[130)]**雀**이 **不敢棲**러니

---

128) 《新唐書》 卷223上 〈姦臣列傳 李林甫〉에 보인다. 이 일은 唐 玄宗 開元 25년(737) 7월에 있었다. 《舊唐書》 卷50 〈刑法志〉 開元 25년 조에도 보이나 내용상 다소 차이가 있다.

129) 徐嶠 : ?~?. 唐代의 관료이다. 자는 巨山이다. 조부는 禮部 尙書 徐齊聃이고, 부친은 太子少保 東海郡公 徐堅(659~729)으로 삼대가 中書舍人을 지내 당시 사람들이 영화롭게 여겼다. 玄宗 開元 연간에 駕部 員外郞, 集賢院 直學士, 중서사인, 內供奉, 河南尹 등을 역임하고, 慈源縣公에 봉해졌다. 《新唐書》 〈姦臣列傳 李林甫〉에는 大理卿으로 되어 있으나, 《舊唐書》 〈刑法志〉에는 大理少卿이었던 것으로 되어 있다.

今刑部斷死刑이 **歲纔五十八而烏鵲**이 **巢獄戶**하여 **幾至刑措**라한대 **群臣**이 **賀帝而帝**가 **推功大臣**하사 **封林甫晉國公**하시다

① 三子 : 卽皇太子瑛等也.
'三子'는 곧 황태자 李瑛 등이다.

張九齡이 파면되자 李林甫가 승진하여 中書令을 겸임하고 玄宗이 마침내 그의 말에 따라 세 황자를 죽이니 천하 사람들이 이를 원통하게 여겼다. 大理卿 徐嶠가 다음과 같이 허튼소리를 하였다.

"大理寺의 감옥에는 殺氣가 가득하여 새들이 감히 깃들지 못했는데, 이제 刑部에서 사형으로 판결한 것이 한 해 동안에 겨우 58명뿐이어서 烏鵲이 옥문에 둥지를 틀어 거의 형벌이 쓰이지 않는 수준에 이르렀습니다."

신하들이 현종에게 경하를 올리자 현종이 대신에게 공을 돌려 이임보를 晉國公에 봉하였다.

19-9-나(按)

臣은 按 孟子가 曰 君子는 可欺以其方이어니와 難罔以非其道[131)]라하니 明皇이 一日에 殺三子하니 此何景也而群臣이 乃以幾致刑措로 賀하니 在昔成・康之世[132)]에 曷嘗有此邪아 是直以帝로 爲盲聾하여 罔之以非其道也라 明皇이 誠反而思之하사 吾有子호대 不能自保하여 使臣下로 得譖而殺之어늘 彼烏鵲은 乃安其巢하니 是는 以天子之子로 欲爲烏鵲이라도 不可得也라하시면 則必赫然震怒하여 罪群臣之欺罔者矣언마는 然林甫之輩가 敢於爲此者는 度帝之聰明이 已衰하여 方愛悅諛佞하니 必不能察其欺罔故也어늘 明皇이 果喜而賞之하시니 林甫가 於是時에 必自喜其謀之中而竊笑帝之易欺하여 姦諛蒙蔽가 愈無所忌矣라 臣이 前論石顯之料元帝에 無一不中[133)]이러니 林甫之於明皇에

---

130) 鳥 : 대전본에는 '烏'로 되어 있다.

131) 君子……其道 : 《맹자》〈萬章 上〉 제2장에 보인다.

132) 成康之世 : 西周의 成王 姬誦과 康王 姬釗(쇠)가 통치한 시대를 이른다. 이 시기에는 文王과 武王의 업적을 계승하여 국력이 강성하고 경제가 번영하고 문화가 창성하고 사회가 안정되고 淮夷 정벌 등 세력 확대가 이루어져 후세에 '成康之治'라고도 일컬어졌다. 대내적으로 周公의 '以德愼罰' 기조를 견지하여 "성왕과 강왕의 시대에 천하가 평안하여 4십여 년 동안 형벌의 집행이 없었다.〔成康之際 天下安寧 刑措四十餘年不用〕"라고 하였다.

亦然하니 故爲人君者가 必有以保養其聰明하여 使佞邪小人으로 不敢有所侮而動이니 不然이면 未有不爲其所玩者니이다

【臣按】 맹자가 이르기를 "군자는 합당한 방법으로 속일 수는 있지만 합당하지 않은 방법으로 속이기는 어렵다."라고 하였습니다. 明皇이 하루아침에 세 황자를 죽였으니 이것이 어떤 상황입니까? 그런데도 신하들이 마침내 거의 형벌이 쓰이지 않는 수준에 이르렀다고 경하를 올렸으니 옛날 周나라 成王과 康王의 시대에 어찌 이런 일이 있었겠습니까. 이는 단지 현종을 눈멀고 귀먹은 사람으로 여겨 합당한 방법이 아닌 것으로 임금을 기망한 것일 뿐입니다.

玄宗이 진실로 이를 돌이켜 생각해보아 '내가 아들을 두었지만 스스로 보호하지 못하여 신하들로 하여금 참소하여 아들을 죽이게 만들었는데 저 鳥鵲은 도리어 자신의 둥지를 편안하게 틀었다. 이는 세 황자들이 鳥鵲처럼 되기를 원하여도 될 수 없는 것이다.'라고 여겼다면 반드시 발끈 진노하여 기망한 신하들을 처벌하였을 것입니다.

그러나 이임보의 무리가 감히 이런 짓을 할 수 있었던 것은 현종의 총명함이 이미 쇠퇴하여 한창 아첨하고 영합하는 것을 좋아하니 반드시 자신들의 속임수를 알아채지 못할 것이라고 생각했기 때문입니다. 그런데 현종이 과연 기뻐하고 그들에게 상을 주었으니 이임보가 이 당시에 필시 자신의 계책이 적중한 것을 스스로 기뻐하고 내심 현종이 쉽게 속는 것을 비웃었을 것입니다. 그리하여 간사하고 아첨하며 진상을 숨기는 데 더욱 거리낌이 없었습니다.

신이 앞서 石顯이 元帝를 헤아릴 때 하나라도 맞지 않는 것이 없었다는 것을 논하였는데 이임보가 현종에 대해서도 그러하였습니다. 그러므로 임금은 반드시 자신의 총명함을 길러서 아첨하고 간사한 소인이 감히 업신여겨 준동할 수 없게 해야 하니, 그렇게 하지 않으면 그에게 놀아나지 않는 자가 되지 않을 자가 없습니다.

19-10-가1[134)]

帝가 將立太子러시니 林甫가 探帝意하여 數稱道壽王而帝意가 自屬忠王①이라

133) 臣前……不中 : 18-7-가 참조.

134) 《新唐書》 卷223上 〈姦臣列傳 李林甫〉에 보인다.

壽王이 不得立하다 太子가 旣定에 林甫가 恨謀不行하고 且畏禍하여 乃陽善韋堅[135]하니 堅은 太子妃兄也라 使任要職하여 將覆其家하여 以搖東宮하며 又因柳勣이 上杜良娣[136]父有隣[137]의 變事하여 欲以及太子하다가 皆不果하다 未幾에 使濟陽別駕魏林으로 誣河西節度使王忠嗣[138]가 欲擁兵佐太子라하고 林甫가

135) 韋堅 : ?~747. 자는 子金이다. 唐나라의 대신이다. 京兆 萬年 사람이다. 부친은 兗州刺史 韋元珪이다. 누이동생은 開元 연간에 太子 李亨의 妃가 되었다. 秘書丞, 奉先令, 長安令 등을 역임하고 玄宗 天寶 元年(742)에 陝郡 太守・水陸轉運使에 올랐다. 民工을 조발하여 渭水의 漕運을 개통하여 현종의 총애를 받았다. 후에 江淮租庸・轉運・處置使를 겸임하고 천보 2년 4월에 銀靑光祿大夫・左散騎常侍・陝郡 太守・水陸轉運使가 되었고, 천보 3년에 御史中丞을 겸하고 韋城男에 봉해졌다. 본래 李林甫와 인척 관계에 있었기 때문에 친근하였으나, 위견이 宰相이 될 뜻을 품고 이임보의 정적이었던 李適之와 친밀해지자 이임보의 시기를 받았다. 천보 4년(745)에 이임보의 계책으로 형부 상서로 승진하였으나 여러 使職에서 체차되어 권세를 잃었다. 천보 5년(746) 정월에 河西 節度使・鴻臚卿 皇甫惟明 등과 태자를 옹립하려고 하였다는 이임보의 무함을 받아 縉雲 태수로 폄척되었다가 江夏 別駕로 강등되었다. 다시 이적지 등과 붕당을 이루었다는 무함을 받아 嶺南의 臨封으로 유배되었고 천보 6년(747)에 賜死되었다.

136) 良娣 : 唐代의 東宮 內官의 명호이다. 품계는 정3품이고, 지위는 太子妃의 아래였으며, 開國侯에 견주었다.

137) 杜良娣父有隣 : 杜有隣은 唐 肅宗이 되는 忠王 李亨이 총애하던 姬妾인 杜良娣의 부친이다. 太子東宮의 관속인 贊善大夫를 지냈다. 평소 사위인 左驍衛 兵曹 柳勣과 불화하였다. 玄宗 天寶 5년(746)에 유적은 두유린이 圖讖을 망령되게 일컬으며 동궁과 결탁하여 乘輿를 指斥하였다고 무고하였다. 宰相 李林甫는 京兆 士曹 吉溫 등에게 심문을 담당시켜 獄案을 확대하여 李邕・王曾 등을 연루시켰고 결국 杖殺되었다. 장차 태자 이형에까지 미치려 하자, 화를 입게 될 것을 염려한 태자 이형은 환관 李輔國을 파견하여 두양제와의 이혼을 선포하고 폐서인시켰다.

138) 王忠嗣 : 706~749. 唐나라의 명장이다. 초명은 訓이다. 華州 鄭縣 사람이다. 玄宗 開元 2년(714)에 부친 左金伍大將軍 王海賓이 吐蕃과의 松州 전투에서 큰 공을 세우고 전사하자, 현종이 그를 假子로 삼고 '忠嗣'로 賜名하여 궁중에서 양육하였기 때문에 忠王 李亨과 친분이 두터웠다. 이후 서북 변경의 吐蕃, 契丹, 奚, 突厥, 吐谷渾 등의 전선에서 많은 전공을 세워 천보 5년(746)에 河西・隴右・朔方・河東 4鎭의 節度使를 겸임하였으며 金紫光祿大夫에 가자되고 淸源縣公에 봉해졌다. 천보 6년(747)에 董延光이 자원한 토번의 石堡城 공략을 반대하였으나 현종의 명령으로 출병하였다가 동연광의 무함을 받았다. 아울러 이임보의 사주를 받은 濟陽 別駕 魏林이 태자를 옹립하고자 한다고 무함하여 極刑에 처하도록 하였다. 막하의 哥舒翰이 구원하였으나 漢陽 太守로 폄적되고 이듬해에 漢東郡 태수로 옮겼

曰 太子가 **宜知謀**라한대 **帝**가 **曰 吾兒**가 **在內**하니 **安得與外人相聞**이리오 **此**가 **妄耳**로다 **林甫**가 **數危太子**호대 **太子**가 **自以謹孝聞**이라 **內外無基**②하니 **故飛語**가 **不得入**하니라

① 忠王 : 忠王, 名璵[139], 卽肅宗也.
'忠王'은 이름이 璵(여)이니 바로 肅宗이다.

② 惎 : 惎, 間[140]也.
'惎'는 '間(헐뜯다)'이라는 뜻이다.

玄宗이 태자를 세우려 했는데 李林甫가 현종의 뜻을 살피고서 자주 壽王을 칭찬하여 말하였다. 현종의 뜻은 본래 忠王에게 있었기 때문에 壽王이 태자가 되지 못하였다. 태자가 정해지고 나자 이임보는 계책이 실현되지 못한 것을 한스럽게 여기고 또 후환을 두려워하여 이에 겉으로는 韋堅과 잘 지내는 척하였다. 이임보는 위견이 태자비의 오빠이기 때문에 요직을 맡게 하여 장차 태자비의 가문을 전복시켜 동궁의 입지를 흔들려고 하였다. 그리고 또 柳勣을 통해 杜良娣의 아버지 杜有隣이 모반을 꾀했다고 아뢰어 태자에게까지 화가 미치게 하려고 하다가 모두 이루지 못하였다.

얼마 안 되어 이임보가 濟陽別駕 魏林을 시켜 河西節度使 王忠嗣가 군대를 거느리고 태자를 보좌하고자 하였다고 무함하도록 하였다. 그리고 이임보가 말하였다.

"태자가 당연히 역모를 알았을 것입니다."

현종이 말하였다.

"내 아이가 궁중에 있으니 어떻게 외부 사람과 연락을 주고받을 수 있었겠는가. 이는 터무니없는 말일 뿐이다."

이임보가 여러 차례 태자를 위험에 빠뜨렸지만 태자는 본래 삼가고 효성스러운 것으로 알려졌기 때문에 안팎으로 헐뜯는 말이 없었다. 이 때문에 유언비어가 현종에게 받아들여지지 못하였다.

다. 천보 8년(749)에 죽었다.

139) 忠王名璵 : 16-7-가의 '肅宗' 주 참조.

140) 間 : 대전본에는 '問'으로 되어 있다.

19-10-가2[141)]

時에 楊[142)]國忠[143)]이 爲監察御史러니 林甫가 興韋堅等獄하여 欲危太子하여 以國忠이 怙寵搏鷙니 可用倚之라하여 使按劾한대 國忠이 乃慘文峭詆하여 逮繫連年하여 誣蔑致誅者가 百餘族이요 度可以危太子者를 先林甫意陷之하여 皆中所欲하더라

당시에 楊國忠이 監察御史가 되었다. 李林甫가 韋堅 등의 옥사를 일으켜 태자를 위험에 빠뜨리고자 하여, 양국충이 총애를 믿고 흉악하니 이 사람을 믿고 쓸 만하다고 생각하여 조사하여 탄핵하도록 하였다. 그러자 양국충이 마침내 법조문을 가혹하게 적용하고 중상하는 말로 비방하여 여러 해를 계속하여 잡아가두어 무함하여 주살한 자가 백여 종족이었고, 태자가 위태롭게 될 사람을 헤아려 이임보가 생각하기도 전에 먼저 헤아려 무함해서 모두 이임보의 의도에 맞추었다.

19-10-나(按)

臣은 按 林甫之所以相者는 賴惠妃之助也[144)]라 故前殺三子하고 後傾忠王은 凡皆爲

141) 《新唐書》 卷206 〈外戚列傳 楊國忠〉에 보인다.

142) 楊 : 대전본에는 '揚'으로 되어 있으나, 오자이다.

143) 楊國忠 : ?~756. 唐 玄宗 연간의 權臣이다. 본명은 釗(쇠)이다. 蒲州 永樂 사람이다. 貴妃 楊玉環의 堂兄이다. 성품이 난폭하고 計數에 밝았다. 젊어서 蜀에서 종군하다가 采訪支使 鮮于仲通의 천거를 받아 劍南節度使 章仇兼瓊의 僚佐가 되었다. 이후 입경하여 禁中을 출입하면서 양귀비・괵국부인 등의 조력으로 給事中・御史中丞・專判度支事 등을 역임하였는데 특히 재정적 수완이 뛰어났다. 천보 8년(749) 紫衣金魚袋를 하사받고 천보 9년(750)에 '國忠'을 이름으로 하사받았다. 처음에는 이임보에게 의지하여, 韋堅・楊愼矜 등의 옥사를 일으켰고, 나중에는 도리어 이임보의 일파를 견제하였다. 이임보의 천거로 劍南節度使가 되어 천보 11년(751) 益州長史 鮮于仲通을, 천보 13년(753) 留後 李宓 등을 시켜 2차례 南詔의 閤羅鳳 토벌을 주도하였으나 대패하고 군사 20만 명을 잃었다. 天寶 12년(752) 11월에 李林甫가 죽자 右相 兼吏部尙書가 되었다. 권력을 전횡하여 私黨을 결성하고 뇌물을 수수하며 백성으로부터 재물을 수탈하는 등 失政을 거듭하였다. 安祿山과 반목하여 安史의 난을 촉발하였는데, 결국 천보 14년(755) 6월 四川으로 파천하는 현종을 호종하던 중에 그에게 불만을 품은 군사들의 반발로 馬嵬驛에서 죽임을 당했다.

144) 林甫……助也 : 19-5-가 참조.

壽王地也어늘 幸明皇之意[145)]가 堅定不移하나 然猶三興大獄[146)]하여 必欲動搖而後已하니 蓋肅宗之立은 出於上意라 已不得攘以爲功이요 壽王이 立則己與惠妃中外相倚하여 富貴를 可以長保니 林甫之賊心이 如此호대 幸肅宗이 無過可指而東宮之位가 不搖하여 異時에 中興帝室하여 卒有賴焉하니 殆天意相唐하여 使林甫之計로 獨弗售于此也니 不爾면 殆哉러니이다

【臣按】 李林甫가 재상이 된 것은 武惠妃의 조력에 힘입은 것입니다. 그러므로 앞서 세 황자를 죽이고 뒤에 忠王을 거꾸러뜨리려 한 것은 모두 壽王의 입지를 위해서였는데 다행히 明皇의 뜻이 굳게 정해져 바뀌지 않았습니다. 그럼에도 불구하고 이임보는 세 차례 큰 옥사를 일으켜 태자를 기필코 흔들어 거꾸러뜨린 뒤에야 그만두고자 하였습니다. 또 이는 肅宗의 즉위가 현종의 뜻에서 나왔기 때문에 이미 가로채서 공으로 삼을 수 없었고 수왕이 즉위하면 자신이 무혜비와 안팎에서 협력하여 부귀를 오랫동안 보전할 수 있었기 때문입니다.

이임보의 흉계가 이와 같았지만 다행히 숙종이 지적할 만한 잘못이 없어서 동궁의 지위가 흔들리지 않았습니다. 그리하여 훗날 唐나라를 중흥시켜 마침내 당나라의 국운이 보존된 것이 이에 도움을 입게 되었으니, 아마도 하늘의 뜻이 당나라를 도와서 이임보의 흉계가 유독 이 일에 있어서만큼은 행해지지 않도록 하였던 듯합니다. 그렇지 않았다면 당나라는 위태로웠을 것입니다.

19-11-가[147)]

林甫가 善刺上意①하더니 時에 帝春秋가 高라 聽斷이 稍怠하며 猒[148)]繩檢하사 重接對大臣하더시니 及得林甫하얀 任之不疑라 林甫가 善養君欲하니 自是로 深居燕適하사 沈蠱衽席하시니 主德이 衰矣러라 林甫가 每奏請에 必先餉遺左右審伺微旨하여 以固恩信하니 至饔夫・御婢皆所疑厚라 故天子動靜을 必

145) 意 : 사고본에는 '志'로 되어 있다.

146) 三興大獄 : 天寶 5년(746) 태자 李亨의 비 韋氏의 오빠인 韋堅의 옥사, 姬妾 杜良娣의 부친인 杜有隣와 柳勣의 옥사, 천보 5년에 태자와 교분이 두터웠던 河西・隴右 절도사 王忠嗣의 옥사를 일컫는다.

147) 《新唐書》 卷223上 〈姦臣列傳 李林甫〉에 보인다.

148) 猒 : 사고본에는 '厭'으로 되어 있다.

具得之하더라

① 林甫善刺上意 : 刺, 猶探也.
'刺'는 '探(엿보다)'과 같다.

李林甫는 玄宗의 뜻을 잘 엿보아 알았다. 당시에 현종의 보령이 높았기 때문에 진술을 듣고 결정을 내리는 것이 점점 태만해졌고 법도에 따라 검속하는 데 싫증을 느껴 대신을 만나고 응대하는 것을 어렵게 여겼는데 이임보를 얻게 되자 그에게 맡기고 의심하지 않았다. 이임보가 임금의 욕망을 잘 기르니 현종이 이때부터 구중궁궐에 거처하며 안락하고 편안하게 지내면서 여색에 미혹되니 군주의 덕이 쇠퇴하였다.

이임보는 매양 주청할 때마다 반드시 먼저 현종의 가까이에서 모시는 사람들에게 뇌물을 보내 현종의 속마음을 살펴서 은혜와 신뢰를 굳게 다지니 요리사와 시녀까지도 모두 후하게 대접하였다. 이 때문에 천자의 동정을 반드시 상세히 알았다.

19-11-나(按)

臣은 按 林甫善刺上意는 卽石顯之能探人主微指也요 善養君欲은 卽趙高之勸二世肆意淫樂也[149]요 餉遺左右는 卽寒浞之行媚于內[150]며 王莽之事旁側長[151]御也[152]라 昔者姦臣이 各工其一而林甫가 獨兼焉하니 是는 合石顯[153]·趙高[154]·寒浞·王莽爲一人也라 唐室이 由是로 幾瀕于亡하니 推原其始컨대 由明皇之心이 先蕩이라 故林甫가 得以入之也니 人主가 誠能虛懷無我하며 虛靜少欲하여 嚴內外之防하며 杜私謁

149) 善養……樂也 : 18-1-가 참조.
150) 寒浞之行媚于內 : 17-1-가 참조.
151) 長 : 대전본에는 '畏'로 되어 있으나, 오자이다.
152) 王莽之事旁側長御也 : 17-8-가 참조.
153) 石顯 : 18-7-가~18-13-가 참조.
154) 趙高 : ?~기원전 207. 秦 始皇 때의 환관이자 二世 때의 승상이다. 秦 始皇이 沙丘에서 붕어하자 승상 李斯와 함께 遺詔를 위조하여 少子인 二世 胡亥를 황제로 옹립하였다. 이세를 부추겨 사치향락을 일삼고 정무를 위임하도록 하여 정권을 전횡하였다. 18-1-가~18-6-가 참조.

之禁이면 雖有姦臣이나 豈能售其姦[155)]哉리오 禮에 曰 王이 中하사 心無爲하여 以守至正[156)]이라하니 夫惟一正이 可以御衆邪니 此가 人主守約[157)]之方也니이다

【臣按】李林甫가 현종의 뜻을 잘 엿보았던 것은 바로 石顯이 군주의 속마음을 살피는 데 능했던 것과 같고, 군주의 사욕을 잘 조종했던 것은 바로 趙高가 秦 二世에게 뜻하시는 대로 즐거움을 맘껏 누리라고 권했던 것과 같고, 군주의 가까이에서 모시는 사람들에게 뇌물을 준 것은 바로 寒浞이 궁인들에게 아첨하고 王莽이 태후 측근의 長御를 섬겼던 것과 같습니다. 옛날에 간신은 제각각 그중 한 가지에 뛰어났는데 이임보는 이를 겸비하였으니 이는 石顯·趙高·寒浞·王莽을 합하여 한 사람으로 만든 것입니다. 唐나라가 이로 말미암아 거의 망할 뻔했습니다. 그 근원을 따져보면 明皇의 마음이 먼저 흔들렸기 때문에 이임보가 이를 틈타 파고들 수 있었던 것입니다.

군주가 진실로 마음을 비워 사심을 없애고 마음을 맑게 해서 욕심을 적게 하여, 내외의 방비를 엄중히 하고 사사로운 청탁을 막아 금기한다면 비록 간신이 있더라도 어떻게 자신의 간사한 계책을 행할 수 있겠습니까. 《예기》에 "왕이 도리에 알맞게 하시어 마음에 작위하는 바가 없어 지극히 中正한 도리를 지킵니다."라고 하였습니다. 오직 하나의 중정한 도리가 많은 사특함을 막을 수 있는 법이니 이것이 군주가 守約하는 방도입니다.

19-12-가[158)]

時에 詔天下士有一藝者를 皆得詣闕就選[159)]이러니 林甫가 恐士對詔에 或斥

155) 姦 : 사고본에는 '志'로 되어 있다.

156) 王中……至正 : 《禮記》〈禮運〉에 보인다.

157) 守約 : 《맹자》〈公孫丑 上〉 제2장에 보인다.

158) 《新唐書》 卷223上 〈姦臣列傳 李林甫〉에 보인다. 天寶 6년(747)의 일이다.

159) 詔天……就選 : 唐代의 인재 선발 방식의 하나인 과거제는 隋代에 시작되었으나 唐 太宗·武則天·玄宗 때 비로소 완정한 체제를 갖추었다. 唐의 과거는 매년 정기적으로 거행되는 常科와 황제의 下詔에 따라 임시로 거행되는 制科로 구분되었다. 常科는 처음에는 吏部의 考功員外郞이 주관하였으나 점차 禮部 侍郞이 주관하게 되었는데, '權知貢擧'라고 불렀다. 常科 급제 후에는 吏部의 選試를 거쳐 합격해야만 관직에 임명되었다. 殿試는 武則天이 載初 원년(690) 2월에 洛成殿에서 직접 貢人에게 策問을 시행한 것이 그 시초가 되었다. 唐

己하여 卽建言호대 士皆草茅라 未知禁忌하고 徒以狂言으로 亂聖聽하나니 請悉委尙書省長官試問하고 使御史中丞監摠하니 而無一中程者라 林甫가 因賀上以爲野無留[160]才라하더라

이 당시에 조서를 내려 천하의 선비 중에서 한 가지 才藝라도 있는 사람은 모두 조정에 와서 考試에 응할 수 있도록 하였다. 李林甫가 선비들이 對策에서 혹시라도 자신을 배척할까 두려워하여 즉시 다음과 같이 건의하였다.

"선비들은 모두 재야의 출사하지 않은 사람들이라서 금기를 알지 못하고 한갓 터무니없는 말로 聖上의 이목을 어지럽힐 뿐입니다. 전부 尙書省의 장관에게 맡겨 試策하도록 하십시오."

그리고 御史中丞에게 감독, 관리하도록 하였다. 그렇게 하니 한 사람도 합격한 사람이 없었다. 그러자 이임보가 재야에 남겨진 인재가 없다고 현종에게 경하를 올렸다.

19-12-나(按)

臣은 按 明君이 在上하사 必廣至正之路하여 以招賢能하며 闢四達之塗하여 以徠忠讜이면 則上無壅蔽之患이요 而下無遺逸之嗟니 此가 國家之利而非姦邪之便也라 蓋賢材進則己無所容이요 言路開則罪無所隱이니 故林甫가 於此에 曲爲之沮梗焉하여 旣以尙書長官으로 試問之하고 又以中丞으로 監摠之하니 雖有忠賢이나 何由獲進이리오 宜其無一中程者而林甫가 方以野無遺才로 賀하니 其敢於欺罔이 豈不甚哉잇가

玄宗은 재위 기간 중에 장안과 낙양의 궁전에서 여덟 차례나 과거응시자의 面試를 통한 取才를 주관하기도 하였다. 科目은 秀才·明經·進士·俊士·明法·明字·明算 등 50여 종이 있었다. 唐初에는 秀才科가 매우 중시되었으나 점차 폐지되었고 明經과 進士가 주요 과목이 되었다. 과거 응시자로는 경사와 주현의 學館 출신인 生徒와 解試 급제자인 鄕貢이 있었다. 주현의 고시는 解試라고 하였고 尙書省의 고시는 省試 또는 禮部試라고 하였다. 명경과 진사 모두 처음에는 經義와 時務에 대한 試策으로 선발하였으나 대체로 진사는 문학적 재능이 요구되는 詩賦를 중시하고 명경은 經文의 암기 여부를 시험하는 帖經과 경문의 자구에 대해 간단하게 筆答하는 墨義를 중시하였다. 특히 高宗 이후로는 진사과가 중시되어 진사 출신에서 많은 재상이 배출되었으나, 급제하기가 매우 어려웠다.

160) 留 : 사고본에는 '遺'로 되어 있다.

【臣按】현명한 군주가 제왕의 자리에 있어 반드시 지극히 中正한 길을 넓혀 덕있고 유능한 사람을 초치하며 사방으로 통하는 길을 열어서 충성스럽고 정직한 인재를 오게 하면, 위로는 임금의 총명을 가리거나 막는 근심이 없고 아래로는 내버려져 쓰이지 못한다는 탄식이 없을 것입니다. 이는 국가에 이로운 것이지 간사한 자들에게 이로운 것이 아닙니다.

대개 어질고 유능한 인재가 출사하면 자신이 용납될 곳이 없고 言路가 열리면 죄가 숨을 곳이 없습니다. 이 때문에 李林甫가 이 일에 있어서 이를 왜곡하여 막아서, 상서성의 장관이 문사들을 試策하도록 했다가 다시 어사중승이 考試를 감독·관리하게 하였으니, 비록 충직하고 어진 인재가 있다고 하더라도 무슨 수로 등용될 수 있겠습니까. 이러한 상황에서는 한 사람도 합격한 사람이 없을 것이 당연한데도 이임보가 당시에 재야에 남겨진 인재가 없다고 경하를 하였으니, 그가 임금을 속이는 데 거침없었던 것이 어찌 심하지 않겠습니까.

19-13-가[161]

咸寧太守趙奉璋이 **得林甫二十餘條**하여 **將言之**러니 **林甫**가 **諷御史捕繫奉璋**하여 **劾妖言抵死**하다

咸寧 太守 趙奉璋이 李林甫의 죄상 2십여 가지를 알고서 장차 상주하려고 하였는데, 이임보가 御史에게 넌지시 말하여 조봉장을 잡아가두고 요망한 말을 하였다고 탄핵하여 사형을 당하게 하였다.

19-13-나(按)

臣은 按 姦臣之顓國에 必先布置私人하여 使居權要之地하여 任擊搏之權而去其異己者然後에 得以肆行而無忌하나니 當林甫時하여 所用以爲御史者가 必皆其黨與也라 故趙奉璋이 欲言其罪則林甫가 亟諷御史하여 劾[162]而殺之하니 姦臣之權이 至於能僇言者則無所不可者矣라 故明君이 在上에 旣擇天下英賢하여 委以股肱之任而又選公淸直亮之士하여 使爲耳目之官하나니 二者가 交擧其職이요 而無阿黨朋比之私면 則綱

161) 《新唐書》 卷223上 〈姦臣列傳 李林甫〉에 보인다. 이는 玄宗 天寶 8년(749) 4월의 일이다.
162) 劾 : 사고본에는 '捕'로 되어 있다.

紀가 張하여 治道가 立矣리이다

【臣按】 간신이 국정을 전횡할 때에 반드시 먼저 자기 사람을 배치해서 권세가 있는 요직을 차지하도록 하여 탄핵하는 권한을 맡겨 자신에게 반대하는 자들을 제거한 뒤에야 제멋대로 굴며 거리낌이 없을 수 있습니다. 李林甫가 집권하던 당시에 임용되어 御史가 된 사람은 반드시 모두 그의 당여였습니다. 이 때문에 趙奉璋이 이임보의 죄상을 상언하려고 하자 이임보가 재빨리 어사에게 넌지시 말하여 탄핵하도록 하여 그를 죽였으니, 간신의 권세가 비판하는 사람을 죽일 수 있는 정도가 되면 안되는 것이 없게 됩니다.

그러므로 현명한 군주가 제왕의 자리에 있을 때에는 이미 천하의 덕과 재능이 뛰어난 인재를 선발하여 股肱과 같이 임금을 보좌하는 임무를 맡기고, 또 청렴하고 무사하며 정직하고 성실한 선비를 선발하여 耳目과 같이 언론을 담당하는 직책에 임명하는 법입니다. 두 부류의 인재들이 그 직임을 교대로 맡고 아첨하고 편당하는 사사로움이 없으면 기강이 서서 국가에 태평시대의 길이 열릴 것입니다.

19-14-가[163)]

林甫가 爲相에 凡才望出己右와 及爲上所厚하여 勢位將逼己者를 必百計去之하고 尤忌文學之士하여 或陽與之善하여 啗以甘言而陰陷之하니 世謂林甫가 口有蜜・腹有劍이라하더라 上이 嘗陳樂於勤政樓下하시고 垂簾觀之러시니 兵部侍郎盧絢(현)이 謂上已起라하여 按轡過樓下하니 絢이 風標가 淸粹라 上이 深歎其蘊藉하더시니 林甫가 嘗厚以金帛으로 賂上左右하여 上擧動을 必知之라 乃召絢子弟하여 語曰 尊君素望이 淸崇하니 今交・廣이 藉才라 聖上이 欲以尊君爲之하시나니 可乎아 若憚遠行則左遷이니 不然이면 以賓詹分務[164)]東洛이 亦優賢之選也니라 絢이 懼하여 遂乞賓詹[165)]하다

---

163)《資治通鑑》卷215〈唐紀31 玄宗 中之下〉天寶 원년(742) 3월 조에 보인다.

164) 分務 : 分司를 이른다. 唐制에 中央官員이 洛陽 등 陪都에서 任職하는 것을 分司라고 하였다.

165) 絢懼遂乞賓詹 : 盧絢이 이임보의 계략에 걸려들어 태자빈객이나 태자첨사가 되기를 주청하였으나, 이임보는 衆望에 어긋날까 염려하여 華州 刺史에 제수하도록 하였다. 노현이 부

李林甫가 재상으로 있을 때 재능과 명망이 자신보다 뛰어나거나 현종에게 두터운 신임을 받아서 세력과 지위가 장차 자신에게 근접할 자들은 반드시 온갖 방법을 써서 제거하였다. 그리고 특히 학문에 뛰어난 文士를 꺼려서 겉으로 그들과 친근한 척하면서 감언으로 꾀어 몰래 해치곤 하니, 세상 사람들이 이르기를 "이임보는 입속에는 꿀을 머금었지만 뱃속에는 칼을 품고 있다."라고 일컬었다.

현종이 한번은 勤政樓 아래에서 樂隊를 늘어세우고서 발을 드리우고 구경하고 있었는데, 병부 시랑 盧絢이 말하기를 "황상께서 이미 출발하셨다."라고 하고서 고삐를 당겨 천천히 근정루 아래를 지나갔다. 노현이 風度가 맑고 빼어났기 때문에 현종이 그의 도량이 넓고 온화해 보이는 모습에 깊이 찬탄하였다. 이임보가 많은 양의 황금과 비단을 현종의 가까이에서 모시는 사람들에게 뇌물로 주어 현종의 거동을 늘 알 수 있었기 때문에 노현의 자제를 불러 다음과 같이 말하였다.

"尊君의 평소 명망이 청렴하고 고결하니 지금 交州와 廣州가 재주 있는 사람을 필요로 하기에 聖上께서 尊君으로 그 지방관을 삼고자 하시니 그럴 수 있겠는가? 만약 먼 길을 떠나는 것을 꺼린다면 좌천될 것이다. 그렇지 않다면 太子賓客이나 太子詹事로 東都인 洛陽에서 직무를 수행하는 것 또한 현자를 예우하는 인선일 것이다."

이에 노현이 두려워하여 마침내 太子賓客이나 太子詹事를 맡기를 청하였다.

上이 又嘗問嚴挺之[166]安在오 是人이 亦可用이라하시니 挺之가 時爲絳州刺史러니

임한 지 얼마 안 되어 질병으로 화주의 사무를 제대로 처리하지 못하고 있다고 현종에게 무함하여 詹事員外同正에 제수되도록 하였다.

166) 嚴挺之 : 673~742. 이름은 浚이고 자는 挺之이다. 華州 華陰 사람이다. 기질이 高雅하고 淸秀했다. 어려서부터 好學하여 진사에 급제하였고 神龍 원년(705) 制科에 급제하였다. 일찍이 姚崇의 지우를 입어 右拾遺가 되었다. 玄宗 開元 연간에 考功員外郎이 되고 給事中을 맡았다. 貢擧를 담당하여 당시에 공평하고 합당하다는 평가를 받았다. 그러나 인재의 선발과 관련하여 宰相 李元紘과 알력이 생겨 登州 刺史로 나갔다가 太原 少尹으로 옮겼다. 이후 濮州 刺史, 汴州 刺史・형부 시랑을 거쳐 太府卿이 되었다. 張九齡의 인정을 받아 尙書左丞이 되었고 吏部의 選試를 담당하였으나, 李林甫의 배척을 받아 洺州 刺史로 폄적되었다가 絳州 刺史로 옮겼다. 천보 원년(742)에 현종이 임용하고자 하였으나 이임보의 계략에 빠져 낙양의 員外同正職인 太子詹事로 임명되었다. 낙양에서 병사하였다.

林甫가 退하여 召挺之弟損[167)]之하여 諭以上이 待尊兄意甚厚하시니 盍爲見上之策하여 奏稱風[168)]疾하여 求還京師就醫오한대 挺之從之러니 林甫가 以其奏로白[169)]上云 挺之老疾하니 宜且授之散秩하여 使便醫藥이라하여늘 上이 歎詫[170)]久之하시고 以爲詹事하시다[171)]

玄宗이 또 한번은 李林甫에게 물었다.

"嚴挺之는 어디에 있는가? 이 사람 역시 임용할 만하다."

엄정지는 당시에 絳州 刺史로 있었다. 이임보가 물러나와 엄정지의 동생 嚴損之를 불러 타일렀다.

"황상께서 尊兄을 대우하는 뜻이 매우 도탑다. 황상을 알현할 방책을 행하여 풍병을 핑계로 대어 京師로 돌아와서 병을 치료하고 싶다고 주청해보는 것이 어떻겠는가?"

엄정지가 이 말대로 따랐다. 이임보가 그의 주문에 따라 현종에게 아뢰었다.

"挺之가 늙고 병들었으니 그를 散秩에 제수하여 치료하기 편하도록 해주어야 합니다."

현종이 한참을 탄식하고 의아하게 여기고서 그를 太子詹事로 임명하였다.

19-14-나(按)

臣은 按 書稱四凶[172)]之罪曰 象恭滔天[173)]而已요 曰巧言令色孔壬[174)]而已로되 堯能

167) 損 : 대전본에는 '楨'으로 되어 있다.
168) 風 : 대전본에는 '楊'으로 되어 있다.
169) 白 : 대전본에는 '曰'로 되어 있다.
170) 詫 : 사고본에는 '咤'로 되어 있다.
171) 上又……詹事 :《資治通鑑》卷215〈唐紀31 玄宗 中之下〉天寶 원년(742) 3월, 4월 임인 조에 보인다.
172) 四凶 : 堯舜時代에 惡名이 드러나 순임금에 의해 주벌된 네 신하를 지칭하는데,《서경》〈虞書 舜典〉에 따르면 共工, 驩兜, 三苗, 鯀이다. 15-1-가 참조.
173) 象恭滔天 :《서경》〈虞書 堯典〉에 보인다. 본래 堯임금이 '나의 일을 순히 할 사람〔若予采〕'을 천거하도록 하자 驩兜가 共工을 추천하였는데, 요임금이 共工에 대해 평한 말이다. 15-1-가 참조
174) 巧言令色孔壬 :《서경》〈虞書 皐陶謨〉에 보인다. 皐陶가 '인재를 알아보는 것〔知人〕'에 대해

知之而舜能去之하시니 所以爲聖也라 林甫가 於數者之惡에 蓋悉兼之而明皇이 不能察者는 欲이 汨之也일새라 詩曰 盜言孔甘[175]이라하니 惟言之甘이라 故人蒙其害而不知하나니 此가 所以爲盜也니 林甫之口有蜜・腹有劒이 所以爲國之大賊乎인저 傳에 曰 苦言은 藥也요 甘言[176]은 疾也[177]라하니 使明皇으로 能知苦言之爲藥・甘言之爲疾하여 九齡을 不去하고 林甫를 不相則雖百[178]祿山이나 能爲難[179]乎아 故內有衣冠之盜然後에 外有干戈之盜하나니 然則衣冠之盜를 將何以察之오 曰 眡其言之甘苦而已矣니 蓋未有正人而甘其言하며 亦未有邪人而能苦其言者也라 林甫가 旣以此로 誤其君하고 又以此로 誤其同列하니 盧絢之賓詹・嚴挺之之養疾이 皆以甘言으로 誤之而實加擯廢焉하고 亦猶以甘言으로 誤明皇하여 陷之於播遷之辱也하니 吁可畏哉로소이다

【臣按】《서경》에서 四凶의 죄를 일컬어 "외양만 공손할 뿐 마음속에는 악이 넘쳐난다."라고 하고, "말을 좋게 하고 얼굴빛을 잘 꾸미면서 매우 간악한 마음을 숨기고 있다.〔巧言令色孔壬〕"라고만 하였는데도, 堯임금은 이를 잘 알았고 舜임금은 이들을 제거할 수 있었으니 聖王이 되는 이유입니다.

李林甫가 몇 사람의 간악함을 모두 겸비하였지만 明皇(玄宗)이 알아차리지 못한 것은 욕망이 어지럽혔기 때문입니다. 《시경》에 이르기를 "도적의 말이 매우 달콤하다."라고 하였습니다. 오직 말이 달콤하기 때문에 사람들이 그 해를 입고도 알지 못합니다. 이것이 도적이 되는 이유입니다. 이임보가 입속에는 꿀을 머금었지만 뱃속에는 칼이 있다는 것이 나라의 큰 도적이 되는 이유일 것입니다.

옛글에 이르기를 "쓴 말은 약이 되고 달콤한 말은 병이 된다."라고 하였습니다. 만일 명황이 쓴 말이 약이 되고 달콤한 말이 병이 된다는 것을 잘 알아서 張九齡을 물러나게 하지 않고 이임보를 재상으로 임용하지 않았다면, 비록 安祿山이 1백 명이 있다 한들 난을 일으킬 수 있었겠습니까.

그러므로 나라 안에 관복을 입은 도적〔衣冠之盜〕이 있은 뒤에 나라 밖에 창칼을 든 도적〔干戈之盜〕이 있는 법입니다. 그렇다면 관복을 입은 도적을 장차 어떻

말하자, 禹가 한 말의 일부이다. 共工을 두고 한 말로 보는 것이 일반적이다. 15-2-가 참조.

175) 盜言孔甘 : 《시경》 〈小雅 巧言〉에 보인다.

176) 言 : 대전본에는 '心'으로 되어 있는데, 오자이다.

177) 苦言……疾也 : 《史記》 卷68 〈商君列傳〉에 보인다.

178) 百 : 대전본・사고본에는 '有'로 되어 있다.

179) 難 : 대전본에는 '雖'로 되어 있는데, 오자이다.

게 알 수 있겠습니까? 그 말이 달콤한 말을 하는지 쓴 말을 하는지를 살펴볼 따름이니, 올바른 사람이 그 말을 달콤하게 하는 경우는 있지 않으며 또한 간사한 사람이 그 말을 쓰게 할 수 있는 경우는 있지 않습니다.

이임보가 이미 달콤한 말로 자신의 임금을 그르쳐놓고 다시 달콤한 말로 자신의 동료까지 그르쳤으니, 盧絢이 太子賓客이나 太子詹事가 되기를 청하고 嚴挺之가 병을 핑계로 요양을 청했던 것은 모두 달콤한 말로 그들을 그르친 것이니 실제로는 내쫓고 면직시킨 것이었습니다. 이것은 또한 달콤한 말로 명황을 그르쳐서 그를 播遷의 치욕에 빠뜨린 것과 같으니, 아! 참으로 두렵습니다.

19-15-가[180]

林甫가 **居相位**하여 **固寵市權**하여 **蔽欺天子耳目**호대 **諫官**이 **皆持祿養資**하여 **無敢正言者**러니 **補闕杜璡**이 **再上書言政事**한대 **斥爲下邽**(규)**令**하고 **因以語**로 **動其餘曰 明主**[181]가 **在上**하시니 **群臣**이 **將順不暇**라 **亦何所論**이리오 **君等**이 **不見立仗馬乎**아 **終日無聲而飫三品芻豆**라가 **一鳴則黜之矣**나니 **後雖欲不鳴**이나 **得乎**아하니 **由是**로 **諫爭路絶**이러라

李林甫가 재상의 지위에 있으면서 총애를 견고히 하고 권력을 농단하여 천자의 이목을 가리고 속였지만 諫官들이 모두 봉록만 받아먹고 자리만 보전하여 감히 바른말을 하는 자가 없었다. 補闕 杜璡이 재차 글을 올려 정사에 대해 비판하자 이임보가 폄척하여 下邽令으로 보내고 이어서 나머지 간관들에게 말로써 다음과 같이 권고하였다.

"聖明한 군주가 천자의 자리에 계시니 신하들이 명을 따르기에도 겨를이 없다. 또한 무슨 논할 일이 있겠는가. 그대들은 세워놓은 의장대의 말을 보지 않았는가. 하루 종일 소리를 내지 않고도 3품의 사료를 실컷 먹다가 한번 울면 쫓겨나게 된다. 나중에 비록 울지 않으려 하더라도 다시 의장대의 말이 될 수 있겠는가."

이때부터 간쟁하는 언로가 끊어졌다.

---

180) 《新唐書》 卷223上 〈姦臣列傳 李林甫〉에 보인다. 개원 24년(734)의 일이다.
181) 主 : 대전본에는 '王'으로 되어 있다.

19-15-나(按)

臣은 按 姦臣이 顓國에 必先壅塞言路하여 使人主로 愽然孤立於上而瞢[182]然無覩於外然後에 得以恣其所欲爲하여 大而簒國·小而顓政에 無不可者라 故正先이 死而趙高가 肆[183]하고 王章이 僇而王鳳이 熾[184]하고 杜璡이 斥而林甫가 橫하니 爲人主者가 可不監哉잇가

【臣按】 간신이 국정을 전횡할 때에는 반드시 먼저 言路를 막아서 군주가 외로이 위에서 고립되어 흐리멍덩하게 궐 밖의 일을 알지 못하게 하였습니다. 그런 뒤에야 자신이 하고자 하는 바를 마음대로 할 수 있어서 크게는 나라를 찬탈하고 작게는 정사를 전횡하는 데 안되는 것이 없습니다. 그러므로 正先이 죽자 趙高가 자기 마음대로 굴었고, 王章이 죽자 王鳳이 강성해졌고, 杜璡이 배척당하자 李林甫가 전횡하였으니, 군주가 살피지 않아서야 되겠습니까.

19-16-가[185]

貞觀以來로 任蕃將者가 如阿史那社尒·契(결)苾何力이 皆以忠力으로 奮하나 然猶不爲上將하고 皆大臣이 摠制之라 故上有餘權하여 以制於下러니 先天·開元中①에 若薛訥[186]·郭元振[187]·張說[188]等이 自節度使로 入相天子하니

182) 瞢 : 대전본·사고본에는 '盲'으로 되어 있다.

183) 正先……高肆 : 正先은 秦 二世 때의 博士이다. 《漢書》 卷75 〈京房傳〉에 따르면, "옛날 秦나라 때 조고가 권세를 휘두르자 정선이란 자가 趙高를 비판하다가 죽었는데, 조고의 위세가 이로부터 굳어졌으니, 그러므로 진나라의 화란은 정선이 재촉한 셈이 된다.〔昔秦時趙高用事 有正先者 非刺高而死 高威自此成 故秦之亂 正先趣之〕"라는 말이 보인다.

184) 王章……鳳熾 : 王章(?~기원전 24)은 漢 元帝·成帝 때 諫大夫·司隷校尉 등을 역임하였고 관직이 京兆尹에 올랐다. 王鳳(?~기원전 22)이 권력을 전횡하자 상소하여 탄핵하였다가 도리어 大逆罪로 하옥되어 옥사하였다. 왕봉은 漢 元帝·成帝 때의 외척, 권신이다. 元帝의 孝元皇后 王政君의 오빠이다. 大司馬 大將軍, 領尙書事 등을 역임하였고, 권력을 전횡하였다. 18-13-나(按) 주석 참조.

185) 《新唐書》 卷223上 〈姦臣列傳 李林甫〉에 보인다.

186) 薛訥 : 649~720. 당의 무장이다. 絳州 龍門 사람이다. 부친은 薛仁貴이다. 처음에 藍田令이 되었다. 그 후에 돌궐이 하북을 침입하자 左武威衛大將軍·安東道 經略에 임명되었다. 이후 幽州 都督 兼安東都護·幷州大都督府 長史 등을 역임하며 오랫동안 邊將으로 임직하면

林[189)]甫가 疾儒臣이 以方略으로 積邊勞且大任하여 欲杜其本以久其權하여 卽說帝曰 以陛下雄材[190)]로 國家가 富彊而夷狄未滅者는 由文吏爲將하여 憚矢石不身先이라 不如用蕃將이니 彼가 生而雄하여 養馬上長行陳하니 天然性也라 若陛下가 感而用之하사 使必[191)]死하시면 夷狄은 不足圖也리이다 帝가 然之하사 因以安思順[192)]으로 代林甫領節度[193)]而擢安祿山[194)]・高仙芝・哥舒翰等하여

서 전공을 세웠다. 개원 2년(714) 6월에 杜賓客 등과 군대 2만을 이끌고 거란을 토벌해 灤河에서 대패했지만 10월에 吐藩과 洮水 부근에서 전투해 크게 승리를 거두었다. 左羽林軍大將軍에 보임되었으며 平陽郡公에 봉해졌다. 또 涼州鎭軍大總管에 임명되었다가 나이가 들어 致仕했다.

187) 郭元振 : 656~713. 唐代의 宰相이다. 본명은 震이고, 자는 顯이다. 魏州 貴鄕 사람이다. 高宗 咸亨 연간에 進士가 되어 通泉 縣尉가 되었다. 則天武后에게 右武衛鎧曹를 제수받아 토번에 사신으로 가서 이간한 공으로 主客郎中이 되었다. 大足 원년(701)에 涼州 都督・隴右諸軍州大使로 임명되었다. 이후 太僕卿이 되고 銀青光祿大夫에 올랐다. 睿宗 景雲 2년(711)에 태복경・동중서문하평장사가 되었다. 太平公主를 진압한 공으로 代國公이 되었다. 이후 兼御史大夫 持節 朔方道大總管으로 돌궐에 대비했다. 죄를 범해 神州에 유배되었다가 다시 饒州 司馬로 기용되나 귀경 중에 죽었다. 사후에 太子少保로 추증되었다.

188) 張說 : 667~731. 唐 玄宗 때의 宰相이다. 자는 道濟 또는 說之이다. 河南 洛陽 사람이다. 측천무후 때 對策賢良方正으로 급제하여 太子校書郎에 제수되었고 《三敎珠英》의 편찬에 관여하였다. 鳳閣舍人으로 발탁되었으나 張易之가 魏元忠을 무고하자 변호하다가 欽州로 유배되었다. 中宗 즉위 후에 兵部 侍郎・弘文館 學士가 되었다. 景雲 2년(711)에 中書侍郎・同平章事・兼修國史가 되었다. 현종 즉위 후에 태평공주 토벌의 공으로 중서령에 제수되고 燕國公에 봉해졌다. 開元 7년(719)에 檢校幷州大都督府長史・兼天平軍大使가 되어 同羅 등을 위무하여 북변을 안정시켰다. 이후 兵部 尙書, 朔方軍 節度使, 右丞相 兼中書令, 集賢院學士知院事 등을 역임했다가 宇文融의 括戶에 반대해 사직하였다. 개원 18년(730)에 다시 尙書左丞相으로 복직했다. 문장에 능해 당시 조정의 주요 조서와 문서를 모두 작성해 許國公 蘇頲과 함께 燕許大手筆로 불렸다. 저서로는 《張燕公集》이 있다.

189) 林 : 대전본에는 '杴'으로 되어 있다.

190) 材 : 대전본에는 '林'으로 되어 있다.

191) 使必 : 대전본・사고본에는 '必先'으로 되어 있다.

192) 安思順 : 695?~756. 西域 安國(Bukhara) 사람으로, 돌궐족이다. 부친은 右羽林大將軍 安波注이고, 안녹산의 堂兄이었다. 唐 玄宗 開元 2년(714) 洮州 刺史, 莫門軍使 등을 거쳐, 천보 6년(747)에 河西節度使가 되었고, 천보 9년(750)에 權知朔方節度使를 겸임하였다. 천보 10년(751)에 權知朔方節度使에서 체차되었다. 천보 11년(752) 3월에 朔方軍節度副

專爲大將하니 **林甫**가 **利其虜也**가 **無入相之資**라 **故祿山**이 **得專三道勁兵處**하여 **十四年不徙**호대 **天子**가 **安林甫策**하사 **不疑也**러시니 **卒稱兵蕩覆天下**하여 **王室**이 **遂微**하니라

① 先天開元中 : 皆明皇年號[195].
모두 明皇(玄宗)의 연호이다.

貞觀(627~649) 연간 이후로 번장에 임명한 자로써 阿史那社尒·契苾何力과 같은 자들이 모두 竭忠盡力으로 애썼지만, 오히려 上將으로 삼지 않고 모두 대신이 이들을 총괄하여 제어하였다. 이 때문에 조정에는 충분한 권한이 있어서 관할하의 절도사를 제어하였다. 그런데 先天(712~713)·開元(713~741) 연간에는 예컨대 薛訥·郭元振·張說 등과 같은 자들이 절도사로부터 조정에 들어와 천자를 보좌하게 되었다.

使 李獻忠이 漠北에서 반란을 일으키자, 이임보의 朔方節度使가 되었다. 일찍이 여러 차례 안녹산이 반란을 일으킬 것이라고 진언하였기에 천보 14년(755)에 안녹산의 난이 일어났을 때 죽음을 면하고 호부 상서로 전직되었다. 평소에 哥舒翰과 반목하였는데, 천보 15년(756)에 안녹산과 내통했다는 가서한의 모함을 받아 賜死되었다.

193) 以安……節度 : 李林甫는 天寶 10년(751)에 安西大都護·朔方節度를 兼領하였고 얼마 안 되어 單于副大都護까지 겸임하였다. 천보 11년(752)에 이임보의 양아들인 朔方節度副使 李獻忠이 반란을 일으키자, 이임보는 삭방절도사의 체직을 청하고 安思順을 자신의 후임으로 천거하였다.

194) 安祿山 : 703~757. 營州 사람이다. 본성은 康이고 본명은 軋犖山이다. 모친인 阿史德氏가 安延偃에게 改嫁하여 安氏가 되었다고 전한다. 소그드인과 돌궐족의 혼혈로 추정된다. 6개 국어에 능하여 젊었을 때 營州에서 무역의 중개인인 互市牙朗을 맡았다고 한다. 幽州節度使 張守珪를 섬겨 두각을 나타내었으며, 開元 28년(740)에 營州都督·平盧兵馬使가 되고, 天寶 원년(742)에 代理御史中丞·平盧節度使가 되었다. 뇌물과 아첨에 능하여 玄宗과 楊貴妃의 신임을 얻었다. 천보 3년(744)에 范陽節度使를, 천보 10년(751)에 河東節度使를 겸임하였다. 楊國忠과 반목하였다. 천보 14년(755) 11월에 양국충을 주벌한다는 명분으로 거병하여 12월에 洛陽을 점령하였다. 이듬해 칭제건원하여 국호를 大燕, 帝號를 雄武皇帝, 연호를 聖武라고 하였다. 756년 6월에는 長安을 점령하였고 華北 일대를 거의 장악하였다. 이후 건강이 악화되어 屬下의 통제력을 상실하였고 애첩의 소생을 편애하여 安慶緖와 반목하였는데, 결국 肅宗 至德 2년(757)에 안경서에게 살해당했다.

195) 皆明皇年號 : 사고본에는 '睿宗玄宗年號'로 되어 있으나, 오류이다.

李林甫는 儒臣이 책략으로 변경 방비의 공로를 쌓고 장차 중용되는 것을 싫어하여 그 근원을 막아 자신의 권세를 오랫동안 유지하고자 곧 현종을 다음과 같이 설득하였다.

“폐하의 뛰어난 재능으로 국가가 부강한데도 夷狄이 아직 멸망되지 않은 것은 문신이 장수가 되어 矢石을 두려워하여 몸소 앞장서지 않기 때문입니다. 번장을 임용하는 것만 못합니다. 그들은 나면서부터 용맹하여 말 위에서 자라서 행군과 포진에 뛰어나니 타고난 천성입니다. 만약 폐하께서 감화시켜 그들을 임용하여 사력을 다하도록 하신다면 이적은 도모할 것도 없을 것입니다.”

현종이 이 말을 옳게 여겨서 이를 계기로 安思順이 이임보의 영삭방절도사의 직임을 대신하게 하였다. 安祿山·高仙芝·哥舒翰 등을 발탁하여 대장의 직임을 혼자서 담당하게 하였다. 이임보는 번장들이 조정으로 들어와 재상을 맡을 자격이 없는 것을 이롭게 여겼다. 이 때문에 안녹산이 3道 지역의 강군을 혼자서 관장하여 14년 동안 교체되지 않았는데도 현종은 이임보의 계책을 편안하게 여겨 의심하지 않았으니, 결국 안녹산이 거병하여 천하를 뒤엎어 당나라가 마침내 미약해졌다.

19-16-나(按)

臣은 按 一言喪邦者는 昔聞之矣어니와 一言而遺禍數百載者가 有之乎아 曰 有之하니 如林甫之請任蕃將이 是也라 蓋自祿山反으로 唐이 幾亡이러니 肅宗이 雖崎嶇中興하나 而兩河之地가 半爲降虜所有하여 更相傳襲하여 終唐之世토록 不能取하고 藩[196]鎭이 跋扈하여 動輒擧兵內嚮하여 唐이 卒以是失天下하고 五代之亂에 生人肝腦가 盡矣러니 至于本朝然後에 收方鎭之權하여 天下가 合于一하니 自天寶末로 迄建隆初히 凡二百有七年이니 推原禍本컨대 由林甫가 以蕃將代儒將故也라 彼其用心이 不過欲杜節度使入相之階하여 以久己權而中國板蕩·生民塗炭이 遂自玆始하니 自昔姦臣之禍天下가 未有若是其酷者也니이다

【臣按】 한마디 말로 나라를 잃는다는 것은 예전에 들었습니다. 하지만 한마디 말로 수백 년 동안 나라에 화를 끼치는 것이 있습니까? 있습니다. 李林甫가 蕃將

196) 藩 : 사고본에는 ‘蕃’으로 되어 있다.

을 임용하도록 청한 것이 이에 해당합니다.

安祿山이 반란을 일으킨 때부터 唐나라가 거의 망했는데 肅宗이 비록 어렵사리 중흥시키기는 하였지만 하북과 하남 땅이 절반은 번장의 소유가 되어 번갈아가며 서로 전해주고 이어받아 당나라가 망할 때까지 취할 수 없었습니다. 그리고 藩鎭이 발호하여 걸핏하면 거병하여 경사로 진군해서 당이 끝내 이 때문에 천하를 상실하고 五代의 혼란기에 生民의 목숨이 다하였습니다. 우리 宋나라가 건국한 뒤에야 方鎭의 권한을 거두어들여 천하가 하나로 합쳐졌으니 天寶 말년(755)부터 建隆 초년(960)까지 도합 207년입니다.

禍의 근원을 따져보면 이임보가 번장으로 儒將을 대신하도록 한 데에서 말미암은 것입니다. 저 이임보가 의도했던 것은 절도사가 조정으로 들어와 재상이 되는 경로를 막아서 자신의 권세를 오랫동안 유지하고자 한 데 불과했지만, 나라는 어지러워지고 민생은 도탄에 빠진 것이 마침내 이로부터 시작되었으니, 예로부터 간신이 천하에 화를 끼친 것이 이처럼 참혹한 적이 없습니다.

19-17-가[197)]

上이 **晩年**에 **自恃承平**하여 **以爲 天下**가 **無復可憂**라하사 **遂深居禁中**하여 **專以聲色自娛**하시고 **悉委政事於林甫**하시니 **林甫**가 **媚事左右迎合上意**하여 **以固其寵**하며 **杜塞言路掩蔽聰明**하여 **以成其姦**하며 **妬賢嫉能排抑勝己**하여 **以保其位**하며 **屢起大獄誅逐貴臣**하여 **以張其勢**하니 **自皇太子以下**가 **畏之側足**하더니 **凡在相位十九年**[198)]에 **養成天下之亂而上**이 **不之悟也**하시니라

玄宗이 만년에 스스로 태평성세가 계속된다고 믿고서 '천하는 다시 우려할 만한 일이 없다.'라고 생각하여, 마침내 궁궐에 깊이 거처하면서 오로지 음악과 여색으로 스스로 즐거움을 삼고 李林甫에게 정사를 모두 맡겼다.

이임보가 현종의 측근을 섬기면서 현종의 뜻에 영합하여 자신에 대한 총애를

---

197) 《資治通鑑》 卷216 〈唐紀32 玄宗 下之上〉 天寶 11년 11월 정묘일 조에 보인다. 《구당서》와 《신당서》에는 모두 이임보가 을묘일에 죽은 것으로 되어 있다.

198) 凡在相位十九年 : 이임보는 開元 22년(734)에 황문시랑·동중서문하삼품에 제수되어 재상이 되었고, 天寶 11년(752)에 右相의 직임을 지닌 채 죽었다.

견고하게 하였으며, 언로를 막아 현종이 보고 듣는 것을 덮고 가려서 자신의 간악한 계책을 이루었으며, 덕 있고 유능한 사람을 시기하여 자기보다 뛰어난 사람을 배척하고 억눌러서 자신의 지위를 유지하였으며, 여러 차례 큰 옥사를 일으켜 존귀한 대신을 죽이고 축출하여 자신의 세력을 확장하니, 황태자 이하의 사람들이 그를 두려워하여 안절부절못하였다. 그리하여 재상의 지위에 있었던 도합 19년 동안 천하의 변란을 키웠지만 현종이 이를 깨닫지 못하였다.

19-17-나(按)

臣은 按 此는 唐舊史에 論林甫之語也니 林甫心迹이 盡於此矣니이다

【臣按】이는 唐의 舊史에서 李林甫를 평가한 말이니 이임보의 본심이 여기에 다 나와 있습니다.

19-18-가[199]

楊國忠者는 **太眞妃**[200]**之從祖兄也**니 **其妹虢**(괵)**國夫人**[201]이 **居中用事**라 **帝所好惡**를 **國忠**이 **必探知其微**하니 **帝**가 **以爲能**이러시다

楊國忠은 太眞妃의 6촌 오빠이다. 그 누이동생인 虢國夫人이 궁중에서 권력을

199)《新唐書》卷206〈外戚列傳 楊國忠〉에 보인다.

200) 太眞妃 : 719~756. 唐 玄宗의 后妃인 楊貴妃로, 太眞은 女道士가 되었을 때 붙여진 道號이다. 小字는 玉環이다. 蒲州 永樂 사람이다. 부친은 蜀州 司戶參軍 楊玄琰이다. 풍만하고 농염한 미색을 갖추었고 가무에 뛰어나며 총명하였다. 본래 玄宗의 제18황자 壽王 李瑁의 妃로, 武惠妃의 사후에 실의한 현종이 그녀의 미색에 반하여 여도사로 삼아 수왕과 이혼시킨 후에 후궁으로 입궁시켰다. 매우 총애를 받아 天寶 4년(745)에 貴妃에 봉해졌고 황후와 다름없는 대우를 받았다. 천보 14년(755)에 安祿山이 난을 일으키자 현종을 따라 蜀으로 도주하던 중에 馬嵬坡에서 불만을 품은 군사들이 소요를 일으켜 양귀비를 죽이도록 요구하자 자결하였다.

201) 虢國夫人 : ?~756. 蒲州 永樂 사람이다. 楊貴妃의 둘째 언니이다. 양귀비가 입궁하여 총애를 받자 唐 玄宗 天寶 7년(748)에 虢國夫人에 봉해졌다. 교만하고 사치스러우며 음란하였다. 천보 15년(756) 安祿山의 반란이 일어나 楊國忠과 楊貴妃가 馬嵬坡에서 불만을 품은 군사들에게 죽임을 당하자, 陳倉으로 달아났다. 肅宗 至德 원년(756)에 진창 현령 薛景仙의 추격을 받아 도주하던 중 자결하였다.

휘둘렀기 때문에 현종이 좋아하고 싫어하는 것을 양국충이 반드시 그 자질구레한 것을 살펴 알았으니 현종이 유능하다고 여겼다.

19-18-나(按)

臣은 按 女子小人表裏交煽者가 危國亡家之本이니 前蓋屢言之矣라 若國忠者는 身旣用事於外하고 其妹가 又用事于中하니 宜其能深探動息하여 阿意迎合而帝以爲能也니이다

【臣按】 여자와 소인이 안팎에서 화를 부추기는 것은 나라를 위태롭게 하고 집안을 망치는 근본이니 앞에서 여러 차례 언급하였습니다. 양국충은 자신이 밖에서 권력을 휘두르고 그 누이가 또 안에서 권력을 휘둘렀으니 양국충이 현종의 동정을 잘 살펴서 아첨하여 영합할 수 있었던 것이 당연합니다. 그런데 현종이 그를 유능하다고 여긴 것입니다.

19-19-가[202)]

國忠이 **爲宰相**에 **便佞**하여 **專徇帝嗜欲**하고 **不顧天下成敗**하더니 **知帝雅意事邊**이라 **故身調兵食**하고 **取習文簿惡吏任之**하여 **軍凡須索**을 **快成其手**하더라

楊國忠이 재상으로 있으면서 교묘한 말로 아첨하여 오로지 현종의 기호와 사욕에 영합하고 천하의 성패는 생각하지 않았는데, 현종이 평소 변경의 일에 대해 뜻이 있다는 것을 알았기 때문에 직접 군량을 조달하고 문서와 장부에 능숙한 惡吏를 발탁하여 이를 맡겨 군대에서 필요한 모든 것을 빨리 처리하였다.

19-19-나(按)

臣은 按 明皇이 前任林甫·後任國忠하시니 二人[203)]操術이 略同하여 大抵徇帝之欲而已라 知帝有意於邊事也則身調兵食하고 任惡吏以掌文簿하여 苟取集事하고 它[204)]不遑卹也하니라 雖然이나 使明皇無縱欲之念이면 雖姦臣이나 其能窺所欲而徇之乎아 故曰 人君之心이 正則朝廷百官이 無敢不正者라하니이다

202) 《新唐書》 卷206 〈外戚列傳 楊國忠〉에 보인다.
203) 人 : 사고본에는 이 뒤에 '之' 1자가 더 있다.
204) 它 : 사고본에는 '他'로 되어 있다.

【臣按】 明皇이 앞서는 李林甫에게 국정을 맡겼고 나중에는 楊國忠에게 국정을 맡겼으니 두 사람의 수법이 대략 같아서 대체로 현종의 사욕만을 따를 뿐이었습니다. 현종이 변경의 일에 관심을 가지는 것을 알고는 직접 병력과 군량을 조달하고 惡吏를 임용하여 문서와 장부를 맡겨 구차하게 취하여 일을 이루고 다른 것은 돌아볼 경황이 없었습니다. 비록 그렇기는 하지만 만일 明皇이 사욕을 부리려는 생각이 없었다면 비록 간신이라도 그가 현종이 하고자 하는 것을 엿보아 이에 영합할 수 있었겠습니까? 그러므로 "임금의 마음이 바르면 조정의 백관이 감히 바르지 않은 자가 없다."라고 하는 것입니다.

19-20-가1[205)]

南詔質子閤羅鳳이 **亡去**어늘 **帝欲討之**하신대 **國忠**이 **薦鮮于**[206)]**仲通**[207)]**爲蜀郡長史**하여 **率兵六萬討之**러니 **戰瀘川**하여 **擧軍沒**하고 **獨仲通**이 **挺身免**이어늘 **國忠**이 **匿其敗**하고 **更敘戰功**하여 **使白衣領職**하니라

南詔의 質子인 閤羅鳳이 도주하자 현종이 그를 토벌하고자 하였다. 그러자 楊國忠이 鮮于仲通을 천거하여 蜀郡 長史로 삼아 6만 군사를 이끌고 토벌하게 하였는데, 瀘川에서 싸워 전군이 전몰하고 오직 선우중통만이 빠져나와 죽음을 면하였는데 양국충은 그의 패배를 숨기고 반대로 戰功을 서술해서 白衣로 領職하도록 하였다.

19-20-가2[208)]

劍南節度李宓이 **將兵七萬**하여 **擊南詔**러니 **閤羅鳳**이 **誘之深入**하여 **宓**이 **被擒**하고

205) 《新唐書》 卷206 〈外戚列傳 楊國忠〉에 보인다.

206) 于 : 대전본에는 '子'로 되어 있으나, 오자이다.

207) 鮮于仲通 : ?~?. 이름은 向이다. 漁陽 사람이다. 중년에 進士로 출사하였다. 劍南節度使 章仇兼瓊의 심복이 되어 劍南道 采訪支使가 되었다. 天寶 연간 초에 章仇兼瓊에게 楊國忠을 추천하였다. 이후 양국충이 득세한 뒤에 양국충의 비호를 받아 출세하였다. 천보 9년(750)에 검남절도사가 되었고, 천보 10년(751)에 남조 토벌을 지휘하였으나 대패하였다. 이후 京兆尹까지 승진하였다. 천보 12년(753)에 상서성의 문에 '銓綜之能碑'를 세워 양국충을 칭송하였다. 천보 14년(755) 양국충의 죽음과 함께 실각하였다.

全軍皆沒이어늘 國忠이 隱其敗更以捷聞하고 益[209]發中國兵討之하니 前後死者가 幾二十萬이로되 人無敢言이러라

劍南節度留後 李宓이 7만 군사를 거느리고서 南詔를 쳤다. 남조왕 閤羅鳳이 그를 깊숙이 들어오도록 유인하여 이밀은 사로잡히고 전군이 모두 전몰하였는데, 楊國忠이 그 패전을 숨기고 반대로 승전으로 보고하고 중원의 군사를 더 징발하여 남조를 토벌하니 전후로 전사자가 거의 20만이었지만 조정의 누구도 감히 패전을 비판하는 이가 없었다.

19-20-나(按)

臣은 按 記에 曰 四方有敗어든 必先知之가 此之謂民之父母[210]라하니 明皇末年에 委政國忠하여 雲南喪師가 至二十萬而國忠이 反以捷聞하니 明皇이 至是塊然尸位하여 猶土木偶人矣라 姦臣敢於蒙蔽가 如此하니 爲人主者가 其可不以天下로 爲視聽哉잇가

【臣按】《禮記》에 이르기를 "사방 어디든 간에 재앙의 조짐이 나타나면 반드시 이를 먼저 알아서 조처해주는 이를 백성의 부모라고 한다."라고 하였습니다. 明皇(玄宗)의 말년에 楊國忠에게 정사를 위임하여 雲南에서 잃은 군대가 20만 명에 이르렀는데도 양국충이 도리어 승전으로 보고하였으니, 명황은 이때 이르러 우두커니 尸童처럼 자리만 지키고 있어 마치 흙이나 나무로 만든 인형과 같았습니다. 간신이 임금의 보고 듣는 것을 덮고 가리는 데 과감함이 이와 같으니 군주가 천하 사람들을 통해 보고 듣지 않아서야 되겠습니까.

19-21-가[211]

上이 憂雨傷禾[212]어시늘 國忠이 取禾之善者하여 獻之曰 雨雖多나 不傷稼

208)《資治通鑑》卷217〈唐紀33 玄宗 下之下〉天寶 13년(754) 6월 乙丑 조에 보인다.
209) 益 : 사고본에는 '竝'으로 되어 있다.
210) 四方……父母 :《禮記》〈孔子閒居〉에 나오는 말이다.
211)《資治通鑑》卷217〈唐紀33 玄宗 下之下〉天寶 13년(754) 9월 조에 보인다.
212) 憂雨傷禾 : 天寶 12년(753)부터 수해와 한해가 연이어져 關中 지역에 대기근이 발생했다. 천보 13년(754) 가을에는 장맛비가 60여 일 동안이나 그치지 않자, 현종은 재상 중에 혹시 직분에 걸맞지 않은 자가 있는 것은 아닌가 생각하여 左相 陳希烈을 체차하고 文部 侍郎

也라한대 **上**이 **以爲然**이러시니 **扶風太守房琯**[213]이 **言所部水災**어늘 **國忠**이 **使御史推之**하니 **是歲**에 **天下**가 **無敢言災者**러라

현종이 장맛비로 농사를 망칠 것을 염려하였는데 楊國忠이 잘 여문 곡물을 가져다가 현종에게 바치면서 말하였다.

"비가 비록 많이 내리기는 하였지만 농사에 해가 되지는 않았습니다."

현종이 그렇겠다고 생각했다. 扶風 太守 房琯이 관내의 水災를 아뢰자 양국충이 어사에게 심문하여 추고하도록 하니 이해에 천하 사람들 중에서 감히 재해에 대해 아뢰는 자가 없었다.

19-21-나(按)

臣은 **按 忠臣之心**은 **惟恐人君**이 **不畏災異**하나니 **魏相**[214]**之以逆賊風雨**로 **告宣帝**[215]가

韋見素를 武部 尙書・同平章事에 임명하였다.

213) 房琯 : 697~763. 唐朝의 宰相이다. 자는 次律이다. 河南 偃師 사람이다. 부친은 正諫大夫 房融이다. 校書郎, 馮翊縣尉, 監察御史, 給事中, 太子左庶子, 刑部侍郎 등을 역임하고 漳南縣男에 봉해졌다. 安史의 난이 발발하자 唐 玄宗을 호종하여 蜀에 들어가 吏部 尙書・同平章事에 제수되었다. 765년에 肅宗이 즉위하자 중용을 받았으나 用兵에 미숙하고 用人에 과오가 많아 崔圓 등의 비판을 받고 점차 숙종과 소원해졌다. 장안을 수복한 뒤 淸河郡公에 進封되었다. 당여를 결성했다는 이유로 폄척되어 邠州 刺史가 되었다. 후에 太子賓客, 禮部 尙書, 晉州 刺史, 漢州 刺史 등을 거쳐 廣德 원년(763)에 刑部 尙書에 제수되었으나 부임하지 못하고 죽었다. 太尉에 추증되었다.

214) 魏相 : ?~기원전 59. 漢 宣帝 연간의 재상이다. 자는 弱翁이다. 濟陰 定陶 사람이다. 昭帝 때 賢良에 천거되어 對策으로 茂陵令이 되었다. 이후 河南 太守・楊州 刺史 등을 거쳤다. 이어서 諫大夫가 되었고 宣帝가 즉위한 뒤에 大司農・御史大夫・給事中 등을 거쳐 地節 3년(기원전 67)에 丞相이 되었다. 右將軍 霍禹・領尙書事 霍山 등이 권력을 전횡하자 선제를 도와 축출하였다. 元康 연간(기원전 65~기원전 62)에 匈奴가 車師國에 주둔한 漢軍을 공격한 데 대해 흉노 정벌이 논의되자, 상서를 올려 중단시켰다. 《주역》에 정통하여 陰陽을 萬事의 근본이라고 생각하였다. 〈易陰陽〉・〈明堂月令〉을 채택하여 시기에 알맞은 조칙과 명령을 시행하도록 주장하기도 하였다. 국사에 있어서 엄정하고 강인하게 처결하였고 사회와 국정의 안정을 추구하여 丙吉과 함께 宣帝의 중흥을 보필하였다. 神爵 3년(기원전 59)에 죽었다. 시호는 憲이다.

215) 魏相……宣帝 : 魏相은 《주역》에 능통하여 천지의 변화가 음양에서 유래하며 음양의 작용은 날짜가 기준이며, 군주가 법도를 준수하여 행동하고 음양을 받들어 따르면 재해가 일어

是也요 姦臣之心은 惟恐人主가 知畏灾異하나니 國忠이 謂霖雨不害稼하여 以欺明皇이 是也라 蓋人主가 畏[216]天灾면 必求己過・必更弊政・必去小人하나니 此가 忠臣之所樂而姦臣之所不便也라 故其操術不同이 如此하니이다 近世王安石이 遂有天灾不足畏之語[217]하니 吁라 莫大於天이며 莫神於天而猶不足畏則尊居人上하여 復何所憚邪리오 嫚天[218]欺君이 其罪가 不在國忠下하니 可勝誅哉잇가

【臣按】 충신의 마음은 오직 임금이 災異를 두려워하지 않을까만을 염려하는 법이니 魏相이 역적이나 風雨 등의 자연재해의 문제를 宣帝에게 아뢴 것이 이러한 경우입니다. 간신의 마음은 오직 임금이 재이가 두렵다는 것을 알까 염려하는 법이니 楊國忠이 장맛비가 농사에 해를 끼치지 않았다고 말하여 이로써 明皇을 속인 것이 바로 이러한 경우입니다.

임금이 하늘이 내린 재앙을 두려워하면 반드시 자신의 과실을 찾고 반드시 弊政을 개혁하고 반드시 소인을 제거하는 법이니, 이것은 충신이 즐거워하는 것이고 간신이 이롭지 않게 여기는 것입니다. 그러므로 그 사용한 수법이 달랐던 것이 이와 같습니다.

그런데 근세의 王安石은 마침내 하늘이 내린 재앙은 두려워할 만한 것이 못 된다는 말을 하였습니다. 아! 하늘보다 큰 것이 없고 하늘보다 신령한 것이 없는데도 오히려 두려워할 만한 것이 못 된다면 존귀하게 천자의 자리에 있으면서 다시 거리낄 것이 무엇이겠습니까. 하늘을 업신여기고 임금을 속였던 것은 그 죄가 양국충보다 못하지 않았으니 이루 다 책할 수 있겠습니까.

나지 않고 만물이 번성하고 정치와 교화가 잘 이루어진다고 여겼다. 따라서 음양은 임금이 할 일 가운데 근본으로 재앙의 기운이 그치지 않는 것은 시기에 맞지 않은 조칙과 명령을 내렸기 때문이라고 주장하였다. 그리하여 군국에서 발생한 사건을 조사하는 자와 휴가를 얻어 고향에 갔다가 돌아온 자들로부터 천하에서 발생한 특별한 사건에 대한 정보를 수집하면서 음양의 조화가 어그러져 발생한 일을 보고하도록 하였다. 보고 내용에는 逆賊과 風雨 등의 자연 재해가 포함되었으며 사건이 발생할 때마다 선제에게 그 내용을 상주하였다. 《漢書 卷74 魏相傳》

216) 畏 : 사고본에는 이 앞에 '知'가 더 있다.

217) 近世……之語 : 《宋史》〈王安石傳〉과 《溫國文正司馬公文集》〈學士院試李淸臣等策問〉에 해당 내용이 나오지만, 왕안석의 실제 주장인지는 의견이 분분하다.

218) 天 : 대전본에는 '大'로 되어 있다.

19-22-가[219)]

安祿山이 專制三道하여 陰蓄異志가 殆將十年이로되 以上待之厚라 欲待上晏駕然後에 作亂이러니 會楊國忠이 與祿山不相悅하여 屢言祿山이 且反이라한대 上이 不聽이어시늘 國忠이 數以事激之하여 欲其速反하여 以取信於上하니 祿山이 由是로 決意遂反하여 發所部兵十五萬衆하여 以討國忠爲名이어늘 上이 召宰相謀之하신대 國忠이 揚揚有得[220)]色曰 今反者가 獨祿山耳요 將士는 皆不欲也[221)]니 不過旬日에 必傳首詣行在하리이다 上이 以爲然하시니 大臣이 相顧失色하더라

安祿山이 3道를 전담하여 절제하여 몰래 모반하려는 뜻을 키운 지가 거의 10년이나 되었지만 현종이 그를 후대하였기 때문에 현종이 붕어하기를 기다렸다가 그 뒤에 반란을 일으키고자 하였다. 마침 楊國忠이 안녹산과 사이가 좋지 않아서 안녹산이 장차 반란을 일으킬 것이라고 여러 차례 말하였으나 현종은 따르지 않았다. 그러자 양국충은 자주 일을 벌여 안녹산을 격노시켜 안녹산이 빨리 반란을 일으키도록 해서 현종에게 신뢰를 얻고자 하였다. 안녹산이 이로 말미암아 뜻을 정하고 마침내 반란을 일으켰다. 그리하여 휘하의 15만 군사를 동원하여 양국충 토벌을 명분으로 삼았다. 그러자 현종이 재상들을 불러 대책을 논의하자 양국충이 매우 득의양양하여 말하였다.

"지금 반란을 일으킨 자는 오직 안녹산뿐이고, 장수와 군사는 모두 반란을 원하지 않으니 열흘이 못 되어 반드시 안녹산의 수급이 행재소에 이를 것입니다."

현종이 그렇게 생각했다. 대신들이 서로 돌아보며 아연실색하였다.

---

219)《資治通鑑》卷217 〈唐紀33 玄宗 下之下〉 天寶 14년(755) 10월 경인, 11월 庚午 조에 보인다.

220) 得 : 대전본 · 사고본에는 '德'으로 되어 있다. 통행본《자치통감》에도 德으로 되어 있다.

221) 今反……欲也 : 처음에 안녹산은 孔目官 太僕丞 嚴莊, 掌書記 屯田員外郎 高尙, 將軍 阿史那承慶 등하고만 반란에 대해 밀모하였고 다른 이들은 이를 몰랐다. 天寶 14년(755) 10월에 범양도의 奏事官이 경사에서 돌아오자 가짜 密旨를 만들어 諸將들을 소집하여 보여주면서 출병하여 楊國忠을 토벌하겠다고 선언하니, 제장이 모두 놀랐지만 감히 다른 말을 하지 못했다. 이리하여 11월 갑자일에 部兵 및 同羅, 奚, 契丹, 室韋의 군병 총 15만 명을 동원하고 20만이라고 일컬으며 범양에서 거병하였다.

19-22-나(按)

臣은 按 祿山之所以反者는 由林甫가 養成之而國忠이 激發之也라 國忠이 身爲大臣而激賊使反[222]者는 果何爲哉오 欲人主로 信其言之驗而自保寵祿故也라 蓋姦臣之心이 苟可以爲己之利者인댄 雖危國家・覆宗社而不顧하나니 吁可畏哉인저 方是時에 祿山이 長驅向闕하여 聲震河洛而國忠이 猶進諂言하여 以惑上聽하니 其志가 亦以取悅爾로되 而馬嵬之變[223]에 身首가 殊分하고 家族이 殄滅하니 寵祿을 果可保邪아 秖[224]足爲姦臣之戒而已니이다

【臣按】安祿山이 모반한 이유는 李林甫가 이를 길러주고 양국충이 격발한 데에서 말미암은 것입니다. 양국충이 대신의 몸으로 역적을 격발시켜 반란을 일으키도록 한 것은 과연 무엇을 위해서였습니까. 군주가 자신의 말이 맞다는 것을 믿게 하여 스스로 총애와 봉록을 지키고자 하였기 때문입니다. 간신의 마음이 만일 자신의 이익이 될 수 있는 일이라면 비록 국가가 위태롭게 하고 종묘사직이 전복된다고 하더라도 돌아보지 않으니, 아! 두렵습니다.

이 당시에 안녹산이 먼 거리를 신속히 대궐로 진군하여 군사들의 함성이 河洛을 진동하는데도 양국충은 여전히 아첨하는 말을 아뢰어 현종의 마음을 현혹시켰으니 그의 의도는 또한 현종의 환심을 사는 것뿐이었습니다. 그러나 馬嵬의 事變을 당하여 목이 잘리고 가족은 도륙당했으니 총애와 복록을 과연 보전할 수 있었습니까! 단지 간신들을 경계하는 표본이 되는 데 그쳤을 따름입니다.

---

222) 反 : 사고본에는 '發'로 되어 있다.

223) 馬嵬之變 : 馬嵬는 지금의 陝西省 興平縣 서북쪽에 있는 馬嵬坡에 있던 驛을 이른다. 唐 玄宗 天寶 14년(755)에 안녹산의 난이 발발하여 潼關이 함락되고 長安이 위험하게 되자, 현종은 楊國忠의 건의에 따라 蜀으로 파천을 결정하였다. 어가가 馬嵬坡에 이르렀을 때 장졸이 피로하고 굶주려 불만이 팽배하였는데, 右龍武大將軍 陳玄禮는 兵變이 일어날 것을 염려하여 諸將을 소집하여 안녹산의 난과 파천의 책임을 양국충에게 돌리고 그를 주살할 것을 결의하였다. 이에 대해 동궁의 환관 李輔國을 통해 태자 李亨에게 전달하였으나 태자는 결정을 내리지 못하였다. 마침 토번의 사신이 양국충을 만나려고 하자, 장졸들이 양국충이 토번과 결탁하여 모반하였다고 생각하여 그를 주살하였다. 이어서 아들 楊暄과 당여인 韋見素, 양귀비의 자매인 韓國夫人과 秦國夫人을 주살하고, 현종에게 楊貴妃를 죽일 것을 청하여 양귀비가 자결하도록 하였다.

224) 秖 : 사고본에는 '祗'로 되어 있다.

以上은 論憸邪罔上之情하니라【姦臣】

이상은 간사한 자들이 임금을 속인 정상을 논한 것이다.【간신】

附錄

《大學衍義》對校表

《大學衍義》對校表

위치	원문	奎中 507	대전본	사고본	확정	비고
14-1-가	後世無傳焉 ( )無以則王乎	없음	없음	臣未之聞也	없음	통행본《맹자》: 臣未之聞也
14-1-가(원주)	齊(桓)公 名小白	桓	威	桓	桓	대전본 : 피휘 (北宋 欽宗 趙桓)
14-1-가	將以釁(鍾)	鍾	鍾	鐘	鍾	
14-1-가	然則廢釁(鍾)與	鍾	鍾	鐘	鍾	
14-1-가(원주)	新(鍾)成	鍾	-	鐘	鍾	
14-1-가(원주)	殺牲以血塗其(郤)	郤	-	隙	郤	
14-1-가(원주)	將以釁鍾 (新鍾成 殺牲以血塗其郤 曰釁)	新鍾……曰釁	없음	新鐘……曰釁	新鍾……曰釁	
14-1-가(원주)	卽不忍其觳觫 (新鍾成 殺牲以血塗其郤 曰釁)	없음	新鍾……曰釁	없음	없음	
14-1-가	吾力足以擧百(鈞)	匀	鈞	鈞	鈞	저본 : 피휘 (朝鮮 宣祖 李鈞)
14-1-나(按)	世(以)(王)道(爲)甚高而難(行)	世以王道爲甚高而難行	世之王道爲甚高而難	世以爲王道甚高而難行	世以王道爲甚高而難行	
14-1-나(按)	其不能(推)恩於民者	推	加	加	推	
14-1-나(按)	惜宣王(之)終不悟也	之	之	없음	之	
14-2-가	孟子(對)曰 子誠齊人也	對	對	없음	對	통행본《맹자》: 없음
14-2-가(원주)	曾參之(子)	子	子	孫	子	
14-2-가(원주)	曰 (孟子) 以齊王 猶反手也	孟子	孟子	없음	孟子	
14-2-나(按)	齊宣王 旣慕(桓)·文	桓	威	桓	桓	대전본 : 피휘 (北宋 欽宗 趙桓)
14-2-나(按)	(桓)公專任之四十餘年	桓	威	桓	桓	대전본 : 피휘 (北宋 欽宗 趙桓)
14-2-나(按)	一(匡)天下	匡	正	匡	匡	대전본 : 피휘 (北宋 太祖 趙匡胤)
14-3-나(按)	齊(桓)之伐衛 若尊王也	桓	威	桓	桓	대전본 : 피휘 (北宋 欽宗 趙桓)
14-3-나(按)(원주)	王(使)召伯廖賜齊侯命	使	吏	使	使	
14-3-나(按)(원주)	齊仲孫(湫)來省難	湫	秋	湫	湫	통행본《춘추좌씨전》: 湫

위치	원문	奎中 507	대전본	사고본	확정	비고
14-3-나(按)	亡國遺民 猶能殲其師 (則)	則	則	戉則	則	
14-3-나(按)	人(之)不心服可知矣	之	之	없음	之	
14-3-나(按)	蓋其力之所至 則(可)以服之	可	없음	可	可	
14-3-나(按) (원주)	遂因氏・頜氏・工婁氏・須遂氏(饗)齊(戍) 醉而殺之	饗/戍	享/戍	饗/없음	饗/戍	
14-3-나(按) (원주)	僖(四)年	四	回	四	四	대전본 : 오자
14-3-나(按)	若晉文之譎 其視齊(桓)之正	桓	威	桓	桓	대전본 : 피휘 (北宋 欽宗 趙桓)
14-3-나(按)	五覇莫盛於(桓)・文	桓	威	桓	桓	대전본 : 피휘 (北宋 欽宗 趙桓)
14-3-나(按) (원주)	僖十(四)年 諸侯城緣陵	四	三	三	四	통행본 《춘추좌씨전》: 四
14-3-나(按) (원주)	散 (辭)也 桓德衰矣	辭	辭	亂	辭	사고본 : 오자
14-3-나(按) (원주)	五月 宋師及齊師戰于(甗)	甗	膚	甗	甗	대전본 : 오자
14-3-나(按) (원주)	子犯曰 民(不)知義 未安其居	不	宋	不	不	대전본 : 오자
14-3-나(按) (원주)	陽樊不服 (圍)之	圍	困	圍	圍	통행본 《춘추좌씨전》: 圍
14-3-나(按) (원주)	(蒼)葛呼曰	蒼	蒼	倉	蒼	통행본 《춘추좌씨전》: 蒼
14-3-나(按) (원주)	此誰非王之(姻)親 其俘之也	姻	姻	婣	姻	통행본 《춘추좌씨전》: 姻
14-4-나(按)	(它)如隆禮尊賢・重法愛民之別	它	他	他	它	
14-5-나(按)	義 謂天下(合宜之理 道 謂天下)通行之路	合宜……天下	없음	合宜……天下	合宜……天下	
14-5-나(按)	顯之言與孟子・仲舒實相表裏 故錄(焉)	焉	云	云	焉	
15-1-가	象恭(滔天)	없음	滔天	滔天	滔天	통행본 《서경》: 滔天
15-1-가(원주)	一人而總四岳諸侯之事(者)	者	也	也	者	
15-1-가(원주)	吝(怨)嗟也	怨	斉	怨	怨	
15-1-가(원주)	同辭而對(也)	也	也	曰	也	
15-1-가(원주)	勿求其(它)也	它	它	他	它	
15-1-가(원주)	釐(理)	理	理也	理也	理	
15-1-나(按)	以(嗣)子朱對	嗣	嗣	胤	嗣	
15-1-나(按)	當擧而(擧)者也	擧	擧	擧之	擧	
15-1-나(按)	然(於朱)於共工	於朱	없음	於朱	於朱	

위치	원문	奎中 507	대전본	사고본	확정	비고
15-1-나(按)	蓋前(二)者	二	一	二	二	
15-1-나(按)	雖足以知(人)	人	□□之	之	人	대전본 : 미상
15-1-나(按)	然猶考(諸)衆言之公	諸	諸	之	諸	
15-2-가(원주)	哲智(也)	也	者	者	也	
15-2-가(원주)	愿慤而(能恭)	能恭	溫和	溫恭	能恭	
15-2-가(원주)	堅(强)而能合義	强	彊	彊	强	
15-2-가(원주)	宣(達)也	達	遠	達	達	
15-2-나 (按)	雖有(姦)邪小人	姦	奸	姦	姦	
15-2-나 (按)	凡(姦)邪之所以害事者	姦	奸	姦	姦	
15-2-나 (按)	不知其爲(姦)邪也	姦	奸	姦	姦	
15-2-나(按)	(雖)驩兜未放	雖	雖	如	雖	
15-2-나(按)	人(才)之優劣	才	才	材	才	
15-2-나(按)	人而無(常)	常	常	恒	常	대전본 : 피휘 (北宋 眞宗 趙恒)
15-2-나(按)	(日)尊嚴而祗敬之	日	曰	日	日	대전본 : 오자
15-2-나(按)	無或(慢忽)	慢忽	慢忽	忽慢	慢忽	
15-2-나(按)	或以材能(取)人	取	取	論	取	
15-3-가(원주)	所安所(存)也	存	存	樂	存	
15-3-나(按)	(蓋)有偶合於善者	蓋	蓋	皆	蓋	
15-3-나(按)	猶(飢)之食	飢	飢	饑	飢	
15-5-나(按)	(能)言而行不逮	能	爲	能	能	
15-5-나(按)	(自)堯舜以來	自	此自	此自	自	
15-5-나(按)	今以其口(辯)而超遷之	辯	辨	辯	辯	
15-5-나(按)	唐文宗之於(李訓)	李訓	鄭注	鄭注	李訓	
15-6-가	女得人焉(爾)乎	爾	爾	耳	爾	통행본 《논어》 : 爾
15-7-가	(曰)未可也 鄕人	曰	曰	子曰	曰	통행본 《논어》 : 子曰
15-7-가	(曰)未可也 不如	曰	曰	子曰	曰	통행본 《논어》 : 子曰
15-7-나(按)	庶乎其不(繆)矣	繆	謬	謬	繆	대전본 : 오류
15-8-나(按)	好(善惡)惡	善惡	惡善	善惡	善惡	
15-8-나(按)	(違)道之譽	違	達	違	違	
15-8-나(按)	(匡)章之不孝	匡	康	匡	匡	대전본 : 피휘
15-9-가2(원주)	剛者堅(剛)也	剛	强	强	剛	
15-9-가2(원주)	毅者果(敢)也	敢	毅	毅	敢	
15-9-나(按)	故(止)於是焉	止	없음	止	止	
15-9-나(按)	然樸忠之(臣) 難合	臣	臣	言	臣	
15-10-나(按)	將(畔)者 其辭 慙	畔	畔	叛	畔	
15-11-가(원주)	周普(徧)也	徧	偏	徧	徧	대전본 : 오자
15-11-가(원주)	比(偏)黨也	徧	徧	偏	偏	저본·대전본

위치	원문	奎中 507	대전본	사고본	확정	비고
						: 오자
15-12-나(按)	小人所志者 安	安	利	利	安	
15-14-나(按)	(善則獎而成之　小人之心疾善 故惟恐人之爲善)	있음	없음	없음	있음	
15-14-나(按)	(善)則沮而敗之	善	善	惡	善	
15-21-나(按)	其(大)端	大	文	大	大	대전본 : 오자
15-21-나(按)	孔子(本)指	本	本	之	本	
15-21-나(按)	審(夫)取舍之幾	夫	夫	其	夫	
15-22-가(원주)	主猶擧主之(主)	主	擧	主	主	대전본 : 오자
15-23-가	不能(掩)其惡	掩	晻	掩	掩	통행본《맹자》: 掩
15-24-나(按)	富而不妄(予)	予	與	與	予	
15-24-다(按)	如雷霆之爲威(而)雨露之爲澤	而	而	如	而	
15-24-다(按)	如鬼蜮狐(蠱)	蠱	蟲	蠱	蠱	
16-2-가	(今)王呂氏 非約也	今	令	今	今	통행본《사기》: 今
16-4-가	太尉勃 不得入(軍中)主兵	軍中	軍中	中軍	軍中	통행본《사기》: 軍中
16-4-나(按)	其於群臣之(才)行	才	材	材	才	
16-4-나(按)	若繼世之君　(不)若帝之明達	不	不	有	不	
16-4-나(按)	淵(嘿)寡言	嘿	默	默	嘿	
16-5-가1	皇帝敬勞(將)軍	將	없음	없음	將	통행본《전한서》: 將
16-5-가4	何以責人臣不能(盡忠)守節者乎	盡忠	없음	없음	盡忠	통행본《전한서》: 없음
16-5-가4	亞夫因謝病(免)	免	死	免	免	대전본 : 오자
16-5-가5	後元年　(帝)居禁中	帝	肉	帝	帝	대전본 : 오자
16-5-나(按)	細柳之事　(儻)在孝景時	儻	倘	倘	儻	
16-6-가	燕王(旦)自以帝兄不得立	朝	旦	旦	旦	저본 : 피휘(朝鮮 太祖 李旦)
16-6-가	於是桀等皆與(旦)通謀	朝	旦	旦	旦	저본 : 피휘(朝鮮 太祖 李旦)
16-6-가	道上稱(蹕)	蹕	趕	趕	蹕	통행본《전한서》: 趕
16-6-가	臣(旦)願入宿衛察姦變	朝	旦	旦	旦	저본 : 피휘(朝鮮 太祖 李旦)
16-6-가	明(旦) 光聞之不入	朝	旦	旦	旦	저본 : 피휘(朝鮮 太祖 李旦)
16-6-가(원주)	天子出稱警　入稱(蹕)	蹕	趕	趕	蹕	
16-6-가(원주)	(司) 與伺通用	司	同	司	司	대전본 : 오자
16-6-가	時帝(年)十四	年	方	年	年	통행본《전한서》: 年
16-6-나1(李)	成王聞管·(蔡)流言	蔡	叔	蔡	蔡	

위치	원문	奎中 507	대전본	사고본	확정	비고
16-6-나2(按)	是知人之明 有(媿)於高帝也	媿	媿	愧	媿	
16-7-나(按)	卒蹈闇(繆)之失	繆	繆	謬	繆	
16-8-가	擢(秘)書郎	秘	秘	祕	秘	
16-8-나(按)	德宗知人之明 最(其)所短	其	爲	爲	其	
16-8-나(按)	以佞爲忠 以直爲(枉)	枉	狂	狂	枉	
16-8-나(按)	使德宗持心之平無所適莫常如(見)李藩之時	見	見	없음	見	
16-9-가	(唐)憲宗元和中	唐	없음	없음	唐	
16-9-가	程异・皇甫鎛以言財利幸(俄得宰相 度三 上書極論不可 帝不納 纖人始得乘罅 帝)嘗論	俄得……乘罅帝	없음	없음	俄得……乘罅帝	
16-9-가	外(甚類) 中實遠	甚類	似	似	甚類	통행본 《신당서》: 甚類
16-9-나(按)	如憲宗猶以利欲 (揜)其明	揜	掩	掩	揜	
16-10-가	(唐)武宗卽位	唐	없음	없음	唐	
16-10-가	正人如松(栢)特立不倚	栢	柏	栢	栢	
16-10-가	非附(它)物 不能自起	它	它	他	它	
16-10-나(按)	不能辨(其)邪正也	其	其	없음	其	
16-10-나(按)	況肯(它)有依憑以進乎	它	它	他	它	
16-10-나(按)	卑(鄙猥)賤 無所不至	鄙猥	鄙猥	猥鄙	鄙猥	
16-10-나(按)	謀(身)之計 甚密	身	求	求	身	
16-10-나(按)	(難進易退 此 君子也 叨冒爵祿 蔑無廉恥 此小人也)	難進……人也	없음	없음	難進……人也	
16-10-나(按)	(我以朋黨 譏小人則小人亦將以朋黨)	我以……朋黨	我以朋黨	或以朋黨	我以……朋黨	
17-1-가	棄武羅・伯(因)・熊髡・尨圉而用寒浞	因	因	困	因	통행본 《춘추좌씨전》: 因
17-1-가	家衆殺而(烹)之	烹	亨	烹	烹	통행본 《춘추좌씨전》: 亨
17-1-가(원주)	禹孫太康淫(放)失國	放	敁	放	放	
17-1-가(원주)	號曰有(窮)	窮	康	窮	窮	사고본 : 오자
17-1-가(원주)	(烹) (鬻)也	烹/鬻	亨/煮	烹/煮	烹/鬻	
17-1-가(원주)	殺羿而(鬻)食之也	鬻	煮	煮	鬻	
17-1-나(按)	故又(娛)羿于田	娛	娛	虞	娛	
17-1-나(按)	更相(勑)戒曰	勑	敕	勑	勑	
17-1-나(按)	無(游逸)	游逸	逸游	逸游	游逸	
17-1-나(按)	以此爲(坊)	坊	防	防	坊	
17-2-가	其粟(予)民 以大斗	予	予	與	予	통행본 《사기》: 予
17-2-가	遂立景公 (佗)子陽生	佗	佗	他	佗	통행본 《사기》: 他
17-2-가	子(恒)立	恒	常	常	恒	

위치	원문	奎中 507	대전본	사고본	확정	비고
17-2-가	田(恒)言於平公	恒	常	常	恒	
17-2-가	齊國之政皆歸田(恒)	恒	常	常	恒	
17-2-가	(恒)於是	恒	常	常	恒	
17-2-가	自安平以東至琅(邪)	邪	琊	琊	邪	
17-2-가	(恒)卒 子盤立	恒	常	常	恒	
17-2-가(원주)	安平・琅(邪) 皆邑名	邪	琊	琊	邪	
17-2-나(按)	豆區釜(鍾)之數	鍾	鐘	鍾	鍾	통행본 《춘추좌씨전》: 鍾
17-2-나(按)	其施之( )民也 (厚)	없음/厚	於/輕	없음/厚	없음/厚	통행본 《춘추좌씨전》: 없음 /厚
17-2-나(按)	( )公厚斂焉	없음	없음	在	없음	통행본 《춘추좌씨전》: 없음
17-2-나(按)	陳氏而不亡 則國( )其國也	없음	없음	非	없음	통행본 《춘추좌씨전》: 없음
17-2-나(按)	不過以小惠 (施)於國人而已	施	布	市	施	
17-2-나(按)	及田乞死而(恒)代立	恒	常	常	恒	
17-2-나(按)	世臣公族 以次(揃)滅	揃	揃	翦	揃	
17-2-나(按)	故田乞之後 有田(恒)遂以代齊	恒	常	常	恒	
17-3-가	姬自匿(有)身	有	有	其	有	
17-3-나(按)	謂其利有(百)乎此也	百	伯	百	百	
17-3-나(按)	夫不韋不出(它)姬(以)飲子楚	它/以	它/以	他/而	它/以	
17-3-나(按)	(包)藏深而布置遠	包	苞	包	包	
17-3-나(按)	奪其國於袵席( )間	없음	없음	之	없음	
17-3-나(按)	遂以黃代(羋)	芊	芊	芊	羋	통행본 《사기》: 羋
17-4-가	宿衛謹(敕)	敕	敕	勑	敕	
17-4-가	故在位更推(薦)之	薦	廌	薦	薦	대전본 : 오자
17-4-가	遂(聘)諸賢良	聘	騁	聘	聘	통행본 《전한서》: 聘
17-4-가(원주)	鳳・商・(音)・根四人	音	音	立	音	사고본 : 오자
17-5-가	固推(讓)焉	讓	遜	遜	讓	통행본 《전한서》: 讓
17-5-가	下(用)示衆庶	用	用	以	用	통행본 《전한서》: 用
17-6-가	賜(號)安漢公	號	없음	없음	號	통행본 《전한서》: 號
17-7-가	(它)事 安漢公・四輔平決	它	它	他	它	통행본 《전한서》 顔師古 注 : 他
17-7-나(按)	顯則(唯)吾之所欲爲	唯	惟	惟	唯	

위치	원문	奎中 507	대전본	사고본	확정	비고
17-8-가	(方)故萬端	方	方	其	方	통행본 《전한서》: 方
17-8-가	方故萬端(이러라)	이러라	-	-	이러라	509본 : 이라
17-9-가	王氏女(多在)選中者	多在	在多	多在	多在	통행본 《전한서》: 多在
17-9-가	莽恐其與已女(爭)	爭	事	爭	爭	통행본 《전한서》: 爭
17-9-가	莽遣長史以下 分部曉(止)	止	正	止	止	대전본 : 오자
17-9-가	(厥)後又采伊尹・周公稱號	厥	없음	없음	厥	
17-10-나(按)	爲(漢)家計也	漢	國	國	漢	
17-11-가(원주)	樂(則)	則	垂	懸	則	
17-11-가(원주)	(虎)賁	虎	武	虎	虎	
17-11-나(按)	齊(桓)・晉文 有功於周室	桓	威	桓	桓	대전본 : 피휘 (北宋 欽宗 趙桓)
17-12-가1(원주)	莽(酖)之也	酖	配	酖	酖	대전본 : 오자
17-12-가1	莽非有(它)	它	它	他	它	통행본 《전한서》: 它
17-12-가1	但欲稱攝以重其權 (鎭)服天下耳	鎭	塡	塡	鎭	통행본 《전한서》: 塡
17-12-나(按)	然使成帝不(任)外戚以政	任	任	假	任	
17-12-나(按)	前而田(恒) 後而操・懿	恒	常	常	恒	대전본 : 피휘 (北宋 欽宗 趙桓)
17-12-나(按)	使人主能(謹)履霜之戒	謹	謹	愼	謹	
17-결어	是數人者 皆以虎(狼)之暴 劫取神器	狼	豹	豹	狼	
17-결어	其居膏(肓)之間	肓	盲	肓	肓	대전본 : 오자
17-결어	如二(豎)子	豎	孺	豎	豎	
18-1-가	吾欲(悉)耳目之所好	悉	悉	恣	悉	
18-1-가	夫沙(丘)之謀	丘	丘	邱	丘	
18-1-가	輒下高令(鞫)治之	鞫	鞫	鞠	鞫	
18-1-나(按)	(蓄)而怨畔起	蓄	蓄	繁	蓄	
18-2-가	若堯禹(然故)謂之桎梏也	然故	然故	然故	然故	대전본 : 쌍행소자
18-2-가	刑(棄)灰於道者	棄	禁	棄	棄	
18-2-가	且夫(節儉)仁義之人	節儉	儉節	儉節	節儉	
18-2-가	故身尊而(勢)重也	勢	執	勢	勢	대전본 : 오자
18-2-가(원주)	間去聲(厠)也	厠	則	厠	厠	대전본 : 오자
18-2-가	(殺人衆者爲忠臣)	殺人衆者爲忠臣	없음	없음	殺人衆者爲忠臣	
18-2-가	日積於市( )	없음	殺人衆者爲忠臣	殺人衆者爲忠臣	없음	
18-2-나(按)	皆斲喪秦室之斧斤(이니)	이니	-	-	이니	509본 : 이라

위치	원문	奎中 507	대전본	사고본	확정	비고
18-3-나(按)	必勸之以躬攬萬(機)	機	機	幾	機	
18-3-나(按)	一無所(睹)然後	睹	覩	覩	睹	
18-4-가(원주)	間音(閑)謂無事時也	閑	閑	間	閑	
18-4-가	(待)二世方燕樂婦女居前	待	侍	待	待	
18-4-가	吾(方)燕私	方	方	乃	方	
18-4-가	沙(丘)之謀	丘	丘	邱	丘	
18-4-가	皆丞相(傍)縣子	傍	傍	旁	傍	
18-4-가	高有邪(佚)之志危反之行	佚	佚	泆	佚	
18-4-가	卽欲爲田(恒)所爲	恒	常	常	恒	常 : 漢 文帝 劉恒의 피휘
18-4-가	(榜)掠千餘	榜	榜	搒	榜	
18-4-가	詐爲御史謁(者)侍中	者	없음	者	者	
18-4-가	輒復(榜)之	榜	榜	搒	榜	
18-4-나(按)	死則高之爲田(恒)也	恒	常	常	恒	常 : 漢 文帝 劉恒의 피휘
18-4-나(按)	二世之(未)爲齊簡公	未	末	未	未	
18-5-가	笑曰丞相誤(邪)	邪	邪	耶	邪	통용자
18-5-가	或(嘿)或言馬	嘿	默	嘿	嘿	통용자
18-5-나(按)	吾末如之何也( )矣	없음	없음	已	없음	
18-6-가	山東群盜兵大至(라하여)	라하여	-	-	라하여	509본 : 라하니
18-6-가	引璽而佩之(하니)	하니	-	-	하니	509본 : 하고
18-7-가	元帝( )卽位多疾	없음	初	初	없음	
18-7-가(원주)	故以喩(政)事之機要焉	政	故	政	政	
18-7-나(按)	得其指(志)則	志	志	意	志	
18-7-나(按)	石顯之見(信)於漢元	信	信	用	信	
18-8-가	望之(建白)宗室明經有行	建白	選白	白選	建白	
18-8-가	多(所欲)匡正	所欲	欲所	所欲	所欲	
18-8-가	石顯(亦)與高相表裏	亦	亦	又	亦	
18-8-가(원주)	朝臣(加)此則入朝內朝	加	如	如	加	
18-9-가	建白宜罷中書(宦)官	宦	官	宦	宦	대전본 : 오자
18-9-가	(由)是大與恭顯忤	由	由	繇	由	
18-9-가	非但廷尉問(邪)	邪	邪	耶	邪	
18-9-가(원주)	驗謂考驗(其罪也)	其罪也	其罪也	없음	其罪也	
18-9-나(按)	欲廣陷良(善)則不過指爲朋黨	善	害	善	善	대전본 : 오자
18-9-나(按)	吁可(嘆)哉	嘆	歎	歎	嘆	
18-10-나(按)	使(用)此心於爲忠爲善	用	同	用	用	
18-10-나(按)	其益可勝旣(邪)	邪	邪	耶	邪	
18-11-가	東(郡)京房上疏屢言災異	郡	郡	都	郡	
18-11-가	時石顯(顓)權	顓	顓	專	顓	

위치	원문	奎中 507	대전본	사고본	확정	비고
18-11-가	知其巧佞而用之(邪)	邪	邪	耶	邪	
18-11-가	(令)皆覺悟	令	今	令	令	
18-11-가	上亦不能退顯也(러라)	러라	-	-	러니	509본 : 러니
18-11-가(원주)	五鹿姓(充宗名)	充宗名	充名宗	名充宗	充宗名	대전본 : 오류
18-11-나(按)	(又)如( )在肓之疾	又/없음	又/없음	없음/是	又/없음	
18-11-나(按)	可(以)擅戮矣	以	以	없음	以	
18-11-나(按)	於(姤)之(彖辭)	姤/初六	遇/初六	姤/彖辭	姤/彖辭	대전본 : 姤는 오자 저본 · 509본 · 512본 : 初六. 오자
18-11-나(按)	蓋(以)陰之方萌	以	於	於	以	
18-12-가	重足一(迹)	迹	迹	跡	迹	
18-12-가	一(旦)納用左右以(間)己	朝/間	旦/聞	旦/間	旦/間	저본 : 朝는 피휘 (朝鮮 太祖 李旦) 509본 : 旦 대전본 : 聞은 오자
18-12-가	(死)無所恨	死	使	死	死	
18-12-가	賞賜及賂遺(貲)	貲	訾	貲	貲	대전본 : 오자
18-12-가(원주)	言(奉)使往諸官司	奉	奏	奉	奉	
18-12-나(按)	昔有仕于州郡而爭(貢)擧者	貢	覔	覔	貢	
18-12-나(按)	吁可(嘆)哉	嘆	歎	歎	嘆	
18-13-가	明經著節(者)	者	없음	없음	者	
18-13-가	禮事之(甚)備	甚	其	甚	甚	대전본 : 오자
18-13-나(按)	(王)鳳旣殺王章	王	玉	王	王	대전본 : 오자
18-14-가	孤已自備(之)	之	之	知	之	
18-14-가	(王)務學業其流各異	王	王	政	政	509본 · 512본 : 王
18-14-나(按)	大抵(若)此	若	若	如	若	
18-14-나(按)	(然)後之姦臣	然	然	若	然	
18-14-나(按)	經(帷)雖設而所引	帷	帷	幃	帷	
18-15-가	帝問侍中(裵)楷以方今得失	裵	裴	裴	裵	
18-15-나(按)	姦邪小人如荀(勗)輩	勗	勉	勗	勗	대전본 : 피휘 (北宋 神宗 趙頊)
18-15-나(按)	惟(恐)充一出外而失其所恃也	恐	없음	恐	恐	
18-15-나(按)	荀(勗)爲晝結婚之謀	勗	勉	勗	勗	대전본 : 피휘 (北宋 神宗 趙頊)
18-15-나(按)	外則荀(勗)諸人更相從臾	勗	勉	勗	勗	대전본 : 피휘 (北宋 神宗 趙頊)
18-16-가	(乃)薦愷爲吏部尙書	乃	乃	力	乃	
18-16-나(按)	擇貴(疆)相而因薦昌	疆	彊	彊	疆	
18-16-나(按)	公孫弘嫉董仲舒	弘	洪	洪	弘	대전본 · 사고본 : 피휘(北宋 太祖 父

위치	원문	奎中 507	대전본	사고본	확정	비고
						趙弘殷, 清 高宗 弘曆)
18-17-가	得幸於上(이러라)	이러라	-	-	이러라	509본 : 이러니
18-17-가	每休(下)車馬塡門	下	下	暇	下	
18-18-나(按)	如秦誓之一(介)臣	介	介	个	介	
18-18-나(按)	其心休休(然)如有容	然	然	焉	然	
18-19-가	(旦)見朱异告之	朝	旦	旦	旦	저본 : 피휘 512본 : 朝 (朝鮮 太祖 李旦)
18-19-가	以誅异及少府(卿)(徐)驎	卿/朱	없음/朱	없음/朱	卿/徐	저본・대전본・사고본 : 朱는 오자, 509본・512본 : 朱 《梁書》〈侯景列傳〉
18-19-나(按)	异(揣)帝意在於得中原之土	揣	專	察	揣	
18-19-나(按)	及景(使)之來	使	侯	使	使	대전본 : 오자
18-19-나(按)	蓋(异)敎之使言	异	景	异	异	대전본 : 오자
18-19-나(按)	使懵(然)若是邪	然	焉	焉	然	
18-19-나(按)	雖三尺(童子)	童子	之童	童子	童子	
18-19-나(按)	其爲此也 特欲( )富貴耳	없음	保	保	없음	
18-19-나(按)	惴惴焉(惟)恐其失	惟	唯	唯	惟	
18-19-나(按)	侯景之(逼)	逼	禍	禍	逼	
19-1-가1	(啗)之以利	啗	啗	啗	啗	
19-1-가1	所(經)郡縣	經	經	過	經	
19-1-가1	(糜)以萬萬計	糜	縻	糜	糜	
19-1-가1	皆矩之(唱)導也	唱	唱	倡	唱	
19-1-가2	御史大夫裴(蘊)	蘊	蘊	緼	蘊	사고본 : 오자
19-1-가2	蘊(有)機辯	有	有	甚	有	
19-1-가2	言若(懸)河	懸	懸	縣	懸	
19-1-가3	孰能(若)是	若	若	如	若	
19-1-가4	臣非(所)司	所	所	職	所	
19-1-가4	不(委)多少	委	委	知	委	
19-1-가4	不時(翦)除	翦	翦	剪	翦	
19-1-가4	帝不(豫)	豫	懌	懌	懌	저본 : 피휘 (朝鮮 中宗 李懌)
19-1-가4	御史大夫裴(蘊)	蘊	蘊	緼	蘊	사고본 : 오자
19-1-가6	(鞫)獄用法	鞫	鞫	鞫	鞫	
19-1-가6(원주)	虞世基裴(蘊)亦被殺	蘊	蘊	緼	蘊	사고본 : 오자
19-1-나(按)	(妙)體本心	妙	妙	玅	妙	
19-1-나(按)	以其能(去己)所惡也	去己	去己	去己	去己	대전본 : 쌍행소자

위치	원문	奎中 507	대전본	사고본	확정	비고
19-1-나(按)	故魏(徵)嘗曰	徵	證	徵	徵	대전본 : 오자
19-1-나(按)	(秖)以禍己歟	秖	祇	祇	秖	
19-2-가	唐高(宗)	宗	帝	宗	宗	
19-2-가	故(詔)敬宗	詔	詔	詔	詔	
19-2-가	威(寵)熾灼	寵	儀	寵	寵	
19-3-나(按)	臣은 按 姦邪(小)人	小	小	巧	小	
19-4-가	卽叩(閤)上表	閤	閤	閤	閤	
19-4-가	(留)復侍	留	없음	留	留	
19-4-가	天子歛(衽)矣	衽	衽	衽	衽	
19-5-가	(玄)宗時	玄	元	玄	玄	
19-5-가(원주)	壽王(琩)惠妃所生	琩	瑁	瑁	琩	
19-6-가	鄂王(瑤)	瑤	琚	琚	瑤	대전본 · 사고본 : 오자
19-6-가	光王(琚)	琚	瑤	瑤	琚	대전본 · 사고본 : 오자
19-6-가	三人皆(玄)宗子	玄	元	玄	玄	대전본 피휘(宋 聖祖 趙玄朗)
19-6-나(按)	贊明皇廢(三)子	三	三	二	三	사고본 : 오자
19-6-나(按)	(宦)官宮妾	宦	宦	外	宦	
19-7-가	開元中(玄)宗在東都	玄	元	玄	玄	대전본 : 피휘(宋 聖祖 趙玄朗)
19-7-가	陽蹇獨在後	在	帝	在	在	
19-7-가	帝問故	帝	後	帝	帝	
19-7-나(按)	(懼)爲其所折	懼	懼	又懼	懼	
19-8-가	每(妬)九齡	妬	妬	嫉	妬	
19-8-가	欲進朔方(節)度使牛仙客實封	節	卽	節	節	대전본 : 오자
19-8-가	(豈)可遽議	豈	없음	豈	豈	
19-8-나(按)	(汲黯)	汲黯	汲黯	汲黯	汲黯	대전본 : 쌍행소자
19-8-나(按)	至上前而(弘)背之	弘	洪	弘	弘	대전본 : 피휘(北宋 宣祖 趙弘殷)
19-8-나(按)	亦猶(弘)之背黯也	弘	洪	弘	弘	대전본 : 피휘(北宋 宣祖 趙弘殷)
19-8-나(按)	(弘)與林甫가 皆得志	弘	洪	弘	弘	대전본 : 피휘(北宋 宣祖 趙弘殷)
19-8-나(按)	不(幸)而失	幸	幸	得	幸	
19-9-가	(烏)雀不敢棲	烏	烏	鳥	烏	
19-10-가1	甚(間)也	間	問	間	間	
19-10-가2	時(楊)國忠爲監察御史	楊	揚	楊	楊	대전본 : 오자
19-10-나(按)	幸明皇之(意)	意	意	志	意	
19-11-가	(猒)繩檢	猒	猒	厭	猒	

위치	원문	奎中 507	대전본	사고본	확정	비고
19-11-나(按)	王莽之事旁側(長)御也	長	畏	長	長	대전본 : 오자
19-11-나(按)	豈能售其(姦)哉	姦	姦	志	姦	
19-12-가	林甫因賀上以爲野無(留)才	留	留	遺	留	
19-13-나(按)	(劾)而殺之	劾	劾	捕	劾	
19-14-가	召挺之弟(損)之	損	梋	損	損	
19-14-가	奏稱(風)疾	風	楊	風	風	
19-14-가	林甫以其奏(白)上云	白	曰	白	白	
19-14-가	上歎(詫)久之	詫	詫	咤	詫	
19-14-나(按)	甘(言)疾也	言	心	言	言	대전본 : 오자
19-14-나(按)	雖(百)祿山	百	有	有	百	
19-14-나(按)	能爲(難)乎	難	難	雖	難	대전본 : 오자
19-15-가	明(主)在上	主	王	主	主	
19-15-나(按)	(瞢)然無覩於外然後	瞢	盲	盲	瞢	
19-16-가	(林)甫疾儒臣以方略積邊勞且大任	林	柃	林	林	
19-16-가	以陛下雄(材)	材	林	材	材	대전본 : 오자
19-16-가	(使必)死	使必	必先	必先	使必	
19-16-가(원주)	(皆明皇年號)	皆明皇年號	皆明皇年號	睿宗玄宗年號	皆明皇年號	사고본 : 오류
19-16-나(按)	(藩)鎭跋扈	藩	藩	蕃	藩	
19-19-나(按)	二(人)操術	人	人	人之	人	
19-19-나(按)	(它)不違邮也	它	它	他	它	
19-20-가1	薦鮮(于)仲通爲蜀郡長史	于	子	于	于	대전본 : 오자
19-20-가2	(盆)發中國兵討之	盆	盆	竝	盆	
19-21-나(按)	蓋人主(畏)天灾	畏	畏	知畏	畏	
19-21-나(按)	熳(天)欺君	天	大	天	天	
19-22-가	揚揚有(得)色曰	得	德	德	得	통행본 《資治通鑑》: 德
19-22-나(按)	身爲大臣而激賊使(反)者	反	反	發	反	
19-22-나(按)	(秪)足爲姦臣之戒而已	秪	秪	祗	秪	

譯註者 略歷

辛承云

京畿 楊平 出生
文學博士
成均館大學校 동아시아학술원장 겸 대동문화연구원장 역임
成均館大學校 文科大學 文獻情報學科(書誌學)·한문고전번역협동과정 석·박사 통합과정 敎授(現)

論文 및 譯書

〈成宗朝의 文士養成과 文集編刊〉〈儒敎社會의 出版文化〉등 多數
譯書《國譯弘齋全書 18》(〈群書標記〉)《禮記集說大全 1》《思政殿訓義 資治通鑑綱目 1》
共譯《國譯眉叟記言 2》《國譯惺所覆瓿藁 2, 3》《國譯青莊館全書 5, 8, 12》《國譯宋子大全 11》《國譯五洲衍文長箋散稿 16, 17, 18》《退溪全書 5》《大學衍義 1》《思政殿訓義 資治通鑑綱目 2》등 多數

李霜芽

民族文化推進會(현 한국고전번역원) 부설 國譯研修院 常任研究部 卒業
成均館大學校 한문고전번역협동과정 석사과정 문학석사
成均館大學校 한문고전번역협동과정 박사과정 문학박사
成均館大學校 대동문화연구원 책임연구원(現)

論文 및 譯書

〈茶山 丁若鏞의 『家禮酌儀』 譯註〉〈茶山 丁若鏞의 『祭禮考定』 譯註〉
譯書《無名子集 7, 8, 15, 16》
共譯《記言 1》《日省錄》(영조, 정조)《校勘學概論》《注釋學概論 1, 2》

張喜成

韓國古典飜譯院 고전번역연수과정 I 卒業
成均館大學校 한문고전번역협동과정 석·박사통합과정 수료
韓國古典飜譯院 文集飜譯室 研究企劃

論文 및 譯書

共譯《校勘學概論》

趙埈暭

成均館 翰林院 修了
成均館大學校 한문고전번역협동과정 석·박사통합과정 수료
韓國古典飜譯院 번역위원

論文 및 譯書

〈『東儒四書解集評』의 寫本과 그 가치〉
共譯《校勘學概論》

東洋古典譯註叢書 77

譯註 大學衍義 3　　　　　　　　　　　정가 26,000원

2015년 12월 30일 초판 발행
2016년 2월 29일 초판 2쇄

責任飜譯　辛承云
共同飜譯　李霜芽 張喜成 趙埈晫
編　　輯　古典國譯編輯委員會
發 行 人　李啓晃

發 行 處　社團法人 傳統文化硏究會
서울시 종로구 삼일대로 428 낙원빌딩 411호
전화 : (02)762-8401　전송 : (02)747-0083
전자우편 : juntong@juntong.or.kr
홈페이지 : juntong.or.kr
사이버書堂 : cyberseodang.or.kr
온라인서점 : book.cyberseodang.or.kr
등　록 : 1989. 7. 3. 제1-936호

인쇄처 : 한국법령정보주식회사(02-462-3860)
총　판 : 한국출판협동조합(070-7119-1750)

ISBN 979-11-5794-091-2 94150
978-89-85395-71-7(세트)

※ 이 책은 2015년도 교육부 고전문헌 국역지원사업 지원비에 의해 초판(비매품) 간행.

전통문화연구회 도서목록

㊍ : 미완간未完刊 도서

東洋古典國譯叢書

- 論語集註-개정증보판　成百曉 譯註 22,000원
- 孟子集註-개정증보판　成百曉 譯註 25,000원
- 大學·中庸集註-개정증보판　成百曉 譯註 8,000원
- 詩經集傳 上 / 下　成百曉 譯註 25,000원
- 書經集傳 上 / 下　成百曉 譯註 25,000원
- 周易傳義 上 / 下　成百曉 譯註 35,000원
- 小學集註　成百曉 譯註 25,000원
- 古文眞寶 後集　成百曉 譯註 25,000원
- 海東小學　成百曉 譯註 15,000원
- 孝經大義　鄭太鉉 譯註 10,000원
- 校勘直譯 黃帝內經靈樞　洪元植 譯 27,000원
- 校勘直譯 黃帝內經素問　洪元植 譯 27,000원

東洋古典譯註叢書

- 春秋左氏傳1~8　鄭太鉉 譯註 18,000원/25,000원
- 莊子1~4　安炳周·田好根 共譯 22,000원
- 古文眞寶 前集　成百曉 譯註 25,000원
- 禮記集說大全1 ㊍　辛承云 譯註 25,000원
- 心經附註　成百曉 譯註 30,000원
- 近思錄集解1~3　成百曉 譯註 25,000원
- 通鑑節要1~9　成百曉 譯註 18,000원/25,000원/30,000원
- 國語1~2　許鎬九 外 譯註 16,000원/18,000원
- 唐詩三百首1~3　宋載卲 外 譯註 20,000원/25,000원
- 東萊博議1~2 ㊍　책임번역 鄭太鉉 공동번역 金炳愛 25,000원
- 說苑1~2　許鎬九 譯註 25,000원
- 顔氏家訓1~2　鄭在書·盧暻熙 譯註 22,000원/25,000원
- 大學衍義1~3 ㊍　辛承云 譯註 20,000원/26,000원/30,000원
- 荀子集解1 ㊍　宋基采 譯註 30,000원
- 貞觀政要集論1~2 ㊍　26,000원
  책임번역 李忠九 공동번역 金奎璇 黃鳳德 李承容 譯註

◆唐宋八大家文抄

- 韓愈1 ㊍　鄭太鉉 譯註 22,000원
- 歐陽脩1~3 ㊍　李相夏 外 譯註 25,000원/26,000원
- 王安石1~2　申用浩·許鎬九 共譯 20,000원/25,000원
- 蘇洵　李章佑·魯長時·張世厚 譯註 25,000원
- 蘇軾1~5　成百曉 譯註 22,000원
- 蘇轍1~3　金東柱 譯註 20,000원/22,000원
- 曾鞏　宋基采 譯註 25,000원
- 柳宗元1~2　宋基采 譯註 22,000원

◆武經七書直解

- 孫武子直解·吳子直解　成百曉·李蘭洙 譯註 26,000원
- 六韜直解·三略直解　成百曉·李鍾德 譯註 26,000원
- 尉繚子直解·李衛公問對直解　成百曉·李蘭洙 譯註 26,000원
- 司馬法直解　成百曉·李蘭洙 譯註 26,000원

◆十三經注疏

- 論語注疏1~3 ㊍
  책임번역 鄭太鉉 공동번역 李聖敏 25,000원/30,000원
- 尙書正義1~2 ㊍　金東柱 譯註 25,000원/30,000원
- 周易正義1~2 ㊍　책임번역 成百曉 공동번역 申相厚 25,000원
- 禮記正義 中庸·大學
  책임번역 李光虎 공동번역 田炳秀 20,000원

◆思政殿訓義 資治通鑑綱目1~5 ㊍
  辛承云 외 譯註 27,000원/18,000원/24,000원/30,000원

基礎漢文敎材-懸吐完譯　成百曉 譯

- 四字小學 / 習字敎本　6,000원/4,000원
- 推句·啓蒙篇 / 習字敎本　5,000원/4,000원
- 明心寶鑑　7,000원
- 童蒙先習(語法:鄭愚相)·擊蒙要訣(語法:安載澈)　12,000원
- 註解千字文　9,000원
- 초등학교 한자1~4단계
  정우상 外 공저 3,500원/3,550원/3,750원

漢字漢文敎育叢書

◆敎授用 指導書

- 四字小學　咸賢贊 저 10,000원
- 〃 推句·啓蒙篇　咸賢贊 저 10,000원
- 〃 註解千字文　李忠九 저 15,000원
- 〃 明心寶鑑　李明洙 저 10,000원
- 〃 童蒙先習　田好根 저 10,000원
- 〃 擊蒙要訣　咸賢贊 저 15,000원

◆袖珍本 懸吐

- 기초한문교재　10,000원
- 〃 論語·大學·中庸　10,000원
- 〃 孟子　10,000원
- 〃 詩經　12,000원
- 〃 書經　12,000원
- 〃 周易　12,000원
- 〃 小學·孝經　13,000원

〃 古文眞寶 前集 10,000원
〃 古文眞寶 後集 13,000원
교양인을 위한 한자·한문
김기창·김창진·배원룡 편저 12,000원
실용교양한문 李相鎭 저 15,000원
한문과 교수-학습 모형 金載暎 저 13,000원
한문과 교육과정 변천과 내용체계 연구
元容錫 저 15,000원
한자 자원 교육론 韓殷洙 저 16,000원
漢字漢文教育論叢 上/下 鄭愚相 저 25,000원
漢字部首 解說 李忠九 편저 15,000원
漢字教育新講 李應百 外 공저 10,000원
韓中漢文淵源 李應百 編 13,000원
형성자 중심 한자교육 시험백과 김종혁 저 25,000원

東洋古典新譯

唐詩選 송재소·최경렬·김영죽 편역 22,000원

동양문화총서

고금소총古今笑叢 유화수·이월영 편역 16,000원
금강산 유람기 김동주 편역 10,000원
동양사상 해설과 원전 정규훈 外 저 20,000원
선현들의 자字와 호號 신용호·강헌규 저 15,000원
이훈종의 사랑방이야기 이훈종 저 10,000원

문화문고

논어論語 대학大學 중용中庸 조수익·박승주 공역 10,000원
맹자孟子 조수익·박승주 공역 10,000원
100자에 담긴 한자문화 이야기 김경수 저 9,000원
한자한문전통교재 조수익·이성민 공역 10,000원
소학小學 박승주·조수익 공역 10,000원
목민심서牧民心書 이계황 엮음 10,000원
고문진보 산문선散文選 신용호·조수익 공역 10,000원
사소절士小節 선비집안의 작은 예절 이동희 편역 10,000원
명설名說과 자설字說 신용호 편역 10,000원
유학儒學이란 무엇인가 이동희 저 10,000원
대한민국 국무총리 이재원 저 10,000원
한문문법漢文文法 이상진 저 10,000원
우리 설화1 천년의 사랑을 품다 김동주 편역 10,000원
우리 설화2 천년의 해학을 품다 김동주 편역 10,000원

동아시아 문학의 꽃 당시선唐詩選
송재소·최경렬·김영죽 편역 10,000원
경전으로 본 세계종교 이슬람 김영경 편역 10,000원
경전으로 본 세계종교 그리스도교 이정배 편저 10,000원
경전으로 본 세계종교 도교 이강수 편역 10,000원
경전으로 본 세계종교 천도교 윤석산·홍성엽 편저 10,000원
◆경전으로 본 세계종교 60,000원
편저자 : 그리스도교-이정배, 도교-이강수, 동학-홍성엽, 불교-김용표, 유교-이기동, 이슬람교-김영경, 힌두교-길희성
◆創世記 譯註 方錫淙 譯註 25,000원
◆훈민정음의 세계 문자화 方錫淙 저 12,000원

근간

◆문화문고
六韜·三略 성백효 외 편역 10,000원
司馬法·尉繚子·李衛公問對 성백효 외 편역 10,000원
孫子兵法·吳子兵法 성백효 외 편역 10,000원
경전으로 본 세계종교 유교 이기동 편역 10,000원
경전으로 본 세계종교 불교 김용표 편저 10,000원

e-book

본회에서 간행된 모든 도서는 교보문고, 알라딘, 반디앤루니스, 예스24에서 전자책으로 구매 가능합니다.

◆품절 도서는 전자책으로만 구매 가능
戰國策1~2 林東錫 譯註 10,000원
설화문학총서1~5 金東柱 編譯 4,250원
사람답기 위하여 成百曉 譯註 3,750원
아직도 사대주의에 朴正鎭 著 2,500원
易象講義 上/下 吳虎泳 著·吳圭根 譯 7,500원
한자놀이 이야기 이강렬 著 6,000원